中文版《克尔凯郭尔文集》由哥本哈根大学克尔凯郭尔研究中心和中国社会科学院哲学研究所合作完成。

《非此即彼》的出版由奥古斯丁基金会资助。

The Chinese edition of *Kierkegaard Anthology* is a Cooperation between the Institute of Philosophy at the Chinese Academy of Social Sciences and the Søren Kierkegaard Research Center at Copenhagen University.

The publication of *Enten-Eller* has been funded by AugustinusFonden.

克尔凯郭尔文集

3

SØREN KIERKEGAARDS SKRIFTER

Enten-Eller

非此即彼

一个生命的残片

下卷

出版者：维克多·艾莱米塔

京不特 译

中国社会科学出版社

图书在版编目(CIP)数据

非此即彼．下 /（丹）克尔凯郭尔著；京不特译．—北京：中国社会科学出版社，2009.6（2024.12 重印）
（克尔凯郭尔文集 3）
ISBN 978－7－5004－7783－9

Ⅰ．非…　Ⅱ．①克…②京…　Ⅲ．克尔凯郭尔，S．（1813～1855）—哲学思想—文集　Ⅳ．B534－53

中国版本图书馆 CIP 数据核字（2009）第 076320 号

出 版 人　赵剑英
策划编辑　冯春风
责任编辑　王　齐
责任校对　修广平
责任印制　张雪娇

出　　版　中国社会科学出版社
社　　址　北京鼓楼西大街甲 158 号
邮　　编　100720
网　　址　http://www.csspw.cn
发 行 部　010－84083685
门 市 部　010－84029450
经　　销　新华书店及其他书店

印　　刷　北京君升印刷有限公司
装　　订　廊坊市广阳区广增装订厂
版　　次　2009 年 6 月第 1 版
印　　次　2024 年 12 月第 7 次印刷

开　　本　710×1000　1/16
印　　张　32
插　　页　2
字　　数　435 千字
定　　价　55.00 元

《克尔凯郭尔文集》中文版序

汝　信

《克尔凯郭尔文集》（10卷本）中文版即将与读者见面了。这部选集是由中国社会科学院哲学研究所和丹麦哥本哈根大学克尔凯郭尔研究中心共同合作编选和组织翻译的，由中国社会科学出版社负责出版。选集收入克尔凯郭尔的主要著作，并直接译自近年来出版的经过精心校勘的丹麦文《克尔凯郭尔全集》，内容准确可靠，尽可能保持原汁原味，这对于中国读者正确理解这位丹麦哲学家的思想将会有所裨益。

在西方哲学史上，克尔凯郭尔可以说是一个特殊的人物。他生前默默无闻，其著作也很少有人问津，但过了半个世纪，人们又“重新发现了”他，特别是在第一次世界大战以后，随着存在主义哲学的兴起和发展，他对西方国家思想界的影响越来越大。雅斯贝尔斯曾经这样说：“目前哲学状况是以下面这个事实为特征的，即克尔凯郭尔和尼采这两位哲学家在他们生前受到忽视，以后长时期内一直在哲学史上受人轻视，而现在他们的重要性则越来越不断地增长。黑格尔以后的其他一切哲学家正越来越失势而引退，而今天这两个人则不容争辩地作为他们时代的真正伟大思想家而站了出来。”（《理性与存在》）他甚至说，是克尔凯郭尔和尼采“使我们睁开了眼睛”。雅斯贝尔斯的这些话不仅是他个人的看法，而且是反映了当时人们一般的意见。克尔凯郭尔和尼采确实代表了在黑格尔之后兴起的另一种以突出个人为特征的西方社会思潮，而与强调精神的普遍性的黑格尔主义相对立。如果说，在黑格尔那里，“存在”只不过是绝对精神自身发展过程中的一个抽象的环节，那么从个人的角度去深入地探索和反思“存在”（“生存”）的意义则是从克尔凯郭尔开始的。

克尔凯郭尔哲学是极其个性化的，他个人的生活经历、性格、情感、心理、理想和追求都深深地渗透在他的哲学思想里，因此我们在阅读他的著作时需要用一种与通常不同的诠释方式。黑格尔曾在《哲学史讲演录》导言中说，“哲学史上的事实和活动有这样的特点，即：人格和个人的性格并不十分渗入它的内容和实质。”这种看法可以适用于像康德那样的哲学家，我们几乎可以完全不去了解他的个人生活经历而照样能够读懂他的著作，因为机械般的有秩序的书斋生活似乎没有给他的思想增添什么个性色彩，正如海涅所说，“康德的生活是难于叙述的。因为他既没有生活，又没有历史”（《论德国宗教和哲学的历史》）。但是，对于克尔凯郭尔来说，黑格尔的看法则是完全不适用的。克尔凯郭尔的全部思想都和他的个人生活和体验紧密相连，他的许多著作实际上都在不同程度上带有精神自传的性质，从中我们可以聆听到他在各种生活境况下的内心的独白和生命的呼唤。他自己曾坦率地承认，“我所写的一切，其论题都仅仅是而且完全是我自己”。因此，要理解他的哲学，首先需要弄清楚他究竟是个什么样的人，在他的短暂的生命中究竟发生过一些什么样的事，对他的思想和性格的形成和发展又产生了什么样的影响。

关于克尔凯郭尔个人生活的传记材料，应该说是相当丰富的。西方学者们在这方面已经写过不少著作，而且至今仍然是研究的热门题目。克尔凯郭尔本人仿佛早已预见到这一点，他在《日记》中说过，不仅他的著作，而且连同他的生活，都将成为许多研究者的主题。在他生前出版的大量著作中有不少是以个人生活经历和体验为背景的，此外他还留下了篇幅浩瀚的日记和札记，这些资料不仅是他生活的真实记录，而且是他的心灵的展示。他虽然生活在拿破仑后欧洲发生剧变的时代，却一直藏身于自己的小天地里，很少参与社会活动，不过用他自己的话来说，“在别人看来也许是区区小事，对我来说却是具有重要意义的大事”。他孤独地生活，却不断地和周围的人们和环境发生尖锐的矛盾，在他的生活中激起一阵阵的波涛。对他的思想发展和著述活动影响最大的有四件事：作为儿子与父亲的紧张关系，从猜疑到最后和解；作为恋人与未婚妻关系的破裂；作为作家与报刊的论争以及作为反叛的基督徒与教会的冲突。

1813 年克尔凯郭尔生于哥本哈根的一个富商之家，他从小娇生惯养，过着优裕的生活，却从来没有感到童年的欢乐，他是作为一个不幸的儿童而成长起来的。这一方面是由于他生来就有生理上的缺陷，使他自己不能像别人一样参加各种活动而深感痛苦，用他自己的话来说，痛苦的原因就在于“我的灵魂和我的肉体之间的不平衡”。但另一方面更重要的是由于他从父亲那里所受的家庭教育。他的父亲马可・克尔凯郭尔出身贫寒，没有受过多少教育，依靠个人奋斗和机遇，由一名羊倌而经商致富，成为首都颇有名气的暴发户。这位老人以旧式家长的方式治家甚严，他笃信宗教，对子女们从小进行严格的宗教教育，教他们要敬畏上帝，向他们灌输人生来有罪，而耶稣的慈悲就在于为人们承担罪恶，被钉上十字架来人为赎罪这一套基督教思想。这在未来哲学家的幼小的心灵上打下了不可磨灭的深刻烙痕，既使他终身成为虔信的基督徒，又在他的内心深处播下了叛逆的种子。克尔凯郭尔后来批评他父亲的这种宗教教育方式是“疯狂的”、“残酷的”，他常说，他是没有真正的童年的，当他生下来的时候就已经是一个老人了。他回忆说，“从孩子的时候起，我就处于一种巨大的忧郁的威力之下……没有一个人能够知道我感到自己多么不幸”。“作为一个孩子，我是严格地按基督教精神受教育的：以人来说，这是疯狂地进行教育……一个孩子疯狂地扮演一个忧郁的老头。真可怕啊！”问题还不在于严格的宗教灌输，而在于他这个早熟的儿童以特有的敏感觉察到在他父亲表面的宗教虔诚底下掩盖着什么见不得人的秘密，一种有罪的负疚感在折磨着父亲，使之长期处于某种不可名状的忧郁之中。他说，他父亲是他见过的世上“最忧郁的人”，又把这全部巨大的忧郁作为遗产传给了他这个儿子。他曾在《日记》中写道，有一次父亲站在儿子面前，瞧着他，感到他处于很大的苦恼之中，就说：“‘可怜的孩子，你是生活在无言的绝望中啊’。”父亲的隐私究竟是什么，克尔凯郭尔始终没有明说，但有一次从他父亲醉酒后吐露的真言中多少知道了事情的真相，他对父亲的道德行为和宗教信仰之间的矛盾深感困惑和痛苦，这种对父亲的猜疑和不信任造成了他的沉重的精神负担，给他的一生蒙上了阴影。他自己这样说过，“我的出生是犯罪的产物，我是违反上帝的意志而出现于世的”。

克尔凯郭尔一家从1832年起接二连三地发生不幸事件，在两年多的时间内家庭主妇和三个儿女陆续去世，只剩下年迈的父亲和两个儿子。这对这位老人来说自然是莫大的精神打击，过去他一直认为自己是幸运儿，上帝保佑他发财致富并有一个舒适的幸福家庭，现在则认为无论财富、名望或自己的高龄，都是上帝借以惩罚他的有意安排，要他眼看着妻子儿女一个个地先他而死去，落得孤零零地一个人留在世上受折磨。他觉得自己是盛怒的上帝手心里的一个罪人，成天生活在恐惧中，并预感到他的还活着的两个儿子也将遭到不幸。家庭的变故和父亲的悲伤心情也同样使克尔凯郭尔受到了严重的精神创伤，他把这称之为“大地震”。在他的《日记》中记述说，那里发生了大地震，“于是我怀疑我父亲的高龄并非上帝的恩赐，倒像是上帝的诅咒”，“我感到死的寂静正在我周围逼近，我在父亲身上看到一个死在我们所有女子之后的不幸者，看到埋藏他的全部希望的坟墓上的十字架墓碑。整个家庭必定是犯了什么罪，而上帝的惩罚必定降临全家；上帝的强有力的手必然会把全家作为一次不成功的试验而扫除掉”。他相信父亲的预言，就是所有的女子都至多活三十三岁，他自己也不例外。实际上他虽然照样享受着愉快的生活，内心里的痛苦和折磨却使他甚至起过自杀的念头。在《日记》里有这样一段话：“我刚从一个晚会问家，在那里我是晚会的生命和灵魂；我妙语连珠，脱口而出，每个人都哈哈大笑并称赞我，可是我却跑掉了……我真想开枪自杀。”克尔凯郭尔父子之间的紧张关系曾导致父子分居，但父亲作了很大努力去改善关系，向儿子作了坦诚的忏悔，儿子深受感动，与父亲重新和解，并更加坚信上帝确实存在。双方和解后不久，父亲就去世了。克尔凯郭尔在《日记》中写道：“我的父亲在星期三（9 日）凌晨 2 时去世。我多么希望他能再多活几年呀，我把他的死看做他为了爱我而作出的最后牺牲；因为他不是离我而死去，而是为我而死的，为的是如果可能的话使我能成为一个重要的人。”

他说，从父亲那里继承得来的所有东西中，对父亲的追忆是最可珍爱的，他一定要把它秘密保存在自己的心里。我们在他的许多著作中都能发现这种特殊的父子关系所留下的深深的印痕，这是解读他的哲学思想时必须密切注意的。

除了父亲以外，对克尔凯郭尔的一生发生重大影响的是一位姑娘雷吉娜·奥尔森，他们之间的短暂而不幸的恋爱，在哲学家的脆弱的心灵上造成了永远不能愈合的创伤。他初次邂逅雷吉娜是在 1837 年，当时他正处于自我负罪感的精神痛苦中，结识这位少女给了他重新获得幸福的希望。据他自己说，他一开始就感到“我和她有无限大的区别”，然而在结识她之后的半年内，“我在自己心里充满着的诗情比世界上所有小说中的诗情加在一起还多”。父亲死后，他下定决心向她求婚并得到同意，他感到自己无比幸福，后来他写道：“生活中再没有比恋爱初期更美好的时光了，那时每一次会面、每看一眼都把某种新东西带回家去而感到快乐。”但这种幸福感很快就消逝了，他说，在订婚后的第二天，“我内心里就感到我犯了一个错误”，悔恨不已，“在那个时期内，我的痛苦是笔墨难以形容的”。

克尔凯郭尔究竟为什么刚订婚后就反悔，他自己并没有说得很清楚，看来这主要是由于心理上的原因。经过短暂的幸福，他又陷于不可克服的忧郁之中。雷吉娜对此也有所察觉，常对他说：“你从来没有快乐过，不管我是否同你在一起，你总是这个样子”。但她确实爱上了他，甚至几乎是“崇拜”他，这使他深为感动。他认为，如果他不是一个忏悔者，不是这样忧郁，那么同她结合就是梦寐以求的无比幸福的事了。可是这样就必须对她隐瞒许多事情，把婚姻建立在虚伪的基础上，这不可能使他心爱的人幸福。因此他竭力设法解除婚约，雷吉娜却不愿与他分手，再三恳求他不要离开她。他却克制内心的痛苦，不为所动，坚决退回了订婚戒指，并写信请求她"宽恕这样一个男人，他虽然也许能做某些事，却不可能使一个姑娘获得幸福"。后来他自己说，"这真是一个可怕的痛苦时期：不得不表现得如此残酷，同时又像我那样去爱"。据他在《日记》里的记述，在分手后他哭了整整一夜，但第二天却又装得若无其事和往常一样。他时刻想念雷吉娜，每天为她祈祷。后来雷吉娜另嫁别人，而克尔凯郭尔始终保持独身，对她一直不能忘怀。他说："我爱她，我从来没有爱过别人，我也永远不会再爱别人"，"对我来说，只有两个人有如此重要的意义，那就是我已故的父亲和我们亲爱的小雷吉娜，在某种意义上，她对我来说也已经死了"。直到他们解除婚约五年后，他还在《日记》中写道："没有一天我不是从早到晚思念着她"。三年后他又说："是的，你是我的爱，我惟一的爱，当我不得不离开你时，我爱你超过一切"。其间他也曾试图与雷吉娜恢复关系，但未能成功，终于他意识到他已永远失去了她。他说："我失去了什么？我失去了惟一的爱。"于是他才倾全力于著作活动，他在《日记》中明确指出自己写作的目的就是为雷吉娜："我的存在将绝对地为她的生活加上重音符号，我作为一个作家的工作也可以被看作是为了尊敬和赞美她而树立的纪念碑。我把她和我一起带进了历史。"他说，抛弃了雷吉娜，他不仅选择了"死亡"，而且选择了文学生涯，"是她使我成为一个诗人"，他的遗愿就是死后把他的著作献给雷吉娜以及他已故的父亲。他抱着这样的心情拼命写作，有的著作实际上是为了向雷吉娜倾诉衷肠，是给她的"暗码通信"，如果不了解其背景，别人是难以充分理解的。

前面我们着重叙述了克尔凯郭尔和父亲的关系以及他的爱情

悲剧，因为这对于理解这位哲学家其人及其著作是至关重要的，也正是因为他有了这样的生活经历和生存体验才使他成为黑格尔所说的“这一个”，而具有与众不同的独特的个性。他说：“如果有人问我，我是怎样被教育成一个作家的，且不说我和上帝的关系，我就应该回答说，这要归功于我最感激的一位老人和我欠情最多的一位年轻姑娘……前者以他的高尚智慧来教育我，后者则以她那种缺乏理解的爱来教育我。”他还特别强调，他之所以能成为一个作家，正因为他失去了雷吉娜，如果他和她结了婚，他就永远不会成为他自己了。他注定不能享受家庭幸福，他是一个正如他自己所说的“最不幸的人”。

在克尔凯郭尔失恋以后，他的创作活动达到了高潮，在短短的几年内完成并出版了十几部著作。由于他继承了巨额遗产，可以自费出版自己的著作，使他的思想成果得以留传于世。但是，当时他的著作却没有多少读者，有的重要代表作仅销售数十册，社会影响也微不足道。克尔凯郭尔自己曾提到，《哲学片断》一书出版后，始终无人注意，没有一处发表评论或提到它。他为得不到人们的理解而深感痛苦，他说，“本来我写这些东西似乎应该使顽石哭泣，但它们却只是使我的同时代人发笑”。但他一向自视甚高，认为自己富有天才，曾这样写道，“我作为一个作家，当然使丹麦增光，这是确定无疑的”，“虽然在我的时代无人理解我，我终将属于历史”。

克尔凯郭尔原以为自己只能活到三十三岁，因此他把出版于1846年的《〈哲学片断〉一书的最后的非学术性附言》当作自己“最后的”著作而倾注了全部心血。他感谢上帝让他说出了自己需要说的话，觉得在哲学方面已经不需要再写什么别的了。他本打算就此搁笔，隐退到乡村里当一个牧师了此一生。结果却出乎他自己的预料多活了九年，而且又重新拿起了笔，原因是他同报刊发生冲突，进行了一场论战，即所谓“《海盗报》事件”，这对他的晚年生活起了相当大的影响。

在当时的丹麦，《海盗报》是由青年诗人哥尔德施米特创办的一家周刊。就其政治倾向来说，《海盗报》站在自由主义立场上用嘲笑和讽刺的方法抨击专制保守和落后的社会现象，但刊物的格调不高，经常利用社会上的流言蜚语，揭发个人隐私，进行人身攻击。这份周刊在一般公众中很受欢迎，发行量相当大。哥尔德施米特在该刊上发表了一篇赞扬克尔凯郭尔的文章，却引起后者极度不满。克尔凯郭尔认为《海盗报》是专门迎合低级趣味的刊物，受到它的赞扬实无异于对他的莫大侮辱，于是他公开在报上发表文章尖锐地批评和揭露《海盗报》，由此引发了该报的全面反击。差不多在1846年整整一年内，《海盗报》连篇累牍地发表攻击克尔凯郭尔的文字，对他的为人竭尽揶揄讥讽之能事，甚至就他的生理缺陷、服饰、家产、生活习惯等大做文章，并配以漫画。那时漫画还是颇为新鲜的东西，上了漫画也就成为公众的笑料。这深深地伤害了克尔凯郭尔的自尊心，甚至他在街上也成为顽童们奚落嘲弄的对象。他原先以为在笔战中会得到一些人的支持，但无情的现实却使他极度失望。他不仅没有获得人们的同情，反而感到人们因他受嘲弄而幸灾乐祸。他在《日记》中说，“我是受嘲笑的牺牲者”。他觉得自己处于极端孤立的境地，面对着广大的情有敌意的公众，他说，“如果哥本哈根曾有过关于某人的一致意见，那么我必须说对我是意见一致的，即认为我是一个寄生虫、一个懒汉、一个游手好闲之徒、一个零”。又说：“对于全体居民来说，我实际上是作为一种半疯癫的人而存在的。”在这种情况下，他不愿与人来往，性情也更孤僻了，当他每天上街作例行的散步时，惟一“忠实的朋友”就是他随身携带的一把雨伞。

《海盗报》事件使克尔凯郭尔得出结论，认为一般人都没有独立的主见，在所谓舆论、报刊的影响下，人人就完全被淹没在“公众”之中了。在他看来，多数人总是错的，真理只是在少数人手里。因此，他因自己的孤独而感到骄傲。正如他自己所描写的那样，“我就像一株孤独的松树，自私地与世隔绝，向上成长，站在那里，甚至没有一个投影，只有孤单的野鸽在我的树枝上筑巢。”不过这一事件也使他改变了想隐退去当乡村牧师的想法。“一个人让自己被群鹅活活地踩死是一种缓慢的死亡方式”，他不愿意这样地去死，他觉得他的任务还没有完成，还得“留在岗位上”继续写作。不过从1847年起，他的著作的性质发生了很大变化，由前一时期主要探讨美学的、伦理的和哲学的问题完全转向了宗教的领域。

1847年5月5日，克尔凯郭尔过了三十四岁生日，当天他写信给哥哥，对自己居然还活着表示惊讶，甚至怀疑自己的出生日期是否登记错了。过去他从未认真考虑过三十三岁以后应该做什么，现在他活了下来，怎么办？这是他面临的新问题。他感到上帝可能有意赋予他特殊使命，让他为了真理而蒙受痛苦，同时作为真理的见证人而向他的同时代人阐明什么是基督教信仰的真义。怀着这样的使命感，他写了一系列“宗教著作”。他在说明自己作为一个作家的观点时说，他“从来也没有放弃过基督教”。这确实是真的，不过他对基督教和怎样做一个基督徒有他自己独特的理解，不仅和官方教会的正统观点不同，有时甚至公开唱反调。随着他的“宗教著作”的陆续出版，他和教会的分歧和矛盾就越来越尖锐化，终于爆发为公开的冲突。他激烈地批评丹麦教会，要求教会当局公开承认自己违背了基督教的崇高理想并进行忏悔。他指责教会已不再能代表《新约》中的基督教，认为他们的讲道不符合真正的基督教精神。他觉得对这种情况再也不能保持沉默，必须予以无情的揭露，同时要向公众阐明怎样才能做一个真正的、而不是口头上的基督徒。这就导致他和教会的关系彻底破裂。

克尔凯郭尔生命的最后一年是在同教会的激烈对抗中度过的。过去他写的大部头宗教著作，很少有人认真阅读，因此一般公众并不十分了解他在思想上与教会的严重分歧。于是他改变方式，在短短几个月内接连在报刊上发表了二十一篇文章，还出版了一系列小册子，并一反以往喜欢用笔名的习惯做法，都署自己的真名发表。这些文章和小册子短小精悍，通俗易懂，没有多少高深的理论，但批判性和揭露性很强。他公然向教会的权威挑战，指名批判自己过去的老师、新任丹麦大主教马腾森，对教会进行的宗教活动以及教士们的生活、家庭和宗教职务都极尽讽刺挖苦之能事，甚至公开号召人们停止参加官方的公共礼拜，退出教会。但是，克尔凯郭尔并未达到预期的目的，他全力发动攻击，马腾森和教会当局却始终保持沉默，轻蔑地置之不理，他企图唤起人们反对教会也徒劳无功，除了得到少数年轻人同情外，遇到的只是公众的冷漠和敌意。他大失所望，再次陷于孤立的困境，在这个时期内他拒不见客，与外界断绝往来。他的惟一在世的哥哥彼得那时在教会中已身居要职，他们之间的最后一点兄弟情谊也就此终结了。

1855 年 10 月 2 日，克尔凯郭尔在外出散步时发病被送往医院救治，他自己意识到末日将临，说“我是到这里来死的”。在医院里，他拒绝了哥哥彼得的探视，拒绝从神职人员那里领受圣餐。他同意童年时期的朋友波森来探望，波森问他还有什么话想说，他起初说“没有”，后来又说：“请替我向每一个人致意，我爱他们所有的人。请告诉他们，我的一生是一个巨大的痛苦，这种痛苦是别人不知道和不能理解的。看起来我的一生像是骄傲自大和虚荣的，实际上却并非如此。我不比别人好。我过去这样说，而且总是这样说的。我在肉中扎了刺，因此我没有结婚，也不能担任公职。”在去世前，他还向人表示，他对自己所完成的工作感到幸福和满足，惟一感到悲哀的是他不能和任何人分享他的幸福。他就这样离开了人世，终年四十二岁。这个反叛的基督徒的葬礼还为教会制造了最后一次麻烦，他的外甥带领一批青年学生抗议教会违背死者的意愿，擅自决定由牧师主持葬礼。葬礼只得草草结束，他被安葬于家庭墓地，但却没有设立墓碑。过去他在《日记》里曾写道，在英国某地，有一块墓碑上只刻着“最不幸的人”这几个字，可以想像并没有人埋藏在那里，“因为这墓穴是注定为我而准备的”。结果却是他死后墓地上连这样的一块墓碑也没有。他的遗嘱指定他把所剩无几的遗产赠给他念念不忘的雷吉娜，也遭到她的拒绝。直到半个世纪以后，年迈的雷古娜才说出了真心话："他把我作为牺牲献给了上帝"。

综观克尔凯郭尔短促的一生，他的生活经历虽然没有戏剧性的情节，其内在的精神发展却充满矛盾、冲突、痛苦，有着无比丰富复杂的刻骨铭心的人生体验，迫使他深入地思考和探索在这个世界上生存的意义和个人的价值，这些都体现在他的哲学和宗教思想里。他虽然总是从他个人的视角和以他个人的独特方式去对待这些问题，而这些问题是现代社会里的人普遍关心和感兴趣的，因此具有现代的意义。这也就是我们今天仍然需要认真研究克尔凯郭尔的原因。

本选集的出版得到了丹麦克尔凯郭尔研究中心的资助，特此致谢。

天才释放出的尖利的闪电

——克尔凯郭尔简介

尼尔斯·扬·凯普伦

“天才犹如暴风雨：他们顶风而行；令人生畏；使空气清洁。”这是索伦·克尔凯郭尔在1849年的一则日记中所写下的句子。他自视为天才，而且将自己的天才运用到“做少数派”的事业之上。他总是顶风而行，与社会的统治力量及其教育体制相对抗，因为他认为“真理只在少数人的掌握之中”。为了与抽象的“公众”概念相对，他提出了具体的“单一者”（den Enkelte）的概念。

索伦·克尔凯郭尔是丹麦神学家、哲学家和作家，他出生于1813年5月5日，是家中7个孩子当中最小的一个。他在位于哥本哈根市新广场的家中度过的特殊的青少年时期受到了其父浓厚的虔敬主义和忧郁心理的影响。1830年他完成了中等教育，旋即被哥本哈根大学神学系录取。很快地，神学学习就让位给文学、戏剧、政治和哲学，让位给一种放荡的生活，而后者部分的是出于他对家中严苛而阴暗的基督教观念的反抗。但是，1838年5月他经历过一次宗教觉醒之后，加之他的父亲于同年8月辞世，克尔凯郭尔返归神学学习之中，并于1840年7月以最佳成绩完成了他的神学课程考试。

两个月之后，克尔凯郭尔与一位小他9岁的女孩雷吉娜·奥尔森订婚。但是，随后“从宗教的角度出发，他早在孩提时起就已经与上帝订婚”，因此他无法与雷吉娜完婚。经过了激烈的暴风雨式的13个月之后，1841年10月，他解除了婚约。这次不幸的爱情在克尔凯郭尔日后的生活道路中留下了深刻的痕迹，同时它也促使克尔凯郭尔以1843年《非此即彼》和《两则陶冶性讲演》两本书的出版而成为一名作家。

其实，早在1838年，克尔凯郭尔就出版了自己的第一本书《尚存者手记》。这是针对安徒生的小说《仅仅是个提琴手》的文学评论。丹麦作家安徒生（1805—1875）曾创作了少量的几部小说、一些游记作品、歌剧脚本、舞台剧本以及大量的诗歌，但他最终以童话作家的身份享誉世界。克尔凯郭尔认为，《仅仅是个提琴手》在艺术上是失败的，因为它缺乏了某种“生活观”（Livs-Anskuelse）。在其处女作发表几年之后，1841年，克尔凯郭尔以题为“论反讽概念”的论文获得了哲学博士学位（magistergrad）[①]，论文对“反讽”进行了概念化的分析，其中“反讽”既得到了描述，又得到了应用。

克尔凯郭尔就哲学、心理学、宗教学以及基督教所发表的作品大致由40本书以及数量可观的报刊文章组成，这些作品可以被划分为两大阶段：1843—1846年和1847—1851年。除《非此即彼》以及合计共18则陶冶性讲演之外，第一阶段写作出版的作品还有《重复》、《畏惧与颤栗》、《哲学片断》、《恐惧的概念》、《人生道路诸阶段》和《对〈哲学片断〉所做的最后的、非学术性的附言》；其中出版于1846年的《附言》一书成为区分两阶段的分水岭。所有的陶冶性讲演是克尔凯郭尔用真名发表的，其余作品则以笔名发表，如Constantin Constantius，Johannes de silentio，Vigilius Haufniensis，Johannes Climacus。克尔凯郭尔写作的第二阶段即基督教时期发表有如下作品：《爱的作为》、《不同情境下的陶冶性讲演》、《基督教讲演》、《致死的疾病》、《基督教的训练》。这一阶段的作品除了后两部以Johannes Clima-

① 在现代丹麦的学位制度当中，magister对应于Master's Degree（硕士学位），但是在历史上，magistergrad却是哥本哈根大学哲学系的最高学位，自1824年以来它对应于其他系科的doktorgrad（博士学位），1854年该学位被废除。（译者注）

cus 的反对者 Anti-Climacus 发表之外，其余作品均以克尔凯郭尔的真名发表。

此外，克尔凯郭尔还写有大约充满 60 个笔记本和活页夹的日记。这些写于 1833—1855 年的日记带有一种与日俱增的意识，即它们终将被公之于众，而这些日记使我们得以窥见克尔凯郭尔所演练的“在幕后练习台词”的试验。与其发表的作品一样，克尔凯郭尔的日记在 1846 年前后也出现了一个变化。写于 1846 年之前的日记表现的是在其发表作品背后的一种文学暗流。这些日记无所拘束、坦白、充满试验性，折射出那个年轻且充满活力的作家的洞察力。那些简短的描述和纲要、观察笔记、释义段落，它们充斥着前后彼此的不一致，它们相互之间以及与作者的生活之间存在着或合或离的关系。而写于 1846 年之后的日记——它们由 36 个同样的笔记本、共计 5700 个手写页组成，其内容则成为内向性的自我萦绕和一种自我申辩。其间，克尔凯郭尔一直在诠释着和讨论着他已发表的作品，反思这些作品及其作者在现时代的命运。

在克尔凯郭尔的写作当中，在很大范围内也在其日记当中，他描述了生存的诸种可能性，尤其是三种主要阶段，对此他称为“生存的诸境界”（Existents-Sphærer），即审美的、伦理的和宗教的境界。他的基本观点在于说，每个人首先必须或者说应该——因为并非每个人都能做到这一点——使自身从被给定的环境当中、从其父母和家庭当中、从其所出生和成长的社会环境当中分离出来。然后，他必须开始历经生存的各个阶段（Eksistensstadier），在此进程之中他将获得其永恒的有效性，成为一个独立的个体（individ）。这个个体将成为其自身行动的主体，进而将成长为一个独特的、负有伦理责任的人。直到最终，在负罪感的驱使之下，伦理的人将步入宗教境界。克尔凯郭尔年仅 22 岁的时候就已经对此主题发表了自己的看法，首先是涉及他自己，同时也关涉所有的人。他试图明白，生活对他而言意味着什么。在 1835 年的一则日记中他这样写道：

“一个孩子要花些时间才能学会把自己与周围的对象区分开，在很长一段时间内他都无法把自己与其身处的环境区别开来，因此，他会强调其被动的一面而说出，例如，‘马打我’（mig slaaer Hesten）这样的句子来。同样，这种现象将在更高的精神境界当中重现。为此我相信，通过掌握另一个专业，通过把我的力量对准另外一个目标，我很可能会获得更多的心灵安宁。在一段时间内这样做可能会起作用，我可能会成功地将不安驱赶出去，但是毫无疑问，这不安仍将卷土重来，甚至更为强烈，如同在享受了一通冷水之后迎来的是高烧一样。我真正缺乏的是要让我自己明白，我应该做些什么，而非我应该知道些什么，尽管知识显然应该先于行动。重要的是寻找到我的目标，明确神意真正希望我所做的；关键在于找到一种真理，一种为我的真理，找到那种我将为之生、为之死的观念。”（日记 AA：12）而当一个人找到了这样的真理的时候，这真理只为那个具体的人而存在，这人也就获得了内在的经验。“但是”，克尔凯郭尔提醒说，“对于多少人而言，生活中诸种不同的印迹不是像那些图像，大海在沙滩上把它们画出就是为了旋即将它们冲刷得无影无踪”。

这个真理，这个我作为一个独特的人应该寻找并且使之成为为我的真理，它在这个意义上来说是主观的，即我是作为主体的我在选择它。再进一步说，它还在这个意义上来说是主观的，即我应该以它为根据改造我的主体性和我的人格，应该根据它去行动。根据克尔凯郭尔，真理永远是处于行动中的，因此他还强调我应该做什么。在上述背景之下，很多年之后，克尔凯郭尔在他的主要哲学著作《附言》当中提出了“主观性即真理”的命题。这个命题不应该被理解成在独断的或者相对的意义上说真理是主观的，似乎此真理能够与彼真理同样好。恰恰相反在克尔凯郭尔看来，生存中存在着一种绝对的真理，一种永恒有效的真理，正是这种真理才是作为主体的我、作为个体的我要去参与的；当我选择的时候，它就应该成为为我而存在的真理。不仅如此，当我选择那个永恒有效的真理的时候，我要占有这真理，根据它改造作为主体的我，把它作为我的所有行动的绝对准则。

假如这一切并未发生，假如我的生活纠缠在诸多独断的真理之中并且远离了我的规定性的话，那么只有一种可能性，就是沿着我曾经向前走过的同一条路倒着走回去。克尔凯郭尔曾运用了一个取自古老传说中的意象。传说中有一个人着了一支乐曲的魅惑，为了摆脱音乐的魔力，他必须将整支曲子倒着演奏一遍。“一个人必须沿着他所由来的同一条道路倒行，犹如当把乐曲准确地倒着演奏的时候魔力就被破除了的情形一样（倒退的）。”（日记 AA：51）

假如我并未返回出发点以便找到那条通往真理的正确道路，而是使我的生活纠缠在那些独断的真理之中的话，那么我将陷入沮丧之中。有这样一种情形：我有一种强烈的愿望，但我并不知道我所希望的到底是什么，也没有准备好调动我的力量去发现之，因为那将意味着我必须使自己从那种我曾经纠缠其中的生活当中挣脱出来，于是我便无法去希望。克尔凯郭尔把这样的一种情形称为“忧郁”（tungsind）。

“什么是忧郁？忧郁就是精神的歇斯底里。在一个人的生活中会出现一个瞬间，当此之时，直接性成熟了，精神要求一种更高的形式，其中精神将把自身视为精神。作为直接性的精神而存在的人是与整个世俗生活联系在一起的，但是现在，精神将使自身从那种疏离状态中走出来，精神将在自身当中明白自己；他的人格将会在其永恒有效性内对自身有所意识。假如这一切并未发生，运动就会终止，它将被阻止，而忧郁也由此介入。人们可以做很多事情以试图忘掉它，人们可以工作……但是，忧郁仍然在那里。

“在忧郁当中有着某种无可解说的东西。一个悲伤或者担忧的人是知道他为什么悲伤或者担忧的。但是倘若你询问一个忧郁的人，问他为什么会忧郁，是什么压在他的身上，他将会回答你说，我不知道，我无法解释。忧郁的无限性就在这里。这个问答是完全正确的，因为他一旦知道他因何而忧郁，忧郁就被驱除了；可是那个悲伤者的悲伤绝不会因为他知道自己因何悲伤而被驱除。但是，忧郁是罪（Synd）……它是那种没有深刻地、内在性地去希望的罪，因此它是众罪之母……可是一旦运动开始了，忧郁就会被彻底驱除，同时就同一个个体而言，他的生活仍然可能带给他悲伤和担忧。”

在《非此即彼》当中，克尔凯郭尔曾这样写道：“很多医生认为忧郁存在于肉体之中，这一点真够奇怪的，因为医生们无法将忧郁驱除。只有精神才能驱除忧郁，因为忧郁存在于精神当中。当精神找寻到自身的时候，所有微不足道的悲伤都消失了，据很多人说产生忧郁的根源也消失了——这根源在于说，他无法在这个世界上立足，他来到这个世界太早或者太晚了，他无法在生活中找到自己的位置。那个永恒地拥有自身的人，他来到这个世界既不太早也不太晚；那个居于其永恒当中的人，他将会在生活当中发现自己的意义。”（SKS 3，pp. 183—184）

有了对忧郁的如是理解，克尔凯郭尔提出了另一个重要的概念：恐惧（angst），在其心理学著作《恐惧的概念》当中他对这个概念做出了阐发。在书中，假名作者 Vigilius Haufniensis 描述了恐惧的诸种现象并且发问道，恐惧或者毋宁说一个人会变得恐惧的事实会揭示出人是什么呢？对此他回答说：人是一个与成为他自己这一任务密不可分的自我。这位假名作者还描述了这项任务失败的原因，因为个体不仅仅在因善而且也在因恶的恐惧当中受到了束缚，最终，他陷入了妖魔式的内敛当中。

而恐惧又引发出了另一个新的概念：绝望（Fortvivlelse），对此克尔凯郭尔让其身为基督徒的假名作者 Anti-Climacus 在《致死的疾病》一书中做出了分析，该书与《恐惧的概念》相呼应。正是 Anti-Climacus 表达了克尔凯郭尔关于人的最终的观念：人是一个综合体，是一个在诸多不同种的尺度（Størrelse；对应于德文 Grösse）之间的关系，例如时间性与永恒性、必然性与可能性，但是它却是一种与自身发生关联的关系。在书的第一部分中，Anti-Climacus 通过对绝望的不同形式的描述展开了这一观念，在此绝望被理解为人不愿成为自我。在书的第二部分中，作者深入阐明了他对绝望的理解，他认为绝望是罪，以此，他与《恐惧的概念》一书中关于罪的理论相呼应。于是，绝望成了经强化的沮丧，或者是以上帝为背景而思想时的沮丧，也就是说，一个人不愿意成为如上帝所创造的那样的自我，不愿去意愿着或者执行上帝的意志。“心的纯洁性在于意愿一（件事）”，而这个“一”最终就是上帝。

那个意愿着上帝并且因此也意愿着成为如上帝所创造的自我一样的人；那个不再与上帝和其自身相疏离的人——处于这种疏离状态的人或者处于在罪过（Skyld）的封闭的禁锢当中，或者处于关于自我的梦想的非现实的理想图景当中；那个人将真正地走向自我，他将与自我和自我同一性共在，因此，他将在场于生活的实在的场中。克尔凯郭尔在其成文于 1849 年的三则审美性的、关于上帝的讲演《田野的百合与空中的飞鸟》中这样写道：“什么是快乐，或者说快乐是什么？快乐也就是真正地与自我同在，而真正地与自我同在指的就是那个‘今天’；在（være）今天，其实就是指在今天。它与说‘你在今天’，与说‘你与你自身就在今天同在’，说‘不幸的明天不会降临到你的头上’同样正确。快乐指的就是同在的时间，它所着力强调的是同在的时间（den nærværende Tid）。因此上帝是幸福的，作为永恒的存在他这样说：今天；作为永恒的和无限的存在，他自身与今天同在。”（SV14，160）

克尔凯郭尔在第一阶段的写作中完成了对三种人性的“生存境界”的描述之后，在第二阶段中他指出了在与基督教的关系之下这三种境界的不足之处。一个人要成为一个真实的自我，首先要通过作为上帝所创造的产物而与上帝建立关联。一个人要成为真正的自我，他首先要认识基督并且使他的罪过得到宽恕。但是，在认识之前同样需要行动。因此，真理总是在行动中的真理，正如信仰总是在作为（Gjerninger）中的信仰一样。

在第二阶段的写作当中，对人性的和基督性的理解同时得到了强化。克尔凯郭尔进一步强调，那个决定性的范畴即在于单个的人，即“那个单一者”（hiin Enkelte）；但是与此同时，他也越来越强调一种以宗教为根基的对于人与人之间的平等关系的把握。这一点与他对于所处时代的不断成熟的批评是并行的。1846年，克尔凯郭尔发表了题名为“文学评论”的作品，对一位年长于他的同时代丹麦作家托马西娜·伦堡夫人（1773—1856）的小说《两个时代》做出了评论。其间，克尔凯郭尔赋有洞见地总结了那个日益进步的现代社会的特征，表达了他的政治和社会思想，指出当今时代呈现出一种平均化和缺乏激情的倾向。

克尔凯郭尔自视自己是一位以“诠释基督教”为己任的宗教作家。他将“清洁空气”，他将把所有的幻象和所有的虚伪都剥除净尽，并且返回“新约的基督教”。在此背景之下，他在自己生命的最后几年当中对丹麦的官方所宣称的基督教以及基督教权威机构展开了攻击。1854年年底，克尔凯郭尔以在名为“祖国”的报纸上所发表的一系列文章开始了他针对教会的战斗。继而，这场战斗又继续在更强烈、更激进的新闻性小册子《瞬间》（共计9册）当中进行。

1855年10月，克尔凯郭尔在街头摔倒了，他病入膏肓，精力耗尽。他被送往了弗里德里克医院（地址即今天的哥本哈根市工艺美术博物馆），11月11日，他在那里告别了人世。

克尔凯郭尔在19世纪末20世纪初之际被重新发现，并且在第一次世界大战之后获得了广泛的国际声誉。他成为辩证神学、存在哲学以及存在神学的巨大的灵感源泉。自20世纪60年代至80年代中期这段时间里，克尔凯郭尔（研究）一度处于低潮。自那以后，克尔凯郭尔获得了巨大的复兴，不仅在学者和研究者中间，而且还在一个更为广泛的公众当中；这种复兴不仅发生在丹麦国内，而且还发生在国际上，包括很多东欧社会主义国家。

这种重新焕发的对于克尔凯郭尔的兴趣反映了一种崭新的对生存进行全面理解的愿望，人们希望在当今众多相对的、划时代的，以及由文化决定的真理之外寻求到一种可能的永恒真理。这种探求不仅仅在知识—哲学的层面之上，而且还应落实到伦理—生存的层面之上。这种寻求还与寻找对个体的意义、伦理学的基础以及宗教与社会的关系这些根本性问题的新的解答联系在一起。

“有两种类型的天才。第一种类型以雷声见长，但却稀有闪电。而另一种类型的天才则具有一种反思的规定性，借此他们向前推进……雷鸣声回来了，闪电也非常强烈。以闪电的速度和准确性，他们将击中那些可见的每一个点，而且是致命的一击。”毫无疑问，克尔凯郭尔属于后一种类型的天才。

（王　齐 译）

译者的话

这次翻译《非此即彼》所用的丹麦语版本是索伦·克尔凯郭尔研究中心1997年的版本。在翻译过程中使用的对照版本是Howard V. Hong在1987年出版的英文版本和Alexander Michelsen und Otto GleiB在1885出版的德文版本。在翻译临近结束的时候，我获得研究中心Niels Jørgen Cappelørn先生的帮助，他对一些疑难文字段落所作的说明使得我解开了诸多困惑的节点。而在译稿完成了之后，我与中国社科院王齐女士交流，她向我提出不少建议，其中牵涉到中国图书市场和学术界的阅读习惯。在一些细节上，我接受了王齐女士的建议而努力与国内已有的阅读习惯保持和谐。而对于一些中文日常语言里原本没有的概念，为了避免迅速阅读所造成的误解误读，译者往往宁可使用读者们不习惯的词，也不使用会导致误读而在表面上能让读者感到习惯的词。对于一些哲学上应当得到强调的一些字词的翻译①，国内已有的阅读习惯就不是翻译所关心的重点。另外，如果一些中国的文学爱好者抱怨注释太多无法直接读顺或者读懂克尔凯郭尔的哲学著

---

① 比如说，我可以用"那令人感兴趣的"作为例子，对这个概念的翻译没有考虑要照顾读者已有的阅读习惯。

从1830年前后起，"那令人感兴趣的（Det Interessante）"是一个欧洲人文阶层时常会使用的概念，它原本来自德国唯心主义的艺术理论；是对于所有刺激性的被看成是"非美的"但"令人着迷的"的艺术效果手段的公共标示。施莱格尔（Friedrich Schlegel）在《论希腊诗歌的阶段》中提出了"那令人感兴趣的（Det Interessante）"作为一种美学范畴。"令人感兴趣的"可以作为对诸如悬念、倾向、不和谐、个体矛盾性的东西、刺激性的东西、引人瞩目的东西的表达，而另外在素材和组织上也是那提纯的和反思的风格和那刺激性的新鲜性。

作，译者只能感到抱歉而爱莫能助，因为在丹麦的文学爱好者中，能够直接读顺或者读懂克尔克郭尔的哲学著作的也仅仅是少数对德国唯心主义和罗曼蒂克时代人文背景有比较全面了解的读者，而书中的大部分注释本来就是为丹麦读者提供的阅读理解上必要的辅助工具。

在这里我也说明一下。书中出现的页脚注，都是作者本来书中的注脚。尾注中带有方括号的都是丹麦文版的注释集里提供的注释。尾注中不带方括号的是译者给出的注释。

下面，我对一些翻译用词作一下大致的说明。

名词“定性”的丹麦文是 Bestemmelse，有“定立性质”的意思。“确定性”的丹麦文是 Vished、Bestemthed 等，表示确定。

形容词“正定的”的丹麦文是 positiv，为避免“肯定”这个词所引起的误解和误导，在哲学关联上常常特选此词而避用“肯定的”。意为“正面设定的”。

名词“辜”，我在文中给出了注脚。辜的丹麦文是 Skylden，英文中相近的对应词为 guilt。Skyld 为“罪的责任”，而在字义中有着“亏欠”、“归罪于、归功于”的成分，——因行“罪”而得“辜”。因为在中文没有相应的“原罪”文化背景，而同时我又不想让译文有曲解，斟酌了很久，最后决定使用“辜”。中文“辜”，本原有因罪而受刑的意义，并且有“却欠”的延伸意义。而且对“辜”的使用导致出对“无辜的”、“无辜性”等的使用，非常谐和于丹麦文 Skyld、uskyldig、Uskyldighed，甚至比起英文的 guilt、innocent、innocence 更到位。

动词“设定”的丹麦文是 sætte，对应于德语中的 setzen。德国唯心主义从费希特起一直使用的设立原则的概念。可参看费希特和谢林的体系演绎，比如说王玖兴的中译本费希特的《全部知识学基础》。

名词“权力”的丹麦文是 Magt，是支配性、决定性的力量。在一些关联中，为避免物理力量的误解和误导，必须避用其替代词“力量”。

在一些地方个别地用到的“属性”的丹麦文是 Prædikat。在逻辑学的关联中通常被译作“谓词”。在哲学中一般指用于描述一个实体的属性的环节，因此通俗地译作属性。

作为克尔凯郭尔时代审美理论的特定概念，“那喜剧的”这个词对立于“那悲剧的”。如果不强调这一对立，那么也可以译作“滑稽可笑的东西”或“滑稽可笑的成分”。

名词“承受”的丹麦文是 Liden，动名词，相当于德语中的 Leiden。动词 at lide 和名词 Lidelse 在一般的意义上是指“受苦”和“苦难”。Liden 在哲学中是“行为”、“作用”或者“施作用”的反面。在费希特的《全部知识学基础》王玖兴中译本中有相应的“活动的对立面叫做受动”的说法。

形容词名词化后的名词“那现世的”的丹麦文是 det Timelige。与“那永恒的”相对立。意为“属于时间的而不属于永恒的、属于此岸而不属于彼岸的”。时间的、人间世界的。派生名词为“现世性”Timelighed。

名词“尖矛市民”以及其衍生词。在我刚到丹麦不久，我曾以为这个词是德语的“小市民”的丹麦语化。后来在进一步阅读中才渐渐明白，克尔克郭尔的这个概念并非是简单地指“小市民”或者“小资”。许多尖矛市民往往认为自己是一个反感小市民作风、不认同小资生活的好公民。不过“尖矛市民（丹麦语 Spidsborger）”确实是作者从德语里借来的一个词（Spieβbürger）。在德语中这个词本来是指“以尖矛武装起来的公民”，他的武器就是一把 Spieβ（尖矛），保护城市是他的义务。后来这个词被德国人用来指那些目光短浅的保守的小市民（小市民的丹麦语是 Smaaborger）。但是作者使用这个词并不是带有偏见的指责或者特指“目光短浅”，作者在使用这个词的时候是给出了他赋予这个词的含义的，其所指是这样的人：他坚信自己的重要性，坚信他自己的生活就是对于那社会所定出的真与善的准则的表达，而且他认为，他自己通过他的选择会对于这真与善的准则产生影响（但是在事实上，那不是他自己在‘选择’，而是社会的准则在替他进行选择的）。尖矛市民们往往直接地将自己同一于社会的规范，并且顺从地追随社会所给定的习俗。虽然一个尖矛市民看起来可以是像一个“选择”了自己在社会中的公民义务的人，但是他和那些审美的、追求享乐的“浅薄者”相比，也没有本质的区别。有时候看起来一个尖矛市民也许是在极大的程度上投身于世事，然而在他为外在的东西忙碌的时候，他忘记了他自己的自我。在无意识中，他就根本没有脊梁去认可并作为他自己，相反他追随人众的潮流 。虽然这样一个人可以是好公民并且有益于社会，只是严格地说，他在自身之中并没有他的自我。

在《致死的病症》中，作者这样谈论尖矛市民：尖矛市民通过“自己周围的人众看齐”、通过“忙碌于各式各样的世俗事务”、通过“去变得精通于混世之道”而忘记了他自己、忘记了他（在一种神圣的意义上）自己的名字是什么、不敢信赖于自己、觉得“作为自己”太冒险而“作为一个如同他人的人”则远远地更容易和更保险、成为一种模仿、成为数字而混同在那群众之中。尖矛市民们那里有着外在的必然性，但缺乏可能性。可能性也就是从“精神匮乏的状态”中醒来的可能性。尖矛市民性是精神之缺席，而精神之缺席则是绝望的一种；因为没有想象力，尖矛市民生活在一种对于各种经验的琐碎总体中；他既可以是啤酒店老板也可以是首相。想象力能够把一个人拉出几率性而使得那种使人超越经验自足的东西成为可能，因而使人学会去希望和去畏惧。但尖矛市民恰恰没有这种想象力，并且不想要有这想象力、厌恶这想象力。如果一些事情的发生超越经验，他就会绝望。而信仰的可能性则是他所不具备的。尖矛市民性认为自己支配着可能性、把这个巨大的可塑性骗入了那几率性的圈套或者疯人院，认为自己已经将它抓了起来；它把那可能性关在几率性的牢笼之中，带来带去地展览，自欺欺人地以为自己是主人，却毫不留意到：正是因此它把它自己捕捉起来而使自己成为了那“无精神性”的奴隶，一切之中最丑恶的东西。这就是：在可能性中走迷路的人带着绝望之无畏飞舞摇荡；对之一切都觉得必然的人被压缩在绝望中对“存在”感到力不从心；那“尖矛市民性”则在精神的丧失中得到胜利。

以上是一些对概念的说明。当然还有许多别的概念也需要得到解说，而尾注给出了许多这一类解说，我就不在这里重复了。

在翻译的过程中可能免不了一些错误，因此译者自己在此译本出版之后仍然不断寻求改善。另外，如前面提及，这个版本寻求与国内已有的阅读习惯保持和谐，一些名词概念被变换为比较通俗顺口的字词，正文中的绝大部分外来语都被移入注脚，而注脚中的文字出处的原文说明都已被删除。当然，译者考虑到一些专业研究者们的需要也保存了一个名词概念没有被变换为通俗顺口字词、正文中的外来语得到保留而注脚中的文字出处的原文说明不被删除的版本。

最后我说明一下，书中似乎作者很多，又是 A 又是 B 又是出版者等等。这其实也是作者所坚持的助产式表达形式之一。除博士论文《论反讽概念》和诸多基督教讲演文本是署有真名之外，作者的重要哲学著作都使用笔名出版。这里也不例外，出版者“维克多·艾莱米塔”也是假名。在丹麦文最初的版本中，读者是找不到作者的真名的。

现在，这个中文版本的《非此即彼》出版了。在这里，我向 Niels Jørgen Cappelørn 先生、王齐女士、Anne Wedell - Wedellsborg 女士、Niels Thomassen 先生和 Jørgen Hass 先生表示感谢，在我对《非此即彼》的理解过程、翻译过程和校读过程中，我曾得到他们的帮助。

2009 年 1 月

京不特

于丹麦 Odense

非 此 即 彼

——一个生命的残片

出版者：维克多·艾莱米塔[1]

（下）

包含有 B 的文稿
给 A 的信。

伟大的激情们生活在孤独之中，将它们流放到沙漠，那就是将它们托付给它们自己的王国。[2]

（*Les grandes passions sont solitaires, et les transporter au désert, c'est les rendre à leur empire.*）

夏多布里昂[3]

哥本哈根 1843 年

目　录

婚姻在审美上的有效性

我的朋友！

你的眼睛在这里首先看见的这些字行，是在最后被写出来的。将它们写下来的意图是再一次尝试着去把这一详尽的考察（特此是要将这一考察发送给你）压缩在一封信的形式之中。这些字行则与最后的那些字行相对应，它们在一起构成了一个信封并且如此地以一种外在的方式暗示出诸多内在的证据将会以多种方式让你确信的这一点：你所阅读的是一封信。我不曾放弃过“这是我写给你的一封信”这一想法，一方面是因为我没有时间去作出一篇论文所要求的周详的校改工作，一方面是因为我并不愿失去以一种书信形式所特有的、更具警喻性和更为热切的方式来向你致辞的机会。你实在太精湛于这样一种技艺——你能够在大体上谈论一切而不让你自己受到你所谈的那些东西感染，因而我不可能会通过启动你的辩证力量来引诱你。尽管大卫王想要去明白先知拿单所给出的比喻但却不愿意明白这比喻是针对他自己，你肯定知道，在这时先知拿单是怎样对待大卫王的。为了谨慎周密的缘故，拿单恰恰加了一句话：你就是那人，国王先生[4]。同样，我也不断地寻求机会提醒你，你就是这里被谈论的人，而这些话语就是对你谈的。因此，我绝不怀疑，在你的阅读过程中你不断会获得这样的印象——你所阅读的是一封信，尽管由于纸张的格式与书信格式不符，你的这种印象会受到打扰。作为一个公职官员[5]，我习惯于在整张的纸[6]上书写，如果它有益于使得我的书写在你的眼中获得一种正式威仪的话，也许这有它好的一面。你就此收到的这封信，是一封相当巨大的信；如果人们要在邮局的秤上秤它的分量的话，它会是一封邮资很贵的信，而如果将它在一台精细批判的金秤上，也许它会显得是非常无足轻重。因此，我请求你不要去用它们中的任何一种秤，不要用邮局的秤，因为你接收它，不是为了继续作进一步发送，而是作为保留物；不要用批判之秤，因为我实在不想看见你有咎于这么粗糙而这么讨厌的一场误解。

*

假如除了你之外的另一个人看见了这一考察，那么他肯定会觉得它是古怪而多余的；如果他是一个结了婚的男人的话，他也许会带着一种家长的兴致呼叫说：是啊，婚姻，这是生活的美学；如果他是一个年轻人的话，他也许会含糊不清而不假思索地插嘴说：是的，爱，你是生活的美学；但是这两者都无法弄明白我怎么会想到要去救护婚姻在审美上的声誉。甚至，我看上去不是在做什么有益于诸位现实的或者未来的丈夫们的事情，而是恰恰相反，这样一来倒是使我自己显得可疑；因为，如果一个人辩护，其实这个人就是在指控[7]。我要将这个归功于你；因为我从不曾对此有过怀疑，尽管你有着各种古怪习性，你仍是我像爱一个儿子、一个兄弟、一个朋友一样地爱着的人，以一种审美上的爱心爱着你，因为也许你会在什么时候成功地为你的那些偏离正轨的运动找到一个中心，为了你的剧烈、为了你的各种激情、为了你的各种弱点而爱着你；以一种宗教式爱心的畏惧和战栗爱着你[8]，因为我看见了各种对正途的偏离，并且因为，对于我，你是某种完全不同于“一种现象”的东西。在我这样地看见你出格离轨、看见你像一匹野马那样暴跳并且后撞又前冲的时候，这时，是的，在这时我会丢弃掉所有教育学上的蹩脚方式，但是我会想着一匹不驯的烈马，但也看见那把持缰绳的手、看见那高悬在你头上的严酷的命运之鞭。最后等到这一考察终于到了你的手上，这时你也许会说，是啊，这不可置疑地是他为自己设定出的一项巨大的工作，但现在让我们看，他是怎样完成这项任务的。也许我对你谈得过于温和、也许我对你容忍过多，尽管你有着你的骄傲，我仍然对于你有着一种权威，也许我应当更多地对你用上这一权威，或者，也许我根本不应当让自己与你进入这一谈话内容进行交谈；因为以许多方式看你终究是败坏的人，一个人和你相交越多，问题就越大。这样，你不是婚姻的敌人，但是你滥用你反讽的目光和你讥刺的奚落来嘲笑它。在这一考虑上我完全承认：你不是在出拳打空气[9]，你是确实地击中了目标的，你有诸多敏锐的观察；但我也想说：这也许就是你错处所在。你的生命变成了对于“去生活”的纯粹的尝试性努力。你也许会回答说，比起去奔驰在烦琐之铁轨上[10]并且像原子一样没有条理地迷失在社会生命群落中，你这样的生活总还是要更好些。前面说过，我们不能说你是一个仇恨婚姻的人；因为你的想法无疑从不曾真正达到过这么远，至少不至于超过“对此心生反感”的程度；如果不是如此，那么请你原谅，那么我是以为你不曾对这事有过周密的考虑。你所喜欢的是最初的盲目钟爱。你知道怎样去使你自己沉溺和隐藏在一种梦想着的、陶醉于情欲之爱的神秘视能[11]之中。你就好像是将你自己彻底地围裹在最精致的蛛网之中，而现在你坐在那里伺机以待。但是，你不是一个孩子，不是一个正在醒来的意识[12]，因此你的目光另有别的意味；但你对之是感到满意的。你喜爱偶然的东西[13]。一个处在一种令人感兴趣的处境中的美丽女孩的一丝微笑，眼目偷窥的一瞥，这是你所追猎的东西，这是你漫无目标的幻想所具的动机。你总是将“作为一个观察者”作为你引以为自豪的事实，作为对此的代价，你不得不忍受自己成为观察的对象。我想提醒你去回想一个事件。一个美丽的女孩，你偶然地（因为，这一点自然是我们应当强调的，你既不知道她的社会地位，也不知道她的名字，也不知道她的年龄以及诸如此类）在一张饭桌上坐在她旁边，她实在太腼腆而不会向你投出一瞥。一瞬间里，你是不知所措的，到底那是不是纯粹的羞怯，或者到底在那之中有没有混杂着一种困窘，这困窘在得以阐明的情况下能够将她展示在一种令人感兴趣的处境之中。她正对一面镜子坐着，你能够在这镜子中看见她。她向那镜子投出羞涩的一瞥，不曾感觉到你的目光已经在此之中有了居所，在你的目光遇上她的目光时，她脸上泛起红晕。你保存起这些，就像银板照相[14]那样准确，就像这银板照相一样迅速，人们甚至在哪怕最糟的天气也只用半分钟[15]的时间。啊！是的，你是一个古怪的家伙，一忽儿是孩子，一忽儿是老人，一忽儿你带着一种巨大的严肃性想着那些最高的科学问题——想着你怎样为之奉献你的生命，一忽儿你是一个坠入爱河的傻瓜。与婚姻你相距太远，我希望你善良的保护神[16]会使你得免于走上歧路；因为有时候我觉得我在你这里感觉到一种这样的痕迹：你有兴致去扮演一个小小的宙斯[17]。你对你的爱情是那样地感到自傲，以至于你肯定是以为每一个女孩都必定会因为成为你八天的情人而作出幸福感叹。现在，你可以暂时在你继续你的美学、伦理学、形而上学、世界学等等的学业的同时也继续你的多情学业。人们不会真正地对你生气，“那恶的”在你的身上（就像中世纪人们对之所领会的那样）有着某种附加的问候和童稚气。考虑到婚姻的话，你总是持有一种“仅仅是观察者”的态度。在“仅仅只是想作为观察者”之中有着某种叛卖性的东西。你曾多么频繁地让我开怀欢笑，是的，我很愿意承认这点，但是，你有那么多关于你怎样一忽儿潜入这一个、一忽儿潜入那另一个丈夫的隐秘中去看他在婚姻生活的沼泽中陷得多深的故事，你又曾是多么频繁地通过你的那些故事来使我感到头痛。对于去潜入人们的内心，你真的有着极大的天赋，我不想否认你这一点，另外，听你谈及你由此得出的结果，每每在你有能力把一种真正新鲜的观察带进集市的时候见证你的狂喜，也确实是一件愉快的事情。然而，老实说，你的心理学的兴趣所在不具备严肃(Alvor)，而更多地是一种疑郁症型的好奇。

然而，回到事情本身。有两件事是我尤其有必要将之视作我的任务的：去呈示出婚姻在审美上的重要意义，也去呈示出，尽管在生活中有着各种各样的阻碍，婚姻中的“那审美的”是仍然能够被保持下来的。然而，为了使得你能够带着更大的安全感去投身于你通过阅读这短短的文章而可能获得的陶冶，我会不断地让一段辩论性的前导文字先得以展开，在这前导文字中有着针对你的讥嘲观点而作出的相应考虑。我希望自己也以这样的方式向群盗之国付出了相应的贡品[18]，并且于是能够放心地着手于我的任务；因为我确实处在我的任务之中，我这个自身是丈夫的人在为婚姻而斗争——为祭坛和炉膛[19]。我向你保证，这件事是我所非常挂心的，如果我敢去希望自己从“婚姻本身可能已经崩溃”的地狱中拯救出哪怕只是一场婚姻，或者，如果我敢去希望自己使得一对人更有能力去完成那种专为一个人而设置出的最美丽的任务，那么，我这个“本来觉得自己不那么容易会受诱惑去写书的人”也确实会受到诱惑去写书。

为谨慎起见，有时也会因为机缘的需要而以我的妻子以及我与她的关系为例子，并非是我擅自在把我们的婚姻树立成规范范例，而是部分地因为通常的那些从空气中无中生有地抓来的诗意描述没有什么特别说服力，部分地因为我认为展示出这样一点是很重要的：甚至在日常的情况下我们也还是有可能去保存“那审美的”。你认识我许多年了，你认识我妻子有五年了。你觉得她真的是很美丽，尤其是富有魅力而又端庄，我也是这样认为的；然而我很清楚地知道，她在早晨不像在晚上那样美丽，某种忧伤的，几乎是病态的色调一点一点慢慢地在一天中消失，到了夜晚才被忘却，这时她才真正可以说是羞花闭月。我非常确定地知道，她的鼻子并非是无缺陷地完美，它太小，但它还是自豪地转向世界，并且我知道这一小小的鼻子为那么多的小小调侃给出机缘，以至于即使有这样的可能我也绝不愿去想让她拥有比现有的更美的鼻子。比起你所那么迷狂地热衷的意义，这是一种由生活里的偶然事物所给出的远远更为深刻的意义。我为所有这美好的东西而感谢上帝并且忘记掉虚弱的东西。然而这却并不是很重要的；有一件事，为之我是在我整个灵魂中感谢上帝的，这就是：她是我唯一所爱、最初的爱；有一件事，为之我是全心全意地祈求上帝的，这就是：他将给予我力量让我绝不爱上任何别人。这是一种她也参与在内的家庭祈祷；因为对于我，由于我使得她参与其中，每一种情感、每一种心境都获得了一种更高的意义。所有情感，甚至最高的宗教情感，在一个人总是与之独处时，都会具备一定的慰藉；处于她的在场之中，我同时是牧师和教众[20]。如果我有时变得太不温柔而以至于不去回忆这一美好、太不知领情而以至于不去为此感恩，那么她就会提醒我去回忆和感恩。你看，我年轻的朋友！这不是钟情的最初日子中的逢迎调情，不是实验性的爱欲之中的尝试，如此就像每一个人在订婚的日子里几乎都会向自己和自己的爱人提出这样的问题：她在从前是否爱过，或者，他自己从前是否曾爱上过什么人；但这是生活之严肃，然而这却不是冷漠的、不是不美的、不是不具情欲的、不是毫无诗意的。她确实地爱着我，我确实地爱着她，并非是仿佛我们的婚姻在年华的流逝中已经与其他人们的婚姻一样地达到了一种坚固性，这是我真正在心中强烈地感受到的，而让我感到高兴的是，我们最初的爱仍然在不断地得以重焕青春，并且这一次也是如此：这对于我既有着审美的意义又有同样重大的宗教意义，因为上帝对于我并没有成为一种那么超凡的东西，以至于他会不关心他自己在男人女人间建立出的那约定[21]，而我则也没有变得如此精神化以至于生活的凡俗面对我不再具有其意义。所有那置身于异教的爱欲之中的美好事物，只要它与婚姻有了关联，那么它在基督教之中就有着其有效性。这一对于我们的最初之爱的青春化，它不仅仅是一种忧伤的回顾或者一种人们最终用来使自己沉溺的诗意回忆（所有这一类东西都是在将人消耗殆尽）；它是一种“去行动”。总的来说，在人们必须让自己满足于“去回忆”时，这一瞬间会足够早地到来；人们应当尽可能长久地保持让生命的新鲜泉源流畅着。相反，你则是真的靠猎掠来生活的。你在人们的不知不觉中潜向他们，从他们那里偷窃走他们的幸福瞬间、他们的最美好瞬间，像那施勒密尔故事中的长人那样，把这一影子图像藏进你的口袋，并且在你想要拿出来的时候把它拿出来[22]。无疑，你说，那些相关的人们并没有因此而失去任何东西，他们也许自己常常并不知道哪一个瞬间是他们最幸福的瞬间；你认为他们相反应当对你心怀感激，因为你通过你对启蒙明智的研究、通过你的魔术公式使他们得以在无限瞬间的超自然尺寸中理想化地显现出来。也许他们因此什么也没有失去，不过他们会不会有可能保留下一种对此的、总是会让他们感到痛楚的回忆，这也还是一个问题；但是你有所失，你失去你的时间、你的安宁、你活着的耐性；因为你很清楚地知道你是多么地没有耐性，你从前给我写信说，那承受生命之担子的忍耐性必定会是一种非凡的美德，你甚至觉得连愿意活着的耐性都没有。你的生活消释在纯粹如此的“令人感兴趣的”各种细节之中。一种能量在这样的一些瞬间映透你，如果我们敢于大胆地希望这能量能够在你身上赢得一种形象、能够前后连贯地蔓延覆盖你的生活，那么，在你身上肯定就会出现某种宏伟的东西；因为你自己在这样的一些瞬间里获得了一种美好的光辉。在你的身上有着一种骚动，意识在这种骚动之上明亮而清晰地盘旋着，你的整个生命集中在这唯一的点上，你的理智设计出上百种计划，你为出击做好了准备；在一个方向上它失败了；刹那间，你那几乎是恶魔般的辩证法能够这样地为前面发生的事情作出解释：它必定是有助于那新的行动计划的实现。你持恒地盘旋于你自身之上，并且，尽管每一步都会是那么有着决定性的意义，你仍然在你自身之中保留着一种“以一句话能改变一切”的解说可能性。这时，再加上整个心境的化身。你的眼睛闪耀着，或者更准确地说，它仿佛是像一百只反光的眼睛在同时辐射着[23]，一抹转瞬即逝的红晕急速地漾过你的脸；你安心地信赖你的算计，然而你却带着一种可怕的不耐烦等待着。是的，我亲爱的朋友，我最终真正是觉得你在欺骗你自己，所有你所谈论的“在一个人的幸福瞬间里抓住他”都只不过是（你所抓住的）你自己的额外心境。你是那样地强性，以至于你创作着[24]。出于这原因，我认为这对于别人并没有什么大危害；对于你这是绝对有害的。难道在其根本上这岂不是以某种极其无信义的东西为基础的。你肯定会说：你不干人们什么事，相反他们应当感谢你，因为你通过你的触摸并没有像喀耳刻那样把他们变成猪[25]，而是使他们由猪变成英雄。你说，这完全是另一回事，如果有人确实是真正地信任你；

然而你却至今从不曾遇上过这样的人。你的心被感动，你在“你要为他牺牲一切”的想法之中完全被你的真挚感动融化了。我也不想否认你有某种性情和善的助人之心，比如说，你资助贫困者的方式真的是美丽的，你有时在日常中所具的温情就其自身是有着某种高贵品质的，然而无论如何，我仍然觉得，在这里又一次是隐藏着某种洁身自好的清高。我不想向你提及各种由此得出的个别的古怪表述，如此地去完全阴暗化那些能够在你身上出现的善品，这是说不过去的；相反我想向你提一下你生命中的一个小小事件，回想一下这一事件对你不会有什么害处。你以前曾向我说起过，在一次散步中你走在两个贫穷的妇人身后。我在此刻对那处境的描述可能不具备你在你全神贯注于这一想法而急匆匆地找到我的时候所具有的那种生动。那是两个出自拉德皋[26]劳动教育院的妇人。也许她们知道那些生活更美好的日子；但是那已经被忘却了，拉德皋不是什么让人看见希望前景的地方。在她们中的一个拿出鼻烟自己吸了并且递向另一个的时候，她说：但愿我能有五元国家银行币[27]。也许她自己都为这一大胆的愿望感到意外，这一愿望同样地在堤坡带[28]之外回响却没有获得任何应许。你向前走近她们；在你跨出那决定性的一步之前，你已经拿出了你的钱包并掏出五元国家银行币的纸币，这样，那处境就能够保持其应有的弹性而她不至于过早地预感到什么。你走向她们，几乎是带着一种伺役精灵所具的谦卑的礼貌；你把这五元国家银行币给了她并且消失了。你为这样的想法而欣喜雀跃：这会为她带来怎样的印象、她是否在这之中会看见一种神圣的天意，或者，她那也许因许多苦难而达成了某种挑衅意识的头脑是不是反而会带着鄙夷抵制这在此是有着偶然性色彩的神性治理。你讲述道，这为你带来了一个这样的机缘，使你去考虑：这样的一个对于“一个这样偶然地表露出来的愿望”的完全偶然的实现是不是恰恰会把一个人带进绝望，因为这样一来生活的实在性在其最深刻的根子里被否定掉了。这样，你所想要的是去扮演命运，你所真正为之欣悦的是那由此可被编织出的各种反思所具的多样性。现在，我很愿意向你承认，如果我们把“命运”这个词和关于“一切之中最不稳定和最反复无常的东西”的观念联系在一起，那么，你真的是很擅长于扮演命运；就我而言，我完全可以让自己满足于生活中的一个不怎么卓越的使命。另外，在这一事件中你会看见一个也许能够让你明白“在怎样的程度上你没有因为你的实验而对人们起到有害的作用”的例子。你觉得在你这边看你是有好处的；你给了一个穷妇人五元国家银行币，实现了她的最高愿望，而你自己则也承认了：这对于她完全可以有着这样的作用，就像约伯的妻子劝告约伯的情形，你使得这妇人咒骂上帝[29]。你可能会说，这些后果不是你所能够决定的，如果一个人要这样地算计后果的话，那么他就根本无法作出任何行动；但是我要回答：不，他当然能够作出行动。假如我有五元国家银行币，我或许也会把这钱给她，但是我自己也会意识到，我不是在进行什么实验；在这样的一个时刻我会觉得自己是一种神圣天意所使用的卑微工具，我会保持让自己意识到，这种神圣天意会把一切安排得最好，而我自己则没有什么可责备自己的。你的生命有多么不确定、多么飘忽，你也能够以你自己的不确定来使自己明白这一点，你根本无法确定，这样的事情会在什么时候使你的心灵感到沉重：你的疑郁症型的敏锐和精明能够将你蛊惑进一个由各种后果构成的圈子，你徒劳地想要使自己从这圈子中挣脱出来，你翻天覆地地想要重新找到那个穷妇人以便能去观察这事为她留下了怎样的印象，“以及以怎样的方式能够最好地使她受到影响”；因为你仍然是同样的你，并且永远也不会获得什么教益。在你的心灵激荡之下完全有可能是这样，你会决定去忘却你的那些伟大计划、你的那些研究，简言之，与“去找到这个穷妇人”的想法相比，一切对于你都可以是无所谓的，而这穷妇人可能在很久以前就已经死去并消失。你以这样的方式寻求去补救你所做错的事情，这样，你生命中的任务就其自身而言就变得那么有争议性，以至于我们能够说，你想同时作为命运和上帝，一个上帝自身无法完成的任务，因为他只是那唯一者。

你所展示出来的热情，无疑可以是很值得赞美的，但你却没有看见这样一个事实越来越清楚地显现出来：你所缺少的，你所完全地缺少的，是信仰。你不去通过“将一切交付在上帝的手中”来拯救你的灵魂、不去走这条捷径，相反你却宁可去选择那没有穷尽的、也许永远也不会将你导向目标的迂回路。现在，想来你会说：是啊，这样一来，一个人就永远都无需作出行为；我会答复说：不，当然要作出行为，如果你自己明白了，你在世界中有着一个位置，这个位置是你的，你要在这个位置上集中起你的所有活动；但是你以你的方式所作出的这种行为则无疑是临近于疯狂了。你会说，尽管你可以让手停留在怀中而让上帝去安排一切，但那样的话，这妇人可能就不会因此而得到帮助；我会回答说，很可能是这样，但这样一来你就得到了帮助，而这妇人也会得到帮助，假如她也同样地将自己交付给上帝的话。难道你没有看出，假如你现在真的穿上旅行靴，行走到世界之中并且浪费你的时间和力量，那么你就会错过所有其他活动，而这其他活动也许会在之后的某个时刻再来折磨你。但是，正如前面所说，这一反复无常的存在（Existens），它不就是背弃不忠吗？无疑，在这件事情上[30]似乎是这样，你通过“在世界里周游去找到那穷妇人”来展示出一种非凡的、前所未闻的忠实；因为那感动你的丝毫不是什么自私的东西；这当然不同于一个爱者出去寻找那被爱者的情形；不，这是纯粹的同情之心。我会回答说：你固然要小心别去将这一情感称作自私，然而这是你惯有的反叛性自负。所有借助于神圣的和人为的律法而得以确立的东西都是你所鄙夷的，并且，为了得免于这些东西，你去抓住那偶然的东西，比如说在这里的情形是一个你所不认识的穷妇人。考虑到你的同情之心，那么它也许是纯粹的同情——对于你的实验而言。在所有方面你都忘记了这一点：你在这个世界中的存在则是不可能只依据“那偶然的”，而在你将这偶然的东西当成首要事情的那一瞬间，你完全忘记了你对你的最邻近者[31]所应做的事情。我非常清楚地知道，你不缺乏诡辩的机智来粉饰，也不缺乏反讽的机巧来淡化，对此你大概会这样回答：我并不是那么自大，我不会自以为是那能够在一切之上起作用的人，我把这样的全能工作留给那些卓越者，只要我能够对某种非常简单的事物起到我的作用，我就已经心满意足了。但在根本上这则是一个巨大的谎言；因为你根本不想起作用，你是想要进行实验，你从这一视角出发观察一切，常常带着极大的放肆；活动性一直是你讥嘲的对象，就像你有一次曾说及一个以一种滑稽的方式离开人世的人，这事让你津津乐道了好几天，本来人们在总体上对于他生活的意义一无所知，但是现在人们能够谈论他了，说他真的并不是白白地活了一场。

正如前面所说，你想要充当的是命运。现在，稍停片刻。我并没有打算对你进行布道，但是有着一种严肃，我知道，对这严肃你甚至有着一种非同寻常地深刻的尊敬，并且，每一个有足够权力在你身上唤出这一严肃的人，或者每一个有对你的足够信任来让这严肃在你身上登场的人，都会在你身上看出另一个人来，我知道这个。想象一下，让我们看一下那最高级的吧，想象一下，如果一切事物的全能渊源、天上的上帝只是这样地想要将自己设定为一个对于众人而言的谜、想要让整个人类在这一可怕的不确定性之中飘忽，如果是那样的话，那么，在你的内在真挚之中难道不会有着对此的反感，难道你会在任何瞬间忍受这份苦恼，或者，难道你能够使得你的思想在任何瞬间去抓住这一恐怖?！然而，无疑他肯定，我敢这样说，几乎会使用这骄傲的说辞：人与我何干[32]？但因此事情恰恰也完全不是如此；在我说“上帝是不可理解的”的时候，我的灵魂升到了最高点上，我恰恰是在那些至福的瞬间里这样说，“不可理解的”，因为他的爱是不可理解的，“不可理解的”，因为他的爱超越了所有理智[33]。说及上帝，这“不可理解的”所标示的是那最高的；如果人们不得不以此来说及一个人，那么它总是标示了一个错误，有时候是一项罪。基督并不把“等同于上帝”看成是一种强夺而是将之当作一种对自身的谦卑贬抑[34]，而你则要把那些赋予你的精神礼物看做一种强夺。好好想一想吧，你的生命在流逝，有一天这样的时刻也会走向你，你会面临你生命的终结，那时不再有什么生活下去的出路被向你显示，那时只剩下回忆，那回忆，只是不是你所非常喜爱的那种意义上的回忆、那种诗意与现实的混合，而是良知的严肃而忠实的回忆；你要警惕，别让它为你打开一卷列单，不是各种真正犯罪的列单，而是各种被销蚀掉的可能性、各种影像[35]的列单，就仿佛对于你要赶走它们是不可能的。你仍然年轻，你所拥有的精神韧性非常适合于青春并且在一段时间里为眼睛带来快感。人们因为看见一个小丑而感到惊奇，他身上的关节是那么地柔软，仿佛对于一个人的步法和姿态来说的所有必然在他那里都被取消掉了；在精神的意义上你就是如此，你就仿佛是能够像立足于两脚那样地以头来倒立，一切对于你都是可能的，而通过这一可能性，你使别人、也使你自己惊奇；但这是不健康的，并且，为了你自身安宁的缘故，我请求你谨慎，注意别让那本来在你身上是长处的东西最后成为一种祸因。每一个有着一种信念的人都无法这样随心所欲忽上忽下地对自己和对一切进行颠倒。因此我不是警告你去防范这世界，而是警告你防范你自己并警告世界防范你。在这样的范围里可以肯定：假如我有一个女儿在你这样的年龄，她有这样的可能性会受到你的影响，那么，我会在极大的程度上警告她，尤其是，假如她另外还很有天赋的话。我自以为自己，尽管不是在敏捷的方面如此，但至少在稳固和坚定的方面可以和你有一比，尽管不是在反复无常和卓越出色的事情上，但至少在持恒的事情上可以和你有一比；难道我不是有理由来警示出对你的防范，既然我确实会不时地带着某种不情愿感觉到你对我有着一种迷惑力，它使得我听任自己去沉湎于你的欣喜雀跃、沉湎于你用来讥嘲一切的那种表面上和善的诙谐机智，它使得我听任自己去沉湎于你生活所立足于的这同一种审美——智性的陶醉。因此我无疑是感觉到，我对你有着一定程度的不确定性，有时候我对你过于严格、有时候则过于宽松。然而这却并不奇怪；因为你就像是一种对于所有可能性的总体概要，因此，人们在你身上有时候会看见“你步入败坏”的可能性、有时候则会看见“你得到拯救”的可能性。你追踪每一种心境、每一种想法，善的或者恶的，喜悦的或者悲哀的，一直追踪到其最终极限，但却是以这样一种方式：这追踪行为更多地是普遍一般地[36]而不是就具体事件而言地[37]发生的，这一追踪本身更多地是一种心境，由此心境得不出别的结果，而只会是得到一种关于这心境的了知，甚至都不足以让你在下一次投身于这同样心境时觉得更艰难或者更容易；因为你持恒地保留着对此的可能性。因此，人们几乎就是在这一方面能够指责你、一方面又完全无法对你有所指责，因为这是在你身上但同时又不在你身上的事物。根据“具备了这样一种心境”的情况，你会承认或者不承认它，但是每一种在责任上的考虑都把你排除在外；而那对于你来说是重要的事情则是：在悲怆的意义上真实可靠地说，你完完全全地有过这心境。

于是正如前面所说，我要在这里讨论的是婚姻的美学意义。看起来，这样的讨论会显得像是一种多余的考究、像是某种每一个人都会承认的东西——因为这东西在通常被人足够频繁地指出来；因为，数百年下来，难道骑士们和冒险家们不是已承受了难以令人置信的辛劳与艰难以求在最终停靠进一种幸福婚姻的平静安宁之中么？数百年下来，难道小说的写作者们和阅读者们不是在一卷又一卷书页中跋涉着以求驻足于一场幸福婚姻上么？只要是在第五幕里大致会有“出现一场幸福婚姻”的可能性的情况下，一代又一代人难道不是一次又一次忠实地忍受了前四幕的艰难和复杂么？然而，通过这些巨大的努力，却只达成了微乎其微的对婚姻的美化，并且，我非常怀疑：是不是真的有人曾在对这一类文字的阅读中感觉到自己有了更大的技艺、因而能够更熟练地去完成他为自己设定出的任务，或者感觉到自己在生活中是有着确定的方向的；因为，这恰恰就是那些文字中不健康的方面：它们在它们本来该开始的地方结束了。在承受了那许许多多劫数命运之后，那些相爱者们终于相互沉陷在对方的臂弯中，幕布落下，书终结，但读者还像原来一样，并没有变得更聪明；因为，如果我们有那在其自身的最初绽放中的爱情作为前提条件的话，那么，去具备足够的勇气和睿智以竭尽全力为拥有一个人视作是唯一至善的东西而斗争，却又在同时也一样具备审慎、智慧和耐心去克服那种通常会在愿望实现时伴随而来的钝惰，这其实并不需要有什么伟大的技艺才能够做得到。爱情看来是并不嫌自己承受足够多的麻烦去获得对所爱对象的拥有，这在爱的最初绽放中是完全很自然的事，如果没有各种危险在场，那么，只是为了去克服它们，爱情也还是会自己去搞出一些诸如此类的东西来。这就是这一方向上的全部注意力的集中点，而一旦这些危险被克服，舞台技师就马上会获得消息放下幕布。因此，我们很少会看到或者读到一场婚礼仪式，除非这歌剧或者芭蕾预定下了这样一个环节来引导出某种戏剧性的胡闹、引导出辉煌的队列仪式、引导出一种伴舞角色意味深长的姿态和天堂般崇高的注目、引导出对戒指的交换，等等。在这全部的发展中作为真谛的东西、那真正具有审美意义的东西是在于：爱情被设定在追求之中，我们看见这感情在挣扎着要通过一种对立面。那出了毛病的地方则是：这一挣扎斗争、这一辩证法完全是外在的，而爱情从这一斗争中出来，就像它进入这斗争一样地抽象。只有到了那关于爱情的自身的辩证法的观念、关于它悲怆的斗争、关于它与“那伦理的”、“那宗教的”之关系的观念醒来的时候，这时人们才真正不需要硬心肠的父亲、处女闺房或者着魔的公主或者巨人精灵或者妖怪来让爱情完全地获得机会来展示其能耐。在我们的时代，我们很少再会碰上这样的冷酷父亲或者这样的可怕妖怪，因此，只要新文学是以一种类似于旧文学的方式来构建出自身的，那么金钱就真正地成为那种“对立之中介”，爱情则是通过这种中介来运动的，这样一来，在有着“一个富有的叔父会在第五幕死去”的理由充分的前景预测时，人们就完全可以再苦熬上四幕。

然而，人们却很少真正看见这样的表演，并且，在总体上说，新文学是在全神贯注地忙碌于去让爱情在抽象的直接性[38]之中（在此之中爱情是在真正的小说世界中呈现出来的）变得可笑。比如说，如果我们看斯可里布的戏剧创作活动[39]，那么我们就会发现，他的首要主题之一就是“爱情是一种幻觉”。然而我却只需提醒你这一点；你对斯可里布以及他的辩题有着太多的好感，至少我相信，你是想要让整个世界认可它，尽管你想为自己保留下那种骑士式的爱情；因为你远远不是那种缺乏感情的人，以至于从感情的角度看，你是我所认识的最嫉妒的人。我还能想起，你那时寄给我一篇对斯可里布的《最初的爱》的小小评论[40]，那是以一种几乎绝望的狂热写成的。你在那评论之中宣称：那是斯可里布所曾写下的最优秀作品，正确地理解的话，单这部剧作已足以使得他不朽了。我想提及一部剧作，在我看来，它则又显示出了斯可里布所写出的剧中所匮乏的东西。它就是《永远》[41]。他在这里对一种最初的爱进行了反讽化。借助于一个精明的母亲（另外她还是一个优雅的世界女士），一种新的爱情被确立了出来——她将这种爱情看成是可靠的，但这对于那不满足于“诗人在这里完全只是很偶然地丢下一个句号”的观众来说就很容易显现为另一种情形：同样地，完全也有可能会有第三者出现。总的来说，我们值得去注意一下，新时代的诗歌在怎样的程度上在起着吞噬性的作用，并且它又是怎样在更长久的时间里完全是依靠爱情生活的。我们的时代在极大的程度上令人回想起希腊城邦的瓦解，一切持存着，然而却没有人相信这回事。那赋予它有效性的无形精神纽带消失了，于是整个时代同时既是喜剧性的又是悲剧性的[42]；说它是悲剧性的，因为它进入毁灭，说它是喜剧性的，因为它持存着；因为，它继续不断地总是那“承受着易败坏者”的不败坏者，那“承受着肉体者”的精神者，并且，如果我们能够想象出“一个无灵魂的肉体在一小段时间里仍然能够完成那些通常的功能”的话，那么它就会以同样的方式既是喜剧性的又是悲剧性的。然而，只是让时间去吞噬吧，它吞噬掉了很多罗曼蒂克爱情中的实质性内容（substantielle Gehalt[43]），那么，在这一毁灭不再为人带来惬意的时候，它就会带着越多的恐怖感而意识到它自己所失去的东西，并且，带着绝望地感觉到自己的不幸。

现在，我们会看见这个消灭了罗曼蒂克爱情的时代是怎样给出了某种更好的东西来作为替代的。然而，我首先必须为罗曼蒂克的爱情指出其标志。用一句话我们可以说，它是直接的；“见她”和“爱她”是同一回事，或者，虽然她只是透过那关闭的窗扉之缝隙只见过他一眼，然而她从这第一瞬间的一瞥开始就爱上了他，整个世界里唯一的他。现在，我在这里无疑是应当为一些争议的倾泻给出空间，这样，在你这里就可以把胆汁分泌充分发动起来，因为，如果想要健康而有益地吸取我所要说的东西，那么这得到充分发动的胆汁分泌[44]就是一个前提条件。然而，我却不能决定这样做，出于两个原因，一方面这种罗曼蒂克的爱情在我们的时代相当精疲力竭，并且老实地说，既然你本来就一直是反对它的，那么要让你在这方面随这一潮流而动，那是令人无法理解的，一方面我确实是对它之中的真相保持了一定的信仰，对它有着一定的敬畏，因为它而有着一定的郁忧感。因此，我只是在这一倾向上提及你的争议的口令、你的一篇小文章的标题，多愁善感的[45]而令人费解的同感或者两颗心的先定的和谐[46]。歌德在他的《有择之亲和力[47]》中首先技艺精湛地让我们在自然的形象语言中感觉到并在之后去精神的世界里实现的那种东西[48]，其实就是我们在这里所谈论的东西，只是歌德是通过一种诸环节的循序渐进（也许是为了显示出精神生命和自然生命间的差异）而力求去发动这一吸引力，而不是强调那亲和者用以寻求合为一体的那种急速、那种坠入爱情的不耐烦和果断。这样去想象一下，两个存在物是相互为对方而得以决定的，难道这不是一种美好吗！难道不是这样吗，人们常常有着一种想要走出历史意识的愿望，一种渴慕，一种神往着那远在我们身后的原始森林的乡愁，而在这之上又联系着一种关于“另一个存在物在这一方土地上也有着其家园”的想法，这时，这一渴慕难道不是得到了双重的意味吗？因此，每一场婚姻，甚至那种根据深思熟虑的算计而达成的婚姻也是如此，都有着一种愿望，至少在某个特定的瞬间，想要去想象这样一种前景。那作为精神的上帝同时也爱着尘俗的爱情，这难道不是美好吗？在已婚的人们那里有许多这方面的谎言，这是我肯定承认的，并且你在这方面的观察常常让我觉得好玩，但是，它之中的那真的东西则是我们所不应当忘记的。也许某个人想着：在对“自己的生命的女伴”的选择上有着完全的把握肯定是更好的；但是一种这样的表述泄露出了一种极大程度上的狭隘固执和愚蠢的自负，并且根本感觉不到这样的真相：罗曼蒂克的爱情在其自身天赋之中是自由的，而恰恰这一天赋是它的伟大之处。

罗曼蒂克的爱情只是依存于自然的必然性，它正是通过这一点而将自身显现为“直接的”。它的根本是在于美，部分地是在于感官性的美，部分地是在于那种通过“感官性的东西”[49]并且在这“感官性的东西”之中借助于这“感官性的东西”而被展示出来的美，不过，在后一种情形中它却不是通过一种深思熟虑而显现出来的；相反，它就仿佛总是在蓄势以待地等着要表现出自身，透过这思虑而向外探头窥视。尽管这一爱情在本质上是基于感官性的东西，然而因为它所吸收进自身的那种永恒之意识的缘故，它却仍然是高贵的；因为，它在自身之中有着一道“永恒”的烙印，正是这一事实，将所有爱情从情欲之乐中区分了出来。那些爱着的人们真挚地确信他们的关系是一种永远不会有变化的完全的整体。然而，既然这确信只是以一种自然的定性作为其基础的，那么，“那永恒的”就只能以“那现世的（det timelige）”为根基并因此也就取消了它自身。既然这一确信没有通过任何考验、没有找到任何更高的依据，那么它自身就作为幻觉而显现出来，因此，要使得它变得可笑就是非常容易的事。然而，我们不应当那么轻易地对此作出应承，并且，在新时代的喜剧中看见那些经验老到、诡计多端而扭捏愚蠢的女人，她们都知道爱情是一种幻觉，这在事实上确实是令人反胃。在我所知的生物中再也没有什么是比一个这样的女人更恶心的了。我最受不了的就是去看见一个多情热烈的女孩落在这样一种人手上，再也没有什么放荡的事情能够令我厌恶到这样的程度，再也没有什么东西能够让我反感到这样的程度。事实上这要比去想象她落在一个诱惑者俱乐部的手上更可怕。看见一个弄掉了生命中所有具有本质性意义的东西的男人，这是可悲的，但是，看见一个女人走上这一歧路则是可怕的。然而，正如前面所说，在设想出的永恒上，罗曼蒂克的爱情与“那道德伦理的（det Sædelige[50]）”有着一种相似的地方，这种“设想出的永恒”使得它高贵并且将它从单纯的感官性中拯救出来。就是说，“那感官性的”是刹那间的东西。“那感官性的”寻求瞬间的满足，它越是优雅，它就越知道怎样去把享受的那瞬间弄成一种小小的永恒。因此，爱情中真正的永恒，也就是那真正的道德伦理性，首先是将这爱情从“那感官性的”之中拯救出来。但是，要能够把这一真正的永恒展示出来，就要求有一种意志定性，但是关于这个，我们将在后面进行更多的谈论。

罗曼蒂克爱情所具有的弱点是我们的时代所非常明察的，我们时代针对它而进行的反讽的争议时也曾是非常好玩的；我们的时代究竟有没有对这毛病进行了补救，它设定出了什么作为替代的东西，这是我们现在要看的。人们可以说，它是选了两条路走进去，在这两条路中，一条在乍看之下马上就显现为歧路，就是说，不符合伦理道德的；另一条更受尊敬的路，我认为则是漏掉了爱情之中更为深刻的东西。这样，假如爱情是依据于“那感官性的”，那么每一个人都很容易地认识到，这一骑士式的忠贞就是一种愚蠢。这样一来，就没有什么奇怪的了，女人想要的解放[51]——这是我们时代的诸多不美丽现象之一，其原因还是在男人们这里。爱情中的“那永恒的”成为讥嘲的对象，“那现世的”获得了保留，但“那现世的”又在一种感官性的永恒里、在拥抱的永恒瞬间中获得了提炼。我在这里所说的东西不仅仅可以被运用在某个像野兽一样地巡游于世界的诱惑者身上，不，它也可以适合于一个常常是由有着无数很高的天赋的人们构成的合唱团，而宣称“爱情是天堂、婚姻是地狱”的不仅仅是拜伦[52]。现在，我们可以很清楚地看到，这里有着一种反思，而这是罗曼蒂克的爱情所不具备的某种东西。这反思完全能够把婚姻附带地包容进来，把教会的祝福看成是又一个美丽的节庆而却无须让这种祝福真正地获得其本身原有的意义。上面所谈到的爱情，本来是带着一种可怕的理智之坚定和顽固，而现在因为这一反思的缘故就找到了一种关于“什么是不幸的爱情”的新的定义，这就是“在一个人不再爱的时候被爱”，而不是“在得不到回报之爱的情况下去爱”[53]。事实上，如果这一倾向真的显示出了在这寥寥数语之中有着多么深奥的东西，那么它自己就会瑟缩回去；因为除了所有那见多识广有经验的、精明的、典雅精致的成分之外，这寥寥数语另外还包容了一种对于“世上是有良心存在的”的隐约感觉。这样一来，这环节就成为首要的东西，而且，我们不也是经常地听见一个这样的情人对那只能够爱一次的不幸女孩所说的厚颜无耻之辞吗：我要求并不很多，少一点我也能满足；我根本不会要求你在所有的永恒之中继续爱着我，只要你在我希望你爱我的这一瞬间里爱着我就行。现在，这样的一类情人非常清楚地知道，“那感官性的”是短暂而无法驻留的，另外他们还知道那一瞬间是最美丽的瞬间，并且他们就满足于这样的瞬间。这样的一种倾向自然是绝对地不符合道德伦理的，相反，它在想法中则以一种方式包含了一种向我们的目标靠拢的挺进，因为它对婚姻发出了一种正式的抗议。只要这同样的倾向在寻求一种稍稍更为端庄的外表，那么它就不仅仅是把自己限定在了那单个的瞬间里，而是将这一瞬间扩展成一个更长久的时间，不过，是以这样的一种方式：它不是把“那永恒的”收纳进自己的意识，而是把“那现世的”收纳下来，或者，以一种对于在时间中的可能变化的想象来让自己陷溺在与“那永恒的”相反的这一对立面之中。它认为一个人在一段时间里也许是能够忍受共同生活，但是它想要再让一条出路保持开放着，这样，如果有一种更幸福的选择呈现出来的话，就可以做选择。它使得婚姻成为一种公民事务安排[54]；人们只需通知相应的权力机关说，现在这一婚姻结束了而新的又缔结了，就好像人们去通知这一机关说自己搬家了。国家是不是由此而得到了助益，我对这个问题继续保持不置可否；对于那单个的人，这真的可以说是一种奇怪的关系。因此，人们肯定从来也没有看见它在现实中得到了实现，然而时代则总不断地以此来威胁着。这也确实需要有一种高度的厚颜无耻，我觉得我对此所用的这词句并不过分，正如它会泄露出一种濒临于堕落边缘的轻浮，尤其对于这一集团中的女性参与者是如此。然而，还有一种完全不同的精神倾向，也很容易会获得一种类似的突发奇想，这就是我要在这里作出进一步论述的，因为它对于我们的时代来说是很具标志性的。也就是，这样的一种分布方式可以是立足依据于自私的或者同感的沉郁之上。现在我们已经足够长时间地谈论了关于时代的轻率，我想，现在是到了稍稍谈论一下这时代的沉郁的时候了，并且，我希望一切都会更好地进行下去。或者说，难道沉郁不是这时代的毛病吗[55]，难道那甚至在轻率的笑声中回荡着的不是它吗，难道不正是这沉郁剥夺了我们去发出命令的勇气、去听从的勇气[56]、去做出行动的力量、去进行希望的信心吗？现在，当那些好心的哲学家们尽其所能来为现实给出剧烈度[57]（Intensitet）时，我们岂不也马上会被填充得如此饱满，以至于因此而噎得窒息吗？除了那现在在场的东西之外，一切都被割除了，这样就没有什么好奇怪的，人们在对于“失去这一切”的持恒恐惧中失去这一切。现在，这样的说法无疑是对的：一个人不应当消失在一种飞逝的希望中，并且，一个人要在云彩间变得神圣化[58]，那也不是以这样的方式，相反，如果真的想要享受，那么一个人就必须有呼吸的空间，而且，“打开天空”并非仅仅在悲哀的一瞬间是重要的，去具备一种自由开阔的景观而让门扉敞开，这在喜悦的时候同样是重要的。无疑，享受可能是失去了一定程度的剧烈度（就是这享受借助于这样紧张恐惧的限定而具备的剧烈度）；但是，由此而失去的东西其实并不多，因为这在一些方面与那种使得斯特拉斯堡的鹅[59]付出生命的强烈享受有着共同的地方。也许，要做到这一点，让你去认识到这个事实，可能会更困难一些，不过反过来，我却肯定无需更进一步为你阐述这种人们以其他方式来达成的剧烈度的含义。不用说，你在这方面是鉴赏大师，你，得到诸神赋予的美丽、财富和享受之艺术的人[60]。如果“去享受”是生命中的首要事情的话，那么，我会让自己坐在你的脚下学习；因为在这之中你是大师。有时候你能够使你自己成为一个老人通过回忆的漏斗来细品慢尝地吮吸你所体验过的那些东西，有时候你是处在涌流着希望的最初青春之中，有时候你以男性的方式享受，有时候你以女性的方式享受，有时候直接地享受，有时候享受对享受的反思，有时候享受对他人的享受的反思，有时候享受对享受的禁戒；有时候你放任自己投入，你的心神是开放的，就像一座投降了的城市那样容易进入，反思沉寂了下来并且那些陌生人的每一声脚步声都在那些空街中回响，然而，那里仍然还总是会留下一个观察着的小小的前哨；有时候你的心神关门闭户，你森严壁垒地躲起来，无法接近并且坚不可破。事情就是如此，另外，你还会看见，你的享受是多么地本位自私，你从不奉献出自己、从不让别人享受你。在这样的情况下，你无疑是有权去讥嘲那些被所有享受销蚀的人们，打一个比方吧，那些有着破碎褴褛的心的坠入爱河的人，既然你与他们相反——你是出色地懂得了这种艺术而以你的这种方式去爱，以至于这一爱情成为你自己人格上的放松。现在，你很清楚地知道，那最剧烈的享受是在于让自己带着“这享受也许会在下一刻消逝”的意识去紧紧抓住这享受。正因此，你才那么喜欢《唐璜》中的终结。被警察追逐、被整个世界追逐、被生者和死者追逐，单独地在一个偏僻的房间里，他再次聚集起自己所有灵魂的力量，他再次扬起自己的酒杯，他的灵魂再一次在音乐的声调中获得欣喜[61]。

然而，我仍然返回到我前面所指出的东西上去：一种部分地自私的、部分地同感的沉郁能够招致上面的那种观感。自私的沉郁自然是为了自身的缘故而畏惧，并且像所有沉郁一样，它是放纵于享受的。它有着某种过分的恭敬，对于面对整个生命的关联它有着一种秘密的恐怖感。“什么是可以让人相信的东西，一切都会变化，也许我现在所几乎崇拜的这一生命物会变化，也许以后的命运会把我带进与另一个生命物间的关联，也许这以后的另一个生命物才真正地会成为我所梦想的理想对象。”就像所有沉郁性一样，它也是目中无人的，并且自己也知道这一点，它想着：或许恰恰是“我以一条不可分解开的纽带将自己与一个人联系在一起”这一事实会使得这个我本来会以我的全部灵魂去爱的生命物变得让我觉得不堪忍受，或许，或许等等。同感的沉郁更为痛苦，并且也多少要更为高贵一些，它为了另一个人的缘故而畏惧它自己。又有谁能够确定地知道自己不会有所变化，也许我身上的那被我现在看作是“那善的”的东西会消失，也许我现在用来吸引住爱人并且只是为了她的缘故而想保存住的东西会被从我这里剥夺走，这时，她在那里站着，失望、受骗，也许一种辉煌的前景会出现在她面前，她受到诱惑吸引，她在这诱惑中也许无法自禁，伟大的上帝，我的良心怎能承受起这个啊；我没有什么东西可指责她的，发生了变化的是我，我原谅她一切，只要她能够原谅我这一点：我是那么地不谨慎而允许了她去走出如此决定性的一步。我自己当然知道，我当时不是去哄劝她，而相反是在警告她来防范我自己，我说，那是她的自由决定，然而，也许这一警告恰恰诱惑了她，让她在我身上看见了一个比我原本所是要更善良的生命物，等等。我们很容易看出，对于这样的一种思想方式，十年的关系和五年的关系也没有什么区别，所达成的裨益都是很小的，甚至不能够与萨拉丁和基督徒们所确立的一种十年、十个月、十个星期、十天、十分钟的关系[62]相比；并且，这样一种关系和一种一生的关系一样都是同样地微不足道的。我们很清楚地看到，这样的一种思想方式只是太深刻地感受到了“每天都有其烦恼”[63]这句话的意义。这是一种尝试，努力使得自己在每一天都生活得仿佛这一天就是决定性的日子，一种尝试，努力使得自己这样生活，仿佛一个人在每一天都在面临考试。因此，当一个人在我们的时代发现了一种要去中和抵消[64]掉婚姻的倾向时，那么这不是因为人们像在中世纪那样把不婚的生活看成是更完美的，而是因为这现象的根本是在于怯懦和对自我在安逸享乐中的放纵。另外，这也是明显地可以看出来的：这样的婚姻（这种在特定时间里信守的婚姻）毫无用处，既然它们会导致出与那些终生信守的婚姻相同的麻烦，并且另外它们又根本不可能给予相应的已婚者们生活的力量，乃至它们相反是在削弱婚姻生活的内在力量，松懈掉意志的能量，削减掉婚姻所拥有的那种信任的祝福。另外，这已经是很清楚的了，并且在之后还会变得更清楚：这样的结合不是婚姻，因为它们虽然是在反思的领域里被达成信守，但却没有达到那种永恒的意识，这种永恒的意识是道德伦理性所具备的，并且，只有它才能使那结合成为婚姻。这也是某种你会全然地与我一致的观点；因为你的讥嘲和你的反讽理所当然是那么频繁和那么确定地击中这一类心境（“那些偶然的爱慕，或者，爱情之坏的无限[65]”），——在这一类心境中，一个人和自己的未婚妻一起，他从窗户里看出去，这时一个年轻的女孩在街角转入另一条街，而这则让他突然想到，“我真正地爱上的是她”，但是在他想要跟踪追随的时候，他受到了干扰，等等。

另一条出路，那正路，是理性结婚（Fornuftgiftermaalet）[66]。在命名上我们就马上看出来，人们是在反思的领域里达成信守。某些人，并且之中也包括了你，对这“结婚”总是做出怀疑的表情，在这里，我们在那“直接的爱情”和“算计的理智”之间瞄准了“结婚”；因为，在真正的意义上，如果我们尊重语用的话，我们其实是应当将之称作“理智结婚[67]”的。尤其是，你总是带着极大的模棱两可推荐使用“尊敬”来作为对于一场婚姻性的结合的一种坚实基础。这时代要借助于像“理性结婚”这样的一条出路，这说明它是经过了多么透彻的反思。如果这样的一种结合放弃了那真正的爱情，那么它至少是有着始终如一的一贯性；但是它另外却因此而显示出，它不是这问题的解决方法。因此，一场理智结婚可以被看成是一种投降，生命的诸多复杂性使得这投降成为一种必然。但是，这是多么地悲哀的事情啊，这就仿佛是我们时代的诗歌所剩下的唯一安慰，这唯一的安慰亦即“去绝望”；因为，我们很明显地看到，那使得这一结合变得令人能够接受的东西就是绝望。因此，在那些早已成年并且也学明白了“真正的爱情是一种幻觉，它的实现至多就是一种虔诚的愿望[68]”的道理的人们间，这一结合也常常得以被达成和信守。因此，它与之发生关系的东西是生活日常、生计、社会生活中的名声等等。只要它在婚姻里中和抵消了“那感官性的”，那么它看来就是符合道德伦理的；但是这就冒出一个问题来：这一中和抵消的作为，是不是——正如它是不符合审美的——也在同样程度上不符合道德伦理？或者说，尽管“那爱欲的”并没有完全被中和抵消掉，它却还是因为一种漠然的理智观察而气馁：一个人要谨慎、不要太急于拒绝，生命毕竟永远也不会屈从于那理想的东西，这是一个很正派像样的对象，等等。于是，“那永恒的”，正如前面所说，它同属于每一场婚姻，它在这里其实并没有真正地在场；因为一场理智的算计总是属于现世的。因此，这样一种结合同时既是不符合道德伦理的又是脆弱的。如果那决定着的东西是某种更高的东西的话，这样的一种理性婚姻就能够具有一个更美丽的形象。在这样的情况下，那起着决定性作用的则是一种“对于婚姻本身而言是陌生的”的动机，比如说，一个年轻的女孩因为对自己的家庭的爱而去和一个有能力拯救这家庭的男人结婚。但恰恰这一外在的目的论[69]就很容易地向我们显示出，我们无法在这里寻找到对这个问题的解决方法。在这一点上，我也许能够适当地论述一下那使人去达成和信守婚姻的各种各样的动因（这是人们足够寻常地谈及的）。这样的深谋远虑和自圆其说正应当归于理智的范围中。然而我则宁愿将这个话题保留到另一个点上，另外，在这另一个点上如果有这个可能的话，我也就可以使之缄默。

现在，我们明显地看见了，罗曼蒂克的爱情是怎样地建立在一个幻觉之上的，而它的永恒又是怎样地建立在“那现世的”之上的，并且，尽管那骑士真挚地让自己坚信它的绝对持恒性，却不存在什么对之的确定性，因为迄今它的尝试和诱惑一直是在于一种完全外在的媒介中的。在这样的关联中，它有能力很好地带着一种美丽的虔诚来接受婚姻，但这却没有得到任何更深的意义。我们看见，这一直接的、美丽的但也是简单的爱情，被接纳进了一种反思时代的意识中，是怎样地不得不成为这时代的讥嘲与反讽的对象的，另外，我们还看见，作为替代，这样一个时代能够设定出来的是什么东西。另外，一个这样的时代还把婚姻也接纳进了其意识，这时它一方面宣告自己是赞成爱情的，这样，婚姻就被排斥掉了，一方面它通过“一个人放弃爱情”这样的方式来宣告自己是赞成婚姻的。因此，在新近的一场戏剧[70]中的一个明白事理的小裁缝女也对那些高贵的先生们的爱情作出了这样一种睿智的评价：他们爱我们，但是不娶我们；他们不爱那些高贵的女士，却与她们结婚。

以上所说，这一小小的考究（因为我无疑是被迫这样地称呼我在这里所写的东西，尽管我在一开始只是以为自己是在写一封长信）到了这样的一个点上，从这个点出发，婚姻才能正确地得以阐明。婚姻在本质上是属于基督教，那些异教的国家不曾将之完美化（尽管它们有东方的感官性和所有希腊的美丽），甚至犹太教也没有能力做到（尽管在它之中有着那确确实实的田园的东西），对于这些说法你肯定都会认同我而无须我进一步在此之中深入，这里尤其是如此，因为我只需提醒一下就已经足够：性别的对立从不曾在别的地方获得了如此深的反思，以至于那另一性别因此而完全地获得了它所应得的一切。但在基督教之中也是如此，爱情必须饱经各种灾祸逆境[71]，一个人才能够得以看见那被安置在婚姻之中的深刻、美丽和真实的东西。然而，既然那刚刚过去的时代是，而且在一定程度上当今的时代也是，一个反思的时代，那么，要展示出这一点就不是一件那么容易的事情了，并且，既然我在你身上看出了你是一个揭示弱点的大师，那么，我与此同时为自己找上的这项任务——“要尽可能使你信服”——就变得双重地艰难。然而，我理应向你承认：

对于你的争议文字，我非常感谢你。我设想一下，如果自己去把那诸多各种各样分散的表达（你的争议文字就是以这样的形式在我手中的）编成一集的话，这争议文字具备如此丰富的才华和独创性，以至于它对于一个想要进行答辩的人来说是一种很好的引导指南；因为，如果你或者什么别人反复思考一下的话，你的进攻不是那种肤浅得以至于在其自身中没有什么站得住脚的真相的东西，尽管你和你对辩者在争议的瞬间都没有留意到这一点。

既然现在我们看见，对于罗曼蒂克的爱情来说，“它没有得到反思”这一事实是它的缺陷，那么，正确的做法也许就是去让那真正的婚姻性爱情带着一种怀疑来开始。这看起来会显得远远有着更大的必要，因为我们是从一个反思的世界出来而到达这里的。在一种这样的怀疑之后，一场婚姻在艺术的意义上说是可行的，这一点我绝不否认，但是现在的问题是：是不是婚姻的本质已经因此而失去了平衡，因为在爱情和婚姻之间还是可以构想出一个“离异（Skilsmisse）[72]”。这问题是：因怀疑那去实现“最初的爱”的可能性而消灭了这最初的爱，以便通过这种毁灭而使得那婚姻性的爱情成为可能并成为现实，这在本质上是不是属于婚姻的一部分？那样的话，亚当和夏娃的婚姻真的成了那唯一的一场“在此之中那直接的爱情不受侵害地得到了保存”的婚姻了，而更进一步，亚当和夏娃的婚姻之所应如此，则又其实是因为（正如穆塞乌斯非常风趣地指出的）“去爱任何另一个人”的可能性不存在[73]。问题还仍然是：这直接的、这最初的爱是否因为被吸取进一种更高的、同心汇聚的直接性[74]而获得保险使自己不受这种怀疑的侵蚀，如果是那样的话，那么婚姻性的爱情就无须把这最初的爱的美丽期望犁进泥土，这时婚姻性的爱情反而就是这最初的爱本身，只是再加上一些附加的定性，这些定性不是在贬低最初的爱，而是在使之更崇高。要把这一点显示出来是一个麻烦的问题，然而它有着极大的重要性，因为我们在伦理的领域[75]之中不应当像在智性的领域之中那样也招来一个介于信仰和知识之间的类似深壑。呵，美丽吧，亲爱的朋友，这是你不会否定我的；（因为你的心也还是对爱有着感情的，只是你的头脑太熟悉地知道那些怀疑了）这仍然会是美的，如果一个基督徒敢以这样一种方式把自己的上帝称作是爱的上帝：由此他想着那种不可言说的至福情感、那种世间的永恒权力；——世俗的爱。因此，由于我在前面的文字之中提示到罗曼蒂克的爱情和反思性的爱情作为相互对话的立足点，所以我们在这里就会很清楚地看到，在怎样的范围里那更高的统一是一种向着“那直接的”的回返，在怎样的范围里这更高的统一（除了它所包含的“那更多的”之外）也包含了原来那最初的直接者中所蕴含的东西。现在我们可以足够清楚地看到：那反思的爱情持恒不断地销蚀它自己，它完全随机地一忽儿停留在这一个点、一忽儿停留在那另一个点，很明显，它指向自身之外的一种更高的东西，然而问题是：这一更高的东西是否马上就能够进入与“那最初的爱”的关联。现在，这一更高的东西是“那宗教的（det Religiøse）”，那知性之反思终结在这更高的东西之中，并且，正如对上帝而言没有什么是不可能的[76]，同样对于宗教的个体来说也没有什么是不可能的。在“那宗教的”之中，爱情再次找到那种它在反思的爱情中所徒劳地寻找的无限。但是，如果“那宗教的”——正如它是一种高于所有尘俗事物的东西那样明确——相对于直接的爱情而言也不是一种偏轴不同心[77]的东西，而是一种与之同心汇聚的东西，这样那统一体确实就能够被达成而无须让痛苦成为必然，——固然“那宗教的”能够治愈这痛苦，但这痛苦总一直是一种深深的痛苦。我们看到这个问题被当成考虑的对象，这是很少发生的事情，因为那些对罗曼蒂克的爱情有着感觉的人，并不怎么喜欢婚姻，而另一方面则更糟：许多婚姻不具备进一步深入的爱欲却被达成和信守，这深入的爱欲在那纯粹的人的存在之中理所当然地就是最美丽的东西。基督教坚定不移地护持着婚姻。这样，如果婚姻性的爱情无法在自身之中包容所有“那最初的爱”所具的爱欲，那么，基督教就不是人类的最高发展，这是一个矛盾，并且，当代的抒情文学，不管是在诗句还是在散文中，都回荡着一种绝望，而一种对这一矛盾的秘密恐惧则无疑要对这种绝望的出现负主要责任。

于是你可以看，我为自己立出了一个怎样的工作任务：去向人们显示出，罗曼蒂克的爱情是能够与婚姻达成统一并且存在于婚姻之中的，甚至说，婚姻是前者的真正崇高化。现在不应当有任何阴影由此而被投向那些正在从反思及其沉船海难中拯救出自己的婚姻；既不应当对“有许多事情可做”的想法作出否定，也不应当让我自己如此漠不关心，以至于放任自己不去向它们表示我的钦佩，也不应当忘记：整个时代的运动倾向常常能够使之成为一种可悲的必然性。牵涉最后的这一点，我们则有必要记住：每一代人和每一个在这一代中的个体都是在一定的程度上从头开始自己的生活，并且，以这样一种方式，对于每一个人来说都有着各自去躲开这一大漩涡的可能性，但尽管这样，一代人仍然还是要从另一代人那里吸取教训，并且因此存在着这样的一种几率可能性：在反思将一代人用在了这场可悲的戏中之后，紧接而来的下一代人就会更幸运一些。不管生活还能够展示出多少痛苦的迷惘，我总为两件事情而奋斗，那极其重大的任务——去展示出“婚姻是那最初的爱的崇高化而不是对之的毁灭、是它的朋友而不是它的敌人”，首先是为那对于所有其他人是非常微不足道但对于我是尤其更为重要的任务而奋斗，我卑微的婚姻有了这样的意义；其次是为了获取力量和勇气去不断地完成这个任务而奋斗。

现在，在我趋近于这一考究的时候，我除了为“我所书写的对象是你”而感到喜悦之外无法做什么别的事情。确实是这样，正如我不想对任何其他人表述关于我的婚姻关系的事情，我确实是带着一种充满信任的喜悦向你打开我的心扉。有时候，在那些争斗和劳作着的想法的嘈杂、你所承负的那巨大的精神机械的噪音哑然静息的时候，于是一些宁静平和的瞬间就到来了，这些瞬间在最初的片刻几乎是因为它们的宁静而使人感到紧张，但也马上让人察觉出它们其实是令人心旷神怡的。在这样的一瞬间我会希望这一论文能够影响到你；正如一个人能够无所顾忌地向你倾诉一切自己想要说出的秘密，只要这精神机械还仍然在开动着；因为那样你什么也听不见；这样，在你的灵魂宁静而庄严的时候，人们也能够向你诉说一切却又不放弃自己。于是我也要谈论一下她，本来我只对那沉默的大自然谈论她，因为我只想听见我自己说话，她，这个我负欠甚多的人，比如说，也是因为她，我才敢带着坦率来谈论那最初的爱和婚姻的事情；因为，如果不是她帮着我的话，我带着我的全部爱情和全部追求到底又能够做得到一些什么呢，并且如果不是她激励我进入“想要去做”的愿望，我到底又能够做成什么呢？然而，我还是非常清楚地知道，哪怕我对她说这个，她也不会相信我说的，甚至，也许我对她说这个就是错误的做法，我也许会打扰和震动她深刻而纯洁的灵魂。

现在，我要做的第一件事情就是以“什么是一场婚姻”的那些定性来为我，并且也尤其是为你，定出讨论的方向。很明显，那真正有着构建性作用的东西、那实体性的东西是爱情，或者，如果你想更为明确地强调的话：情欲之爱（Elskoven）。一旦这个被去掉，共同生活要么就只是对于感官性欲乐的单纯满足，要么就是协合（Association），一种为达成某种意图的伙伴关系；但是爱情在自身之中恰恰有着“永恒”的定性，不管它是那种迷信的、浪漫历险的、骑士式的爱情，还是那种更深刻的道德伦理的带着强有力而活生生的信念的宗教性的爱情。

每一个阶层都有它的叛徒，婚姻者阶层也有它自己的叛徒。我所说的自然不是那些诱惑者们；因为他们本来就没有加入进那神圣的婚姻者阶层（我希望这一考究能够在这样的一种心境中影响到你，在这之中你不会对这个表达词微微发笑）；我所说的不是那些通过一场婚姻而退出这阶层的人们，因为他们还是有着勇气去成为公开的造反者；不，我所说的是那些只在思想中作为叛逆的、那些根本不敢把这叛逆思想表述在行为之中的人们，这些可怜可恶的丈夫们，他们坐着、叹息着，抱怨爱情早就已经从他们的婚姻中消失掉了，这些丈夫们，正如你曾有一次说及他们的那样，就像疯子一样各自坐在自己的婚姻小卧室里，拉着铁栏条并且想象着订婚的甜蜜和婚姻的苦涩，这些丈夫们，根据你的正确观察，他们属于那“带着一定的恶毒喜悦去祝福着每一个订了婚的人”的一类人。我无法向你描述，在我看来他们是多么地可鄙；我是多么津津有味地观赏你所做出的反应，在一个这样的丈夫把你当作他的知己的时候，在他面对着你倾诉他所有苦难煎熬、滔滔不绝地吐出他的所有关于“那幸福的最初的爱”的谎言的时候，你带着一种狡狯的表情说：是啊，我当然是应当小心地看着自己不让自己步履薄冰，而这则更使得他怨苦，因为他无法把你一同拖进一场集体沉船[78]。在你谈论到一个温柔父亲有着四个他希望最好是远在天边的可爱孩子时，你常常暗示所指的就是这些丈夫们。

现在，如果在他们所说的东西中是该有着什么东西的话，那么这东西不外乎就是一种对于情欲之爱与婚姻的分离，这样一来，情欲之爱就被放置在了一个时间环节中，婚姻在另一个时间环节里，但情欲之爱和婚姻保持着相互无法统一。我们马上发现，那情欲之爱所归属的时间环节是哪一个，那是订婚，订婚状态中的美丽时期。带着一种滑稽的骚动和感伤，他们知道有聊无聊地谈论什么是享受订婚状态中的日子。在这里我不得不承认，我从来就不曾怎么关心过订婚状态中迷醉黏糊的亲热，人们越是想要从这一个阶段里搞出一些什么，我就越是觉得它像这样的一种有许多人会用到的时间片断：在这些人想要下水的时候，在他们跳出去之前，他们在浮桥上用这时间片断走上走下，往水里探手探脚，一忽儿觉得水太冷，一忽儿又觉得水太热。如果现在事情真的是那样，订婚状态真的是最美的时光，那么，我就实在是看不明白，为什么他们，如果他们是对的话，为什么人们要去结婚。然而，在姑妈阿姨们、堂表姐妹们、左右的邻居和对面的街坊们都觉得是合适的时候，带着所有尖矛市民的准确到位，他们还是去结婚了，这样的做法所泄露出的浑浑噩噩呆滞麻木与“把订婚状态看作是最美的时光”是同一回事。从事情最坏的方面看，那么我还是更喜欢那些只在“往下跳”的行动之中找到快乐的愚鲁的人们。不管怎么说，尽管与“一个有力的男性臂弯紧紧但却温柔地抱住爱人、带着强力但却又以这样一种方式让她恰恰在这一拥抱之中觉得自由”这样的情形比起来，那骚动，永远也不会变得如此宏伟、意识之震颤永远也不会变得如此振奋人心、意志的反应永远不会变得如此精力充沛，这做法总还是某种“为了在上帝面前[79]将自身投进生存的海洋”的行为。

现在，如果一种这样的对于情欲之爱和婚姻的分离是有着任何有效性，这里不是说在一些愚人（或者更确切地说，在一些非人）所具的那种既不知道什么是情欲之爱也不知道什么是婚姻的空洞脑袋里的有效性，那么，对于婚姻和对于我的试图展示婚姻中的“那审美的”或者展示“婚姻是一种审美的共振波图[80]”的努力而言，事情看起来就有问题了。然而，这样一种分离的正当性立足于什么样的合理基础上呢？要么这必定是因为，在根本上情欲之爱就是无法被保存的。这样，我们在这里就有同样的猜疑和怯懦——那种在我们时代如此频繁地得以表现的猜疑和怯懦，它的标志就是：它认为发展是倒退和毁灭。现在，我完全愿意承认，一种这样柔弱而卑懦的、既不男又不女的情欲之爱（以你通常的那种桀骜不驯的脾气，你会将之称作是价值四分钱[81]的情欲之爱）不会有能力去抵挡住生活的风暴中所吹出的小小一口气，但是对于情欲之爱和婚姻，在它们两者都是处在健康而自然的状态的时候，则不会得出任何由上面所描述的这种廉价情欲之爱所得出的后果。要么这必定是因为，通过婚姻而出现的那种伦理的和宗教的东西显现为一种与情欲之爱相异的东西，种类相异的程度如此之大，以至于它们因这个原因而无法被统一，这原因就是，情欲之爱在它有可能单单地依靠它自身、相信它自身的时候就肯定有能力屡战屡胜地在生命中一路斗争下去。现在，这一看法将把上面的问题引回去，要么回到那直接的爱情所具的未经考验的悲怆，要么回到那单个的个体的一时情绪和突发兴致——这种情绪兴致依靠自身以为自己有能力把路途跑尽[82]。这后一种看法，认为那起着干扰作用的应当是婚姻中那伦理的和宗教的东西，在乍看之下这看法流露出一种阳刚气，它很容易会欺骗那种匆匆忙忙的观察，并且尽管一种错误，比起全部前面的那种悲惨，它在自身之中还是有着完全另一种崇高。我将在稍后再回到这一点上，并且尤其是因为，如果我不是恰恰在你身上看见那些在一定程度上泛滥着这一谬误的异教徒中的一个的话，那么肯定就是我的审询性的目光在对我构成极大的欺骗。

婚姻中实体性的东西是情欲之爱；但哪一个是那最初的，到底情欲之爱是那最初的，还是婚姻是最初的、而后情欲之爱后续而来？后一种考虑方式在理智有限的人们那里所受到的崇仰是不低的，它经常地被那些精明的父亲们和甚至更为精明的母亲们引用，他们自己认为已经有了这样的经历并且（这是作为事故赔偿所不能变更的）他们的孩子也应当有这样的经历。这是卖鸽子的商人们也具备的智慧：他们把两只相互没有丝毫好感的鸽子关进一只小笼子，并且认为它们肯定会学会和解。这一整套考虑方式是如此地狭隘，以至于我只是为了一种完整性的缘故才暗示到它，另外也是为了让我们回想一下你在这方面所遗弃了的那许多东西。于是，情欲之爱是那最初的东西。然而，根据我在前面的文字中所提示到的东西看，那情欲之爱又有着如此精密脆弱的自然天性，尽管是自然天性，却那么地不自然而娇惯，以至于它根本不能够忍受去与现实进行接触。在这里我进入了前面所触及过的话题中了。现在看来，那“订婚”在这里就获得了其意义。它是一种不具备“现实”而只是靠甜蜜的“可能”的糖糕来滋养自己的情欲之爱。这关系没有现实之实在性，它的运动是没有内容的，它持恒地停留在那些同样的“虚无缥缈的纵情迷醉的姿态”之中。那些订婚者们自己越是不现实，这些纯粹装模作样的运动越是让他们付出更大的努力并且耗尽他们的力量，他们就会觉得有更大的需要去躲避婚姻的严肃形象。由于现在这样一来订婚看上去不具备一种必要的、由之导出结果的现实，那么，它对于那些没有勇气进入婚姻的人们来说当然就是绝妙的出路。在他们要迈出决定性的一步时，也许他们会觉得（十有八九是处在极为热烈的狂想状态中）有一种需要，需要去在一种更高的权力那里寻求帮助，并且以这样的方式来与自己和与“那更高的”达成某种协议——通过“基于自身责任来作出应许”而与自己达成的协议、通过“不规避教堂的祝福（而这祝福则其实又是他们带着极大的迷信所高度珍视的）”而与“那更高的”达成协议。这样，我们在这里又一次在那最怯懦、最脆弱、最缺乏阳刚气的形象之中有了一道介于情欲之爱和婚姻的裂壑。不过，一个这样的怪胎无法将人引入歧途；它的情欲之爱不是情欲之爱，它缺乏那种在婚姻中有着其道德伦理表达的感官性的环节，它在这样的一种程度上中和抵消“情欲之爱的元素”[83]，以至于这样一种婚约[84]关系同样也完全能够发生在男人之间。相反，一旦它反过来（尽管它想要维持这种分割）强调起“那感官性的”的作用时，那么它就立即转变而进入到那些在前面谈论过的倾向之中。这时，这样的一种订婚是不美的，不管我们怎样看它；因为，既然它是一种试图欺骗上帝的努力，既然它是在作这样的一种尝试：溜进某种它以为无须上帝帮助的东西中、只在它觉得事情否则会出问题的时候才将自己托付给上帝，因而在宗教性的方面它也是不美的。

这样，婚姻不应当去唤出情欲之爱，相反它是在预设这情欲之爱，但不是作为一种过去的东西，而是预设为一种现在在场的东西。但是婚姻在自身中有着一个伦理的和宗教的环节，这是那情欲之爱所没有的；基于这个原因，婚姻的立足基础是“放弃（Resignation）”，而情欲之爱则不是如此。现在，如果人们不想假定，每一个人贯穿自己的生命是跑在这样一种双重运动中（如果我可以这样说的话：首先是那异教的运动，那倒是情欲之爱归属其本身所属；然后是基督教的运动，其表述就是婚姻），如果人们不想说情欲之爱必须被基督教排除的话，那么，这样的事实就必须被显示出来：情欲之爱是可以被与婚姻统一起来的。另外我还有这样的感觉：如果某个不相干的人看见了这些文字，那么他也许会因为一件这样的事情能够为我带来如此之多的麻烦而感到非常地惊讶。好吧，不管怎样，你知道，我也只是为你而写，而你的发展有着这样的特性：你完完全全地明白那些麻烦。

于是，这首先是一场关于情欲之爱的考究。在这里，我想将自己与一个表达词联系起来，哪怕你和全世界有着对之的讥嘲，这个词对于我总是有着一种美丽的意义：那最初的爱。（相信我，我不会放弃，想来或许你也不会，因为否则的话，这就成了我们的通信交往中的一个错位关系。）在我谈及这个词的时候，我则是想着生命中各种最美丽的东西中的某一样，而在你使用这个词的时候，它则是你的观察的前哨线鸣枪射击的信号。但是，正如这个词对于我来说根本没有什么可笑的地方，正如坦率地说只是因为我无视你的攻击，我才忍受你的攻击，同样，它对于我而言也没有那种它对某些人而言无疑会具备的忧伤的含义。这一忧伤无需是病态的；因为病态的东西总是不真实的东西和伪冒的东西。那是美丽而健康的，在一个人在自己的最初的爱中遭到不幸的时候，在他去认识了那爱中的苦痛而仍然忠实于自己的爱、仍然保留了对这最初的爱的信仰的时候，美丽而健康；那是美丽的，在他现今在年华的流程中时常相当活生生地回忆起它的时候，是美丽的；并且，尽管他的灵魂有过足够的健康去就好像是告别那种生活以便去献身于某种更高的东西，那也还是美丽的，在他在这时将它回忆成某种固然不是那完美的但却是那么极其地美丽的东西的时候，那是美丽的。并且，比起那平庸的理智性（那种早已终结了所有这样的童稚儿戏的理智、比起这一歌唱大师巴希尔的恶魔般旺盛的明智），这明智无疑是一种“想让自己以为自己是健康而其实却是那最深入地消耗着”的疾病[85]，这一忧伤要远远地健康和美丽和高贵得多；因为，如果一个人赢得了整个世界却损坏了自己的灵魂，这对他又有什么助益呢[86]？对于我，“那最初的爱”这个词根本没有什么忧伤的成分，或者至多只是一点点由忧伤的甜蜜构成的小小附加物，对于我，那是密码口令，并且，尽管我是一个多年的丈夫，我仍持恒地有着荣誉去在那最初的爱的胜利旗帜下进行拼搏。

相反对于你，“那最初的”这一观念，它的意味、它的高估或者低估则是一种神秘的波动。有时候你单单只为“那最初的”而热情洋溢。你如此为这之中的能量精聚所感染，以至于这是你唯一所想要的东西。你是如此心花怒放情绪高涨、如此含情脉脉、如此多梦而富有创意、如此沉降如同一片雨云、如此温和如同一道夏日微风，简言之，对于“朱庇特在一片云中或者在雨中拜访自己的恋人”[87]这句话的说法，你有着一种生动的观念。那过去的已被遗忘，每一种限定都被取消了。你越来越大幅度地扩展你自己，你感觉到一种柔软和弹性，每一道关节都变得富有韧性，每一根骨头都是一条可弯曲的肌腱。就像角斗士伸展和拉紧自己的肢体以便完全地控制这肢体，每个人都以为他那样做是在将自己的力量从自己身上剥夺走，然而这一富有快感的折磨恰恰就是他能够正确地运用自己的力量的条件。现在，你则是在这样的一种状态中：你享受着那完全的接受力的纯粹快感。那最轻柔的触摸都足以使得这一无形的、完全舒展开的精神肢体彻底地震颤。有一种常常让我陷入对之的遐想的动物，那是水母。你有没有留意到过，这凝胶状的一团东西是怎样地扩展成一个盘面，然后慢慢地一忽儿下沉、一忽儿上升，如此静默而迅速，以至于人们会以为自己可以去攀踩到它上面。现在它注意到了，它的猎物正在靠近，于是它就使得自己陷成一个拱笼，变成一只袋子并且以一种极大的速度向下越沉越深，同时它以这一速度把自己的猎物拖带了进来，不是拖进自己的袋子，因为它没有袋子，而是拖进它自身；因为它自己就是袋子而不是别的。这时，它能够在这样的一种程度上收聚自己而让人无法理解：对于它怎么会有这样的可能来扩展开自己，人们无法理解。如此差不多也是你的情形，只是你得原谅我这样说——我没有找到一种更美一点的动物来和你作比较，同样，你也许因为想到你自己是一只纯粹的袋子无法完全忍得住要对自己笑出来。在这样的瞬间你就是处在你所追猎的“那最初的”之中——这就是你唯一所想要的，但你却丝毫不会感觉到：想要让“那最初的”不断地再来，这样的愿望是一种自相矛盾，并且作为其结果，你要么就是根本不可以去达到“那最初的”，要么就是你确实拥有过了“那最初的”，并且，你所看见的、你所享受的持恒地只是“那最初的”所反射出的倒影，在这一点上有必要指出的是：如果你以为“那最初的”会在一种除了“那最初的”本身之外的其他东西之中完美地在场，只要我们是真正地在追寻的话，那么，你就是走在了一条歧路上，并且只要你所诉诸的依据是你的实践，那么这则就又是一种误解，因为你从来就不曾在那正确的方向上有所实践。相反你在别的时候则是那么地冷冰冰，如春风般尖锐而刻薄、如霜冻般讥刺、如春天常有的空气那样在智性上清澈透明，尽可能地干涩而漠然、站在自我的立场上尽可能地鄙夷着。如果这样的事情是在这样的一种状态里发生——一个人倒霉地来和你谈论关于“那最初的”、关于之中所具的“那美的”乃至也许关于他自己的最初的爱情，如果是那样的话，那么你就真会光火了。这时，“那最初的”就成了一切之中最可笑的东西、最傻的东西，那些通过一代代人不断地得到了强化的谎言之一。你就像一个从一桩杀婴到另一桩杀婴的希律[88]那样暴怒。这时你知道怎样去意味深长地讲述关于“这样地黏贴在‘那最初的’之上是一种怯懦和猥琐”，关于“货真价实的东西是在那自己所获取的东西中而不是在那别人所给予的东西中”。我记得你曾经处在这样的一种心境中来看我。就像通常一样，你为你的烟斗装上烟，坐在那张最柔软的沙发椅上，把腿搁在另一张椅子上，翻动着我的文稿（我还记得，我从你手上将它们拿走），这时，你就开始发作，对那最初的爱以及所有最初的东西，甚至“我在学校里所挨的第一顿打[89]”进行了一场讽刺性的赞美，同时你在一个解释性的附加说明中解说道：你能够带着尤其加重的强调这么说，因为那位曾经打了你的老师是你所认识的唯一的一个能够带着强调下手打的人；这时你就用口哨吹起这段小曲来作为结束，一脚把那张你搁过脚的椅子踢到客厅的另一头，就走了。

在你这里，如果一个人想要寻找关于“在这神秘的词——‘那最初的’——背后藏着什么东西”的解说，那只会是徒劳的；而“那最初的”这个词在世界上则曾有过并且总一直会有着极其重大的意义。这个词对于那单个的人有着怎样的意义，这个问题对于他整个精神状态来说是有着真正的决定性意义的，正如“这对他根本是毫无意义的”这样的一个事实已经足以显示出他的灵魂根本没有“被那更高的东西触摸和震颤”的倾向。相反，如果“那最初的”对这样一些人而言获得了意义，那么，在这些人面前则就有着两条路。要么“那最初的”包含了关于“那将来的”的应许，是那催促向前的东西、那无限的脉搏。这是那些幸福的个体人格，对于他们，“那最初的”除了是“那现在在场的”的之外不再是别的，而“那现在在场的”则就是那不断地展开自己、使自己年轻化的“最初的”。要么“那最初的”不在那个体之中驱动那个体，处在“那最初的”之中的那种力量不成为那个体之中的启动性力量，而相反成为抵制性力量，成为抵触者。这是那些不幸的个体人格，他们持恒地使自己越来越远地远离“那最初的”。如果那个体人完全不是咎由自取的话，后者自然是永远也不会发生的。

借助于“那最初的”这个词，所有被这个理念触及的人们都与一种庄严的观念联系在一起，并且，如果“那最初的”意味了那最糟糕的东西的话，那么这也只是被运用于各种归属于一个更低层次的事物。在这方面你能够举出丰富的例子，最初的校样、一个人第一次穿新礼服，等等。就是说，一种事物能够被重复的几率可能性（Sandsynlighed）越大，那么“那最初的”所具有的意义就越小，几率可能性越小，意义就越大，而在另一方面，那在其最初的一次中宣示出自身的东西越是意义重大，它能够被重复的几率可能性就越小。甚至，即使那是某种永恒的东西，那么，“它能被重复”的所有几率可能性也只会消失掉。因此，如果一个人带着某种忧伤的严肃谈及了最初的爱，就仿佛它永远也不会得以再来，那么，这就不是什么对爱情的轻视，而是将之视作那永恒的权力、是对之的最意义深远的赞美。这样，我在这里不是挥动着笔、而是挥动着思想来做一下哲学性的招摇吧：上帝成肉身只有一次，并且，想要等待这事情的再次重复，那只会是徒劳。在异教世界中这样的事情会更经常地发生，然而这却恰恰是因为那不是一种真正的化身[90]。这样，人只出生一次，一种“重复”的几率可能性是没有的。一种“灵魂游移”的说法是不懂得去认识“出生”的意义的。我想通过几个例子来进一步阐明我所说的意思。对最初的绿芽、最初的燕子，我们会带着一定的庄重来致意。这样做的原因则是我们所具的那种关联到它们的观念；于是，在这里就是说：那在“那最初的”之中宣示出自身的东西并不是这一“最初的东西”本身，不是某一只最初飞出的燕子。我们有一块铜版雕[91]，是描绘谋杀亚伯的该隐。我们在背景中看得见亚当和夏娃[92]。这铜版雕本身是否有价值，这不是由我来决定的；它下面的签词倒是一直引发出我的兴趣：最初的杀害、最初的父母、最初的悲哀[93]。在这里，“那最初的”再次具有一种深刻的意义，并且，在这里我们所反思的是“那最初的”本身，然而，这更多是对于时间而不是对于内容的考虑，因为我们看不见连续性，借助于这种连续性，“那整个的”都因“那最初的”而得以设定。［自然，这“那整个的”必须被理解为那在族类中世代繁衍下来的罪。如果我们由“最初的罪”所想到的是亚当和夏娃的“罪的堕落（Syndefald）”[94]的话，那么这最初的罪已经会把更多的想法引向“那连续的”，然而，既然“不具备连续性”就是“那恶的”的本质，那么你就能够很容易地看出来为什么我不使用这个例子。］再一个例子。众所周知，在基督教界（Christenheden）中有诸多严格的教派想要通过那写给希伯来人的信中谈及“那些曾得以启明的人若脱离了正道再要重新皈依”之不可能性的那些词句来证明上帝恩典的局限。在这里，“那最初的”则完全地获得了其深刻意义。在这一“最初的”之中，整个深刻的基督教生命宣示出了自己，而那在此刻搞错了这一点的人，他就迷失了。然而，在这里，“那永恒的”过多地被卷进了各种现世的定性。但这个例子能够被用来阐明“那最初的”怎么会是“那整个的”、是那全部的内容。但是现在，如果那在“那最初的”之中暗示出自身的东西是依赖于一种“那现世的”和“那永恒的”间的综合，那么，我在前面的文字中所展开的这一切看来就保持了其有效性。在“那最初的”之中，“那整个的”是内蕴[95]而隐秘地[96]在场的。现在，我无羞无愧地再次提及这个词：“那最初的爱。”对于那些幸福的个体人格，最初的爱情也是那第二次的、那第三次的、那最后一次的，最初的爱情在这里有着“永恒性”的定性；对于那些不幸的个体人格，最初的爱情是环节，它得到“现世性”的定性。对于前者，只要最初的爱情存在着，这最初的爱情就是一种现在在场的东西；对于后者，只要最初的爱情存在着，这最初的爱情就是一种过去了的东西。如果在那些幸福的个体人格们之中也存在有一种反思，那么，只要这反思是对准了爱情之中的“那永恒的”，这反思就是对爱情的一种强化，而只要这反思是对准了爱情之中的“那现世的”，这反思就是对爱情的一种破坏。比如说，对于那以这样一种方式进行着现世性反思的人来说，最初的吻就会是一次过去的吻（正如拜伦在他的一首小诗[97]中所做的），对于那永恒地反思的人来说，则会有着一种永恒的可能性存在。

关于我们为爱情所给出的属性，就是这个，“那最初的”。现在，我进入到对《最初的爱》的更进一步的观察。首先，我想要请你回想一下我们前面所碰到的那小小的矛盾：那最初的爱拥有全部的内容，在这样的一种意义上看来，最聪明的做法就是顺手攫取它然后走向另一次最初的爱。然而，只要一个人以这样一种方式虚假地对待那第一个最初的，它就会消失，并且他也得不到那第二个。但那最初的爱岂不只是“那最初的”吗？是的，然而那是在一个人反思那内容的时候，只有在一个人逗留在之中的情况下才是那样；如果一个人逗留在它之中，它是不是还会变成另一次爱情，不，恰恰因为一个人逗留在之中，它才继续是那最初的——如果这个人反思永恒性的话。

这样的一些自以为现在已经差不多进入了适当地去打探或者打听（也许甚至是在报纸上）寻找一个生活的女伴的时期的小市民们，他们已经一了百了地将自己隔绝在了最初的爱情之外了，这样一种小市民状态是不能被看成是先行于最初的爱情之前的状态的，这无疑是很明显的。当然，厄若斯会有足够的慈悲也去对一个这样的人开一下玩笑而使得他坠入爱河[98]，这是可以想象的，足够的慈悲；因为去把那人世间最高级的物品赋予一个人，这当然是非凡的慈悲，而那最初的爱一向就是人世间最高级的物品，哪怕它是一场不幸的爱情；然而这却总是成为一个例外，并且，他先前的状态也同样地说明不了什么。如果一个人相信音乐的祭司们，而这些祭司在这方面想来是距离信仰者最近的，那么，他在这些祭司中又一次会注目于莫扎特[99]，那么，对于那种先行于“最初的爱”之前的东西的最好描述无疑就是去回想一下“爱情盲目”这句话。一个个体变得好像是盲目了一样，我们几乎可以在他的身上看出这一点来，他沉陷进自身之中、在他自身之中观照他自己的观照，并且还是有着一种想要向外望进世界的不断努力。世界灼伤了他，而他却还是向外望进世界。莫扎特在《费加罗》中的侍从身上所描述出的这一“梦着而却仍然寻索着”的状态[100]在同样的程度上既是感官性的又是灵魂性的。与之相反的对立面，那最初的爱则是一种绝对的甦醒、一种绝对的观照，并且，想要不弄错它，这一点就必须坚持住。它只对准着一种唯一的确定的真实对象，这对象对于它来说是唯一存在的，所有其他东西对于它来说根本是不存在的。这唯一的对象不是存在于不确定的轮廓中，而是作为一种确定的、活着的生命体存在着。这一最初的爱在自身之中有着一个“感官性”的、一个“美”的环节，然而它却不仅仅是感官性的。“那感官性的”就其本身是首先通过反思而出现的，但那最初的爱缺乏反思，并且因此而不仅仅是感官性的。这就是那最初的爱之中的必然性。它就像所有其他永恒的东西一样，在自身中有着这样的双重性：它将自己作为先决向回设定进所有永恒之中并且也向前设定进所有永恒之中。这就是诗人们常常如此美丽地吟唱的东西中的真谛：对于相爱者们就仿佛是他们早就已经相互爱过对方，这对于他们，甚至在他们相见的最初一刻就是如此。这就是那颠扑不破的骑士式忠诚中的真谛，它无所畏惧，不因为想到什么导致分离的力量而惊恐。然而，正如所有爱的本质都是自由和必然的统一体，这里的情形也是如此。那个体恰恰是在这一必然性之中感觉到自己是自由的，在此之中感觉到自己整个的个体能量，恰恰是在这之中，感觉到他对他所是的一切的拥有[101]。正因此，我们在每一个人那里能够丝毫不搞错地看出他是不是真正地坠入了爱河。在那之中有着一种崇高化、一种神圣化，一辈子地保留在他那里。在他内心中有着一种由所有那本来是分散的东西协成的共鸣，在同一刻里他比平常更年轻也更年长，他是个成年男人而又是一个小伙子乃至几乎是一个孩子，他是坚强的而又那么脆弱，就像前面所说，他是一种在他的整个一辈子之中回响的和谐。我们要把这一最初的爱作为某种世上最美的东西来赞美，但是我们不缺乏勇气去进一步让它在自己的尝试中经受考验。不过，这却不是我们在这里首先要着手的事情。正如那在以后考虑到“最初的爱”与“婚姻”间的关系时会重复出现的怀疑，在这里，我们就已经能够想到同样类型的一种怀疑。一个在宗教的意义上得到了发展的个体当然是习惯于让一切都联系上上帝，借助一种上帝思想来渗透和浸泡每一种有限的关系，并且由此来将之神圣化和高尚化。（这一表述在这里自然是间接的影射而不是直接针对。）于是，在这样的意义上看，如果我们让诸如此类的情感在意识中出现而不去请教上帝的话，那无疑令人有所顾虑的，然而，如果我们去请教上帝的话，那么这关系则就被带出了原先的平衡之外。在这一点上，要去掉麻烦是更容易的；因为，既然使人诧异原本就是那最初的爱的一个性质，而诧异之果实是情不自禁而无意识的，那么，我们就无法去考虑“这样的一种请教上帝怎么会变得可能”的问题。于是，我们唯一能够谈论的问题就是关于一种在这一感情中的“继续停留”，而说回来这就又属于一种我们要在稍后才进行的考究了。然而，由于这最初的爱就本身而言对与上帝的关系一无所知，那么要预期这最初的爱是否就是不可能的呢？在这一点上，我能够以几句话来稍稍谈及这样的一些婚姻，在这些婚姻之中，起着决定性作用的关键是在于那个体之外的别人或者别的东西，而那个体尚未进入“自由”的定性。我们与此中的悲哀形象相遇，在这形象中个体通过与自然权力的关联借助于魔法或者其他技艺来试图召唤出自己的爱情的对象。更高贵一些的形式则有那种在严格的意义上得被称作是“宗教性的婚姻”的形式。（那种在其爱情之中的婚姻自然是不缺乏“那宗教性的”，但它同时还有那爱欲的环节。）比如说，在以撒带着其所有谦卑和信任听由上帝来决定他应当选谁作为自己的妻子时，他身处对上帝的信心而派送出自己的仆人，自己并不四处探看，因为他的命运很确定地倚靠在上帝的手中，这时，这一切无疑是非常美丽的，但“那爱欲的”则没有公正得其所地真正发生。然而，我们还是得记住，不管犹太教的上帝在别的方面是多么地抽象[102]，他在所有生活状况上却对犹太民族以及尤其对这个民族的被选者是那样地近临，并且尽管他是精神，但却并非是精神性得不来关注那世俗的事情。看来正因此以撒在一定的程度上才敢确信上帝肯定会为他选出一个年轻美貌深孚众望并且以一切方式看都是可爱的妻子来，但不管怎样我们还是缺乏“那爱欲的”，并且就算他带着全部青春的激情爱这个由上帝选出的妻子，也一样还是缺乏“那爱欲的”[103]。自由是没有的。在基督教中，我们有时候看见一种含糊的但又是因这含糊和模棱两可而吸引人的对于“那爱欲的”和“那宗教的”的混合，这种混合既有着大胆的淘气又有着孩子般的虔顺。最常见的自然是在天主教中，而在我们这里最纯的则是在普通小民中。试想一下（并且我知道你很喜欢做这样的想象，因为这毕竟是一种处境），一个小小的农家女孩，有着一双大胆的眼睛，然而它们却谦卑地隐藏在眼皮的后面，健康而清新地风华正茂，然而她的脸色有点异样，但那不是疾病而是更高的健康，想象一下她在一个圣诞之夜；她单独地在自己的房间里；午夜已过，那本来一向忠诚地拜访她的睡意却跑掉了，她感觉到一种舒适甜蜜的骚动，她半开窗户，她向那无边的空间望出去，只单独地和那些星辰们在一起；然后一声轻轻的叹息使得她放松，她关上窗户；带着一种严肃性，但是这严肃持恒地有着一种被转化为淘气的可能性，她祈告道：

> 你们神圣的三个国王，
> 你们在今晚会让我看见，
> 我将摊开谁的桌布，
> 我将铺展谁的床被，
> 我将接受谁的姓氏，
> 我将成为谁的新娘[104]。

并且，她健康而喜悦地蹦上床。老实说，如果那三个神圣的国王不照顾着她的话，那么他们真的会有愧，并且，只是说“人们也不知道她想要谁”是没有用的；其实人们很清楚地知道；至少，如果不是所有的征兆都出错了的话[105]，那么她多多少少还是知道的。

这样，我们再回到“那最初的爱”。它是自由和必然的统一体[106]。个体觉得自己被以一种不可抗拒的力量拉向另一个个体，但恰恰在此之中感觉到自己的自由。这是“那普遍的”与“那特殊的”间的一种统一[107]，它既有“那普遍的”又有“那特殊的”，甚至在趋近于“那偶然的”的时候也是如此。但是它具备所有这一切，不是依据于反思才具备的，而是它直接地具备着这一切。在这方面，那最初的爱越是确定，它就越健康，“它真正是一种最初的爱”的几率就越大。他们通过一种无法抗拒的力量相互被吸引向对方，但他们在这之中却享受着全部的自由。现在我没有现成的各种坚酷心肠的父亲、没有首先应当去战胜的斯芬克斯[108]，我有足够的资源力量去武装起他们（我也不曾像小说作者或者剧作家们那样为自己设定出这样的任务，去把时间拖延成对整个世界、对那些恋人们、对读者和观众们的痛苦折磨），也就是以上帝的名义来让他们结合。你看我在扮演高贵的父亲，就其本身而言这实在是一个非常美丽的角色，只要我们自己不曾经常将之弄得那么可笑就行了。也许你留意到了，我以父亲们的方式加上了这小小的一句：以上帝的名义。现在，想来你在这一点上是能够原谅这样一个也许从来就不曾知道过或者在很久以前已经忘记了什么是“最初的爱”的老人吧；但是，如果一个更为年轻的、仍然为那最初的爱而欣悦狂喜的人允许自己把重点放在这上面，那么你也许就会觉得诧异了。

这样，那最初的爱在自身之中有着那整个直接的、天赋的保障，它什么危险也不怕，它藐视整个世界，我只是祝愿它，希望它在这方面总能够像在此事件上[109]那样轻松；因为我肯定不会为它在路上设置障碍。也许我并没有由此而为它作出了什么，并且，如果人们再回顾一下的话，我甚至也许就因为这个原因而陷入对自己不利的处境。那个体在最初的爱中具备着一种极大的权力，而正因此，如果不遇上对抗和阻挠的话，这在同样程度上也是不舒服的，正如对于一个勇敢的骑士，如果发生这样的事情也是不舒服的：他得到了一把他能够用来砍石头的剑[110]，而在这时他发现自己被置于一个沙区，在此之中甚至找不到一根能够让他使用这剑去砍一下的树枝。那最初的爱，这样看，它是有着足够的保障，它无需任何支持，如果它需要一种支持的话，那骑士就会说，那么它就不再是什么“那最初的爱”了。现在看来，这也已经是足够明了的了；然而，我跑进了一个循环论证的圈子里，这也同样是很明显的。我们在前面的文字中肯定能够看见：罗曼蒂克的爱情停留在那作为一种抽象的自在者[111]的爱情上，这是它的一个错误，并且，它所看见和想要去遇上的所有危险都只是外在的与爱情本身完全无关的。我们另外再回想一下，如果那些危险是从另一面出来的话，是从内部出现的话，那么事情就变得麻烦得多了。但对此，骑士自然就会回答说：当然，但问题是这怎么可能，并且就算这是可能的，那么，在这种情况下它就不再是什么“最初的爱”了。你看，这最初的爱的问题可不是什么简单容易的事情。我现在可以提醒一下，那种认为“反思只会起到消灭的作用”的看法是一个错误，反思同样也起着拯救的作用。然而，既然我为自己定出了的首先要展示的东西是“那最初的爱能够在婚姻中持存”，那么，我现在就要进一步强调我在前面的文字中所提示过的东西：它能够在一种更高的“同心集中性（Concentricitet[112]）”中被吸收，并且对此仍然是不需要有什么怀疑的。在后面我则会阐示出，“去成为历史性的东西”在本质上应当是属于那最初的爱，而对此的条件则恰恰是婚姻，我也会展示出，罗曼蒂克的最初的爱则是非历史性的，尽管人们能够在许多纸页上写满骑士的业绩。

这样，那最初的爱在其自身是直接地确定的；但那些个体们则也是在宗教的意义上得到了发展的。我当然是可以允许自己预设这一点的，是的，我当然会预设它，既然我要展示的是：那最初的爱和婚姻是能够相互在一起地持存的。当一场不幸的最初的爱教会了那些个体去逃向上帝和逃向婚姻来寻求保障时，这当然就成了另一回事了。这时，那最初的爱就出离了平衡状态，尽管要重新让它达成平衡的可能性是仍然能够找得到的。于是，他们就习惯于让一切事物都归于上帝。但是，这“让一切事物都归于上帝”自然就包括了一种由不同方式构成的丰富多样性。这时，他们寻找上帝的日子就不是悲哀的日子了，而那驱使他们去祷告的东西也不是畏惧和恐惧，他们的心、他们的整个存在充满了喜悦，在这样的情况下，还有什么会比他们为此而感谢他更自然的事情呢。他们无所畏惧；因为外在的各种危险对他们没有作用，而那些内在的危险，是啊，那最初的爱根本对它们一无所知。但是，通过这一道谢，那最初的爱并没有被改变，任何起着打搅作用的反思都没有走进它之中，它被吸收在了一种更高的同心集中性之中。但一种这样的道谢，就像所有的祈祷一样，有着一个“作为”（Gjerning）的环节，这不是在外在的而是在内在意义上说的，这一环节在这里就是“想要抓住这一爱情不放”。“那最初的爱”的本质并没有因此而有所改变，没有任何反思走向它，它的固定的集合关联没有松散掉，它在自身中仍然有着自己的整个得到了祝福的确定性，它只是被吸收进了一种更高的同心集中性之中。在这种更高的同心集中性之中，它也许根本不知道它有什么要去惧怕的，它也许就想象不到任何危险，然而它却还是因一种善良的意向（这种善良的意向也是一种最初的爱）而被向上拉进了“那伦理的”。在这里你不会来这样地反驳我吧：我不断地使用“同心集中性”这个词，这就使得我犯了一种“以结果为前提的循环论证”[113]的谬误，因为我按理原本是应当立足于“这些区域是离心偏轴的”（excentriske）这一假定前提的。对此，我必须回答说：如果我是立足于“离心偏轴性”（Excentriciteten[114]）的话，那么我肯定就永远也无法达到同心集中性；但是我也提请你记住：在我立足于这一“同心集中性”的时候，我也论证了它。于是，我们现在是相对于“那伦理的”和“那宗教的”而将那最初的爱设定了出来，并且结果显示出，它的本质并非因此就必定会出离其平衡状态；而使得那结合看上去显得很难的原因恰恰正是“那伦理的”和“那宗教的”，这样一切看来就都到位了。然而，我对你太熟悉了，所以我不敢指望“以这些东西就能够打发掉你”。在总体上，你认识到所有世界上的难题。你用你快捷敏锐的头脑迅速思想着各种各样的科学难题、生活条件等等，但是不管是哪里，你总是在那些难题面前停住，我几乎不相信你会有可能在哪怕是一件事情上能够走得更远而超越它们。在某种意义上你像一个领航员，只不过你是领航员的反面。一个领航员认识到各种危险并且安全地驶船进港。你知道那些浅滩并且你总是让船搁浅。不用说，你是尽了你最大的努力了，并且人们不得不承认你的敏捷和通晓。对于那些人和那些水区，你有着这样的一双老练的眼睛，以至于你马上就能够知道你再随他们走多远就能够让他们搁浅。并且，你其实也不掉以轻心，你同样也没有忘记他停留在那里；带着一种孩子气的恶毒你能够在下一次见到他的时候还记得这个，这时你则会非常谨慎地问他的健康状况并问他是怎样从这搁浅的状态中摆脱出来的。在这里，也许你也并不会在这些麻烦面前手足无措。你无疑会提醒说，我在“我们所谈的是什么样的神”这个问题上是全然不确定而飘忽游移的，那不是一个异教的厄若斯[115]，厄若斯愿在情欲之爱的秘密中作为知密者，而他的存在最终也就只是恋人们自己的心境所发出的反射；但我们所谈的不是厄若斯，而是基督徒们的上帝、精神的上帝，对于一切不是精神的东西都严厉警惕着的上帝。你会提醒说，在基督教里“美”和“感官性”是被否定掉的，你会附带说：以这样的一种方式，基督徒们无所谓那时基督是丑是美；你会请求我带着我的正宗信仰远离情欲之爱的秘密幽会，尤其是要杜绝所有试图为人做中介的想法，因为比起哪怕最顽固的正宗信仰，你更反对做中介的行为。“是的，走上圣坛，这对于一个年轻女孩子说来这肯定会起到欢欣鼓舞的作用，这肯定会与她的心境达成完全的和谐。而教众们，他们也许会像看着一个不完美的、无法抵抗尘世间欲乐诱惑的生命物一样看着她[116]，她要站在那里，就仿佛她是在接受学校校规惩罚或者作公开忏悔[117]，然后那牧师首先是要向她读一段文字而也许又在之后把腰弯过栏杆低声地（作为一丝安慰）向她诉说：另外，婚姻是一种让上帝满意的状态[118]。在这样的一种场合中唯一有一些价值的，就是那牧师的处境，并且，如果那是一个美丽年轻的女孩，那么我肯定想去做牧师来对着她的耳朵低语这一秘密。”我的年轻朋友！是的，婚姻确实是一种让上帝满意的状态；反过来，我不知道在《圣经》的什么段落谈及过对单身汉的特别祝福，而这则是所有你的各种恋爱故事的结局。但是，如果一个人要和你打交道的话，那么这个人无疑就是为自己设定了最艰难的工作；因为有这样的能力证明随便什么事物，而每一种现象到了你的手中都变成你所想要它变成的随便什么事物。是的，基督徒们的上帝确实是精神，并且基督教是精神，而在肉体和精神之间被设定出了分裂[119]；但是肉体不是“那感官性的”，它是自私的[120]，在这样的意义上看，甚至“那精神的”也可以变得感官性起来，比如说，如果一个人虚华地看待自己的精神礼物，那么他就是肉体的。当然，我知道，对于一个基督徒来说，“基督应当是一个世俗的美丽形象”不是什么必然，并且，出于另一个不是你所指出的原因，这也会是非常可悲的；因为，假如“美”在这里是某种本质性的东西的话，那么信仰者怎么会渴望着要见到他；但所有这些却绝不会推导出这样的结论说：感官性在基督教之中被消灭了。那最初的爱在其自身之中有着“美”的环节，并且处在无辜之中的“那感官的”之中所具的这种喜悦和充实，完全能够被接纳进基督教。但是，让我们警惕一样东西，一条歧路，它要比你所想要避开的东西更危险。让我们不要变得过于精神化。显然，我们也不能以你的率性随意（你想要怎样解读基督教）来作为依据。如果你的看法是正确的，那么，我们最好就是尽可能快地开始对“那肉体的”所作的自残自虐和毁灭——就像我们在那些神秘主义的极端行为中所了解到的那样[121]；健康本身则无疑变成了一种可疑的东西。然而，我却仍然很怀疑任何虔诚的基督徒会否认他完全可以祈求上帝（到处行走并治疗病人的上帝）保佑他的健康；如果那样的话，那些麻风病人们就理应要求不让自己得以治愈[122]；因为他们岂不已经是最趋近完美了的吗。一个人越是简单和孩子气，他也就越是能够祈求更多；但现在，既然诸如那最初的爱也是属于“有孩子气”，那么，我就彻底无法看出有什么理由说它不该祈求，或者更确切地说（为了继续我前面所说的东西）：有什么理由说它不该感谢上帝，如果它的本质并不因此而出离平衡状态的话。

然而，也许你在你的良心中承负着更多，那么，是在一开始还是在最后其实都一样，让它显现出来吧；如果对于接下来的讨论中的某句话你会说“我从来没有这样说过”，那么，我就会回答说：这当然是真的，但是，我好心的观察者先生，你得原谅一个可怜的丈夫，他敢无礼地将他当成自己的观察对象。你在你心中隐藏着什么你从不直接说出来的东西；正因为如此，你的表达有着那么多有力的东西、那么多回弹伸缩性，因为它暗示着一个你让人去隐约地感觉的“更多”，一场还要更为可怕的爆发。

这样，你找到了你的灵魂所渴望的东西，那是你的灵魂在许多被误解的尝试中曾以为自己找到的东西；你找到了一个女孩，你的整个身心在她那里找到安宁；并且，尽管你会觉得有了稍稍过多的经验，这却依然是你的最初的爱，对此你是坚信不疑的。“她是美丽的”——自然；“可爱”——那是肯定的；“然而她的美丽不是在‘那规范化的’之中，而是在于‘那丰富多样的’的统一之中、在‘那偶然的’之中、在‘那自相矛盾的’之中”；“她富有灵魂的热情”——我能想象；“她能够全身心地深入到一种印象之中，以至于世界在一个人眼前几乎是漆黑一片；她是那样轻捷，能够像鸟一样在一根绿枝上摇摆，她有着精神，足够的精神来映照她的美丽，但也并不更多。”这将要保证你对一切的拥有的一天到了；另外，这也是一种你觉得足够地确定了的拥有。你为自己请求了获准去为她作最后的膏油礼[123]。你已经在她家的餐室里等着了，一个动作敏捷的女仆，四五个好奇的表姐妹，一个受人尊敬的姨妈，一个理发师，他们多次在你面前匆忙走过。你多少对之已经有点烦了。这时，向着客厅的门轻轻地开了，你向那之中投去了迅速的一瞥，什么人也没有，她甚至机智地让所有不相关的人都离开了，甚至也让他们都离开了客厅。她是美丽的，比任何时候都美丽，有着一种生机灵气笼罩着她，一种和谐，她自己仍然被这种和谐中的波动震颤着全身。你为之诧异，她甚至超越了你的梦，你也被此打动而有了变化，但是你精妙的反思马上隐藏起你的感动，你的平静对她有着更大的诱惑力，把一种欲望投入了她的灵魂，而那使得她的美丽令人感兴趣的正是她的灵魂。你靠近她；她的妆饰也为这处境给出非同寻常的印痕。你仍然不曾说出一句话，你看着并且就好像是你没有在看着，你不想以含情脉脉的粗俗来麻烦她，然而，甚至镜子都在帮着你的忙。你为她在胸前佩上一件饰物，这是你在第一天就已经送给了她的，那是第一次你带着一种激情吻了她，这激情在这一刻里寻求着对自身的肯定；她自己隐藏起了它，没有人知道。你拿着一束小小的花束，这花束只包含有单一的一种花，一种就其自身而言是完全微不足道的花。总是这样，在你为她送花的时候，总会有一根小小的枝状装饰物在之中，除了她一个人之外没有人会想得到这个。在今天，这花也在荣誉和尊贵中出现，它将单独地装点她；因为她爱它。你把它递给她，一滴泪水在她的眼中颤动，她重新将它还给你，你吻了它，并将它戴在她的前胸。某种忧伤在她那里弥漫开。你自己被感动了。她向后退一步，她几乎是带着怒气地看着那使得她碍手碍脚的服饰，她拥抱着你的脖颈。她无法再放开你，她带着一种热烈紧拥着你，仿佛是有着一种敌对的力量会把你从她那里拉走。她那精美的饰物被压碎了，她的头发垂落下来，在同一个此刻里她消失了。你重新被遗留在了孤独之中，只有一个动作敏捷的女仆，四五个好奇的表姐妹，一个受人尊敬的姨妈，一个理发师会来打断这种孤独。这时，客厅的门开了，她进来了，并且在她的每一个面部表情里都能读出宁静的严肃。你握她的手，又离开她以便再和她相遇——在主的祭坛前相遇。你忘记了这个。你对之进行过如此多的考虑，也在别的场合对之有过考虑，你在你的神魂颠倒中忘记了它，你处在了那对所有人都是如此的各种关系中，但这是你所不曾仔细想过的；然而你毕竟已经成熟了，足以能够看得出婚姻的意义多少不仅仅是一种仪式。一种恐惧抓住了你。“这个女孩，其灵魂纯洁如白日天光、崇高如当空苍穹、无邪得像大海，这个女孩，我能够向她跪倒对她崇拜，她的爱情让我觉得能够将自己从所有的迷惘之中拉出来并且使自己重新出生，我要将她引上主的祭坛，她将站在那里如同一个女罪人，这就是要用来描述她的话并且也是要对她说的话：是夏娃诱惑了亚当[124]。她，我骄傲的灵魂为她而折腰，它所唯一曾折腰相向的她，这就是要对她说的话：我要成为她的主人，她将顺从她的丈夫[125]。这一瞬间来临了，教会已经向她张开了自己的双臂，而在它把她还给我之前，它先要在她的嘴唇上印上新婚之吻，这不是我用整个世界去换取的新婚之吻；它已经张开了双臂要去抱她，但这一拥抱会使得她的美丽褪色，而在这时，它将她扔向我，并且说：要生养众多[126]。这是怎样的一种权力啊，它竟敢挤进来硬插到我和我的新娘之间，这我自己所选定的新娘，这选定了我的新娘。这一权力要命令她来对我忠贞，难道她还需要什么命令吗？而如果是因为有一个她爱得比爱我更甚的第三者命令她对我忠贞[127]，她才对我忠贞，那么……并且它责定我对她忠贞[128]，难道还需要谁来责定我这样做吗？我——全心全意地属于她的我。并且，这一权力来决定我们间的相互关系，它说，我应当命令、她应当服从；但是，如果我现在不愿意命令，如果我现在觉得自己太渺小而不该去命令，那又怎样。不，我愿意服从她，她的暗示对于我就是一种命令，但如果是一种外来的权力，我不会向外来的权力屈服。不，趁着还有时间，我会和她一起逃到很远很远的地方去，并且，我会请求黑夜来藏匿起我们，并请求沉默的云朵们在大胆而不着边际的画面中给我们讲童话，正适合于一个新婚之夜，并且，在宏大的天穹之下我愿沉醉在她的魅力之中，单独地与她共处、单独地在整个世界中，并且我愿坠落进她爱情的深渊之中；并且，我的嘴唇哑然；因为那些云朵是我的思想而我的思想是云朵；并且，我愿呼唤并敕令天空里大地上的所有力量，不让任何东西来打扰我的幸福，我将让它们立誓，并且我让它们向我发誓这样做。是的，远离，远离到天涯，那样我的灵魂重新能够变得健康、我的胸膛重新能够呼吸，那样我就不会在这抑闷的空气里窒息——远离——

是的，远离，我也同样会这样说：离开、离开，呵，不洁的东西们[129]。但是，你有没有考虑到，她是不是也愿意随着你去走上这冒险之旅？“女人是弱的”；不，她是谦卑的，她比男人距上帝要近得多。另外，爱情对于她就是一切，她肯定不会藐视上帝将恩准她的那祝福和肯定。说到底，女人可能就从来没有想到过要与婚姻有什么矛盾，并且，如果不是男人自己去腐蚀了她的话，她永远也不会想到这个；因为，一个得到了解放的女人[130]也许会想到这样的事情。冒犯的事情总是从男人开始出现；因为男人是骄傲的，他想要一切，他不想有什么东西在自己之上。

现在，我所做出的描述几乎完全地符合你的情形，这是你所不会否认的，并且，就算你要否认这一点，无疑你也还是不会否认，它符合这一倾向的代言人。为了标示你的“最初的爱”，我有心花功夫在表达上作出一定变化而使之与那通常的东西有所不同；因为坦率地说，那被描述出来的爱情，不管它多么地充满激情、不管它宣示出多大的悲怆，它仍然是太过多地有着反思、太过多地与情欲之爱的风骚不分彼此，以至于我们不敢将之称为是一种最初的爱。一种最初的爱是谦卑的，并且因此它为“有着一种比它自己更高的权力存在”而高兴，哪怕没有别的原因而只是为了“想要有一个让自己去感谢的人”。（因此，相比女人们，人们很少在男人们那里看见纯粹的最初的爱。）类似于此的情形在你身上也有，因为你不是说过你愿敕令天空里大地上的所有力量[131]吗，在这之中已经显示出一种想要为自己的“最初的爱”寻找一种更高的出发点的愿望了，只是在你这里，这愿望成为一种带着所有可能的随意性的物灵崇拜。

那么让我们看，那首先让你产生反感的是：你要被庄严地任命为她的主人。就好像你不是她的主人，也许那只是太过分，就好像你的言词并非被烙下过这样的印痕，但是，你却并不想放弃这一偶像崇拜、这一风骚姿态，你想要作为她的奴隶，尽管你很确定地感觉到自己像是她的主人。

其次是，你的爱人要被宣布为一个女罪人，这引发出你灵魂的反感。你是一个审美者，我忍不住要将此置于你那无所事事的头脑中让你做出考虑：难道这一环节不恰恰能够使得一个女人更为美丽吗；在这之中有着一个秘密，而这秘密则向她投出了一道令人感兴趣的光辉。只要我们还敢于对那罪做出“无辜”的断言，它就能够有着一种孩子气的调皮，而这调皮只会提高美。无疑，你能够理解，我并非是出于严肃在坚持这一看法，因为我很清楚地感觉到这之中蕴含了什么东西并且也将在后面就此展开阐述；但是，如前面所说，如果你确实有这样的考虑的话，那么也许你就会绝对地迷醉在这一审美性的观察中。这样，不管这种做法是不是正确的，就是说，是不是最令人感兴趣的，你就会去达成许多审美上的发现，诸如以一种无限远的暗示来刺激这痒处，或者，让那年轻无邪的女孩单独地与这种黑暗力量搏斗，或者，带着一种一本正经的严肃把在跷跷板另一头的她挑进反讽之中，等等，简言之，在这方面你会有很多想要去做的事情。然后你渐渐会想到福音书中的甚至也被散撒在女罪人身上的那种颤动的光辉，这女罪人诸多的罪在她身上获得赦免，因为她爱得很多[132]。相反我要说的是：那想要让她作为一个女罪人站在那里的，则又是你随意的念头。就是说，在一般的情形上[133]认识那罪是一回事，而在具体的事件上[134]认识那罪则是另一回事。但是，女人是谦卑的，教堂对一个人所说的严肃言辞使这人感到愤慨，这样的事情无疑从来不曾在一个女人身上真正发生过；女人是谦卑而充满信心的，谁又能够像一个女人那样垂下眼睑，而又有谁能够这样地将之重新张起。如果某种变化因为教堂对于“那罪将进入世界”的庄严预示而发生在她身上的话，那么这变化就应当会是，她只是更强有力地紧紧抓住自己的爱情。但是由此绝不会导致最初的爱情出离其平衡状态，它只是被向上牵引进一种更高的“同心集中性”。让一个女人确信那世俗的爱情在根本上就是一种罪，这会是一件非常艰难的事情，因为她的整个存在会因此而在其最深的根本之中被毁灭掉。另外，她走到主的祭坛前当然不是为了去考虑她到底是该还是不该爱站在她身边的这个男人；她爱他，她的生命就在这爱之中，并且，那在她那里唤醒怀疑的人、那想要教她去产生对她自己的本性造反的愿望并且不愿意在上帝面前跪下而只愿意挺立的人，那人才是悲哀的。也许我不该接下你的话题；因为你在你的脑子里顽固地认为：为了让那最初的爱真正产生，那罪就不该进入这世界，然后你无疑自己还是感觉到了，你在出拳打空气[135]。（你想要从罪之中抽象出来，在总体上看，你通过这一点显示出，你是处在反思之中。）但是，既然那些个体（我们是在他们间设想那最初的爱）是带有宗教性的，那么我就根本无需让自己涉足于所有这一切之中。就是说，“那有罪的”并不在于那就其本身而言的“最初的爱”之中，而是在于它之中的“那自私的”之中，但只有到了它反思的那一瞬间，“那自私的”才出现，而它自身则正因为这反思而被消灭掉了。

最后让你心生反感的是，一种“第三的”权力要让你遵守对她忠贞的义务，而要她遵守对你忠贞的义务。出于一种顺序上的考虑，我得请求你回想一下：这一“第三的”权力并不是在强行逼迫；而我们所想象的那些个体，既然他们在宗教性方面得到了发展，那么他们在之后自己去寻找到这“第三的”权力，并且，在这里所要考虑的相关问题是：在它之中有没有什么在他们的“最初的爱”的路上为他们设置障碍的东西。然而你不会否认，通过“以某种方式把爱情弄成一种义务性（恋人们在一种更高的权力面前将这一义务性施加于自身）”来寻求一种强化确认，这对于那最初的爱是很自然的事情。恋人们对着月亮、对着星辰、对着他们父亲的骨灰、以他们的名誉起誓等等，相互许诺忠诚。如果对此你说：是啊，这样的誓言毫无意义等于什么也没说，它们也不过就只是恋人们自己的心境所发出的反射；因为，否则的话，他们怎么会想到去对月亮发誓。这样我就会回答说：在这里是你自己使得那最初的爱情的本质出离了其平衡状态；因为它之中的美丽之处恰恰就是在于这个：依据于爱情，一切对于它都获得了实在性，（直到那反思的瞬间，这才显示出这对月起誓是毫无内容的），在这誓言的瞬间里，这一切有着其有效性。现在他们是对着一种确实有着有效性的权力发誓，难道因此这种关系就被改变掉了吗？想来不会是这样吧，因为对于爱情来说，尤其重要的恰恰就是：这誓言有着真正的意味。因此，如果你认为你完全可以对着云彩和星辰发誓，但要让你对上帝发誓则会使你心烦，那么这就说明，你是处在反思之中。也就是说，除了那不是知密者的东西之外，你的爱情不可能会有什么知密者。当然，现在无疑是如此：爱情是神秘的，但你的爱情是如此出色，以至于连那在天上的上帝都不可对之有所知，尽管上帝（如果我使用一种稍稍轻率的表达来说）是一个并不会为人带来骚扰的见证者。但是，这——“上帝不可对之有所知”，这是“那自私的”和“那反思着的”；因为在同一时间里“上帝在人的意识中”并且“上帝却仍然不可在人的意识中”。所有这些都是那最初的爱所不认识的。

于是，这一“让爱情在一种更高的层面里得以崇高化”的需求是你所不具备的，或者更确切地说：因为那最初的爱并没有什么需求而只是直接就这样去做了，你有这需求但不愿意去满足它。如果我现在用瞬间的时间回头再看一下你那假想出来的“最初的爱”，那么，我就会说，也许你成功地敕令了所有的力量[136]，然而距你不远处还是生长着一棵槲寄生。它冒芽吐枝，它向你扑送着凉意，然而在自身之中却藏着一种温度更高的热；你们很为之感到高兴；但是这棵槲寄生标志了在你的爱情中作为生命原则的那种热病型的骚动，它冷下来并且热上去，它不断地变换着，甚至你能够在同一瞬间里既希望“你们能够有一种对你们而言的永恒”又希望“这个此刻是最后的此刻”；因此，你的爱情之死亡是确定的。

于是，我们看见那最初的爱是怎么能够步入与“那伦理的”和“那宗教的”的关系而又无需通过一种使之出离了其平衡状态的反思，因为它只是被向上牵引进一种更高的直接的“同心集中性”。从某种意义上说，这里是发生了一种变化，并且这就是我现在想要观察的东西，人们能够将之称为“情男情女之向新郎新娘的变形”。由于那最初的爱被导向了上帝，这变化就以这样一种方式发生，恋人们为此而感谢上帝。在这之中，一场高贵化的变化就发生了。那最临近于男人的弱点是：自以为自己征服了自己所爱的女孩；他在这之中感觉到自己的优越，然而这种做法却绝不是审美性的。相反，在他感谢上帝时，他则是在自己的爱情之下谦卑着，而如果将这两者放在一起比较：是“把爱人作为一种礼物从上帝的手上取走”，还是“为了征服她而压倒了整个世界”，那么，这前者则真的是要远远地更美丽得多。另外，那真正是爱着的人，在他以这样的一种方式谦卑地面对了上帝之前，他的灵魂是不会得到安宁的；而他所爱的那个女孩对于他来说实在是意味太重大，以至于他不敢（哪怕是在最美丽和高贵的意义上看）将她当成一种战利品。如果他会为征服和获取她而感到高兴的话，那么他就会知道，那恰当的做法是通过整个一辈子在日常间进行的获取，而不是什么短期狂恋的超自然力量。然而这却不是像“仿佛在事先有过一种怀疑”那样地发生，而是直接地，它就发生了。于是那最初的爱中的真正生命就留了下来，而那劣质杂醇般的东西（如果我可以这样说的话）则被去掉了。对于那另一性别，她感觉到其自身之外的压倒性优势，她屈顺于它，这是更为自然的事情，并且，尽管她在这“作为乌有”中觉得快乐和幸福，但这却很容易就会趋向于去成为某种不真实的东西。现在，如果她因为爱人而感谢上帝，那么她的灵魂就有了抵制受煎熬的保障；她能够感谢上帝，通过这感谢，她就能够稍稍拉开一点与自己所爱的人的距离，只稍稍的这点距离，就仿佛她因这点距离而能够呼吸。并且，这不是作为一种“令人焦虑的怀疑”的后果而发生的，这种后果是她所不知不识的，然而直接地，它就发生了。

在前面的文字中我已经暗示了，在最初的爱情之中有着一种永恒，尽管它是幻象的永恒，它还是使得爱情变得道德伦理化。现在，在那些恋人们把他们的爱情引向上帝的时候，这一感谢就已经为他们的爱情打上了一种绝对永恒的烙印，同样这烙印也被打在了意向和义务性之上，而这一永恒则不会是被建立在各种黑暗的权力之上，而是基于“那永恒的”本身。那意向另外也还有另一种意味。就是说，在之中有着爱情中一种运动的可能性，并且于是也有着脱困的可能性，所谓脱困，就是说，从那就其本身而言的“最初的爱”所具的麻烦（即，它无法前进）中解脱出来。在它的无限中有着“那审美的”，然而，“那非审美的”

则是在于：这一无限无法被有限化[137]。“那宗教的”的登场不可能打搅那最初的爱，关于这一点，我将以一种更为形象化的表达来阐明。“那宗教的”在根本上其实是对于“人在上帝的帮助下比全世界更轻”这一信念的表达，这种信仰完全就像“人能够游泳”这一事实所必须具备的信心基础。现在，如果有这样一种能够保持使人浮于水面的游泳带，那么，我们可以想象一个曾处于生命危险中的人总是戴着这游泳带，但我们也可以想象一个从不曾处于生命危险中的人同样也戴着这游泳带。这后一个事例就与那最初的爱和“那宗教的”之间的关系相符。那最初的爱将“那宗教的”环绕束系[138]在自己身上，而没有任何事先出现的痛楚的经验或焦虑的反思；只是我请你不要把过多的分量放在这个表达上，乃至看上去“那宗教的”就仿佛只有一种与之的外在关系。“那宗教的”与之的关系并非仅仅是外在的，这是我们在前面的文字中已经展示过了的。

那么，就让我们一了百了地把账清一下吧。你们谈论那么多关于爱欲型的拥抱，这与婚姻型的拥抱相比又怎样呢？比起那爱欲型的，在婚姻型的“我的”的抑扬调谐之中有着怎样的财富啊；它不仅仅回响在“诱惑性的瞬间”的永恒之中、回响在“想象”和“观念”的幻象的永恒之中，而且也是回响在“意识”的永恒之中、回响在“永恒”的永恒之中。在这婚姻型的“我的”之中有着怎样的一种力量啊；因为意愿、决定、意向是一种远远更为深刻的音质；怎样的一种能量和柔韧性啊；因为有什么东西是像意愿那样坚硬而又像意愿那样柔软的；怎样的一种运动之力而不仅仅是各种“阴暗的冲动”所有的困惑的激动；因为婚姻是被建立在天堂里的[139]，而义务贯穿生存的直到那最极端的顶尖处并且准备好道路，并且确保永远也不该有任何障碍能够来打扰这爱情！那么，就让唐璜保留那座凉亭[140]吧、让骑士保留夜空和星辰[141]吧，如果他除此之外什么也看不见。婚姻甚至在更高的地方有着自己的天堂。婚姻就是如此，而如果婚姻不是如此的话，那么，那不是上帝的错、不是基督教的错、不是婚礼的错、不是诅咒的错、不是祝福的错，而仅仅只是人们自己的错。并且，人们以这样的方式写书，把那些尚未开始生活的人们带进生活的迷惘、让他们为生活烦恼，而不是去教他们好好生活，这岂不是一种可悲可叹的糟糕。甚至，如果人们所说是正确的话，那也就算了，那只是一种令人痛苦的真相；但那其实只是谎言。人们教我们去行罪，而对于那些没有勇气行罪的人，人们则以另一种方式同样地使得他们不幸。很不幸，我自己就受到“那审美的”的过多的影响，以至于无法知道“丈夫”这个词让你觉得刺耳。然而，这对于我来说是无所谓的。如果“丈夫”这个词失去信誉而几乎被弄成一种笑话的话，那么现在就到了我们试图重新维持它的荣誉的庄严时刻了。而如果你说：“我们从来没有见到过这样的婚姻，尽管我们见过足够多的婚姻”，那么，这并不会让我觉得不安；因为，“我们每天看见婚姻”这个事实使得人们更少在婚姻中看见那伟大的东西，尤其是因为人们在尽一切努力贬低着它；因为，这样说吧，难道你们不是已经搞到了这样的程度而使得一个在圣坛前向一个男人伸出手去[142]的女孩被看成是不如你们的浪漫小说中的这些带着自己的最初的爱的女主人公那么完美了吗？

现在，在我带着所有的耐心听了你和你的宣泄（这比你可能会真正承认的宣泄程度更为剧烈）之后，（但是你将看见，尽管你也许还没有完全理解你自身之中的这些情感骚动；在婚姻真正地作为一种现实降临到你面前的时候，那么它就会在你内心中刮起风暴，尽管你可能仍然还是不愿向任何人流露心迹），这时，我就得请你原谅我摆出我各种小小的观察。一个人一生之中只爱一次，“心灵挂在他的最初的爱上”[143]——婚姻。去倾听，并且为这一不同星体发出的和谐共鸣[144]惊叹吧。这是同一件事情，只是被以审美的方式、以宗教的方式和以伦理的方式表达出来。一个人只爱一次。为了实现这个，婚姻就进场了，而如果相互不爱的人们脑子里想到要结婚，那么，教堂对此也没有什么办法。一个人只爱一次不同球体发出的和谐共鸣，这句话从那些最不同的人们那里回响出来，从那些幸福的人们那里发出（他们每天都在对之作出一种快乐的确认），也从那些不幸的人们那里发出。对于后者，真正地只能分出两类：那些一直在追求着理想的人们，和那些不愿坚持这理想的人们。最后的这些才是真正的诱惑者。我们很少遇上他们这一类，因为在他们中总是会有着某种非同寻常的东西。我曾认识一个这样的人，但他也一直承认，一个人只能爱一次，然而他的不羁的欲望是爱情所无法驯服的。是的，现在某些人说，一个人只爱一次，一个人结婚两三次。在这里星体的运行范围又合一了；因为审美者说不，而教堂和那教会的伦理怀疑地看着第二场婚姻[145]。这对于我来说有着极大的重要性；因为，如果这是真的——一个人爱好几次，那么，这婚姻的问题就变成了一个可疑的事情了，于是这事情看上去就好像是这样："那爱欲的"因为"那宗教的"的偶然随意性而遭到破坏，"那宗教的"按理是要求一个人只该爱一次，于是，它如此随便地处理这爱欲的问题，这就仿佛是在说：你能够结婚一次，事情就到此结束。

现在，我们看见了，那最初的爱是怎样进入与婚姻的关系而又不出离其平衡状态的。既然那最初的爱是被包容在了婚姻之中，那么，蕴含在那最初的爱之中的那同一种"审美的"必定也蕴含在婚姻之中；但"那审美的"是处在无限（那最初的爱所具的先天性[146]）之中，这一点在上面的文字中已经得到了阐述。由此可见，它是处在诸对立面的统一体之中，而爱情就是这对立面的统一体；它是感官性的但又是精神的；它是自由但又是必然，它处在即刻的环节中、高度地现在在场，但它在自身之中又有着一种永恒。所有这些也是婚姻所具有的，婚姻是感官性的但又是精神的；但它是"更多"；因为，被用在"那最初的爱"上面的这个词——"精神的"，这个词其实所说的是，最初的爱是灵魂性的（sjælelig），它是被精神渗透了的感官性；它是自由和必然，并且也是更多；因为自由，被用来描述那"最初的爱"的自由，真正更多的却是灵魂性的自由，在此之中个体人格尚未从本性必然之中净化出来。但自由越多，放任（Hengivelse[147]）就越多，并且，只有那拥有自身者才能够挥霍自己、放纵自己。在“那宗教的”之中，那些个体变得自由，他得免于不健康的骄傲而她得免于不健康的谦卑，“那宗教的”挤进那相互如此紧紧地拥抱着对方的恋人之间，不是为了拆散他们，而是为了让她能够带着一种她在之前从来都想象不到的财富而献身、让他不仅仅是接受而且也向她奉献并让她接受。它[148]在自身之中有着内在的无限[149]，比那最初的爱所具的还要更多；因为婚姻的内在无限是一个无限的生命。它是诸对立面的统一，比那最初的爱更多；因为它有着一个更多的对立面，“那精神的”和由此而在一种更为深刻的对立之中的“那感官性的”，但是，我们离开“那感官性的”越远，它就获得越多的审美的意义；因为，否则的话，动物们的直觉就变成最审美的了。但是，婚姻中的“那精神的”要比它在最初的爱中时更高，并且婚床上的天空越高越好，就越发地美、就越多地具备审美性；而且，在婚姻之上的拱然成穹的不是这一尘俗的天空，而是精神之天空。它是在即刻的环节中，健康而有力，它探出自身之外，但是在一种比最初的爱更为深刻的意义上；因为，那最初的爱有着一种抽象的品性，而这恰恰是最初的爱所具的一个错误；但是，在婚姻所具的“意向”（Forsættet）之中蕴含着运动法则[150]、蕴含着内在历史的可能性。意向是那处于最丰富的形态中的放弃，在此之中我们所关心的不是“将失去什么”，而是“通过坚持将赢得什么”。在意向之中设定有一个“其他”（Andet）[151]，并且在意向中那“爱情”是相对于这一“其他”而被设定的，然而却不是在外在的意义上。但这“意向”不是“怀疑”所获取的果实，而是“应许”（Forjættelsen）的额外盈余。如此美丽是婚姻所是；并且“那感官性的”也绝没有遭受否定，而是得以崇高化。固然我承认，也许这是我不对的地方；常常在我想到我自己的婚姻的时候，这样一种观念会唤起我莫名的忧伤：这婚姻将终结，我相当肯定，我将与她（我的婚姻曾将我与这个她结合在一起）生活在另一次生命之中，这一生命却会以另一种方式把她给予我，这样，那（本来曾作为一个连带在我们的爱情之中的条件的）对立面将被取消[152]。然而，这却给予我安慰：我知道我应当回忆，我曾与她生活在那尘俗生活所给予的最真挚、最美丽的结合体中。就是说，如果我对这整个事情有着某种理解的话，那么那尘俗的爱情所具的缺陷（就正如这也是它所具的长处），那就是：它是一种偏爱。精神的爱情不具有任何偏爱，并且在相反的方向上运动，不断地发射出所有的各种相对性。尘俗的爱情在其真相中走着相反的路，并且在这整个世界里它在其顶峰就只能是对于一个唯一的人的爱情。这就是“只爱一个人一次”的真理。世俗的爱情从爱更多人开始，这是各种暂时的预期，它终结于爱一个人；精神的爱情不断地使自己越来越开放，爱越来越多的人，它的真理在于“爱所有人”之中。这样一来，婚姻则是感官性的，但也是精神的，自由的并且也是必然的，绝对地自在于其自身并且也在其自身之中指向其自身之外。

由于婚姻以这样的方式是一种内在的和谐，它自然就在其自身之中有着其目的论（Teleologi）[153]；这就是，既然它不断地以其自身为前提条件，并且，在这样的情况下每一个关于它的“为什么”的问题也就都成为一种误解，平庸的常识就能够非常容易地对这误解做出解释，这常识（尽管它在通常看上去比那个认为“婚姻是所有可笑事物之中最可笑的”的歌唱师巴希尔[154]要稍稍谦逊一点）却还是很容易就不仅仅引诱你，而且也引诱我去说：“如果婚姻不是什么别的东西，那么它就真的是所有可笑事物之中最可笑的东西了。”

然而，为了打发时间，让我们稍稍进一步深入地看一下这之中的随便某一个细节吧。即使在我们各自的笑之间有着极大的差异，我们也还是完全能够稍稍在一起共同笑一笑。这差异差不多就会是一种与在我们想要说出对于“为什么会有婚姻存在”这个问题的答案“这就得去问我们的上帝了”时所用的不同的语气相类似的差异。另外，在我说“我们想要共同地稍稍笑一笑”

的时候，有一点是绝对不应当被忘记掉的：在这方面我有多少事情需要归功于你的观察，因为这些观察，我作为一个已婚男人实在是对你感激不尽。就是说，在人们不想去完成那最美丽的工作时、在他们想要在罗得斯（那是向他们指定出来作为跳舞地点的罗得斯[155]）以外的所有别的地方跳舞，那么，就让他们成为你和其他的捣蛋鬼的牺牲品吧，你们这些躲在熟识的面具下面的家伙是最知道怎样去出他们洋相的了。然而，有一点却是我想要挽救的，有一点是我从不曾也永远不会允许自己去以一笑置之的。你常常说，到处走动着单独地去询问每一个人他为什么结了婚，这肯定是“完全绝妙的事情”，这时，人们会发现：通常是非常无足轻重的事情变成起那决定性作用的东西；并且，“婚姻连带所有其后果”，像这样的一个如此巨大的结果能够从如此小小的原因里产生出来，正是在此中你探究着那可笑的东西。我不该继续在这谬误性的话题上盘桓了，这谬误是在于：你完全抽象地盯着这无足轻重的事情，而一般说来，只是因为这无足轻重的事情进入了各种各样定性的多样化，所以它才会导致出某种后果。相反，我所想要强调的是那些婚姻（那些尽可能不去具备“为什么”的婚姻）中那美的东西。“为什么”越少，爱情就越多，这就是说，如果我们在此之中看见那真的东西。当然，对于那轻率的人，在之后确实会显示出这曾是一个小小的“为什么”；对于严肃的人来说，这显示出来的则是一个极大的“为什么”，这是让他高兴的。“为什么”越少，越好。在那些低阶层之中，通常婚姻无需什么重大的“为什么”就得以缔结了，但因此这些婚姻回响着那么多“怎样”（他们该怎样相处、他们该怎样抚养孩子等等）的频繁度就要小得多。除了婚姻自身所具的“为什么”之外，从来也不会有什么别的是属于这婚姻的，但这是无限的，并且是在这样一种意义上，也正是在这样的意义上我在此把这关系看成是：没有什么“为什么”，而这也是你会很容易使自己确信的；因为，假如我们要用这一真实的“为什么”去对这样的一个遵循常识的俗气丈夫回答他的“为什么”，那么，他也许就会像《精灵们》中的校长那样说："那么让我们获得一个新的谎言吧"[156]。你也还会看出来，为什么我不愿意并且不能够为这一对于"为什么"的缺乏找出一个喜剧性的方面来，因为我怕那样的话就会丧失掉那真的东西。真正的"为什么"只有一个，而且它在自身中有着一种能够镇压住所有"怎样"的无限能量和力。那有限的"为什么"是一个集合体，一窝蜂，每个人都从中取自己的，这个多一点，那个少一点，全都一样糟糕；因为，即使有一个人能够在自己的婚姻入口处把所有的"为什么"结合成一体，那么他就恰恰会是所有丈夫中最蹩脚的。

人们为这一婚姻之"为什么"所给出的在表面上看起来最像样的回答之一就是：婚姻是一所品质的学校，一个人结婚以求陶冶自己的品质并使之高贵。我现在要让自己进入与一个特定事实的关联，我是因为你的缘故才留意到它的。那是关于一个"你所抓住的"公务员，这是你自己的表述并且这表述与你自己完全相像；因为，在你的观察有了一个对象的时候，你就不会有任何顾忌，你就会认为你在追随你的使命。顺便提一下，他是一个很有头脑的人，尤其是具备诸多语言知识。一家人围坐在茶桌前。他抽着烟斗。他的妻子不是很美丽，看上去相当普通，相对他而言有点老，在这样的意义上人们会（正如你所说及的）马上就想到这之中必定有一个奇怪的"为什么"。在茶桌边坐着一位年轻的多少有点苍白的新婚妇人，看来她知道另一个"为什么"；主妇自己斟着茶，一个十六岁的年轻女孩，不是很漂亮，但丰腴而活泼，把茶端给大家；看来她尚未到达一个"为什么"。在这样一个大方得体的聚会里，你的不得体也找到了一个位置。你因为公事而去他那里并且已经徒劳地去过了好几次了，你自然觉得这处境实在是太有利而不会就此让它被白白浪费掉。恰恰是在那几天里，人们在谈论着关于一个被解除了的婚约。这家人尚未听到这一重要的内地新闻。各个方面都在诉说这个案件，就是说，所有人都是起诉指控者，于是这案子进入了被判定的阶段，并且罪人被革除出相应阶层的教门。人们对此看法不定，众说纷纭。你甘冒大不韪以旁敲侧击的暗示说了一句偏向于对被判者的话，这话当然不能算是对相关之人有利，而只算是给出一个起提醒作用的关键词。这话没能起到你想要让它起的作用，这时你就继续说：“也许那整个婚约就是一个仓促的决定，也许他未曾对那意义重大的‘为什么’作出阐述，一个人几乎能够说出那应当是先于如此决定性的一步的‘但是[157]’，简言之[158]，一个人为什么结婚，为什么，为什么。”这些“为什么”中的每一个都被以一种不同音色说出，但是同样地蕴含或表述着怀疑。这太过分了。一个“为什么”就已经是足够的了，但是一个这样的全然动员、一个在敌营中的全队整装进军[159]则是决定性的。这一瞬间到来了。带着一定的和善（在这和善上却仍然烙有占压倒优势的常识印痕），主人说：是啊，我的好人，我可以对你说为什么：一个人结婚，因为婚姻是一所品质的学校。这时，一切就都被启动了，部分因为反对、部分因为赞同，你使得他在莫名其妙之中超过了他的自身状态，这就成了对妻子的小小教诲，使得那年轻的妇人愤慨，让年轻女孩则感到惊讶。我在当时已经因你的行为而责备过你，不是因为主人的关系，而是因为那些女人们，——对于她们而言，你已经恶毒到了足以使得这场面变得尽可能地难堪而又持久。这两个女人无需我的捍卫，并且这也只是你一贯的逢场作戏，这引导着你去保持不让她们从你的目光中消失。但是他的妻子，也许她也确实爱着他，对于她来说，听这岂不是很可怕？还有，在整个处境之中有着某种不得体。就是说，常识理智的反思根本没有在使得婚姻道德化，以至于它其实是在使婚姻不道德化。感官性的爱情只有一种神圣变形——在此之中它在同样的程度上是审美的、宗教的和伦理的，这就是爱情；那常识理智性的算计使得它在同样的程度上既不是审美的也不是宗教的，因为“那感官性的”没有处在它直接应当在的位置。于是，一个为了这样和那样的东西等等而结婚的人，他迈出了在同样的程度上既不审美也不宗教的一步。他意图中的善意根本没有用；因为那错误恰恰就是：他有着一种意图。如果一个女人结婚，是为了（是的，这样的疯狂是我们在世界中听见的事情，一种看起来是给予了她的婚姻一个巨大的“为什么”的疯狂），是为了给世界生产出一个拯救者，那么，这一婚姻就是在同样的程度上是既不审美的又不伦理不宗教的。这是某种人们并不能够经常为自己弄明白的事情。存在着某种由“常识理智之人”们构成的阶层，这样的人带着极大的鄙视将“那审美的”视作杂碎和儿戏并且在自己的可怜的目的论之中自以为自己高高地在这之上；但其实恰恰反过来，这样的人因为他们的常识理智性而在同样的程度上是既不伦理又不审美的。因此，去看另一性别总是最好的，它既是最宗教的又是最审美的。另外，主人的阐释是够琐碎的了，我无须再对之进行介绍；相反，作为这一观察的终结，我祝愿每一个这样的丈夫都得到一个粘西比[160]做妻子，并得到尽可能地调皮捣蛋的孩子，这样，他就能够希望去拥有要达成他的意图所必需的条件。

现在，另外婚姻也确实是一所品质的学校，或者，如果不使用一个这么俗气的表述的话，是品质的渊源，这是我所非常愿意承认的，当然我自然在同时也持恒地认定：每一个为了这原因而结婚的人都更应当被转送到任何别的学校，唯独不该来爱情的学校。另外，一个这样的人永远也不会从这一学业中获得什么好处。首先，他这样就是为自己去除了那种力量、那种稳固、那种渗透遍所有思想和关节的全身性震颤，这被去除掉的东西也就是一场婚姻所意味的东西；因为这也确实是一场冒险；但它就应当是这样，而如果人们以为想要去进行算计就是正确的话，那么这就大错特错了，因为这样的一种算计恰恰就是一种去对之进行削弱的尝试。其次，他自然因此而让爱情的巨大驱动资本流失掉了，并且也错过了婚姻中的“那宗教的”所给予的那种谦卑。自然，他实在是太超级聪明了，以至于无法不随身带着一种关于他应当怎样得到发展的固定而完备的观念，而这一观念则成为他的婚姻和那被他选中的不幸生灵（他曾足够地恬不知耻而去将她挑选出来作为自己的实验品）的衡量标准。然而，让我们忘记这个吧，然后带着感恩回想一下，所谓“婚姻教育人”这句话有多大的正确性，就是说，在一个人不想居高临下地面对它、而是像在我们说及教育时的惯例中的那种情形——俯身屈就于那自己要去受教的东西的时候，这时，这句话有怎样的正确性。它使得整个灵魂得以成熟，因为它在给出一种意义之感受的同时也给出了一种责任的重量，你无法通过诡辩来推卸掉这种责任的分量，因为你在爱着。它通过那种属于女人而又是男人的训诫师的腼腆红晕来使得整个人变得高贵；因为女人是男人的良心。它将旋律带进男人的非同心而偏轴的（excentrisk）运动中，它为女人的宁静生活带来力量和意义——但却只是在她在男人那里寻求这力量和意义的时候是如此，并且这力量因此而不会变成一种非女人性的阳刚质地。他不断地回归到她那里，这样，他那骄傲的热情洋溢就被冷却下来；她依偎向他，这样，她的弱点就得以强化。①

① 因此，婚姻首先真正地把一个人的积极自由给予这个人，因为这一关系可以扩展到他的整个生命，既进入到那最微渺的地方也进入到那最宏大的地方。它将他从某种在自然事物中的不自然的窘迫中解脱出来，——自然的事物固然是很容易以许多种其他方式来获取，但却也很容易让“那善的”来付出代价；它使得他得免于陷滞于习惯，因为它维持着一种新鲜的涌流；它恰恰是通过将他与另一个人捆绑在一起而将他从众人中解放出来。我常常注意到，未婚的人们恰恰就像奴隶一样地劳作。首先，他们为他们的突发奇想而劳作；恰恰是在他们的日常生活中，他们敢放任自己一切，不欠任何人什么账；然而之后他们也变得有所依赖，甚至成为其他人的奴隶。一个仆人，一个管家，等等，通常所扮演的是什么样的角色。他们是他们的主人的人格化了的突发念头和意愿倾向，被归简为钟点，他们知道主人什么时候起床，或者更正确地说，在事先多久要去叫他，或者更正确地说，在去叫他之前的多久要预先把他的工作室用暖炉弄热了；他们知道为他摆出洗净的衣物、卷好他的袜子，这样他就能够很轻松地穿上它们，在他用温水盥洗了之后准备好凉水，在他出门的时候打开窗，在他回家的时候为他摆上脱靴器和拖鞋，等等，等等。所有这些都是仆役人员所知道的，尤其如果他们是机灵一点的话，很容易就能够熟悉这些。现在，尽管所有这些都是确切到位地发生了，这样的未婚者们常常并不满意。其实，他们是能够为自己购买对每一个愿望的满足。他们有时候火气很大并且使着性子，然后虚弱并且和善。当然，几元国家币使得一切都好起来。仆人们很快就知道利用这一点；于是，事情很简单，只需在适当的间隔里把事情稍稍搞糟，让主人家光火、对之绝望，并且因此而接受一点小费。然后主人家就被这样一个人品迷住，主人不知道自己更多的是该去赞美他的有条不紊，还是欣赏他在犯错之后所显示出的正直的懊悔。一个这样的仆人成为主人家所不可缺少的人，并且是完全的弄权者。

而现在，我们看婚姻所带来的所有琐碎小事。是的，在这方面你无疑会同意我，但是也请求上帝让你得免于此。不，没有什么东西能够像那些琐碎的小事们那样多地对人起到教育作用。在一个人的生命中有着这样的一个阶段，人们应当把这些琐碎的小事从他那里去掉；但是也有着那种它们起到好的作用的阶段，并且，“将自己的灵魂从琐碎小事中拯救出来”这是属于一个伟大灵魂的手笔；但是在一个人想要这样做的时候他能够这样做；因为这“想要”就是那伟大的灵魂，而那“爱着”的人想要[161]。这对于男人尤其会是艰难的，因此在这方面女人对他有着如此重大的意义。她被创造出来，就是为了解决这些琐碎的小事，她知道去为之给出一种意义、一种品格、一种施展着魔法的美。它们从习惯中、从单面性的暴政中、从随意任性的缰套中拯救着，所有这些恶的东西又怎么会有时间去在一个婚姻性的结合（这一婚姻结合如此多次、以如此多的方式清算拷问着自己）之中赢得形态呢？所有这些都无法蔓延开，因为“爱是恒久忍耐，又有恩慈；爱是不嫉妒；爱是不自夸；不张狂；不作害羞的事；不求自己的益处；不轻易发怒；不计算人的恶；不喜欢不义；只喜欢真理；凡事包容；凡事相信；凡事盼望；凡事忍耐。”[162]想想主的使徒之一[163]的这些美丽的词句，想想它们被运用在整个生命中，以这样一种方式去想：有一种观念与它们相连接，是关于一个人多次很轻易地去这样做、多次搞错、多次忘却然而却仍然重新返回到它们中；想想一对夫妇敢以这样的方式相互向对方说出这些词句而他们留给我们的首要印象却仍然是欣悦的；在之中蕴含着怎样的极乐至福呵，怎样的一种品质之神圣变形呵！在婚姻中，人们走不出巨大的激情之路；人们无法在事先提前做出任何预算，人们无法通过根据一个巨大的尺度来达成一个月的格外温柔以弥补另一个时间段；在这里的情形就是：每天都有自身的烦恼，但也有自身的祝福[164]。我知道这个，我把我的骄傲和我忧疑型的骚动都置于她的爱情之下，我把她的热烈置于我们的爱情之下；但我也知道，这花费了好多天，我也知道，在前面会有许多危险；但我的希望一定会胜利。

或者，一个人结婚是为了有孩子[165]，为了对地球上人类的繁衍做出他的一份小小的贡献。想一想，如果他没有得到任何孩子，那么他的贡献就变得微乎其微了。确实，国家是允许了自己对婚姻有着这样的意图，发奖给那些结婚的人们和那些生了大多数男孩的人们[166]。基督教在一些时期通过向那些不结婚的人发奖金来构建出一种与此的对立[167]。现在，哪怕这是一个错误，那么它也显示出一种对于人格的深刻尊敬：人们在这样的程度上不愿使得那单个的人成为一个单纯的环节，而是想让单个的人成为完全的人。国家被领会得越抽象，个体人格就会越少地从中被消灭出界，这样的一种出价和这样一种鼓励就越自然。作为与此的对立面，人们在我们的时代有时几乎是在赞美一种没有孩子的婚姻[168]。就是说，我们的时代在向人们推出“放弃”（这“放弃”是“达成一场婚姻”的一部分）的时候所遇上的麻烦是足够大的；如果一个人在这样的程度上拒绝了他自己，那么他会觉得这已经够了，并且无法再真正去忍受这样繁复的麻烦，诸如一群孩子。在小说中我们足够频繁地看见，虽然是随意的，但却是被引作一个特定个体不结婚的理由：他不喜欢孩子；在生活中，我们在那些最优雅的国家里看见它通过这样的方式被表达出来：孩子们被尽可能早地从父母家带走，被安置在寄宿学校[169]等等。这难道不经常地让你觉得好玩吗：这些可悲可笑的父母家庭，有着四个可爱的孩子，但是父母却在无声无息之中希望这些孩子远远地离开？这难道不经常地让你觉得回味无穷吗：生活所带来的所有这些琐碎小事，在孩子们要挨打的时候、在他们泼溅到自身弄脏自己的时候、在他们大叫大闹的时候、在那伟大的人——那父亲因为想到他的孩子们将他束缚在大地上而觉得自己的理想野心被阻绊住的时候，所有的琐碎小事把这样一个父母家庭的高雅伤害掉了！在你只是专注于他的孩子而说出几句关于有孩子是怎样的一种福气的话时，难道你不是经常地用你那用得其所的残忍把这一类高贵的父亲送到被抑制着的愤怒的巅峰吗？

现在，“为了对人类的繁衍做出贡献而结婚”看来可以算既是最高度客观又是最高度自然的理由了。这就好像一个人将自己置于上帝的立场并且从这一立场出发去看对人类的维护保养中的美丽之处；是的，他甚至可以加重语气地强调出这话：“要生养众多，遍满地面，治理这地。[170]”然而一场这样的婚姻还是同样地既不自然而又随意偶然，而且缺乏来自《圣经》的任何戒条。关于后者，我们读到：上帝建立婚姻，因为单独生活对人不好，所以给人一个伴侣[171]。现在，即使某个宗教嘲笑者会对那从一开始就“把男人扔进堕落”的伴侣[172]多多少少地觉得可疑，但这也还是什么都证明不了，而我则宁可把这一事件引作用于所有婚姻的格言；因为在女人做了这件事之后，这时，真挚亲密的结合才在他们间牢固起来[173]。然后我们也读到这些词句：并且神赐福给他们[174]。人们纯粹就忽视这话。并且，使徒保罗在一个段落中非常严格地命令女人带着温顺宁静地接受教导，并且保持宁静[175]，然后，在封上了她的嘴（为了进一步使她谦卑屈顺）之后，接着说：她将因为生孩子而得救[176]，如果在他这样说的时候没有通过加上一句“如果他们（孩子们）常存信心爱心，又圣洁自守[177]”来补救了一切的话，那么我真的就永远也不会原谅使徒的这种藐视。

我的工作事务只允许我有很少时间去进行学习研究，而我稀疏的学习研究在通常完全是对准了另一些方面的，而现在的这一机缘使得我感觉这看上去会是很奇怪的，因为我觉得我在《圣经》中是如此地熟门熟路，以至于我能够报名去考神学学位（theologisk Attestats[178]）。一个老异教徒，我想那是塞涅卡，说过，在一个人到达了三十岁的时候，他应当是对自身体质足够清楚了，因而他能够作为自己的医生[179]；我也是这样地看问题的，我认为，在一个人进入了某种年龄之后，他应当是能够成为自己的牧师。绝不是仿佛我要否定对“公共上帝崇拜以及这里的崇拜指导”的参与，然而我却认为，人们应当把自己的人生观落实在那些最重要的生命关系之上，另外，这在严格的意义上是人们很少听别人布道谈论的东西。对于那些教化书和印行的讲道文，我有着一种过敏性的反感；因此，如果我不能去教堂，那么我就求诸《圣经》。我完全可以去求教于某个博学的神学家，或者某部博学之作——在此之中与此有关的重要《圣经》段落很容易找到，并且，这时我会通读它们。就像这样，我那时已经结婚，并且在我想到要真正去考虑《新约全书》中关于婚姻的教诲的时候，我已经结婚有半年了。在我进入我自己的婚礼之前，我曾去参加过不少婚礼，这样，我知道那些要在这样的场合被说出的神圣言辞[180]。然而我仍然想要获得一种稍稍更为完全的了解，并且因此而去找了我的朋友沃鲁夫森牧师，那时他正好在这城里。根据他的指导，我就找到了那些首要段落[181]并且对我妻子通篇地朗读它们。我记得很清楚，那个段落[182]为她所留下的印象。另外，这是一件奇特的事情；我不知道在《圣经》中的这些我要为她朗读的段落，我不想在事先查它们；我不喜欢在事先准备好我要为她留下怎样的印象，这种做法渊源于不合时宜的不信任。你可以把这一点记在心中；因为，固然你没有结婚并且就这样看也没有什么人是你能够在严格的意义上有义务要去开放地面对的；但你的事前准备却真的是到了可笑的程度。固然你能够愚弄人，能够在表面上看来是那么偶然地、那么即兴地[183]做一切，然而我却不相信你能够无需经过考虑好你该怎样说再见而直接说出“再见”。

不过，还是让我们回到婚姻以及那些为了人类繁衍增长而不知疲倦的婚姻人士们吧。这样的一场婚姻通常会在一些时候隐藏在一种更为审美的覆盖物之下。那是一个高贵古老的贵族世家，它正在进入消亡，它只剩下两个代表者，一个祖父和一个孙子。这位令人尊敬的老人的唯一愿望就是：儿子必须结婚，这样家族的香火就不会断绝掉。或者，那是一个其生活并不具任何重要性的人，但他带着一定的忧伤回想，虽然不算回想得很深远，但却想到自己的父母，他那么深地爱他们，因而他会有这样的愿望，他希望这一姓名不至于消失，而是能够被保存在活人们感恩的回忆中。也许他对此会有一种模糊的想象：如果他能够向孩子们讲述他们去世已久的祖父，用这样一幅只属于一种回忆的理想画面来强化他们的生活，通过这一观念来激励他们去进入所有高贵和伟大的东西，那将会是多么美好啊；也许，他自己觉得会因此而能够偿还一部分他感到自己对自己的父母所欠。现在，这一切都是善而且美的，然而它们与婚姻是毫不相干的，并且一场仅仅因为这一原因而达成的婚姻也是同样地既不审美又不道德的。这样的说法看起来是严酷的，但在事实上这确是如此。婚姻只能在一种意图之下达成，它才会在同样的程度上既是伦理的又是审美的，但这个意图是内在的（immanent）[184]；所有其他的意图都在把那同属的东西拆开，并因而使得“那精神的”和“那感官性的”都变成一些有限。事情完全会是这样：一个个体借助于诸如此类的说法，尤其是在那些被描述出来的感情在他身上有着某种真相的时候，他能够赢得一个女孩子的心，但是这就出了毛病，并且她的本质也真正地出离了其平衡[185]，并且，如果一个人要和一个女孩结婚是出于除了“因为这个人自己爱她”之外的其他原因，那么这对于那女孩就总是一种侮辱。

现在，就算是——用你的表达来说的话——每一个“种马”考虑就其本身而言都与婚姻无关，那么，对于那不曾在自己的关系中受到打扰的人来说，家族就显得像是一种祝福了。这却是一件美丽的事情，一个人尽可能多地欠着另一个人；而一个人所能够欠另一个人的，最高的无疑就是生命了。然而一个孩子却能够欠一个父亲更多；因为这孩子肯定不是空白而赤裸地接受生命，而是接受那带有一种特定内容的生命，并且，在他在母亲的乳房获得了足够长久休憩之后，他就被放置到了父亲的胸前，同样，父亲也以自己的血肉、以在久经沧桑的生命中用极大的代价换得的经验来营养他。又有什么样的可能性是一个孩子所不蕴含着的呢；你恨所有以孩子来驱动的偶像崇拜，这我完全同意你，尤其是那整个家族的仪式和那种在午餐与晚餐餐桌上的给整个家族接吻的孩子环传[186]，家族崇拜，家族期待，而父母们则扬扬自得地为那已经过去的诸多麻烦而相互感谢对方，并且为这一已经生产完成的艺术产品而欣喜；是的，我承认，我几乎能够像你一样讥刺性地针对这种恶劣事情；但我不让自己进一步受到这种事情的烦扰。孩子是属于家庭的最内在、隐秘的生命，并且人们也应当把在这件事情上的每一种严肃的或者敬畏神的想法灌注在这一“光明—黑暗的[187]”神秘性之中。但在那里随后也会显现出，每一个孩子都还会有一圈神圣的光环围绕着自己的头，每一个父亲也会感觉到，在孩子身上有着比这孩子所欠他的更多的东西，是的，甚至他会带着谦卑感觉到这孩子是一种信托给他的东西，并且他在那最美丽的意义上也只不过是继父。那不曾感受到这个的父亲，他总是虚荣虚妄地看待自己的父亲尊严。让我们免受所有这些不合时宜的亢奋的搅扰吧，“孩子出生时的所有打躬作揖的问候”，但在你带着霍尔堡的亨利克腔调要向那不可思议的事情尽你的义务[188]时，也让我也免受你的恶作剧调笑的搅扰吧。一个孩子是世界上最伟大和最有意义的事情，最不起眼和最微不足道的事情，一切都要看我们怎样来看待它，并且在我们体验到一个人在这方面是怎样想的时候，我们就有机会透视进这个人的内心深处。一个婴儿几乎能够对我们起到滑稽的作用，如果我们想着它的要“作为一个人”的要求；这婴儿可以起着一种悲剧性的作用，如果我们想着婴儿哭叫着地进入这个世界，要花很长时间才能够使之忘记哭叫，并且没有人解释过这一婴儿哭叫。这样，它能够以许多方式起作用；但是那宗教性的看法，它能够很好地进入于其他看法的关系中，则仍然是那最美的一种。而现在你，你当然是喜欢可能性，并且关于孩子们的想法肯定是不会对你起到欣悦的作用；因为我不怀疑，你好奇而散漫的想法也曾向这一世界窥视过。这自然是因为你想要控制住可能性。你非常喜欢处于孩子们在黑暗的房间里等待着圣诞树被公开亮出[189]时所处的状态；但是一个孩子肯定就是完全另一种类型的可能性，并且一个孩子是那么严肃，以至于你肯定不会有耐心去承担这可能性。然而孩子们是一个祝福。一个人带着深刻的严肃想着对自己的孩子最好的事情，这是美的和善的，但是，如果他没有不时地想到，这不仅仅是一种放在他身上的义务，一种责任，而且这些孩子们也是一种祝福，在天上的上帝不曾忘记这连人们都不会忘记的事情：在摇篮里放一件礼物[190]，那么，他就还是没有将自己的心灵扩展开，既不曾将之扩展到审美的感情，也不曾将之扩展到宗教的感情。一个人越是有能力去坚持“孩子们是一种祝福”，他通过越少的斗争并且带着越小的怀疑来保存这一珍宝——那婴儿所拥有的唯一的好处（当然也是合法地拥有的，因为上帝自己将之放置在了那里）；那么它就越美丽，它就越多地是审美的，它就越多地是宗教的。我自己有时也在街上到处溜达，听任我自己的想法和那瞬间的环境所唤出的印象来决定我自己。我曾看见一个穷妇人；她做着小生意，不是在一家店里或者一件棚架里，而是站在那开放的场地里，她在风雨中手臂里抱着一个小孩子站在那里；她自己干净整洁，孩子是被很小心地包裹起来的。我看见过她许多次。有一个高雅的女士走过，几乎在教训着她，因为她没有把孩子留在家里，尤其是因为这孩子对于她只是一种妨碍。一个牧师也从同一条路上走过，他靠近她，他想要为孩子在托儿所里找一个位子。她友好地对他道谢，但是你真是该看一下她弯下身子探视那孩子所用的目光。如果这孩子被冻结住了，那么这目光就会使之融化；如果这孩子已经冰冷地死去，那么这目光就会起死回生地将这孩子唤醒；如果这孩子因饥渴交加而疲惫的话，那么这目光中的祝福会为这孩子重新带来活力。但这孩子在睡觉，甚至没有这孩子的微笑来酬答母亲。看，这个女人感受到了，一个孩子是一种祝福。如果我是一个画家，我除了画这个女人之外永远也不想再去画别人。这样的一幅景象是罕见的，它就像是一朵罕见的花，一个人能够有机会看见就是一种幸运。但是，精神的世界并不置身于虚妄之下[191]，如果我们找到了树，那么它就不断地开花；我常常看见她。我把她指给我的妻子看；我不曾把自己弄得很重要、不曾仿佛自己拥有神圣的全权去奖赏而向她送丰富的礼物，我谦恭地将自己置于她之下，其实她既不需要金子或者高雅的女士们或者托儿所和牧师，也不需要一个可怜的在宫廷与城市法庭[192]任职的法官（Assessor[193]）和他的妻子。她根本就不需要任何东西，除了想要孩子在什么时候也会以同样的温情来爱她之外，而她也不需要这个，但这是她所应得的酬报，一种上天不愿漏掉不给她的祝福。这是美丽的，这甚至感动你铁硬的心肠，这一点你无法否定。因此，我无须为了赢得你对于“一个孩子是一种祝福”这说法的认同而诉诸那些人们在想要通过诸如“一个人有时候会是多么地孤独”、“没有一群孩子围着，那是多么不幸”之类的想法来吓唬单身汉时常常使用那些恐怖画面。一方面也就是，你可能根本不会被吓着，至少不会被我吓着，甚至也不会被整个世界吓着（在你一个人在沉郁想法的黑暗房间里与自身独处时，那么无疑你有时候会因你自己而变得恐惧）；另一方面则是，一个人为了让自己确信自己拥有着一种善的东西而不得不以“别人不具备它”的想法来让别人感到不安，这在我看来总是可疑的。因此，尽管去讥嘲吧，尽管去提及那些在你的嘴唇上舞动的词句吧，四个座位的霍尔斯坦马车[194]；尽管去为“旅程不长过到‘弗莱斯贝尔’[195]”而感到乐不可支吧，尽管坐在你舒服的维也纳马车[196]里从我们边上驶过吧，但是你还是要警惕啊，不要常常在这方面投身于你的讥嘲中，它可能在宁静之中发展转化成为一种你灵魂中理想的渴慕，它会来惩罚你让你付出昂贵的代价。

然而，在另一种意义上，孩子们也是一种祝福，因为我们自己从他们那里学到如此不可描述之多。我曾见到过骄傲的人们，迄今没有什么命运曾使他们谦卑屈辱过，他们带着这样的一种确定抓住他们所爱的女孩，将之拉出其所属的家庭生活，这就好像是他们想要说：如果你拥有我，这就该是足够了；我习惯于冒着风暴向前，现在则有的是更多，因为关于你的想法会激励我，现在，因为我有的是更多使我为之去奋斗的东西。我曾看见同样的这些人成为父亲；一个小小的事故发生在他们的孩子身上，这就已经能够使他们谦卑屈辱，一场疾病会把祈祷辞带上他们骄傲的嘴唇。我曾见到过把几乎是对那在天上的上帝的鄙夷作为一种荣耀的人们，他们习惯于挑选每一个他的忏悔者作为他们讥嘲的靶子，我曾见到他们作为父亲出于对孩子们的关怀而雇佣那些最为虔诚的人们。我曾看见以自己骄傲的目光使得奥林匹斯山颤抖[197]的女孩们，其虚荣的心思只为浮华富丽而成活的女孩们，我曾看见她们作为母亲承受着一切屈辱、几乎是乞求着那些她们认为能够对孩子们是最好的东西。我想着一个特定的事例。那是一个非常骄傲的女士。她的孩子病了。城里的那些医生中的一个得到了招请。但是这医生因为以前所发生的事情而拒绝到来。我看见了她去他那里，等在他的前厅以求借助于祈求来感动他走出来。然而，如此强烈感人的描述，它们又能被用在什么地方呢？尽管它们是真实的，却不像那些不怎么感人的例子（那有着眼睛去看的人每天都能够看见这类例子在向自己呈现出来）那样在自身中有着陶冶感化的意义。

此外，我们也以另一种方式从孩子们那里学到很多。在每一个孩子那里都有某种本原的东西，这东西使得所有抽象的原则和标准都多多少少地在其上搁浅。我们必须自己从头开始，常常是带着很多艰难困苦。在这句中国谚语中有着一种深刻的意义：好好教养你的孩子，然后你就会知道你欠你父母的是什么[198]。现在人们所说的则是：那被置于一个父亲身上的责任。我们和别人交往，我们试图向他们灌输关于那我们认为是对的东西的观念，也许我们做出诸多的尝试；在这一切都不起作用的时候，那么我们就不想再与他们有什么关系，我们洗净自己的双手[199]。但是这样的瞬间——一个父亲敢于或者更确切地说一颗父亲的心能够决定去放弃每一个更进一步的尝试，这样的瞬间会在什么时候到来呢？整个生命在孩子们那里再次得到体验，这时我们才几乎刚刚懂得自己的生命。然而与你谈论所有这一切并不会真正起到什么作用；有些事物，如果我们不曾对之有过体验，那么我们就永远都不可能获取任何对其内容丰富的观念，这之中包括“作一个父亲”。

现在，终于是那美丽的方式了，我们能够以这种方式通过孩子而使自己去与一种“往昔”和一种“以后”联系起来。尽管我们没有十四个祖先和对于生产出第十五个的担忧，我们在自己之前有着一个远远大得多的血缘传承，去看一下这传承是怎样在那些家族中仿佛是慢慢地形成一种特定的样式，这也真的是一件挺愉快的事情。现在，这样的一类观察无疑是那没有结婚的人也能够着手进行的，但是他不会在这样的一种程度上感觉到有让自己去这样做的要求或者名分，因为他自己在某种程度上是在骚扰性地介入其中。

或者，一个人结婚，是为了得到一个家。他在家里觉得无聊，他曾去国外旅行并且觉得无聊，他又回到了家里并且觉得无聊。为了有个伴，他养了一条出奇美丽的水猎狗[200]，一匹纯种马，但是他还是觉得缺乏什么。在人们与志同道合者聚集一处的那家饭馆，他长时间徒劳地寻找一个自己认识的人。他得知那人结婚了，他心里充满温情，感伤地想着自己往昔的日子；他觉得自己的四周空荡荡什么也没有，在他离开的时候没有人等着他。年老的女管家在本质上是一个非常好心的女人，但她也不知道怎样去使得他振作起来、使得气氛变得舒服一点。他结婚了；邻居拍手，觉得他做得聪明理智，并且，在这之后他开始谈论家务中最重要的事情，最重要的世俗的好处，一个和善可靠的厨娘，他可以放心地让她自己去集市，一个手巧的侍女，她如此机灵因此他可以让她干一切。现在，甚至即使这人是这样一个年老秃顶的伪君子，他也一样会满足于和一个守夜妇[201]结婚的；但是事情常常并非如此。那最好的也不够好，并且，最终他成功地俘获了一个年轻美丽的女孩，然后这女孩被煅铸成一个这样的苦役奴。也许她从不曾爱过，多么可怕的错误关系啊。

你看，我让你表述出你的看法。然而你不能不承认，尤其是在那些简单的阶层里，我们能够看见许多婚姻是带着“得到一个家”的意图而结成的，并且它们还是相当美丽的。那是一些年纪相当轻的人们。他们不曾在世界里有过什么特别的闯荡就已经获得了必要的生活来源并且在这时就想到要结婚。这是很美丽的，并且我也知道，你绝不会想要去用你的讥嘲来针对这样的一些婚姻。某种高贵的淳朴同时给予了它们一种审美的和一种宗教的色调。就是说，在这里，“想要有一个家”的这种想法是根本不蕴含任何自我本位的成分的，相反，对于它们，与此关联着的是关于一种义务的观念，一种作为，它既是一种被加置在它们之上的要求，但对它们说来也是一种“心爱的义务”。

我们足够频繁地听结了婚的人们通过这样一种说法来安慰自己并让那些未婚的人们感到紧张：是啊，我们还是有着一个家，到我们年老的时候，有着一个居留地点；有时候他们在这陶冶性的风格中加上一种异常的礼拜天式庄重的语气[202]：我们的孩子和孩子的孩子会在有一天合上我们的眼睛并且哀悼我们。相反的是那未婚者们的命运。人们带着一定的羡慕承认，他们在他们的年轻时代是有过一段更好的时光，他们在宁静无声之中甚至希望自己还没有结婚，但这结婚还是值得的。未婚的人们的情形就像那富人的情形，他们在事先把他们的那一份用掉了[203]。

现在，所有这样的婚姻都有着这样一个错误，它们把婚姻中的一个单个的环节弄成婚姻的意图，并且，自然尤其是上面提到的那前一种类型的婚姻，在他们不得不承认一场婚姻比“去获得一个舒适的、安逸的和便利的家”还是意味了稍稍更多的一些东西的时候，他们常常觉得很失望。但是现在，让我们再从“那错误的”之中抽离出来以便去看一下“那美的和真的”。不是每一个人都现成地就能够把自己的活动展开得这么广，并且有许多自以为是在为某种伟大的事物效力的人们或早或晚地陷进了一种谬误之中。这里所说的这些当然不是在暗示你也是如此；因为你自然是头脑太管用而不会不马上就嗅出这一幻象的气味来，而你的讥嘲则足够频繁地击中它。从这方面看，你有着一种非同寻常程度上的放弃，并且一了百了地显示出了一种完全的听天由命。你更喜欢让自己愉快。你在任何地方都是一个受欢迎的客人。你的诙谐机智，你在交往中的随便，某种和善，同样正如某种恶毒[204]，这使得人们在一见到你之后马上就会由此联想到一个令人愉快的夜晚。在以前你一直是并且以后也一直会是我家里的一个受欢迎的客人，一方面是因为我不算是在极大程度上害怕你，一方面是因为我在我有必要害怕你之前尚有很好的前景；我唯一的女儿只有三岁，你当然不会这么早就开动你的远程信号联络系统。有时候你半责备我说我更大程度地从世界上隐退了，我能记得有一次是那调子：告诉我，珍妮特[205]。之所以如此，其原因自然是，正如我那时也曾回答过你的：我有一个家。正是从这个角度看，不管是要真正地留意你还是所有其他人，这都是同样地难，这就是说，你总是有着别的各种定性。如果我们要把人们从他们的幻觉中拉出来，那么你就总是“以各种各样方式给出服务”。从总体上看，你是不知疲倦地追猎着各种幻觉以便将它们砸碎。你说话如此理智、如此有经验，以至于每一个人尚未对你有进一步认识的人都会以为你是一个冷静稳重的人。然而你根本就没有达到“那真的”。你通过去消灭幻觉而保持停着，并且，在你在所有可能想象得出的方向上都这样做了的时候，然后你就真正地努力去一路进入一种新的幻觉，这幻觉就是：一个人能够以这样的方式来保持停着。是啊，我的朋友，你生活在一种幻觉中，并且你什么都没有达成。在这里我提及了这样一个词，这个词对你一直就有着一种那么奇怪的作用。达成——“那么谁达成了什么东西呢？这恰恰就是最危险的幻觉之一；我从来就不在这世界里忙碌什么，我尽我可能地找乐子，尤其是在那些自以为是在达成什么的人们身上找乐子；一个人会以为自己在达成什么，这难道不是难以描述地可笑吗？我才不会用这样大的要求去拖累我的生活呢。”每一次你这样说，你都对我起到一种极其不舒服的作用。这让我反感，因为在那之中有着一种肆无忌惮的非真相，这种非真相借助于你的才华总是会为你带来胜利，至少总是把笑声带到你的这一边[206]。我记得有一次，在你长时间地听着一个愤慨于你的演讲的人说话之后，一开始你一句话也没有回答他，而只是用你讽刺性的微笑刺激着他，然后作为一种为在场者们给出的普遍喜乐，你回答说：是啊，如果您把这一演讲加进您所达成的其他东西中，那么我们就至少无法就您对于“您真的是为那伟大的和为那些单个的达成了一些什么东西”的信念而责备您了。在你这样说的时候，我感到难过，因为我觉得某种对你的怜悯。如果你再不有所自制的话，你身上的一种丰富的天性就会被摧毁掉。因此你是危险的，因此你的感情突发、你的冷漠有着一种力量，这力量是我在那许多涉猎于“觉得不满”这一专业的人们中的任何其他人身上所看不到了。其实你也不属于那些人，他们是你的嘲讽的对象；因为你已经走得太远太远了。“你是快乐而满足的，你微笑，你戴着帽子稍稍有点斜，你不为生活的悲哀过度操劳，你至今没有让自己加入到任何翻了三倍的哀伤团体[207]”。但正因此，你的言论对于年幼者们是那么危险，因为他们一定会被你所赢得的在生活中的一切之上的优势弄得目瞪口呆。现在我不想对你说：一个人应当在世界上达成什么；但是我想说，在你的生命（你在你这生命之上扔下了一道无法渗透的纱罩）之中难道就没有一些事情是属于这样的类型：在这些事情之中你是想要达成什么的，尽管你的沉郁因为这要被达成的事情太微不足道而在痛苦中受着煎熬。在你的内心深处，这所有的一切看上去和你外在地显示出的是多么地不一样啊！难道在那里不是有着一种深刻的悲哀，因为你什么都无法达成？至少我知道一个情况；有一次你曾对之稍稍说了几句不被人留意的话。无疑，如果让你能够达成什么的话，那么你是愿意付出一切代价的。你无法达成什么，这到底是不是你自己的错，为了能够去达成什么，你的骄傲是不是必须被打破（这我不知道，并且我永远也不应当进一步强行挤进你的心灵）；但是为什么你总是与所有那类糟糕的东西（这类东西倒是很为你那常胜的力量而欢欣的）为伍呢？正如前面所说，我们足够频繁地会感觉到，一个人在这世界里所达成的东西是多么的微不足道。我不是在沮丧之中这样说，我对我自己没有什么真正地可责怪的；我想，我带着良心和乐趣来进行我职位上的工作，我永远也不会觉得忍不住要去管那些与我无关的事情以求达成更多，然而，这却是一种非常局部的活动，并且，其实也只有在信念之中，一个人才会确信自己达成任何东西。但是，与此同时，我另外有着我的家。在这方面我常常想到耶稣·西拉的美丽词句，我也请求你想想这些话："获得贤能妻子的，就是获得了最好的产业：即一个与自己相称的助手，和扶持自己的柱石。哪里没有垣墙，财产必被抢掠；哪里没有妻子，人就要漂泊嗟叹。谁能相信一个武装起来，从一城窜入另一城的强盗呢？同样，谁也不相信一个没有家室，一到晚上便到处寻找居所的人。"[208]我不是为了获得一个家而结婚的，但是我有一个家，而这是一个极大的祝福。我不是（我相信你不至于会将我称作）一个丈夫愚人，如果说是像"英格兰的女王有一个丈夫[209]"，那么，我不是在这样一种意义上的"我的妻子的丈夫"；我妻子不是亚伯拉罕家的女奴，我不会将她和孩子一同驱逐走[210]，但她也不是一个女神，我不会以多情的空中交叉跳跃[211]来环绕着她走。我有一个家，而无疑这个家对于我并非就是一切；但是我知道，对于我妻子，我是她的一切，一方面是因为她以她的全部谦卑坚信这一点，一方面是因为我自己知道，我是并且也应当是她的一切，只要一个人对于另一个人来说能够成为其一切。在这里我就能够向你阐明"一个人对于另一个人来说能够成为其一切"之中的"那美的"，而无需任何有限的或者个别的事情来令我们回想起这一点。我可以尽管大胆地谈论这一点，因为她肯定不会到头来站在阴影之中。她并不需要我；我所娶的不是一个穷女孩，对她我并非是（如同这世界带着对自身所有可能的鄙视所说的）在做一件善事；这不是一个矫揉造作的愚昧女，我当初出自别的原因娶回来而现在又借助于我的智慧发掘出某种长处，不是的。她是独立的，并且更多的是，她那么知足以至于她无需出售自己；她很健康，比我更健康，尽管也更热烈。她的生活当然不可能像我的生活一样经历丰富或者饱经反思；我也许能够通过我的经验来帮助她避开许多谬误，而她的健康则使得这帮助成为多余。真的，她确实什么也不欠我，然而我对于她却是一切。她不需要我，但我并不因此而可有可无；我看护着她，并且连睡觉都像尼希米那样武装着[212]，——如果重复一下我在一个类似场合中脱口而出的表述，并向你显示一下我不曾忘记了你那讽刺性的评价，那么我们可以这样说：这对于我妻子来说该是一种极大的烦扰了。我年轻的朋友，这样的说法并不让我很挂心，正如你也能够由此看出来，——我重复着它并且，我向你保证，不带任何恼怒。就是以这样的一种方式，我对于她是完全的乌有，并且也是她的一切。相反你对于一大群人都是一切，但是在根本上你对于他们什么也不是。也可以设想一下，在那些你与人们所进行的瞬间即逝的接触中，你能够以这样的一种“那令人感兴趣的”（det Interessante）的宝贝来装备一个人，能够唤醒他去进入那么多的创造性本身，以至于这足够他用上一辈子了，（另外，顺便说一下，这东西肯定是不可能的），设想一下，他通过你而赢得了——你自己，你就失败了；因为你到头来并没有发现任何那种“你能够希望自己去成为其一切”的单个的人，并且就算这是你的伟大性的一部分，那么在事实上这一伟大性就实在是太令人痛苦了，乃至我会祈求上帝让我免除这种伟大性。

我们首先必须去与那关于“一个家”的观念联系起来的，就是这一想法——“这是一种作为”，这样，我们就能够借助于这想法来消除掉每一种关于“舒适”的不健康而可鄙的想法。甚至在男人的享受中，也应当有着一个“作为”之环节[213]，尽管它不表现在一种个别的外在有形的行为之中。在这方面，男人完全可以是活动性的，尽管他自己不觉得如此，而女人的家庭活动则更为外在有形。

然而，下一个与那关于“一个家”的观念联系着的，是这样的一种对于细节的具体化，对此要在一般的意义上说一些什么，那是非常难的。在这方面，每一个家庭都有自己的特殊性，并且如果能够去认识这一类中的多种样式，那会是非常令人感兴趣的事情。然而，我们所关心自然是：每一种这样的特殊性都被某一种精神渗透着，拿我作为例子的话，所有那些在各种家庭中的分离性的恶劣因素都是令我反感的，它们在第一次就马上有意地显现出，在它们那里一切都是多么地奇特，有时候会出格到这样的地步，乃至整个家庭使用一种古怪的语言来说话[214]，或者使用一种如此神秘的暗示，以至于人们无法搞明白它们是怎么回事。这事情的核心就在于，那家庭拥有着这样一种特殊性；而这事情中的艺术则是在于，它知道怎样去隐藏起这特殊性。

那些为拥有一个家而结婚的人们总是叫喊着，没有什么人等着他们，没有什么人迎接他们，等等。这足够充分地显示出，他们其实只是在他们也想着一个“在外”的时候才有着一个家。感谢上帝，我从来就无须走出去，既不用为了去记住也不用为了去忘记“我有一个家”。“有一个家”的感觉常常在我坐着的一刻攫住我。我也无须走进客厅或者餐室去确定它。这感觉常常会在我一个人独自坐在工作室的时候来抓住我。它会在我斗室的门打开的时候抓住我，而我稍后在窗格子上看见一张充满生命喜悦的脸，窗帘重新拉起，门上有非常轻的敲击声，然后一个头以这样一种方式探进门，以至于一个人会以为这头不属于任何身体，而她则在同一个“此刻”站在我身边，并且重新消失；这感觉能够在夜很深我一个人孤单地坐在那里的时候（就像从前在学生宿舍的那些日子）抓住我。这时，我可以点亮我的灯，蹑手蹑脚地潜进她的卧室看她是不是真的睡了。现在，这是当然的了，这感觉也常常在我回到家的时候抓住我。并且，在我按了门铃的时候，她知道这是我通常回家的时间了（从这方面看，我们这些可怜的公务员也是受到了很大的妨碍：我们没有办法让我们的妻子感到意外），这时，在我能听见里面的一点嘈杂和那由孩子们和由她发出的喧闹声的时候，她知道我通常按门铃的方式，她自己置身于这一小群人中作为他们的首领，她自己是那样地孩子气，以至于她看上去与孩子们竞相欢叫，——这时我感觉到，我有一个家。然后，在我看上去很严肃的时候（你谈论很多关于“去作为善于看人的鉴赏家”，而“看人的鉴赏家”，又有谁能够比得上一个女人那样善于洞察人呢），这个几乎是欢悦的孩子又是怎样地变成另一种样子的呵；她不会变得绝望，也不会有坏心情，相反在她身上有着一种力量，不是硬性的，而是无限地柔韧，像那能够剖石的剑，但却盘绕着腰围[215]。或者，在她看见，我有点不耐烦而快要暴躁的时候（我的上帝，这样的事也会发生），她又能变得怎样地随和呵，然而在这一随和之中又蕴含着多少优越呵。

别的，我能够在这一关联上想要对你说的其他东西，我最好是将之与一个特定表述联系起来，我想人们完全能够合情合理地将这表述用在你身上，并且这是一个你自己也常常用到的表述：你在这个世界是一个客旅和寄居者[216]。更年轻的人们，他们想象不出一个人为经验所付出的代价有多大，也丝毫感觉不到那是怎样的一种不可言说的财富，他们很容易就会被卷进这同一个漩涡，他们也许会觉得自己受到你的讲演的影响就好像那是一阵清新的微风，引诱他们外出到你展示给他们的那无边无际的大海，你自己会变得青春荡漾地沉醉，在那关于这一“无限”的想法上几乎无法驾驭，这“无限”是你的元素，一种元素，它就像大海一样不变地把一切藏在自己深深地底部。你在这一水域上已经是一个经验丰富的人了，难道你不应当去知道怎样去讲述关于事故和海难的事情吗？当然，在这大海之中，一个人在一般的情况下对另一个人的情形所知不多。一个人并不备有巨大的轮船，要让大船下水将之推向深处是很费力的事情，不，那是非常小的船，只适合于一个人的小舟；他利用那瞬间，他扬帆，他以骚动的想法的无限急速划过，孤独地在那无限的大海上，孤独地在那无限的天空下。这种生活是充满危险的，但是一个人已经亲密于那关于失去生命的观念；因为，这样的一种享受（一个人以这样的一种方式消失在“那无限的”之中，唯独只剩下的就是“一个人享受这一消失”），这才是那真正的享受。航海的人说，在那浩瀚的“世界之海”上人们可以看见一种航船，人们将之称为飞翔的荷兰人[217]。它能够张展开一面小帆，然后以极速在大海的表面划过。如此差不多就是你在生活的大海上航行的情形了。一个人孤单地在自己的皮筏子里，他是足够地自在于自身了，他不再与任何人有什么进一步的关系，除非是在这样一个瞬间里他自己有这个愿望。一个人孤单地在自己的皮筏子里，他是足够地自在于自身了。我无法明白，这人又怎样能够去填充掉这一空虚，但既然你是我唯一认识的一个认为在那之中有着某种真实的东西的人，而且我也知道你在船上是有着一个能够帮助填充时间的人。因此，你是应当说：一个人孤单地在自己的小舟上、孤独地与自己的悲哀在一起、孤独地与自己的绝望在一起；一个人怯懦到了足够的程度，他就宁可保持这种孤人独舟也不愿去将自己投进康复的痛楚之中。现在，请允许我来指出你生活中的阴影面，并非是仿佛我想要让你害怕，我绝没有想要扮妖魔鬼怪的打算，而且你也太精明，你不会让自己受这一类东西影响。但仍然还是想一下这样一种意义上的“在这个世界是一个客旅和寄居者[218]”，想一下在此之中所蕴含的那痛楚的成分、那忧伤的成分、那屈辱的成分。我不想通过用关于那种凌乱的家族归属、那种你所反感的畜棚气味的想法来刺激你而来扰乱掉我可能会留给你的印象；但是想象一下那处在其美丽之中的家庭生活，这种生活以这样一种方式建立在一种深刻而真挚的结合体上：那结合起一切的东西却是神秘地隐藏着，这一样东西被机智巧妙地牵卷进那一样东西，这样我们只能够隐约地去感觉这关联；想象一下这一家庭的隐秘生活本身，它披有一种如此美丽的外在形式，以至于我们不会在任何地方磕碰上那衔接处的硬的地方；并且，现在想象一下你与这家庭的关系。一个这样的家庭恰恰会让你感到舒服，并且，你也许会常常因为进入它而感到欣悦，你会通过你的轻松随和马上就仿佛已经在此之中达到了一种亲密。我使用“仿佛”；因为你不是真的进入这种亲密，并且因为，既然你总会继续是一个客旅和寄居者[219]，你就无法真的进入这种亲密，这是很明显的。人们会把你看成是一个受欢迎的客人，人们也许会足够友好地尽可能让你事事顺心，人们会和蔼礼貌地对待你，甚至人们会像对待一个自己所喜欢的孩子那样地对待你。而你，你会在不知疲倦地处在关注中，别出心裁地以各种方式使得这家庭感到高兴。不是吗，这非常美丽，你无疑会在某一奇怪的瞬间不禁有想要说这话的感觉：你不喜欢看见一家人穿着睡衣、或者女儿穿着拖鞋、或者女主人不戴帽子，并且，如果你更确切地看一下，你就会看出，在这家人待你的正确行为之中有着一种极大的羞辱；每一家人家都得这样待人接物，而你成为那被羞辱的人。或者，难道你不相信，这一家人隐藏着那属于他们自己的完全另一种不同的生活，那是他们的神殿圣地，难道你不相信，每个家庭仍然有着家神，尽管这家人没有把它们放在前厅[220]？而在你的表述之中不是隐藏着一种极其精致的弱点吗；因为我真的不相信，假如你什么时候结了婚的话，你能够忍受看见你妻子穿着睡衣，除非这件衣服是一件专门设计出来让你愉快的装饰。无疑，你认为你为这家人尽了不少力来让他们有所娱乐、来向他们铺展上某种审美的光泽，但是想象一下，如果与这家人对他们自己所拥有的内在生活的关注相比，他们把你所做的这些根本就看得不重要。在与每一个家庭的关系上，你的情形都是如此，并且，不管你有多骄傲，在那之中蕴含了一种羞辱。没有人和你分担悲哀，没有人信任你。无疑，你认为常常会有人与你分担悲哀或者信任你，我们都知道你以大量的心理学观察丰富了你自己，但是这常常是一种假象；因为人们很愿意和你随便闲聊，并且远远地触及或者让你感觉到一点关心，这是由于通过这闲聊而在你那里骚动起来的“那令人感兴趣的”缓和人们的痛苦，并且就其本身就已经有了一种舒适感，这使得人们欲求这种药，但也并不是需要这种药。而如果这时有人恰恰是因为你那隔绝的位置（你知道，人们更愿意在一个乞讨的僧侣那里而不是在他们的神父那里领圣餐[221]）来找你，这却也永远也不会得到真正的意义，不管是对于你还是对于他；对于他没有真正的意义，因为他感觉到那种蕴含在“信任你”之中的偶然随意性；对于你没有真正的意义，因为你不能够全然地无视你能力所依赖的这种模棱两可。现在，不可否认，你是一个很好的手术操作者，你知道怎样去穿透进悲哀和忧虑的最秘密的围栏，但却是以这样一种方式，你并不忘记回去的路。好吧，我设想你成功地治愈了你的病人，你并不由此得到什么真正的和深刻的喜悦；因为这一切都有着偶然随意性的烙印，并且，你没有任何责任。只有责任能够给人祝福和真正的喜悦，哪怕一个人无法把事情办得有一半像你这么好，也是如此；这常常在一个人什么都没有做的时候给予祝福。但是，在一个人有了一个家的时候，那么他就有了一种责任，而这一责任本身就给予人安全和喜悦。恰恰因为你不想具备这责任，于是你就不得不承认，你所老是抱怨的这事情——“人们对你没有感恩之心”，是完全合情合理的。然而，说你以这样一种方式去投身于对人们的治疗，这其实也是很罕见的事情，在一般的情况下，如同我在前面对你说过的：你的首要活动是对准了“去消灭幻觉”这一方向，并且偶尔也花功夫让别人进入幻觉。如果我们看见你和一个或者两个年轻人在一起，看你怎样地通过几个动作就已经帮助他们在出离他们所有的幼稚的而在许多方面又是起着拯救性作用的幻觉的路上走了相当长的一段了，看他们现在变得怎样地比现实更轻松，看那些翅膀怎样地伸展开，而与此同时你自己则像一只有经验的老鸟在给予他们一种观念，关于什么是一个人用来飞越整个生存的拍翅；或者，如果你和年轻的女孩子们一起进行类似的演习，研究飞行中的差异：一个人在男性的飞行中听见的是拍翅的声音，而女性的飞翔则是像一种深深梦去的划桨动作。在人们看见这些的时候，基于所发生的这一切中的这种艺术，又有谁会对你生气呢？而因为这之中所蕴含的不负责任的轻浮，又有谁应该不对你生气呢？确实，你可以这样谈论你的心，就像老歌谣中所说的：

我的心像一只鸽舍
这一只飞进来，那另一只飞出去[222]

只是就你而言我们不怎么看见它们飞进来，而更多的只是不断地看见新的飞出去。但是，一只鸽舍，不管它在别的意义上可以是宁静温馨有着家园感的家的多么美丽的比喻，我们也实在不能以这样一种方式来看它。像这样只是让生命白白经过而不曾在之中赢得一种稳固可靠，这岂不是痛楚而忧伤的事情吗；像这样，我年轻的朋友，生活对于你从来就得不到内容，难道这岂不是一件忧伤的事情。在“一个人变得更年长”这一感情中有着某种忧伤的东西，但如果一个人无法变得更年长，那么这时来抓住这人的就是一种远远更为深重的忧伤。在这一瞬间，我恰恰感觉到我称你为“我年轻的朋友”是多么有道理。七年的差距肯定不是永恒，我不会在“理智的成熟”上赞美我超过你，但是在“生命的成熟”上，我则无疑会这样做。是的，我觉得我确实已经变得更为年长了；而你则仍然不断地坚持着青春最初的惊讶。在我有时候（尽管很少）觉得我疲倦于这个世界的时候，那么，这也是与一种宁静的崇高感联系在一起的，这时，我想着那些美丽的词句：有福了，那些息了他们的作为的人[223]。我并不自欺地以为在生命中有过伟大的作为，我不曾回绝掉那被指派给我的，并且，尽管它是无足轻重的[224]，那么，去为它而高兴，尽管它无足轻重，就也是我的作为了。你肯定不是离开你的作为而去静止[225]，静止对于你是一个诅咒，因为只有在骚动中你才能生活。静止是你的对立面，静止使得你更为骚动。你就像一个进食只能使之更饥饿的饥者，一个饮水只会使之更渴的渴者。

然而，我还是回到那前面讨论的东西，回到那些有限的意图——人们为了它们而结成婚姻。我只提及了三个，因为它们看上去还是一直有着自为之处，因为它们还是一直反映着婚姻中的某个单个环节，尽管它们在它们的片面性中会变得很可笑，完全正如它们是不审美也不宗教的。还有各种各样完全是很可怜的有限考虑，我不想提及了，因为让人们觉得它们可笑都是不可能的。诸如一个人为了金钱的缘故而结婚，或者出于嫉妒，或者为了那些前景——因为存在这样的前景，她马上会死，或者她会活很久但成为了一根得到了祝福的枝条而会硕果累累[226]，这样他就能够通过她而把一整排叔叔和阿姨的遗留物扫进口袋。所有诸如此类，我都不愿去提及了。

作为这一考究的收获，我可以在这里强调：我们看见，如果一场婚姻是审美的和宗教的，那么它就不可以有任何有限的“为什么”；而这恰恰是那最初的爱之中的“那审美的”，这样一来，婚姻再一次同水准于[227]那最初的爱。这就是婚姻中的“那审美的”：婚姻在其自身中藏有一种丰富多样的“为什么”，而生活将这丰富多样的“为什么”公开在自己的全部祝福之中。

然而，既然我决定首先要展示的东西是婚姻的审美有效性，既然婚姻用来将自身与那最初的爱区分开的东西是“那伦理的”和“那宗教的”，而“那伦理的”和“那宗教的”（只要它们是在某种个别的东西上寻找自己的表达）最直接地就是在婚礼仪式中去找到自己的表达，那么，为了避免看上去我好像是在太轻松随便地对待这问题，为了避免使我自己沾上哪怕是一小点责任而让我看上去有这个嫌疑——因为我仿佛是在掩盖那介于那最初的爱和婚姻间的分裂（而这一分裂是你和许多其他人构建出来的，尽管是出自不同的原因），因此，我将详细地阐述这一点。在这里，你的说法完全可以是对的：在一大群人不反对这个分裂时，他们不反对的原因就是在于他们缺乏精力和学养来进行思考，不管是对前者还是对后者的思考。然而，让我们进一步看一下婚礼以及它的仪式[228]。也许你也会在接下来的文字中觉得我是全副武装的，而对这事我可以向你确定，并且不会让我的妻子感到不快，因为她很愿意看见我远离像你和你的同类这样的自由劫掠者。另外，我认为，就像基督徒总是应当能够阐释自己的信仰[229]，同样，一个已婚男人也总是应当有能力阐释自己的婚姻，不仅仅是对每一个屈尊请求听见这一阐述的人，而且也是对每一个他认为是值得为之去这样做的人，或者尽管作为在这一事例中[230]是不值得但他仍然觉得适合去为之这样做的人。而既然最近你在毁坏了大量的其他风景之后开始蹂躏婚姻的省份，那么，我就觉得自己受到这样的挑战而必须遇会你。

你知道婚礼仪式，是的，你曾研究过这个，我这样设定。从总体上，你是全副武装的，并且在一般的情况下，在你对一件事物的情况有了像它最久经考验的捍卫者一样清楚的了解之前，你是从来不会出手攻击这一事物的。因此有时会出现这样的情况，像你自己所抱怨的那样：你的进攻实在太漂亮，而那些应当防守的人们对这事情的了解不如你这个进攻的人。现在让我们看吧。

但是在我们进入那单个的事例之前，让我们看一下，是否在那纯粹被看作是婚礼程序的婚礼程序之中是不是有什么起着干扰作用的东西。婚礼也不是什么由那些恋人们自己在某个丰富的瞬间想出来的东西、某种（如果他们半途又有了别的想法）马上又可以重新放弃的东西。这样，这就是一种我们所面临的权力。但是，难道爱情需要承认任何除了它自身之外的权力吗？也许你会承认，一旦怀疑和忧虑教会了一个人去祈祷，他就会满足于在这样一种权力之下折腰；但是那最初的爱不需要这个。在此，你有必要回想一下，我们设想了那些相应的个体是得到了宗教性的发展的，因此，“那宗教的”是如何出现在一个人身上的，这个问题就与我无关了，我所关注的是，它是怎么能够与那最初的爱共存的；并且正如不幸的爱情能够使得一个人变得有宗教性，那么，我们在同样的程度上也能够确定：宗教性的个体们能够爱。“那宗教的”对于人的天性来说不是陌生的，无须有一个先行的断裂来唤醒它。但如果那些相应的个体是宗教性的，那么他们在婚礼上所面临的这种权力就不是陌生的，并且，正如他们的爱情将他们结合在一个更高的统一体中，“那宗教的”就是这样地将他们提高进一个更高的统一体。

那么，婚礼所做的是什么呢？首先，它给出一种对于人类之“进入存在”的概观[231]，并且由此而将那新的婚姻铆定在人类的巨大族体中。由此，它给出“那普遍的”，“那纯粹人性的”，将之在意识中呼唤出来。这刺激你，你也许会说：在这样的一瞬间，一个人让自己与另一个人如此亲密地结合起来，以至于所有其他东西都从这个人这里消失掉了，而就在这样的瞬间内想到了“这是一个老故事了”[232]，是某种曾发生、正在发生并且将会发生的事情，这是令人非常不舒服的。那使得你欣悦的是你爱情之中那种独特的东西，你想让爱情的全部激情在你身上燃烧，你不希望那种“所有的人和每一个人都这样做”的想法来打搅你，“这实在是平庸到了极点，试想一下它的序码意义：在1750年张三先生和端庄的李四少女[233]十点钟，同一天十一点钟王二先生和赵一少女”。现在，这听起来极其可怕，然而在你的论证中隐藏着一种反思，这反思对那最初的爱起到了骚扰作用。爱情是，如同前面所提及过的[234]，“那普遍的”（det Almene）和“那特殊的”（det Særegne）的统一体，但是按照你所认为的“想要享受那特别的”（det Særlige）看，这里就有一种这样的反思，它把“那特别的”（det Særlige）置于“那普遍的”之外。“那普遍的”和“那特殊的”（det Særegne）越是相互渗透，爱情就越美丽。这之中的伟大之处既不是在于直接的也不是在于更高的意义上的“作为那特殊的”，而是在于“在那特殊的之中拥有那普遍的”。因此，想起“那普遍的”对于那最初的爱不会成为什么干扰性的序曲。另外，婚礼所达成的东西还有更多。就是说，为了回首指向“那普遍的”，它也将这些相爱者们带回到最初的父母那里[235]。这样，它不是停留在一般意义上的[236]“那普遍的”，而是在人类的最初夫妇中展示这一表述。这就是一个关于“每一场婚姻是怎样的”提示。每一场婚姻就像每一场人生，同时既是“那单个的”也是“那整体的”，同时既是个体又是象征。于是，它为相爱者们给出了“一对没有被‘对他人的反思’打扰的人”的最美的图像；它对这两个单个的人说：以这样的方式，你们也是一对，这在此重复在你们身上的是同样的事件；现在你们站在这里，单独地在这无限的世界，单独地当场于上帝面前。这样，你看见了，婚礼也给出了你所要求的东西，但它另外还给更多，它同时给出“那普遍的”和“那特殊的”。

“但是婚礼宣示出，罪进入了世界，而在这‘一个人觉得自己最纯净’的一瞬间被如此强烈地提醒去想到罪，这却无疑是不谐和的。然后，它教诲道：罪通过婚姻而进入世界[237]；这看起来对相应的新婚者们不怎么具有鼓励作用，如果由此冒出什么不幸的事情，教堂可以洗自己的手；因为它不曾以一种虚妄的希望来作奉承。”教堂不曾以一种虚妄的希望来作奉承，这就其自身而言无疑是应当被看成是一种好事。进一步：教堂说罪通过婚姻而进入世界，但它又允许如此；它说罪通过婚姻而进入；但是，它是不是在教诲说这罪的进入是因为婚姻，这则可以是一个大问题。在所有的情形中，它都只是在宣示罪作为人的一般命运，而不是特定地运用在那单个的人身上，更不会说：现在你们正在行罪。确实，要去阐明在怎样的意义上“罪通过婚姻而进入”，这是一件非常困难的事情，看起来这情形完全就好像是：罪和感官性在这里被同一化了。然而，既然教堂允许婚姻，那么，这事情肯定就不能完全是如此。是啊，你会说，但是在它把所有“那美的”从世俗的爱中去除掉之前是不会的。绝非如此，我会回答，至少在婚礼中没有一句话是这样说的。

然后，教堂宣示罪之惩罚：女人在娩痛中要生孩子并且服从自己的丈夫[238]。但是这些后果中的第一个则无疑是有着这样的性质：它会宣示出它自己，哪怕教堂不宣示出它。是啊，你回答；但是那使人困惑的地方是在于，这里所说的是：它是那罪的后果。一个孩子在娩痛中被出生，你觉得这在审美上看是美的，这是对一个人的一种敬意，一种象征性的标示，它标示出了“一个人进入这世界”到底有着怎样的重要意义，对立于那些动物：它们越是处在低级的阶段，在它们把它们的下一代带进这世界时就越是轻松。在这里我必须强调，这是作为人的一般命运而被宣示出来的，并且，一个孩子在罪中被生出来[239]，这是对它的最高尊严的最深刻表达，一切与人的生命有关的东西都归于罪的定性之下[240]，这恰恰是对于人的生命的一种神圣化。

接下来是：女人要服从自己的丈夫。在这里你也许会说：是啊，这很美好，并且这样的事情也总会吸引我，看一个女人，她在自己的丈夫身上爱自己的主人。但是，让你觉得反感的是，这应当是那罪的一个后果，并且你觉得你有这个使命作为女人的骑士出场。到底你这样做是不是在帮她一个忙，我不该做什么判定，但是我想，你并没有抓住女人在其整个内在真挚性中的本质，而在这本质中也包括了：她同时既比男人更完美又比男人更不完美。如果我们要标示出那最纯洁的和那最完美的，那么我们会说那是一个女人，而如果我们要标示出那最虚弱的和那最脆弱的，那么我们会说那是一个女人，如果我们要给出一个观念，关于那超越了感官性的“精神的”，那么我们会说那是一个女人，如果我们要给出一个观念，关于那感官性的，那么我们会说那是一个女人。当我们想要标示出无辜——在它全部的崇高的伟大性中的无辜，那么我们会说那是一个女人，当我们想要标示出辜[241]的那种令人沮丧的感情，那么我们在这时会说那是一个女人。因此，在某种意义上女人比男人更完美，并且这在圣经中如此表述：她有着更多的辜[242]。现在，如果你回想一下，教堂只是宣示出女人的普遍人性的命运，那么，我断定由此不会出现什么能够使得“那最初的爱”不安宁的东西，但是对于一种不知道怎样去将她保持在这一可能性上的反思来说，当然可能会有什么使得这反思不得安宁的东西出现。另外，教堂当然不是只在把女人弄成奴隶，它说：“并且，上帝说我会为亚当造个配偶[243]”，一个同样地既有着审美的温情又有着真相的表述。因此教堂教诲说：“并且，男人要离开父母并且牢牢抓住自己的妻子[244]。”一个人几乎更会这样期待，认为这句子应当是：女人要离开父母并且牢牢抓住自己的丈夫；因为女人不管怎么说是那更弱的。在圣经的表达中蕴含着一种对女人的重要意义的承认，并且，没有什么骑士能够做出比这个更敬重女人的事。

最后，关于那句进入了男人命运的诅咒，说他要在汗流满面中吃他的面包[245]，这情形倒是很对，用一句话来说就是，把他驱逐出了“那最初的爱”的蜜月[246]。这一诅咒，就像我们曾常常想到的所有神圣的诅咒，隐藏有一种祝福在之中；但这个事实在这里的各种关联中说明不了任何问题，因为这样的事实总是得被保留到一个未来的时间里去体验。相反，我要提醒你记住的是：那最初的爱不是怯懦的，它不怕危险，并且因此它会在这一诅咒中看见一个麻烦，它会看见一个无法吓阻它的麻烦。

那么，婚礼在干什么呢？“它使得相爱者们停下来”，绝不；它使得那本来已经在运动中的东西外在地显现出来。它使得“那普遍人性的”得以落实，并且，在这种意义上，也落实那“罪”；但是所有那希望着“罪从不曾在这个世界出现”的恐惧和苦恼，它们的根本则是在反思之中，而反思则是那最初的爱所不认识的。希望“罪从不曾在这个世界出现”就是希望“把人类带回到那更不完美的状态”。罪已经进来了，但是在那些个体们使自己谦卑在这罪之下的时候，他们就比以前站得更高了。

然后，教堂转向那单个的人并且向他提出一些问题[247]。这样一来好像又召出一种反思。“为什么提出这些问题，爱情在其自身之中有着自己的保证”。但是教堂提问，这肯定不是为了去动摇而是为了去巩固，并且为了让那已经是坚定的东西表述出自己。现在，麻烦就在这里出现了：看来那教堂在自己的问题中根本就没有考虑到“那爱欲的”（det Erotiske）。它问，你咨询过上帝和你的良心吗，然后咨询过你的朋友和相识吗[248]？教堂带着深深的严肃这样问，在这里我不该强调这之中有多大的益处了。教堂，如果我用一个来自你的表达语，它不是一个媒婆[249]。那么，这会对相应的人们造成困惑吗？他们在他们的感谢中无疑已经将他们的爱指派给了上帝[250]，并且以这样的方式来咨询他；因为，如果我感谢上帝，那么这无论如何还是——尽管不是直接的——一种向他作出的忠告咨询。现在，教堂不问他们，他们是否相互爱对方，那么，这绝不是因为它要消灭那尘俗的爱情，而是因为它已将之预设为前提条件。

然后教堂获取一个许诺[251]。我们在前面的文字中看见，爱情是怎样频繁地被吸纳进这样一种更高的“同心集中性”。这意向使得那个体得到自由，但越是自由，正如前面所阐释的，那个体越是自由，婚姻就越是审美性地美丽。

于是我相信，只要一个人在“处在其当场直接的无限性中的那最初的爱”中寻找“那审美的”，那么婚姻就必须被看成是那最初的爱的神圣崇高化的转型，并且比最初的爱更美丽。我相信，通过前面的文字，这一点就能被看得很清楚，而在上面刚写下的文字里，我们也看到了，所有关于“教堂的藐视”的说法都是从空气中抓出来而毫无根据的，并且只对于那愤慨于“那宗教的”的人才会存在。

但是现在，如果事情是这样的话，那么余下的问题就自然迎刃而解了。就是说，这问题就成为：这一爱情能够被实现吗？在你承认了所有上面所说的东西之后，你也许会说：现在，如果我们要去实现婚姻的话，那么这就会与去实现那最初的爱一样地难。对此我的回答是“不”；因为在婚姻之中蕴含着运动法则[252]。那最初的爱继续作为一种非现实的自在者[253]，它永远也无法获得内在的实体性内容（Gehalt），因为它只是在一种外在的媒介中运动；在那伦理的和宗教的意向中，婚姻性的爱情有着“内在历史”的可能性并且将自己从那最初的爱中分离出来，作为一种从“非历史的爱情”中分解出来的“有历史的爱情”。这种爱是强大的，比整个世界更强大，但是在怀疑落进它之中的那一瞬间，它就被消灭了，它像一个梦游者带着无限的确定性能够走过那些最危险的地方，而如果我们说到他的名字，他就摔下来了。婚姻性的爱情是武装好了的；因为在意向之中不仅仅是注意力对准了外部世界，而且意志也对准了其自身、对准了那内在的。现在，我把一切都掉转过来，并且说：“那审美的”并不是在“那直接的”之中，而是在“那被获取的”（det Erhvervede）之中；但婚姻却恰恰是那在其自身之中有着间接性的直接性[254]、在其自身之中有着有限的无限、在其自身之中有着现世性的永恒。于是，婚姻在双重的意义上显现为理想，既是在古典的意义上也是在罗曼蒂克的意义上。当我说“那审美的是在那被获取的之中”的时候，由此绝不是在说“那审美的”是处在那种就其本身的单纯的追求之中。就是说，这种就其本身的单纯的追求是否定的，而“那单纯地否定的”从来就不是审美的；相反，如果这是一种在自身之中有着内容的追求、一种在自身之中有着胜利的斗争，那么我就在这一双重性之中有了那审美的。我相信，我们应当记住这个，尤其是考虑到那种绝望所具的热情，在我们的时代，人们带着这种绝望的热情听着对“那被获取的”赞美，作为“那直接的”对立面，就仿佛事情就是在于从根本上完全毁灭一切来重新建立。听这种欢闹，更年轻的人们[255]带着这种欢闹就像法国革命中的恐怖人士们[256]那样高喊“一个人要怀疑一切”[257]，这真的让我感到担忧。也许这是我的顽固狭隘。然而我还是相信：一个人应当在一种个人私下的怀疑和一种科学的怀疑[258]之间作一下区分。那“个人私下的怀疑”的情形总是一种特别的事情，而我们所常常听见人们谈论的这样一种的“消灭之热情”最多只能通向这样的事实：一大群人大着胆子跑出去但却没有力量去怀疑，走下或者进入一种半吊子，而这半吊子同样也是他们确定的毁灭。相反，如果那怀疑之角力在一个单个的人那里发展出那种又去克服怀疑的力量，那么这样一种景观是令人振奋的，因为它显示出一个人通过其自身是什么，但它在根本上并不美；因为，如果想让它是美的，那么这里的要求就是：它必须在自身之中有着一种直接性。这样一种通过怀疑而被带来的最高程度上的发展，它所努力追求的方向是（如果我们用极端的表述来说的话）：去使得一个人成为一种完全别的东西。相反，“美”则是在于：“那直接的”在怀疑中被获取并且借助于怀疑来被获取。这一点是我所必须强调的，对立于那种一个人将怀疑落实于之中的抽象、那种对怀疑所进行的神化、那种一个人用来使自己坠进怀疑的鲁莽、那种一个人用来在怀疑中希望出一个美好结果的盲信。还有，一个人要去赢得的东西越是精神化，我们就能够越多地赞美怀疑；但是爱情则持恒地属于一个领域，在这个领域中，关于“一样被获取的东西”，以及“一样被给定了的东西”和“一样要去获取的被给定的东西”这样的话题是没什么好谈的。我完全不知道这一怀疑应当是属于哪种类型的。难道“曾有过可悲的经验”、“曾学会怀疑”应当是一个丈夫的正确质地吗，而如果他现在依据于这一怀疑而带着道德伦理的巨大严肃结了婚并且他作为丈夫既忠诚又稳定，那么那呈现出来的就会是那真实美丽的婚姻吗？我们会赞美他，但是如果不是作为一个“什么是一个人所能够做的”的例子，我们不会称颂他的婚姻。或者，为了成为一个彻底的怀疑者，难道他也该去怀疑她的爱吗、难道他也该去怀疑对这种关系中的“那美的”进行维护的可能性而又在同时有着足够的斯多噶主义[259]来使得自己想要它？我知道得很清楚，你们这些假老师都是非常愿意去赞美这一类东西的，恰恰是为了让你们的假教诲能够更好地找到入口；在它适合于你们的意图时，你们就赞美它，并且说，看，这就是那真正的婚姻；但是你们很清楚地知道，这赞美在自身之中藏有一种责备，并且尤其是女人，她们没有在这之中得到什么，以这样一种方式，你们用尽全力来引诱她。因此，你们根据那古老的规则“分割并统治”[260]来进行分割。你们赞美那最初的爱。如果你们得逞，那么它成为一个处于时间之外的环节，一个神秘的某物，人们可以说出一切关于它的谎言。婚姻无法以这样一种方式隐藏起自己，它要用岁月来得以展开，这要求有一种绝望的听天由命来忍受它，这样，要去推倒或者去以这样的背叛性的观察来进行教化陶冶，就可以轻而易举地找到机会。

那么，这一点在我们之间就被固定下来了：作为环节来看，婚姻性的爱情不仅仅是与最初的爱情一样地美，而且是更美，因为它在自己的直接性之中包含了一个多种对立面的统一体。于是事情不是如此：婚姻是一个非常值得尊敬但又令人觉得枯燥的道德角色，而情欲之爱（Elskov）是诗歌；不，婚姻才真正地是“那诗意的”。如果世界那么频繁地带着痛苦看见一种最初的爱无法被完成，那么我也会一同悲伤，但也还会提醒说：这错误并非完全是在于那后来的，更多地恐怕是因为人们没有正确地开始。就是说，那最初的爱所缺的是那另一个审美的理想，罗曼蒂克的理想。它在自身之中不具备那运动法则。假如我把那种个人生活中的信仰看得同样地直接（umiddelbar）的话，那么，那最初的爱就会对应于一种信仰——这信仰依据于那应许相信自己有能力移山[261]，并且现在这信仰要到处走动施展奇迹[262]。也许它会成功，但是这一信仰是没有历史的；因为，长串地背诵它的奇迹[263]不是它的历史，相反，那种在个人生活之中的信仰之学用据有[264]，那才是信仰的历史。这一运动是婚姻性的爱情所具备的；因为，在意向之中，这运动是向着内心的。在“那宗教的”之中，它就好像是在让上帝去关照整个世界，在意图之中它会与上帝联合为自己而斗争，在忍耐之中获取自己[265]。在“罪”的意识中接纳了一种关于人的脆弱性的观念，但是在意向之中，它被看成是已经被克服的。这一点是我（考虑到婚姻性的爱）不厌其烦地会一直强调下去的。对那最初的爱，我无疑是做到了完全的公正，并且，我相信，就对它的赞美而言，我是一个比你更出色的赞美者，但是它的错误是在于它的抽象的特性。

因此，婚姻性的爱在自身之中包容了某种“更多”，正如你也能够从中看出的：它有能力去放弃它自己。设想一下，如果那最初的爱无法实现，如果它真正地是一种婚姻性的爱，那么那些个体就能够放弃它，然而却拥有它的甜蜜，尽管是在另一种意义上。那最初的爱永远也无法做到这个。但由此却绝不意味了那是“怀疑”在把自己的“放弃”给予婚姻性的爱情，就仿佛那是一种对于那最初的爱的降格。如果是那样的话，那么这就不是什么放弃，并且，也许还是没有什么别人能够比那放弃了它的人更清楚地知道它有多么地甜蜜，还是没有什么别人拥有去这样做的力量；而如果在这里要做的事情是去坚守这爱情、去在生活中实现它，那么，这一力量则又是同样地巨大。那属于“去放弃”和“去坚守”的是同一股力量，并且那真正的坚守就是那种能够去放弃而又在“去坚守”这一行为中表述出自己的力量，并且，只有在这之中才存在着那去坚守的真正自由，那真正的、安全的翱翔。

婚姻性的爱情以这样一种方式来将自己展示为历史性的：它是一种吸收同化的过程，它在那要被体验的东西中试着自己的身手，并且把那已被体验过了的东西再运用到自身；于是，对于所发生的事情，它不是一个漠不关心的见证人，而是一个本质性的参与者，简言之，它体验它自己的发展。罗曼蒂克的爱情当然也把那被体验过了的东西运送到自身，比如说，在骑士把那些在战役中所征服缴获的旗帜等等送给自己所爱的人；但是，尽管罗曼蒂克的爱情能够想上那么久的时间去参与这样的征服，然而它却永远也不会想到那爱情应当是有过历史。平庸的看法则走向另一个极端，它完全能够领会爱情获得历史，一般这会是一个短暂的历史，并且这历史是那么庸俗和呆板，以至于爱情马上会得到脚去走路。那实验着的爱情也获得一种类型的历史，然而，正如它没有真正的先天性，它也没有连续性，并且只是被置放在实验着的个体的随意偶然性中，——这样一个实验着的个体同时既是自己的世界，又是这世界中的命运本身。因此，实验着的爱情非常容易倾向于去询问爱情的状况，然后有一种双重的喜悦，一方面是在事实结果符合预测的算计时，一方面是在事实显示出那之中出来的是完全别的东西时；在后者发生的时候，它也是心满意足的，因为它为它的那些不知疲倦的结合找到了一个任务。相反婚姻性的爱情则在自身中有着先天性，而且在自身中也有持恒性，并且，这一持恒性中所具的力量就像运动法则[266]一样，是同一种东西，那是意向。在意向中被设定了一个“其他（Andet）[267]”，但这个“其他”是被设定为那已经被克服了的东西，这个“其他”在意向中被设定为一个内在的“其他”，因为，在“那内在的”中，我们在它的反思中甚至也看见“那外在的”。那历史性的是在于：这一“其他”出现，获得自己的有效性，但恰恰在自己的有效性中被看成是“那不应当有有效性的东西”，于是爱情在得到了考验和净化之后从这一运动中冒出来，并且同化吸收那已被体验过了的东西。在这里，那个体不是一个带着实验的态度行事的个体，这一“其他”是怎么出现的，这问题是处在他的力量控制之外的；但是，爱情在其先天性之中也战胜了所有这一切，却自己毫不知情。固然，在新约中有一个段落：一切礼物都是好的，如果这礼物被带着感恩地接受[268]。大多数人在他们接受一样好的礼物的时候是愿意感恩的，但是他们却同时还要求，由他们来决定哪一种礼物是好的。这就显示出了他们身上那狭隘的东西；相反，那另一种感恩则真正的是胜利的和先天的，因为它在自身中包含了一种永恒的健康，甚至一件坏礼物也无法打搅这一永恒健康，不是因为你把那坏礼物扔掉，而是因为那样一种大胆，敢于去感谢这礼物的那样一种高度的人格勇气。爱情的情形也是如此。你像乌戈尔斯庇尔那样总是诙谐地[269]为忧虑的已婚男人们准备好用于陶冶性情的所有各种哀歌，现在，在这里，我是绝对不会想到要去对它们作出反思的；并且我希望，这次你会控制好你自己，因为你所要打交道的这一个已婚男人是根本不会引诱你去在“将之搞得更困惑”中找乐子的。

但是，在我以这样的方式对爱情进行了追踪，从它的隐花式的（kryptogamiske[270]）秘密性到它的明花式的（phanerogame[271]）生命，半途中我碰上一个麻烦，对此你肯定会说，这是一个意义不小的麻烦。我设定（Posito），我设定[272]：我成功地说服了你去相信，“那宗教的和伦理的”在婚姻性的爱情中走向那最初的爱，绝不是在贬损那最初的爱，你在你的内在本质中相当深刻地使你自己确信了这个，并且现在丝毫不否定一种宗教的出发点。这时，你单独地与你所爱的她在一起，将使得你和你的爱情谦卑地屈身于上帝之下；你真的被攫住、被感动，现在要小心，现在我提及一个词：教众集体（Menighed），并且马上，就像歌谣中所唱的，一切又消失了[273]。要忘记那内在性（Inderlighed）[274]的定性，我相信你永远也不可能做到。“教众集体啊，受到祝福的教众集体，尽管它有它在量上的多数但却仍然是一个有道德的人物；是的，即使它甚至——就像它有着一个有道德的人物的全部枯燥无聊的性质，也有着这好的性质——它甚至在脖子上只有一颗头[275]，……我知道得很清楚我该干什么”。你肯定知道，有一个疯子，他有一个固执的想法，他认为，在他所住的房间里满是苍蝇，这样他就处在被它们弄得窒息而死的危险中[276]。在绝望的恐惧中，并且带着绝望的暴怒，他为自己的存在而斗争。你看上去就是在以同样的方式，针对一大群类似的假想出来的苍蝇、针对那种你称作是“教众集体”的东西，在为你的生命而斗争。然而，这事情却不是那么危险；但是我想首先查看一下那些与教众集体相接的最重要的接触点。在我这样做之前，我只是想提醒一下：那最初的爱并不敢把“她不认识这样的麻烦”看成是对自身的一个好处；因为，这是由于它被保持处于抽象状态，并且根本不进入与现实的接触。你很清楚地知道怎样在那些对一个外部世界的不同抽象关系（对这外部世界的抽象化取消着这关系）之间作出有区别的对待。甚至，一个人要付钱给牧师和教区执事，以及一个政府官员[277]，对此你觉得没有什么让你不满的，因为金钱是去除掉所有“关系”的极佳手段；也正是因此，你向我传授你那“如果没有给钱或者收钱就绝不做任何事、绝不接受任何东西，甚至一丁点也不要”的计划。是呀，看一下我们就能够感觉出来，如果你在什么时候结了婚，那么你就有能力去支付每一个来见证自己对于这一步的喜悦的人一笔赏钱[278]。在这样的情况下，你不会奇怪这教众集体在数字上的增长，或者，在事实上那个有着关于苍蝇的想法的人所惧怕的事情会不会也发生到你的身上。你所害怕的东西是那些私人关系——人们通过询问、祝贺、繁文缛节，是的，甚至通过送礼来找借口进入一种与你的、无法以金钱来估量的关系，寻求展示出各种各样参与的可能性，尽管你借助于这一场合所给出的机会（既是为你自己也是为你的爱人的缘故）恰恰是想要摆脱所有参与的可能性。“我们借助于金钱却可以摆脱掉大量可笑的事物。我们可以用钱来关掉教堂的号手的嘴巴，否则的话他就会为你吹上整个仪仗队的节目[279]；我们可以用钱来使自己得免于被公开宣示出已婚男人的身份、得免于被在整个教区集体面前公开宣示出正派的已婚男人的身份[280]，否则的话，尽管我们在这种场合想要将自己限定为‘在一个人面前的一个丈夫’，我们也不可避免地会面临‘被公开宣示’的尴尬。”这可不是我发明的说法，这一叙述是你的叙述。你还能够记得吧，你曾有一次在一个教堂婚礼的场合是怎样暴烈地发火的；你曾愿让全体在场的人，就像在神职任命仪式上那当场的神职人员之集体[281]都要上前将手置于神职候选人的头顶[282]那样，让全体在场的温柔地参与着的客人兄弟们也以这样的一种方式用一种教团之吻[283]去亲吻新娘和新郎；是啊，你宣告：对于你，如果不去想到“一个温柔的父亲或者一个多年的朋友举杯站起来带着深深的感动说出这些美丽的词——新娘和新郎”的这意义重大的一瞬间的话，要提及“新娘”和“新郎”这词是不可能的。就是说，正如你觉得教堂仪式被出色地设计出来用以扼杀“那爱欲的”，于是那随之而来的世俗性在同样的程度上就也和那太不正派的教堂典礼一样地不正派；“因为，将这样的一对‘准丈夫妻子’置于一张餐桌，并且由此而展开一场关于‘将他们搞成一对夫妇是不是教堂的教令[284]’的片面的、不真实而不美的反思，这无疑是不正派、可笑而又令人作呕的”。于是，你看来是喜欢一种平静的婚姻[285]。对此我没有什么要反对的，但只是向你说明一下，在这样的情形中你也是同样完全地被宣告为“是一个真正的丈夫”。也许在没有别人听着的情况下，你会更容易忍受这些话。另外，我想提醒你一下，那上面所写的不是“在整个教众集会面前”，而是“在上帝和这一教众集会面前”[286]，这样的一个表达，它既不会通过它的限定而使人困惑，也不缺少大胆性。

在这一方面你还有什么别的可说的，我就更容易原谅，哪怕这是出自你习惯性的轻率，因为不管怎样，你所攻击的只是那些社会交往方面的关系。对于这些东西，我现在的看法是“每一个人都可以有自己的看法”，尽管我根本是无法同意你的“超然[287]”，我还是得尽可能地宽容。在这一点上我们想来永远都不会达成一致。这样地生活在它们中，如果一个人可能做得到那就从它们中得出某种更为美丽的东西，如果一个人无法做到这一点就服从它们并且满足于它们，这在我看来是非常了不起的。我根本就看不出，如果一个人让布道坛公开预告自己的婚姻[288]的话，这对一个人的爱情会有什么危险；我也不认为这样的公开婚礼预告对于那些听众会有什么害处；你曾有一次声称婚礼预告应当被取消，因为许多人，尤其是女人们，上教堂只是为了去听这方面的预告消息，这样，布道内容为他们留下的印象就全被消灭了[289]；在你那样说的时候你带着夸张的严厉列举出婚礼预告对听众们的害处，我对此是没有丝毫同感的。在你的忧虑之依据中有着某种不真实的东西：就仿佛所有这些小细节能够会去骚扰到一种健康而又强烈的爱情。我绝没有任何意图去为在这方面蔓延开的所有这些讨厌的事情作辩护。在我坚持相信教众集会时，我并不将之等同于一种“最高贵的观众”，他们（如果我回想一下歌德的一句表述的话）“厚颜得足以会去相信，一个人之所以做自己所做的一切是因为他要为交谈提供材料”[290]。另一种考虑，以之我也能够解释你对于所有“知情”和所有“取消”所怀的巨大恐惧，这就是：你怕疏漏掉那爱欲的瞬间。就像一只猛兽在扑出去之前完全站定那样，你知道你怎样去让你的灵魂保持如此地漠然宁静；你知道，那瞬间并不处在一个人自己的控制之下，并且“那最美的”则就在那瞬间之中，因此你知道小心地看守着，不想去预期在你等待着那瞬间的这一骚动中有任何东西出现。但现在，如果一种这样的事件被置放于一个特定的时刻，一个人们在事先早已知道的时刻，如果人们通过各种准备而不断地被提醒去想着它，那么人们就有可能进入“疏漏掉那一点”的危险。由此人们可以看出，你没有抓住婚姻性的爱情的本质，并且，你对那最初的爱怀有一种异教式的迷信。

让我们现在考虑一下，到底这关于教众集会是否真的是一件那么危险的事情，如果它（有必要注意）没有得到许可去获得一个像它此刻在你的有病的脑子里所达成的如此使人惊吓的形态。你的生命到底有没有曾把你带进与一些单个的人的接触呢，不，到底有没有把你带进与一些单个的人的真挚的关联，这些人的回忆没有使你不安、没有困惑你心中那理想的东西，在你想要激励你自己向善的时候，你高声向你自己提及他们的名字，他们的在场扩展你的灵魂、他们的人格对于你是一种对那高贵和崇高的事物的揭示；这样的事情有没有过呢？现在，难道这样的知情者会使得你困惑吗？这就几乎好像是一个人在宗教性的意义上想要这样说：我在内心中由衷地希望维护我与上帝和基督共同体，但是我无法忍受他要我在所有神圣的[291]天使面前承认。在另一方面，你的生活，你的外在生命关系当然也曾将你带入过与这样的一些他人的关联，在这些他人们的身上只具备稀疏的一些喜悦，并且他们日常生活的单调进程也很少被美丽而富有意义地打断。难道不是每个家庭在自己的熟人圈中都有好几个这样的人，也许甚至就是在其中央就有这样的人；而如果这些几乎是被遗弃在其孤独之中的人们能够在这家庭中找到一个落脚处，这岂不是一件美丽的事情。对于他们，一场婚姻是一个意义重大的事件，多少可以算是在他们的日常生活中的诗意痕迹，某种他们在事先会高兴地盼望而在事后很久又能够回味的事情。在一个我去拜访的家庭中，我常常看见一个与家里的主妇是同代人的老处女。她仍然历历在目地对婚礼的日子记得那么清楚，哦，也许比女主人自己更清楚；新娘是怎样被打扮的，每一个小小的附带细节都那么清楚。现在，难道你想剥夺去所有这样的人欢愉一下的机会吗，而这机会本来是你能够为他们提供的？让我们在爱中与那些脆弱的人们交往[292]。有许多婚姻是尽可能秘密地结成以求真正地享受喜悦，也许时光携带着的是另一回事，那么无足轻重，乃至人们不禁要说，是啊，如果它甚至曾有过“使得一大群人高兴”的意义的话，那么它无论如何还可以算是某种有意义的东西。我非常讨厌所有家庭中的粗鲁无礼，这你是知道的，在这一点上我就和你一样，但是，一方面我知道怎样使这种东西不进入我的生活，一方面我也知道怎样去超越它们；而你有着你的尖刻、你的争论、你的炮火，难道你不知道怎样去清理那些麻烦吗？这你当然肯定也知道，但无论如何，这还是让你困惑。我不想为你制定界限，扔掉那使你困惑的东西，但是不要把我的原则全忘了，不要忘记，如果这对于你是可能的话，去实现那更美的东西，要记住，艺术是在于去拯救这样的人们（如果办得到的话），而不是捍卫一个人自己。我可以将之作为一种睿智律来嘱咐你，因为你很清楚地知道，一个人越是隔绝自己，他就越是使得所有这些无所事事的饶舌人士几乎是难以打发地来管你的闲事；你那么经常地以这样的方式来和他们游戏，你使得他们好奇，然后又让所有这一切消释在乌有之中；我可以将之作为一种睿智律来进行嘱咐，但是我不想这样做；因为我对我所说的东西中的真相有着太多的尊敬，所以我不会想去使之降格。

每一种“进入存在（Tilblivelse）[293]”，恰恰它越是健康，就总是在自身中越有着某种争议性的东西，并且，每一场婚姻性的结合也有着这样的情形，你无疑是很清楚，我很讨厌那种家庭中的松弛，那种无聊乏味的、能够为婚姻给出“一个人和整个家庭结婚”的外观的“对财产的共同拥有”[294]。如果婚姻性的爱情是一种真正的最初的爱情，那么它也会有着关于自身的某种隐秘的东西，它不希望将自身置于观照之下，不将自己的生命置于“在家庭之中进入岗位”，不会像那在家庭中安排好了的情形那样去从祝贺与繁文缛节或者一种上帝崇拜中汲取其营养。这个，你知道得很清楚，就尽管让你的诙谐机智来拿所有这一切逗乐吧。在许多方式上，我完全可以同意你，并且我相信，如果你有时候让我像一个有经验有爱心的护林人那样指出要被砍去的朽木，并且也在别的地方留下一个十字[295]，那么这对于你和那好的事业都不会有什么坏处。

现在，我毫不犹豫地宣布隐秘性是要在婚姻中保存“那审美的”时所必须具备的绝对条件，不是在这样的一种“一个人要将之作为猎物来瞄准它、追逐它、虚妄地待它、将真正的享受仅仅置于那对于隐秘性的享受之中”意义上。这是最初的爱所最得意的理念之一：它想要逃到一个无人居住的岛上去。现在，这想法常常被人弄得够可笑了，我不该再去参与到我们时代扫除偶像的凶猛浪潮中去了。这之中的错是在于，最初的爱情以为自己除了通过逃走以外再也无法通过别的方式来让它自己得以实现。这是一个误解，其根源是在于最初的爱情的非历史性的特性。这之中的艺术在于：留在丰富多样之中但又保存着那秘密。在这里，我又一次可以将之作为一种睿智律来强调：只有通过去混同于人众，那隐秘性才会具备其真正的能量，只有通过这一对抗，它的尖端才能够钻得越来越深。出于与前面所提到过的同样的理由，我不想这样做，并且也因为我从来就承认一种与其他人们关系是某种具备实在性的东西。但是正因为如此，这之中就有着一种艺术，并且，婚姻性的爱情并不逃避这些麻烦，而是在它们之中保存和获取自身。另外，那婚姻性的爱有着那么多的其他东西要考虑，以至于它没有时间去沉陷在与单个事物的争议之中。

向内，这一首要条件是如此：在可以想象的最大尺度之下的坦白、诚实、公开；因为这是爱的生命原则，并且在这里隐秘性就是它的死亡。然而这做起来不像说起来那么容易，要始终如一地贯穿下去，这真的是需要勇气；因为你无疑能看出来，我在这里所想的不是那种盛行在繁复的家庭婚姻中的轻佻随意的胡扯，而是某种更多。自然，只有在那我们可以谈论隐秘性的地方，我们才能谈论公开性；但是在这种情况下，我们在怎样的程度上谈论后者，那么我们就在同样的程度上看见前者变得越发麻烦。要显示出一个人就是其真实所是，那是需要勇气的；在一个人能够通过某种隐秘性而将自己从一种小小的屈辱中赎买出来的时候，不打算去这样做，在一个人能够通过矜持内闭而来为自己的身量购得一份小小的增值[296]的时候，不打算去这样做，那是需要勇气的。想要保持健康、保持完全的诚实并且由衷地想要“那真的”，那是需要勇气的。

然而，让我们从那意味不怎么重大的东西开始吧。事情的缘起是，一对新婚夫妇觉得自己有必要去“把他们的爱情限定在三个小房间的狭窄领域里”，这使得你在你的想象王国里进行了一次小小的出游，而你所出游的世界距离你的日常驻足处是那么地近，以至于人们可以怀疑这是不是应当被称作是“一次出游”。现在，你是完全地投身在“装修一个未来”的工作中，带着最大的细心和最精的品味，你想装点出一个你所想要的未来。你知道，对于参与这样的一场小小实验，我并非不愿意，并且，赞美上帝，我足够地像一个孩子，以至于在一辆带有四匹喷鼻息的马的高贵的马车从我身边驶过的时候，我会让自己觉得自己是坐在那马车里面；我足够地无邪，以至于在我说服自己事实并非如此时能够为了“有另一个人坐在那马车里面”而感到高兴；我足够地不腐败，因而不至于因为我的条件只允许我至多拥有一匹马——既是拉车的马又是骑的马而去想要让人们只得到允许以此作为人对马的拥有量的最大值。这样，在你的想象中，你是已婚的，幸福地结了婚的，并且从一切麻烦中将你的爱情安然无恙地救了出来，并且，现在你考虑你想要怎样在你的家里安置一切，以便让你的爱情能够尽可能长久地保持其芬芳。为了这个目的你需要比三间更多的房间。在这一点上，我认为你是对的，因为在你现在作为单身汉就用了五间房间。如果你不得不把你的房间之一交给你妻子，你会觉得不舒服；在这上面，你宁可把四个房间交给她而自己住在第五间，也不愿有一间共住的房间。在对这些麻烦进行了考虑之后，你继续说：这样吧，我走出那上面所谈的三间房间，不是在哲学的意义上[297]，因为我不打算重新回到它们中去，而相反是要远远地离开它们，尽可能地远离。是的，你对三间小房间有着这样的厌烦感，以至于你在你无法获得更多的时候宁可像一个流浪者那样生活在开放的天空下，这在最终是那么地富有诗意，以至于如果作为补偿就必须用相当多的一大套房间来替代。我试图通过提醒你，这是那非历史性的最初的爱的普通异端之一，来要求你遵守秩序，并且现在非常高兴与你一同穿行你的空气城堡中的那许多凉快的有着高高穹顶的大厅、那些秘密的半暗的小房间、那许多由各种各样的烛灯和枝形灯冠和镜子映亮（乃至那最远的角落都得以照明）的餐室，那小小的带有向着凉台的拉门的小厅，在那里早晨的阳光映进来并且有着一种只为你和你的爱情而流溢出来的鲜花的芬芳涌向我们。现在，在你像一个狩猎羚羊的猎人那样从一个尖端跳向另一个尖端[298]的时候，我不想再继续追随你那大胆的步伐。我想稍稍进一步讨论的是那作为你的安排的依据的原则。你的原则很明显就是那神秘性、神秘化，对风情的精妙卖弄，不仅仅是你厅里的墙是镶在玻璃[299]中，就连你的意识的世界也通过类似的反光折射而被弄得繁复多样，不仅仅是在房间里的所有地方，而且也是在意识中，你想在到处遇上她和你、你和她。“但是如果要让这成为可能，世上的所有财富都是不够的，这之中需要精神，一种睿智的适度，借助于这适度，精神的诸多力量得以分配。因此，人们必须相互是陌生的，如此陌生，以至于那私密性变得令人感兴趣，如此私密，以至于‘那陌生的’成为一种刺激性的对抗。那婚姻性的生活不能是一件晨衣，但也不能是妨碍行动的紧身束胸；它不能是一种要求竭尽全力的准备的工作，但也不能是一种放任的休闲；它必须有着‘那偶然的’的烙印，但我们却会遥远地隐约感觉到一种艺术；一个人恰恰不该盲目地凝视着一块在大厅里覆盖地板的地毯，日日夜夜往上加点，而相反那最微不足道的注意力完全可以在边角上留有一个小小的记号；一个人恰恰不该让自己的姓名交织字母在每天吃饭的时候都被置于糕饼之上，但却完全可以有一丝小小暗示性的信号。事情的关键就是，在一个人隐约地感觉到运动的循环时、在重复开始的时候，他就该让这一循环或者重复的发生点落在尽可能遥远的地方；并且，既然一个人无法彻底地将这一点去掉，那么他所能够做的就是将这个点安排在一个适当的位置而使得一种变动成为可能。人们只有那么一大堆文字[300]，如果一个人想要为自己布道直到那第一个星期天，那么他就不再有什么剩下，不仅仅是在整个接下来的一年，而且由此到下一年的第一个星期天，都不会有什么东西可用于布道的了。人们应当尽可能长久地相互保持一定程度的神秘，在一个人渐渐地揭示出自己的时候，这种揭示要尽可能多地利用到外在的偶然境况，这样，事情就会变得那样地相对化，乃至人们可以从许多不同的方面出发重新去看它。人们必须警惕提防任何饱和过量后的厌腻和余味泛起的恶心。”现在，这一高贵宫殿坐落在一个美丽的地域，但又离首都很近，而你将住在它的一层。你的妻子，你的生命伴侣则将住在二层的左翼。贵族阶层中人有着某种可能性是你所一直羡慕的：丈夫和妻子各自分开地住。而那在这样一种宫廷生活中消减着“那审美的”的东西，则是一种仪式性的元素，它要求一种高于爱情的地位。你被通报，你要稍等片刻，你被接待。这就其自身而言并非是不美的，但是要等到它在情欲之爱的神圣游戏中变成一场戏时、等到它被以这样的一种方式赋予了有效性（正如人们能够赋予这有效性人们完全也可以同样地剥夺这有效性）时，它才获得它真正的美。情欲之爱本身必定有着许多边界，而每一个边界也必定是一种对于“超越边界”的奢侈逸乐的诱惑。于是，你住在一层，在那里你有着你的藏书室、台球房、会客室、写字室和卧室。你的太太住在二层。另外，这里也是你们的婚姻卧室[301]，一个大房间带有两个小房间，一边一个。没有什么东西是可以来提醒你和你的妻子关于你们已经结婚，而一切又必须是如此：没有什么未婚者会以这种方式生活。你对你妻子干些什么毫不知情，而你妻子对你为什么而忙也一无所知；但这绝不是为了要无所作为或者相互忘记，而是为了使得每一次接触都能意味深长、为了推迟那死亡之瞬间（也就是你们相互对看并觉得无聊的瞬间）。你们不想相互挽着手臂在爱情的游行队列中蹒跚，在她漫步于花园时，你仍然想更持久地带着青春的爱慕在你的窗口追随着她，在她的形象从你的目光前消失时，你就武装起你的目光去追寻她，沉陷进对她的形象的冥想中。你会悄悄地追随她，是的，有时她无疑也会依偎在你的臂弯里；因为，在那作为一种特定感情的表述而在人类中得以确立的东西中还总是会有着某种美丽的东西的，你想要和她手挽手同行，一方面是使得这一习俗中的美丽的成分获得其应得的地位，一方面拿“你们这样带着真正已婚者的样子散步”来开玩笑。但是，如果我想要追随你那丰富于独创的头脑在这一亚洲式的丰盛中所进行的机敏的精雕细刻，那么我该在什么地方结束呢？这一丰盛几乎让我疲倦并且使得我想要回到你如此骄傲地走过的那三间小屋子。

现在，如果在这整个观照之中另外还有什么在审美的意义上是美丽的东西，那么，在一方面我就得到那你让我隐约感觉到的爱欲的羞涩中去找，在另一方面则在于：不想在任何瞬间把自己所爱的人作为已经获取的东西来拥有，而是不断地获取着她。这后者就其本身而言是真实而正确的，但既然这不是作为一种任务而被严肃地提出，那么在这样的意义上也就说不上是完成了什么任务。你不断地紧紧依附着一种就其本身而言的直接性、依附着一种自然定性，而不敢让它在一种共同的意识中明了化；因为，这“使之在一种共同的意识中明了化”就是我所说的诚实和公开。你害怕在那神秘的东西消失之后爱情也就会停止；相反，我则认为在那神秘的东西消失之后爱情才刚刚开始。你怕一个人不完全敢于去知道自己所爱的是什么，你把那不可比拟的东西当成一种绝对重要的因素；我坚持认为，只有在一个人知道了自己所爱的是什么的情况下，他才是真正地在爱。另外，整个你的幸福缺少一种祝福；因为它缺乏逆境，并且，正如它是一个错误，如果你真的是想要借助于你的理论来指导别人的话，那么，“它不是真相”这一事实就也是一种幸运。那么让我们回到那现实的生命关系中。现在，我绝不是在说：因为我着重强调了逆境也是属于婚姻的部分，所以我就允许你去把婚姻与一整套逆境等同起来。相反，在那意向所包含的放弃（Resignation）中，如同前面所阐释的，已经蕴含了“把逆境看成是之中一部分”，而在同时这些逆境既不会获得某种特定的形态也不会有令人不安的作用，既然它们已经恰恰相反地被看成是在意向中被克服了的东西。另外，逆境是无法被外在地看见的，而是在它在个体人之中的反射中被内在地看见的，然而，这逆境的反射却属于婚姻性爱情的共同历史。神秘性本身，正如我们在前面所阐述的，如果它在自身的隐秘中没有什么东西可隐藏的话，那么它就成为一种矛盾，如果那构成其担保的东西是沉湎在爱中的摆设的话，那么它就会成为一种幼稚。只有在那个体人的爱情真的是打开了他的心灵、使得他在一种比人们通常所说的“爱情使人健谈”远远更为深刻的意义上能够滔滔不绝的时候（因为那种健谈也是诱惑者一样能具备的），只有在那个体以这样的方式把一切都投注进了那共同的意识，只有在这时，那神秘性才获得力量、生命和意义。但是要做到这一点，首先就必须迈出决定性的一步，因而也必须有勇气；而如果这一步不出现的话，那么，婚姻性的爱情也就沉入乌有；因为只有通过这一步，一个人才能够显示出，他不是爱自己，而是爱另一个人。如果一个人不是“仅仅只为那另一个人而存在”的话，他又怎样去显示“他不是爱自己而是爱这另一个人”，但是，如果一个人不是“不为自己而存在”的话，他又怎样去显示“他仅仅只为那另一个人而存在”，然而“为自己而存在”差不多就是对于个体生命在它停留于自身时所具有的那种隐秘性的最普通的表达。爱情是奉献，而奉献只有在“我从我自身中走出来”的情况下才是可能的，那么这又怎么去与那“恰恰是停留于自身”的隐秘性统一起来呢？“但是，通过以这样一种方式来公开出自己，一个人就会丧失”；是的，这是明摆着的，那得益于隐秘的人在这样的情况下总是丧失。但是如果你想要保持上下文的连贯，那么你就必须去达成远远更多的事情，那么你就不仅仅要劝阻婚姻，而且也得去劝阻每一种对婚姻的趋近，并且还要看你那精明的头脑能够将这遥距的信号发送得多远。最令人感兴趣的阅读是那种读者自己在某种程度上也带有创造力的阅读，真正的爱欲的艺术会带着一种距离来给人留下印象，这种印象对于相应者会变得极其危险，恰恰因为作为获得印象的相应者，她正是自己从这种乌有中创造出自己的对象，并且现在爱上了自己的创造物；但是这却不是爱情，而是诱惑的风骚。相反那爱着的人，他则是在那另一个人之中丧失了自己，但是在他丧失并且将自己遗忘在那另一个人之中时，他对于那另一个人是开放的，并且，在他遗忘自己时，他在那另一个人之中被回想。那爱着的人，他不愿意被混淆为另一个人，不管是一个更好的还是更差的；而那对自身和对被爱者不具备这一敬畏的人，他没有在爱。因此，神秘性在通常是建立在一种“想要让自己的身量有一肘之增值”[302]的小聪明炫耀上。那不曾学会了去鄙视这一类东西的人，他从来没有爱过；因为，如果他爱过，那么他就会感觉到哪怕他自己的身量有十肘的增值他也仍然是渺小的。在通常，人们以为这一爱之谦卑只归于喜剧或者小说，或者必须被指派给婚约期间的礼节方便的谎言。然而事情却并非如此；每当一个人想要以除了爱之外的其他东西来衡量爱的时候，这爱的谦卑是一个真实的和有用的、持恒的陶冶者。尽管那是一个世界上最卑微、最无足轻重的人在爱着那最有天赋的人，那么，如果在后者身上是有着真实的话，他就会觉得所有他的天生禀赋都被遗留在了一个无底的深渊里，而如果他想要去满足这一蕴含在那另一个人的爱情之中的要求，那么他唯一能做的就是去爱——拿自己的爱作为回报。让我们千万不要忘记：一个人无法以不同类的量来进行计算。因此，那真正地感觉到了这一点的人，他是爱过的，但是他无疑也不怕从自己身上清除掉某种就其本身而言对他是没有什么价值的东西。只有那在这世界上变得贫困了的人才真正赢得对自己的拥有物的保险，只有那失去了一切的人才是赢得一切的人[303]。因此，我使用费耐纶的话来呼喊：“相信爱，它拿走一切，它给予一切”[304]。这样地让所有单个的东西在自身之下消失、让它褪白并且作为模糊的图像在爱情的无限权力面前消失，这真的是一种美丽的、一种振奋的、一种无法描述的极乐感情；这是一种计算过程，不管是它在那无限的此刻之中一次性地发生，还是我们高兴地在那一系列的事件中伸出手去并且让它一段一段地消失，它都是一样地漂亮；是啊，在它能够想要整个世界（不是为了借此来达到成功而是为了让这世界作为爱情用来打发时间的玩笑而毁灭）的时候，这正是那“真正的爱情之真正的毁灭”的热情。事实上，在人们为各种有限性打开了门的时候，如果一个人在这种情况下想要被爱，不管是因为这个人是最佳头脑、最有才干的人、其时代最天才的艺术家，还是因为这个人在其下巴留了最美丽的山羊胡子，都会是同样地愚蠢和同样地可笑。然而这些表述和心境自然也在同样的程度上完全地属于那最初的爱，只是你一向所具有的这种不可思议地不确定的态度使我觉得有必要在这里再次触及这个话题。那最初的爱能够带着超自然的悲怆激情（Pathos）去作出愿望，但是这一愿望很容易就成为一种没有内容的“假如”，固然我们可以愿望我们的主给予每一对夫妇一整个任他们为所欲为的世界[305]，然而如此的乐园却不是我们生活的所在。婚姻性的爱情更清楚这是怎么一回事，它的运动不是向外而是向内，并且，它在这里马上察觉到它在自己面前有着一个广阔的世界，而另外，对自身的每一个小小的强制在爱情的无限性面前有着一种完全不同的可比性；并且，尽管它会因为有那么多的东西要去克服而感到痛苦，但它还是感觉到去进行搏斗的勇气，甚至，在它几乎会因为“罪进入了世界”而欢欣的时候，它有着足够的胆气来出高价让你进入各种悖论，但是，它也在另一种意义上有着胆气来让你进入各种悖论——因为它有勇气去解决这些悖论。因为，正如那最初的爱，婚姻性的爱情很清楚地知道，所有这些障碍在爱情的无限环节中是被战胜了的，而它也知道（并且这正是它之中那历史性的一面），这一胜利要去被获取，而这对胜利的获取不仅仅是一种游戏而且也是一种斗争，并且也不仅仅是一场斗争而且也是一场游戏，正如在瓦尔哈拉的搏斗是一场生死搏斗但同时却又是一场游戏，因为那些搏斗者们不断地重新复活，在死亡中恢复青春[306]；并且它也知道，这一小型的冲突不是一场偶然的决斗，而是一场在神圣的庇护下的冲突，并且，它感觉到毫无想要去爱上除了这一个之外的更多人的愿望，而在这之中感觉到极乐，它感觉到毫无想在除了这一次之外有更多次爱的愿望，而只是在这之中感觉到一种永恒。难道现在你觉得这一没有神秘性的爱情会疏漏掉什么美丽的东西吗？或者，难道它会无法抵抗时间而必定将在日常的交往中迟钝化吗？或者，难道无聊会更快地接近它，就仿佛婚姻性的生活不拥有一种永恒的实质价值——人们永远也不会因之无聊的实质价值，一种它时而在一个吻和玩笑中时而在恐惧和战栗中获取并且不断地获取的永恒的实质价值？"然而它必须回绝掉所有这些美丽的小小惊喜"。我觉得就根本没有这样的必要；我不是在说婚姻性的爱情总是应当张开嘴巴甚至在睡梦中说话；正相反，所有这些小小的惊喜在那完全的坦诚到了位之后恰恰就获得了它们的意义。也就是说，这坦诚给出了一种安全和一种信任，在此之中所有这些间奏都得到了最好的发挥。相反，如果一个人以为那爱情的本质和真正的极乐是在于这样的一串小惊喜的系列中，以为那糟糕地精美化的柔软、那种一个人在此之中每个瞬间都准备着一出小惊喜甚至不惜去硬行捏造一番的骚动就是某种美丽的东西，那么，我就会允许自己说：如果一场婚姻除了一张满是小糖果[307]、小瓶子、被子、绣花拖鞋、价值贵重物[308]等等的桌柜之外再也没有完全其他的奖励品可展现，那么它就是非常地不美的，并且，这是一种极其可疑的标志。

然而，我们可以看到，那种在此之中神秘性得以实施的婚姻并不罕见。我从来没有看见过一场幸福的婚姻是这样的。然而，既然这可以是某种完全偶然的情形，那么我就要彻底考究一下人们在通常为之给出的立足依据是什么。这在这里对我是很重要的；因为一场在审美意义上是美的婚姻总是一场幸福的婚姻。现在，假如一场幸福的婚姻可以被建立在这样的基础上，那么我的理论就得被改变。我不会避开任何外在的形式，并且带着所有可能的公正来描述每一种形式，尤其是对其中的一种进行详细阐述，我在一家人家中看见这种形式得到了完全实现，它在这家人家中是以一种确实地炫人眼目的大手笔来得以贯彻的。

神秘性的体系在通常是出自丈夫们，我想你肯定会同意我这说法，并且尽管它老是会出问题，它比起那种令人无法忍受的情形（就是说，如果那实施着一种这样的统治的人是那妻子的话）还是更使人易于承受。最糟糕的形式自然是一种纯粹的专横状态，在这样的状态中，妻子是奴隶、是所有家务中的唯一女佣。这样的一种婚姻是绝不会幸福的，尽管一年一年下来，时间会为人带来一种习以为常的麻木。一种比较美一些的形式是这点上的极端——一种不合时宜的关切。女人是虚弱的，人们这样说，她无法承受悲哀和忧愁，人们必须以爱来对待那些虚弱和脆弱的人们。非真相！非真相！女人和男人一样强，也许更强。并且，如果你以这样的方式来羞辱她的话，难道你真的在以爱来待她吗？或者说，谁允许你去羞辱她的，或者说，你把自己看成是比她更为完美的存在物——你的灵魂怎么会如此盲目？尽管把一切都信托给她吧。如果她是弱的，那么她就不能够承受这个，那么她就会倚靠向你，而你则有的是力气。你看见吧，你无法承受这个，你没有力量去承受这个。于是，是你缺乏力量，而不是她。也许她比你有着更大的力量，也许她让你自惭形秽，看，这是你没有力量去承受的。或者，难道你不曾应许去与她同甘共苦[309]吗？如果你不让她与你共苦，难道这不是对她的不公平吗？难道这不是在破坏她身上那最高贵的东西吗？也许她是弱的，也许她的悲哀会使得一切更沉重，“那么，好啊[310]”，那就让她与你同享这一困苦吧。而这则又会拯救她，难道你有权去剥夺她一条拯救之路吗？难道你有权去悄悄溜过她而自己穿行世界吗？并且，你是从哪里获得你的力量的，难道她距离上帝不是与你距离上帝一样近吗？难道你要剥夺她以最深刻和最真挚的方式——通过痛楚和苦难——去找到上帝的机会吗？难道你不是很清楚地知道，她根本想不到你的神秘性是怎么回事？你知不知道，她是否在宁静之中哀伤叹息，她是否在灵魂中受到损伤？也许她的弱点是谦卑，也许她以为，承担所有这些就是她的义务。确实，你由此获得了机会去展开她身上的力量，但这在事实上却不是以你所希望或者你所许诺的方式而发生。或者，如果以一句激烈的话来说，难道你不是把她当“附带的妻子”来对待的？因为，“你没有更多个妻子”这一事实对于她并没有什么帮助。并且，在她感觉到你爱她的原因并非是“你是一个骄傲的暴君”而是“她是一个脆弱的存在物”的时候，这岂不对她就成为一种双重的羞辱吗？

有一段时间，我去一家人家，在那里我有机会观察到对沉默体系的一种更具艺术性的、也更为精巧的实施。那是一个挺年轻的丈夫，有着非凡的天赋，出色的头脑，诗人的品性，太懒而不愿去创作；但相反则有着非凡的能力和感觉去使得日常生活诗意化。他的妻子很年轻，并非是不具备精神，但有着不寻常的性格。这个引诱着他。那能够让人沉陷进最深刻的钦佩的事实是：他知道怎样以各种各样的方式来唤醒和保存她身上的所有青春多愁善感的梦想。她的整个存在，那婚姻性的共同生活被以一种诗意的魔法编织起来。他的目光到处在场，而在她巡视的时候，它就消失了；他在到处留下自己的指痕，但就像上帝的指痕被留在历史之中那样，是比喻性的，并且在有限的意义上是不真实的。她的想法可以随其所愿地转到任何地方，只是他总是先到一步并且安排好了一切，他就像波将金一样知道去把一整套内容用戏法变出来[311]，并且正是如此，在一个小小的惊喜之后，小小的对抗肯定会让她觉得愉快。他的家庭生活是一个小小的《创世记》故事，并且，正如在那大《创世记》中一切都是为人而被创造出来的，她也是以这样的一种方式处于魔法圈子的中心，在之中她却是享受着所有自己的自由；因为这圈子根据她的运动走向而变形，并且没有那种可以被称作是“到此为止不能更远[312]”的边界；她可以随意乱闯，对着任何她想去的方向，这圈子随她而变但却又总是在那里。她就好像是在一只小孩子的学步框篮中走动，但这个框篮却不是用柳条编的，它是用她的期望、梦想、渴慕、愿望、恐惧共同交织出来的，简言之就是以她灵魂的全部内容构成的。他自己带着一种高度的保险，移步进入这一梦的世界，他丝毫不放弃自己的尊严，要求并且强调着自己作为丈夫和主人的权威。如果他不这样做的话，这就会使得她困惑，这也许会在她那里唤醒一种害怕的隐约感觉，这感觉会引她进入到神秘感的消释中去。不仅仅对于世界，甚至对她也是如此，他看上去并不怎么在意；然而他自己却知道，如果不是他想要让事情是如此，那么她就不会从他那里获得任何印象，然而他却知道，他完全有这个支配权，只用一句话就可以把魔法消解掉。一切可能在她身上起到不舒适的作用的东西都被去除掉了；如果有任何这样的东西出现，那么她就会在一种坦率的告白中（要么是在让她作出盘问之后，要么是通过坦白地向她说出）获得一种解说，这是一种他自己根据印象算计而进行了或强或弱的编辑后的解说。他是骄傲的，有着可怕的连贯性；他爱她，但是他却无法放弃那骄傲的想法。在黑夜幽深的宁静中或者在时间之外的一个瞬间中，他敢对自己说：她还是亏欠着我一切。

难道不是这样吗？你带着你的兴趣关注听完了这一叙述，不管它是怎么不完美，我还是成功了，因为它为你的灵魂呼唤出一个榜样，你对这榜样是有着同感的，甚至，如果你成为一个丈夫的话，你会努力去进入这个榜样。那么，这一婚姻是一场幸福的婚姻吗？是的，如果你想这样说；然而在这一幸福之上却漂浮着一种阴暗的命运[313]。想象一下，如果他的计划出了错，想象一下，如果她突然隐约地感觉到什么，那么，我想她永远也不会原谅他；因为对于她的骄傲灵魂来说，“他出于对她的爱而这样做”这样的说法实在是太骄傲了，因而人们不能这么说。关于夫妻间的关系，人们有一种陈旧的说法，在这里我想提醒你留意这说法。（总地说来，我一向是很高兴去支持这革命，或者更确切地说，圣战，那些合法婚姻的平凡而简单但真实而丰富的表达借助于这革命或圣战来努力去征服那被浪漫小说占据的国度，本来浪漫小说已将它们从其中驱逐了出去。）关于夫妻，人们说，他们应当生活在相互间良好的默契理解中。人们最常听见的是那种否定性的表述：一对夫妇没有生活在良好的默契理解中；并且，人们在通常所想的是：他们相互无法忍受对方、他们又打又咬，等等。现在让我们看一下那肯定性的表述。我们所描述的夫妇是生活在良好的默契理解中，是的，世界会这样说，但是你却肯定不会这样说，因为，如果他们无法相互理解对方，他们又怎么能够生活在良好的默契理解中。然而，如果其中的一个知道那另一个是多么谨慎而温柔地待他，那么这是不是也属于“理解”中的一部分？或者，即使他没有剥夺走她别的东西，那么，他也仍然是剥夺掉了她一种可能性，因为否则她有可能进入这样一种程度上的感恩，而只有在这种感恩中她的灵魂才能够得到静息。难道这不是一个美好的、一个美丽而简单的表述吗：生活在良好的默契理解中；它预设了这样的前提条件，人们相互明确而清晰地相互理解对方（你看，这些婚姻性的名词是那么清楚地知道这是怎么一回事，并且它对于那些现在我们常常不得不作出精确的强调的东西并不大惊小怪），并且它将之预设为某种理所当然的东西。从那被带着特别的强调而加上了的形容词中，我们可以看出这一点；因为否则的话，人们只需说“他们应当生活在默契理解之中”就已经足够了。“良好的默契理解”，除了说他们应当在这一默契理解中找到他们的喜悦、和平、安宁，找到他们的生活，除此之外，它又能够有什么别的意味呢？

因此，你看，“秘密”的体系绝不会导致一场幸福的婚姻，于是也不会导致一场在审美意义上是美的婚姻。不，我的朋友，诚实、坦白、公开、理解，这是婚姻中的生命原则，如果没有这种默契理解的话，婚姻就是不美的，也就在事实上是不道德的；因为那样的话，爱情所结合的两者——“那感官性的”和“那精神的”就被分开了。只有在这样的时候，当那我在人间生活中最温柔的关联中与之共同生活的存在物[314]在精神的意义上也与我同样地接近时，只有在这时，我的婚姻才是道德的，并且也因此在审美意义上是美的。并且，你们这些骄傲的丈夫，你们也许在暗中为这一对女人的胜利征服而感到欣喜，然而你们却忘记了：在一个人相对于更弱者而大获全胜时，这首先就是一场糟糕的胜利，男人在自己妻子身上获得自己对自己的尊敬，而如果一个人不是这样的话，那么他就是一个鄙视自己的人。

于是，理解就是婚姻中的生命原则。我们常常听经验丰富的人们谈论在怎样的情况下我们应当去劝阻一个人结婚。让他们随他们的意愿去把这一类细节讨论得尽可能地详尽并且不断地反复回味咀嚼吧；在通常他们所谈论的东西，一般都不会有什么大的意味。我从我的角度出发只想提及一种情况，这就是当个体生命以这样一种方式变得繁复而无法公开自身时的情形。如果你的内在发展史拥有一种不可说的东西，或者，如果你的生命使得你成为一些秘密中的知密者，简言之，如果你以某种方式吞咽下了一个秘密，而要让这秘密从你这里泄露出来的话，你就得付出生命的代价，在这样的情况下，你就永远不要结婚。要么你会觉得你被与一个对你身上所发生的事情毫不知情的生命物捆绑在了一起，在这样的情况下，你的婚姻就成了一场不美丽的不相称的婚姻；你就是将自己关联于一个在害怕的恐惧中感觉到你身上的一切，在每一个瞬间都在墙上看见这些投影的图像[315]。也许她会决定永远也不来盘问你、永远也不过分地接近你，她会放弃那引诱着她的恐惧之好奇，但是她永远也不会幸福，你也不会。到底有没有这样的秘密存在、那连爱情都无法将之打开的内闭性（Indesluttethed）到底是不是有着真相，这是我所无法给出答案的，我只是在贯彻我的原则，而就我自身而言，我则是在我妻子面前没有任何秘密的。人们会以为，一个这样的人永远也不会想到要去结婚。这样的一个人，他除了有诸多在一般情况下要做的事情得去做之外，还要承受着这一痛楚的秘密每天为他带来的煎熬。然而有时候这样的事情还是会发生，并且，一个这样的人也许是诱惑女人的最危险的人。

然而，现在既然我是把神秘性和默契理解作为同一件事的两个方面来提及，而把这同一件事情则作为爱情的首要事情、作为在婚姻中保存“那审美的”时所需的绝对条件来提及，那么，我完全有可能会害怕你会对我提出这样的反驳：现在我看来是忘记了，那“我本来一直像在一支谣曲中重复的叠句那样地坚持的东西”，婚姻的历史性特性。你还是希望着借助于你的神秘性和你精明地算计出的相对的解说来拖延时间；“但是，一旦婚姻的夫妇以这样的方式完全彻底地开始叙述他们或长或短的故事，那么，这样的一个‘哔齐、哔叽、鼻子，故事结束[316]’的瞬间也就马上来到了。”我的年轻朋友，你没有留意到，你之所以能够做出一个这样的反驳，那是因为你所处的位置不正确。借助于你的神秘性，你在你自身之中有着一种时间之定性，这在事实上是在于要拖延时间；相反，爱情则通过公开而在自身之中有着一种永恒之定性，而以这样一种方式，所有的竞争都成为不可能。如果人们以这样一种方式来理解这一公开，就仿佛夫妻们使用十来天的时间来讲述他们的生平，于是现在会有一段时间的死寂，只偶尔一次被那大家都很熟悉的故事打断，“就好像在一个童话里的关于磨坊的段落中所说，在所有这一切发生的同时，磨坊的轮子克立克拉、克立克拉地转着[317]”，如果人们是这样理解的话，那么这也只是一种偶然发生的误解。婚姻的历史特性恰恰就使得这一默契理解既是在一下子之中出现的，也是不断地形成的。这里的情形正如那个体生命的情形。在一个人进入了对自身的了解之后，在一个人有了勇气去想要去看清楚自身时，这时，紧接而来的并非就是故事的终结；因为现在这故事才刚刚开始，现在它才刚刚获得真正的意义，因为在这时，每一个单个的被体验了的环节都被导向这一总体生命观。在婚姻中的情形也是如此。在这一公开中，那最初的爱的直接性沉底了，但却没有被丢失，而是被吸收进婚姻性的觉悟中，并且那历史就以此开始，那单个的环节都被导向这一觉悟之中，而在之中有着它的极乐(Salighed)，在这一表述之中婚姻的历史性特性得以保存，并且，这个表述相应于在那最初的爱之中的那种生命喜悦，或者那被德语称作是 Heiterkeit[318] 的东西。

于是，“变得具有历史性”在本质上是婚姻性爱情的一部分，现在，既然那些个体们都到了位，那么这命令就是：在汗流满面中得以糊口[319]，没有什么以雷电发出的消息，并且，它在自身之中所感觉到的勇气和力量就是那种相应于骑士式的爱情中向往着冒险功绩的冒险愿望的东西，就是那在这冒险愿望中的真实的东西。正如骑士无所畏惧，婚姻性的爱情也是如此，尽管它所要去搏斗的敌人常常是远远地危险得多。在这里，一片广阔的原野展示在我们的观察面前，但这片原野是我所不打算进入的；但是，如果骑士能够得到许可说，那不敢通过与整个世界作对来拯救出自己的爱人的人是不懂得骑士式的爱情的，那么，婚姻中的丈夫也能够有权说类似的话。只是，我要不断地提醒的是：婚姻性的爱情所赢得的每一场这样的胜利都要比骑士所赢得的胜利在审美的意义上更美，因为，在他赢得这胜利的时候，他也在这胜利之中荣耀地赢得了自己的爱情。婚姻性的爱情无所畏惧，甚至不怕各种小错误，它不怕各种小小的神魂颠倒，相反这些东西也只会成为婚姻性爱情的神圣健康所吸收的营养。甚至在歌德的《有择之亲和力》中，奥提丽娅就作为一种萌芽状态的可能性被严肃的婚姻性爱情铲除了，那么，在一场深刻地具有宗教性和伦理性的婚姻在碰上这样的情形时，它又怎么会可能不具备更为强大的力量呢？正是这样，歌德的《有择之亲和力》恰恰就是为“神秘性会导致出什么东西”给出了一个证明。如果那场爱情不曾得到许可在暗中生长的话，那么它就不会获得这力量。如果他有勇气去向自己的妻子坦白出自己的想法，那么这样的事情就能够被预防，那么这整个故事就会是婚姻戏剧中的一段幕间表演[320]。那天数中致命的是在于：埃德瓦尔德和他的妻子同时都在为他人而神魂颠倒；而这则又是沉默造成的[321]。那有勇气去向自己的妻子坦白出“他爱另一个人”的丈夫，他获得了拯救；妻子的情形也是如此。但是如果他没有这样做，那么他就失去了对自己的信任，并且，他所追寻的就是在另一个人的爱情之中的遗忘，正如事实确实常常就是如此：那使得一个丈夫放弃努力的东西在同样的程度上既是对于“没有及时地做出抵抗”所引发出的痛苦，也是对另一个人的真爱。他觉得他失去了自己，而当事情真是如此的时候，他就需要有足够强烈的鸦片剂来麻醉自己。

对于婚姻性的爱情要去进行斗争、要去克服的那些麻烦，我只是在完全一般的意义上谈一下，以便展示出它们并不具备那么重大的意义。考虑到对“那审美的”的保存，婚姻性的爱情对它们[322]根本没有什么可畏惧的。那些反对的观点一般都是渊源于对“那历史性的”的审美意义的一种误解，或者渊源于这样的事实：在通常的情况下，人们在“那罗曼蒂克的”之中只具备了古典的理想但却并不同时也具备罗曼蒂克的理想。一大堆其他反对意见的根据是在于：在人们总是喜欢去想象那最初的爱舞蹈于玫瑰之上的同时，人们也很乐意去让婚姻性的爱情以各种各样的方式受到骚扰并且与各种最恶劣和最令人沮丧的麻烦去作斗争。另外，人们也总是在暗中以为，这些麻烦是无法克服的，并且这样人们就很快地了结掉了婚姻的事情。如果我们进入了与你有关的问题，我们就总是得稍稍谨慎。我不谈论任何单个的婚姻，而在这样的情况下，我就可以按我所愿来描绘这婚姻；但是，尽管我不愿被人指责说是有着随意的成分，但这却并不意味着你就会放弃这一愿望。比如说，如果人们提出一个婚姻不得不去与之进行斗争的麻烦——贫困，那么，我就回答，去工作，然后一切都会好的。既然我们现在所运动的领域是一个诗意的世界，那么，你也许会非常乐意于亮出你的诗意许可[323]并且作出这样的回答：“他们得不到任何工作，贸易与航海的萧条[324]使得很大数量的人们失业”。或者，你允许他们得到一点工作，但那是不够的。现在，如果我认为他们借助于明智的节俭能够脱离贫困，那么你就会虚构说，恰恰谷价因为那些可疑的经济境况而涨得这么高，以至于人们无法再能够熬过那本来可以通过咬着牙齿勒紧裤带而挺过去的窘迫。我太清楚你的套路了。“去虚构那相反的事情”是一件让你非常兴致盎然的事情，然后，在你一段时间玩够了乐子之后，你又喜欢借助于某个说法而去让那与你谈话的人或者另一个在场的人被卷进一段冗长的、与原本所谈论的话题毫无关系的废话之中。你的乐趣就是突然把一种虚构的随意性弄成一种现实，并且在此基础上再对之进行扩展夸张。如果你以这样一种方式与另一个人而不是与我交谈（因为你通常会对我网开一面不用这套方法），以这里所描述的这种方式，那么，也许你会借着“涨得那么高的谷价”的由头继续说：“这么贵的价格，一磅面包八毛钱[325]。如果侥幸有个旁人在场，说这实在是不可思议，于是你就进行解释说，在沃鲁夫·饥饿王的时代，一磅面包，而且是树皮面包，价钱是八毛五老丹麦钱[326]，现在，如果一个人考虑到当时的人们钱不多，那么他就很容易觉察到这是怎么回事了”，等等诸如此类。现在，如果你使得那被你拉上话茬的人开始不断地说话，那么你就会高兴得忘乎所以。那本来开始了这场交谈的人会试图让你回到理智常识中去，但那只能是徒劳的；这时一切就都被混淆了，你会使得一对本来是在诗歌世界里的夫妇变得不幸。

这就是为什么要和你发生一点什么关系就会那么麻烦的原因了。如果我敢冒险去这样做，试图以一种小说的方式来描述一场婚姻——这婚姻在与大量的这一类逆境的斗争中胜利地经受了考验，那么我所做的事情无疑可以被称作是如履薄冰了，在这时，你会非常镇静地回答说：对啊，这只是诗歌，在诗歌世界中要让人们幸福是很容易的；这是我们能够为他们做的最微不足道的事情了。如果我挽起你的手臂，与你一同在生活中到处行走，并且向你展示一场婚姻——这婚姻已经跑尽了当跑的路[327]，在这时，如果你正好是有着这样的心情，你就会回答说：“是啊，这挺好；诱惑中的外在方面是可以证明的，内在方面则不行，而我设想那诱惑在他们那里并不曾有过内在的力量，因为否则的话那是不可能让人忍受得了的。”这完全就好像是，诱惑的真正意味就是人们应当会屈服于它。关于这个已经足够了。如果你在心中曾想要投身于这一偶然随意性的魔鬼，那么在这之中就不会有什么终结了，并且，正如你把你所做的一切都记录进你的意识，你也把这一偶然随意性记录了进去，并且很为“使得一切都摇摆不定”这样的作为而感到狂喜。

我能够在完全一般的意义上把这些麻烦区分为外在的和内在

的，并且，考虑到婚姻，我持恒地记得这样一种划分中那相对的方面，因为在婚姻之中一切恰恰都是内在的。那么首先让我们看一下外在的麻烦。现在，我在这里毫不犹豫并且毫不畏惧地提及所有那些令人沮丧的、使人觉得羞辱的、伤害人的有限悲哀，简言之，所有那些构建出泪汪汪的[328]戏剧的材料。你和你的同类在任何地方都是极端地偶然随意的。如果一场这种类型的戏迫使你们去贯穿那不幸之洞窟进行一次这样的漫游[329]，那么你们就会说，这是不审美的，哭号的和无聊乏味的；在这一点上，你们说对了，为什么？因为，某些崇高的和尊贵的东西屈从于这样的东西，而这使得你们愤慨。相反，如果你们转向那现实的世界，如果你们遇上一个只经受了一个戏剧作家刽子手在其为暴君准备的折磨他人的快感中所想出的一半逆境的家庭，你们就会浑身发抖，你们想着：晚安，所有审美意义上的美。你们有怜悯，你们有着意愿去给予帮助，如果不是为了别的原因的话，那么至少也是为了把那些阴暗的想法驱赶走，但是对于那不幸的家庭，你们早已放弃了所有的希望。但是，如果这是生活中的真实的话，那么诗人就有权去创作出它来，并且诗人去创作出它来，这做法就是对的。当你们坐在剧院中、陶醉于审美的享受时，你们就有勇气去要求诗人，要求他让“那审美的”战胜所有悲惨。这是唯一剩下的安慰，而那更为软弱的是，你们就拿下了这安慰，你们这些不曾有机会在生活中尝试过你们的力量的人。这样，你们就是贫困而不幸的，就像剧中的男女主人公，但你们也有着激情、勇气，一张雄辩滔滔不绝地喷流的圆嘴[330]、一条有力的手臂[331]；你们胜利；你们为演员鼓掌，而演员就是你们自己，正厅里的掌声是为你们而响起的；因为你们确实就是主人公和演员。在梦中、在审美的云雾之国中，在那里你们是英雄[332]。我相对地对戏剧不怎么关心，从我的角度出发，你们可以尽管随心所欲在这方面找乐子；尽管去让戏剧英雄们毁灭或者让他们取胜吧；尽管去让他们沉入地板或者消失在天花板里，我并不会怎么为之所动；但是，如果事情真的是如同你们在生活中对人们所教导的和传授的那样，只需非常少的逆境坎坷就足以奴化一个人而使得他常常低着头[333]并且忘却他自己也是上帝按自身的形象创造出来[334]的，于是，这就会是上帝所给出的对你们的公正惩罚：所有戏剧创作者除了创作一些带着各种各样的恐惧和恐怖的泪汪汪[335]戏剧之外不想写什么别的，而这样的戏剧不会允许你们的软弱性休憩于剧场的坐垫上，不会让你们被喷洒上超自然的香水，而是会来惊骇你们，直到你们学会了真的去相信那你们本来只愿意在诗歌中相信的东西。在我自己的婚姻中，我无疑是并没有经历许多这一类逆境，这我完全承认，因此我无法从自己的经验出发来谈论，然而，我却有一种信念：没有什么东西能够完全碾碎一个人身上的"那审美的"；——这样一种信念，它是那么地强有力、那么地有福、那么地真挚，以至于我为了它而感谢上帝，就好像是为了一种上帝的恩典而感谢。当我们在《圣经》中读到许多恩典礼物[336]时，那么我真的愿意把这也算进去：这坦率，这信任，这对现实，以及对那永恒的必然性（"那美的"借助于这必然性而取胜），以及对那蕴含在自由之中的极乐至福（个体人就是借助于这极乐至福来协助上帝）的信仰。这一信念是我的整个精神结构中所固有的一个环节，并且因为这个信念，我在剧场中不会因为一些人工的刺激手法而战栗于多愁善感或者声色犬马的状态。我唯一能做的就是为了自己灵魂中所具有的这一坚定不移而感谢上帝，然而借此我也会希望我解救了自己的灵魂而使之得免于去虚妄地对待这一信念。你知道我恨一切想象性实验，但无论如何这一点也确是没错的：一个人是能够在他的思想里经历很多他在现实中永远也无法经历的东西。有时候，沮丧的瞬间到来，如果这不是一个人自愿为了给自己出难题而去将之召来的，那么，这就也是一场斗争，并且是一场非常严肃的斗争，并且，一个人在这场斗争中可以获取到一种保证，这种保证即使是在不具备那种（在更严格的意义上它要在现实中才能够获取的）实在性的情况下也有着其重大的意义。在生活中有时候会有这样的事情：一个人看上去就仿佛是发疯了，他没有区分开诗歌的世界和现实的世界，而是在诗歌的视角下[337]看现实世界，然而这却是这个人身上的某种伟大的东西和某种善的东西的标志。路德在他的一篇谈论贫穷和困境的布道文的一段中这样说：人们从来没有听说过这样的事情：一个信基督教的人死于饥饿[338]。以此，路德就了结了这话题，并且认为（确实是有根据的）他这样讲是带着极大的热情并且是为了在这热情之上的达到真正的教化陶冶。

现在，由于婚姻关联到了这样的一些外在的考验，那么，我们所面临的问题自然就是怎样把这些外在的考验转化成内在的考验。我说“自然”，并且相当大胆地谈论这个问题，然而，我写这些只是为了写给你，并且，我们两个人对这一类逆境无疑是有着差不多同样多的经验。如果我们想要保存“那审美的”，那么，这里所要做的事情就是去把那外在的考验转化为内在的考验。或者，我仍然提及“审美的”这个词，这会让你觉得心烦吗？或者，你会不会觉得我这样去在贫困和苦难的人们中间寻找这“审美的”几乎就像是一种幼稚？或者，你是不是干脆就堕落到去同意这样一种人天共愤的分配法，把“那审美的”给予那些高贵而有权势的、那些富足的、那些有教养的人们，而拿来给予那些贫困的人们的则至多只是“那宗教的”？好吧，我不相信那些贫困的人们会承受这种分法；难道你没有看见，那些穷人们，如果他们真的有着“那宗教的”，就也有着“那审美的”，而那些富人们，如果他们没有“那宗教的”，就也没有“那审美的”？另外，我在这里不仅仅提及那极端，并且，那些我们无法将之算作是穷人的人们要为生计而奔波，这无疑不算什么罕见的事例。另外，其他的世俗忧虑，对一切阶层都一样，比如说，疾病。然而，我却相信，那有勇气去把那外在考验转化为一种内在考验的人，他所做的在事实上就和“已经战胜了这考验”完全没有什么两样了；这样，在承受苦难的瞬间已经有一场实质变化（Transsubstantiation[339]）通过信仰而发生了。一个丈夫，如果他对自己的爱情有着足够的记忆并且在艰难的瞬间有着足够的勇气去说："首要的问题不是我从哪里得到钱或者拿几成，首要的问题是关于我的爱情，我与她结合，我保持了一种与她的纯洁而忠诚的爱情契约"；如果他通过不算太多的内心斗争来强迫自己这么做；如果他要么是带着自己的最初的爱的青春健康、要么是带着那从经验中获取的确定性来进行这一运动，那么他就胜利了，他就在自己的婚姻中保存住了"那审美的"，哪怕他没有三个小房间可住也是如此。在这里我绝不是在否认这样一个事实（你那充满狡智的头脑无疑马上会寻找所有可能的蛛丝马迹）：恰恰这样一种转化（以这样一种方式把那外在考验转化为一种内在的）能够使得这考验更为沉重；但是诸神也不会不取任何代价地出售那伟大的东西[340]；而在那之中恰恰就蕴含了婚姻中的那教育陶冶的方面，那理想化的元素。人们常说，如果一个人独自站在世界中，那么他就更容易承担所有这一类东西。也许这在某种程度上是对的；但是在这种说法里常常隐藏着一种极大的虚假；因为，为什么一个人能够更容易承受这个，因为一个人更容易冲撞跌倒，更容易使自己的灵魂受损伤而不牵涉任何别人，更容易忘记上帝，更容易让绝望的风暴淹没掉痛苦的嘶叫，更容易在自身之中变得迟钝，更容易几乎使自己在"如鬼魂般地生活在人们中间"之中找到自己的快乐。当然，每一个人，哪怕他是孤独地站立的，都应当关心自己，而只有那爱着的人才对于"他是什么"和"他能够做什么"有着正确的观念，并且，只有在婚姻中才会有那历史性的忠诚，而这忠诚完全就和那骑士式的忠诚一样地美丽。就是说，一个丈夫永远也不会去像上面所说的一个人"更容易"的所作所为那样地行事；如果世界实在是与他作对，哪怕他是在某一个瞬间里忘却了他自己，由于绝望想要让他脱离出他自己的位子而已经开始觉得那么轻飘飘，由于吮吸了那由挑衅和沮丧、怯懦与骄傲混制出来的麻醉饮料而觉得那么强有力，由于那将他系束在真相和正义上的那绳索仿佛松散开而觉得那么自由自在，并且由于在他这时已经经历了这作为"从善到恶的过渡"的急速，那么，他在这样的情况下还是会马上又回到那从前的小道，并且作为丈夫（Ægtemand）而将自己呈现为真正的男人（ægte Mand）[341]。

关于这些外在的考验，现在我们有了上面的这些已经足够了。我对之作一下精简的概述，因为我觉得并没有很大的权威性去谈论这个，并且因为，如果真的要着手这一类工作，那么正确的方式就得是去通过一场非常详尽的论述来展开。然而这下面则是我的结论：如果爱情能够得到保存的话，并且它能够得到保存，如果上帝真的帮我，那么“那审美的”就也能够被保存；因为爱情本身就是“那审美的”。

其他的反驳主要是立足于一种对于时间之意义和对于“那历史性的”的审美有效性的误解上。这样，它们也击中每一场婚姻，并且因此在一般的情况下都有对它们的讨论。我现在要做的也是进行这样的讨论，并且尽我的努力以求在一般的情况下既不疏漏掉攻击方的要点，也不疏漏掉辩护方的要点。

你想要提及的第一样东西是“习惯，不可避免的习惯，这一可怕的单调性，在婚姻家庭生活中令人恐惧的‘静物’[342]中这永恒的千篇一律[343]。我爱自然[344]，但是我是那第二自然[345]的憎恨者。”你知道在这方面人们没法和你比，你善于在人们还在寻探的时候用诱惑性的热情和忧伤来描述那幸福的时光，而在一切已经过去了的时候则用恐惧和恐怖来渲染那时光；你知道怎样去把一种婚姻性的单调描绘成那可笑的和讨厌的东西，甚至自然都无法攀比；“因为在这里，正如莱布尼茨早已展示的，没有什么东西是完全一样的[346]，这样的一种形式单调性只是留给那些理性的生灵，要么是作为他们困倦欲睡的产物，要么是作为他们炫耀卖弄的产物。”我绝对没有想要否定你的意思，这是一种美丽的时光，一种永恒地无法忘却的时光（请注意，我能够在怎样的重大意义上说这个），当那处在情欲之爱的世界里的个体，为这样的东西而感到惊奇并且被极大的幸福浸透的时候，这样的东西，它也许早在很久以前就已经被发现、他也许常常听到和读到过它，但他却是到现在才真正地带着意外的全部热情、带着真挚性的全部深刻去吸收[347]它；那是一种刚刚出自爱情的最初隐约感觉的美丽时光，那第一次看见，那被爱的对象的最初消失，这一声音的最初和音，那第一瞥目光，第一次握手，第一次接吻一直到第一次对其占据的完全确定；那是一种美丽的时光，那最初的骚动、那最初的渴慕、最初的痛楚（因为她没有来）、最初的喜悦（因为她意外地到来），然而这却绝不意味了后面接下去的时光并非同样的美丽。你自以为你有着一种如此骑士式的思维方式，那么你自己试一下吧。如果你说，那最初的吻是最美的、最甜蜜的，那么你就是在侮辱那被爱的人；因为，那给予吻绝对价值的东西，也就是时间及其定性。

然而，为了不去损害到我所捍卫的东西，你就首先必须稍稍向我说明一些事情。就是说，如果你不想完全随意而无所谓地展开讨论，那么你就得像你对婚姻进行攻击一样地攻击那最初的爱。就是说，如果这最初的爱要在生活中持恒的话，那么它就必定会面临那些同样的不幸遭遇，并且，它不仅仅只是不具备婚姻性的爱情在“那伦理的”和“那宗教的”之中所具有的那些手段和工具。这样一来，结果就是，你会恨所有“想要是一种永恒的爱情”的爱情。这样，你就得让自己停留在那作为环节的“最初的爱”上。然而，为了要让它具备其真正的意义，它就必须在自身之中有着那天真的永恒。如果你现在经历到了，这是一个幻觉，那么对于你一切就都丧失了，除非你要去做自己的工作让自己再一次进入这同样的幻觉，这则是一种自相矛盾。或者，难道你那机敏的头脑在这样一种程度上与你的情欲达成了合谋而使得你能够完全地忘却你对他人所欠的东西？难道你认为，尽管事情无法像那最初的一次那样地被重复但却仍然有着一条可让人承受的出路；一个人通过去经历他人身上的幻觉而重获青春，这样他就能够享受一个其幻觉的处女腰带尚未解开[348]时的个体人身上的本原性中的无限和新鲜？这样的事情既暴露出败坏堕落，也在同样的程度上暴露出绝望无奈，而既然这暴露出绝望，那么要在这里找到关于生活的启蒙则是不可能的。

现在，我所要抗议的第一件事是你在对“习惯”这个词的使用的合理性上的问题，你把这个词用在每一个生命（以同样的方式爱情也是如此）所具备的那种回返上。在真正的意义上，人们只把“习惯”用在“那恶的”之上，要么是以这样的方式——人们将之用来标示“在某种就其本身而言是恶的事物中的持续存在”，要么是以这样的方式——人们将之用来标示“某种就其本身而言是无辜的事物的顽固重复而这顽固则使得这一重复变成了某种恶的东西”。因此，“习惯”被总是用来标示某种不自由的东西。但正如没有自由，一个人就无法达成“那善的”，以同样的方式，没有自由一个人也无法持存于“那善的”之中，而正因为如此，联系到“那善的”，人们永远也无法谈论“习惯”。

我接下来要抗议的也是你所说的，那是为了描述那婚姻性的单调，你说这一类事物是一个人无法在自然和本性里找到的。就是说，这是真的，很对；但那单调的事物恰恰可以是某种美的东西的表达，并且，在这方面，一个人可以为自己是这种单调的创造者而感到骄傲，比如说在音乐中那单调的节拍恰恰就可以是非常美丽的并且有着极大的效果。

最后我要说，如果一种这样的单调对于婚姻性的共同生活是不可避免的，那么你就该（如果你是诚实的）去认识到，你的任务就在于去战胜它，就是说，在这单调之下保卫爱情，不去绝望；因为“去绝望”永远也不会是一种任务，这只是一种方便，正如（我很愿意承认这一点）只有看见任务的人才会去抓住它。

但是，让我们现在进一步考虑，这广告于众的单调性是怎么一回事。你的错误，也是你的不幸，它就是：你过于抽象地去考虑一切东西，同样，牵涉爱情的情形也是如此。你想着爱情的诸多环节的一个小小的集合，你想着（也许你自己会说）爱情的诸多范畴。在这方面，我很愿意承认你是有着一种非同寻常的范畴上的完全性。你在一个环节中具体地想每一种范畴，而这是“那诗歌性的”。现在，在你与此同时也想象着婚姻的持久性，于是对于你，这就出现了一个令你焦虑的错误关系。错误是在于，你并不以历史性的思维来思考。如果一个体系哲学家想要去思考交互作用的范畴[349]，并且深刻全面而又富于技能地在逻辑上对其进行展开，但是他另外还要说：要等到世界完成自己的永恒交互作用的话，那么这等待就要持续到永恒；那样的话，我想你不会拒绝人们有权来笑话他。现在，生活在时间之中，这确实就是时间的意义，也是人类与个体人的命数。因此，如果你除了说“这真是让人无法忍受”之外没有什么别的要说，那么你就得去找别的听众了。现在，这会是一种完美地足够的回答，但就只怕你会找到机会去说：“在根本上你有着与我相同的看法，但认为最好还是去接受下那不可改变的事实”，那么，我就得努力去展示出，只要这是义务，那么这就不仅仅是“最好接受下事实”的问题；不过，这“接受下事实”的态度，在事实上也确实是最好的。

然而，让我们从一个可以被看成是接触点的点上开始吧。在到达顶点之前的那时间其实不是你所那么害怕的，相反你爱这一时间，并且，通过各种丰富多样的反思你常常努力去使得那些再生产的瞬间[350]比它们原本所具的时间持续得更久，而如果有人在这里想要替你把生命归简到范畴之中，那么你就会变得极其恼怒。在那顶点之前的时间中，那使得你发生兴趣的也不仅仅是那些重大的起着决定性作用的遭遇，而且也包括每一个小小的微不足道的细节，并且在这时你知道怎样去足够美丽地谈论那被向聪明通达的人隐藏起来的秘密[351]：那最渺小的是那最伟大的。相反，一旦这顶点被达到了，那么，当然这时一切就变了样，这时一切就都萎缩成一种贫瘠的、使人无精打采的缩写词。现在，就是如此，这就是基于你的天性如此：你的天性只是征服着的，但却什么都无法占据。现在，假如你不是完全随意和片面地想要坚持“你本来就是如此”，那么你就真的有这个必要在一个瞬间里暂时停火休战，疏散开队列，这样我就能够来看一看这到底在怎样的程度上是真实的，以及，如果这是真的，那么在怎样的范围里有着多大的真实性。如果你不愿意，那么，我无须考虑你也可以想象出一种与你的性格完全相像的个体人格，并且在完完全全的平静之中进行我的活体解剖实验。然而我却仍然希望，你会有足够的勇气自己来让自己接受这手术，有足够的勇气去真正地、而不仅仅只是在图像中让自己被处决。

在你强调你本来就是如此的时候，你就也因此而承认了：别人是可以有所不同的，更多我还不敢断言，因为完全会有可能是这样：你是普通的人，尽管一种恐惧性让人看上去仿佛你不是这样，——你则正是因为这恐惧性而坚持认为你是一个“本来就是如此”的人。然而，你又怎样理解“别人”的呢？如果你看见一对夫妇，他们有着这样的一种关联，让你觉得是被卷进那最可怕的无聊之中，“在那对情欲之爱的神圣机制和祭奠的最乏味的重复中”，于是，是啊，于是在你内心中燃烧起怒火，一种要将它们吞噬掉的火焰。这不是你的某种随意的发作，你真的是对的，在你让反讽的闪电击中他们、让愤怒的雷声震撼他们的时候，你真的是合情合理的。其实并不是因为你有这样的愿望，而是因为他们咎由自取，你才消灭他们。你审判他们；但是，这“审判”除了是在说“对他们提出某种要求”之外还有什么别的意义吗；而如果你无法要求这东西的话——“去要求那不可能的东西”本身就是一种矛盾，那么，“审判他们”就只是一种矛盾的说法。不是吗，你失态了，你暗示出一条你自己不愿意承认但却又将之施于他人的法则。然而你却并没有完全失去自制，你说：“我不批评他们、不责备他们、不审判他们；我为他们感到可怜。”但现在设想一下，那些相关的人们根本就不觉得那是无聊乏味的。一道自满自足的微笑从你的唇上一闪而过，一道幸福的闪念使得你自己惊讶，并且肯定也能够让那与你交谈的人感到意外：“如同我所说的，我为他们感到可怜。因为，要么他们感觉到无聊（Kjedsommelighed）的全部重量，并且，如果是如此，我为他们感到可怜；要么他们并不感觉到这个，并且，如果是如此，我也为他们感到可怜，因为那就是说，他们是处在一种如此可怜的幻觉之中。”这差不多就会是你用来回答我的话，而如果有更多人在场的话，那么你自信的态度绝不会达不到其效果。然而现在并没有人在听着我们，并且，我因此也就可以继续我的考究。这么说，你在两种情况下都为他们而感到可怜。现在，只剩下一个“第三种情况”，也就是，一个人知道婚姻的情况是如此，并且很幸福地并没有进入这婚姻。但对于那感觉到了爱情并且现在又发现这爱情无法得以实现的人来说，这一状态则很明显也同样地可怜。并且，这样一个以尽可能大的努力借助于上面所描述的自我中心的紧急手段来将自己救出了海难的人，这个人的状态其实也一样是可怜的，因为，这样一来他就把自己改造成了一个强盗和暴徒。如此看来，正如一场婚姻成为对一个事物的幸福终结的一般表述，这样，婚姻自身的终结则并不怎么快乐。这样，作为这全部考究的真实结果，我们就进入了一种普遍的懊恼；然而，一个这样的结果是一种自相矛盾，这完全就像一个人要说：生命发展的结果就是人在往回走。在一般的情况下你不怕随着这话题说，并且在这里你也许会说：“是啊，这样的事情有时候确实会发生；如果一个人在很滑的路上顶风走，那么一种‘向前走’的后果常常就会成为‘向后走’。”

但是，我回到对整个你的精神性状态的观察上。你说，你是一个天生就只征服而不能占据的人。在你这样说的时候，想来你无疑是认为你没有说什么会贬低你自己的东西，相反，你倒是更容易会觉得你比别人更伟大。让我们更进一步看一下这个问题。走上坡或者走下坡，哪一样用的力气更大？如果那坡是一样地陡峭，那么很明显后者所用的力气最多。几乎每一个人都有天生的倾向去走上坡，相反大多数人对走下坡有着一定的恐惧。同样，我也相信，有着征服性天性的人要远远多于那占据性天性的人，并且，如果你觉得在那许多结了婚的人们以及“他们愚蠢的动物性的满足”面前感觉到你的优越，那么这在某种程度上也的确真是如此，但是你却也不该去向那站在你之下的人们学习。在通常，那真正的艺术所行驶的方向是与自然[352]的行驶方向相反的，但艺术却又并不消灭掉自然，以同样方式，那真正的艺术也是显示在“去占据”，而不是在“去征服”中；就是说，占据是一种反向的征服。在这一表述中你已经能够看见，艺术和自然在怎样的范围里相互对博的。那占据的人，他当然也是有着某种是被征服的东西，是的，如果我们想要在自己的表述中说得严格一些，那么我们就能说：只有那占据的人，只有他才是在征服着。现在，你肯定也会认为你也在占据；因为你无疑是具备那占据的瞬间，但那不是什么占据；因为它不是什么更深刻的吸纳。比如说我现在要想象一个征服者，他征服了诸多的国度和土地，这样他当然也就占据着这些被制服的省份，他占据的领地是非常大的，然而人们却把这样的一个王公称作征服着的王公而不是占据着的王公。只有到了他带着智慧领导着这些国度走向它们自身的最佳状态时，在这样的时候他才占据了它们。现在，这在那些有着征服者天性的人们中是一种很罕见的情况，在一般的情况下，这样的人会缺乏“去占据”所要求具备的那种谦卑、那种宗教性、那种真正的人性。因此，你可以看见，我之所以通过阐述婚姻与那最初的爱的关系恰恰就强调了那宗教的环节，就是因为这一环节要让那征服者退位而让占据者出场；正因为如此，我赞美那婚姻的结构恰恰就是为这最高的、为这持续的占据而设计的。在这里提请你想一下一句你老是挂在嘴上的话：“伟大的东西不是那本原的，而是那获取的”[353]；因为，一个人身上的那种征服着的品质以及“他去征服”这样的事实，这都是那本原的，而“他占据和想要占据”，这则是那获取的。去征服需要骄傲，去占据需要谦卑；去征服需要剧烈，去占据需要耐心；去征服——贪欲，去占据——知足；吃喝属于“去征服”，祈祷和禁食[354]属于“去占据”。但是我在这里——当然也是合理地——用来描述那征服着的天性特征的所有属性，这些属性都可以被用在并且是绝对地适合于那自然的人[355]；但是那自然的人并不是那最高的。就是说，一种占据不是一种仅仅只在合理性上有力量，而在精神上死去的和无效的“Schein（德语：在法律用语上是‘书面的证据或者证词’，在哲学用语上是‘表象、表面’）”，它是一种不断的获取。在这里你又看见，那占据着的天性在其自身中是有着那征服着天性的；就是说，他像一个农民一样地去征服，不是将自己作为其雇农们的首领去赶走自己的邻居，而是通过在地面上挖掘来征服。于是，那真正的伟大不是去征服，而是去占据。现在，如果你在这里要说：“我不想决定什么是那最伟大的，但我很愿意承认，这是人的两种极大的构成类型；现在每一个人得自己作出决定，他自己是属于哪一类，并且要小心别让某个诱人改变信仰作皈依的使徒来将自己完全地改变成另一类人”，那么，我就觉得你在你最后的表述中多少是把我收进了视野。然而，我却要回答说，这一个不仅仅是比那另一个更伟大，而是在这一个之中是有着意义，而在那另一个之中则没有任何意义。这一个既有着条件的先行句又有着条件的结论句，而那另一个则只有条件先行句，然后跟上的不是一个条件结论句，而是一个可疑的破折号，——这破折号的意义我会在别的时间里来向你解释，如果你自己还没有知道的话。

现在，如果你仍然要说你是“本来就是如此的”一个征服着的天性，那么，这对于我就是无所谓的了；因为你得向我承认：去占据比去征服更伟大。在人们征服的时候，人们持恒地忘记自己；而在人们占据的时候，人们则回想着自己，不是为了空虚地打发时间，而是带着所有可能的严肃。如果一个人走上坡，那么他眼中就只有“他者”（det Andet），而在他下坡的时候，他就必须小心地看好自己，小心地留神于重心和支点间的关系。

不过，我得继续了。也许你会承认，这“去占据”比“去征服”要艰难得多，“去占据”比“去征服”要更伟大，“只要我有这个可能去征服的话，那么，我是不会那么小气的，而是相反，我会带着礼貌向那些有耐心去占据的人们表示敬意，尤其是，如果他们觉得有这样的趋势通过想要占据我的征服结果来与我并肩工作的话。很好，这确是更伟大，但这却并非更美丽；这确是更为伦理，我向伦理家表达我的全部敬意，但这也同时更少了一些审美性。”让我们在这一点上使自己更易于被对方接受一些。在很大的一批人中，这样的一种误解无疑是占着优势，它把“审美意义上的美丽的东西”和“可以在审美意义上美丽地被描绘出来的东西”混淆了起来。我们可以看一下：大多数人是在阅读中，或者通过对艺术[356]作品的观察等等，来寻找灵魂所需要的那种审美意义上的满足，相反，也有一些人是自己去在生存（Tilværelsen）中观照那如其所是的审美性的东西、自己去在审美的照明之下看生存而不仅仅只是享受那诗意的再创造，这样的人则相对说起来很少；这样看来，我们就很容易从中得到解释，为什么上面的这种误解会在人们之中蔓延。然而，在一种审美的描绘之中总会有着一种环节中的浓缩，并且这浓缩越是丰富，那审美的作用就越大。由此，那幸福的、那不可描述的、那无限地内容丰富的环节，简言之，那环节在这时就获得了唯一的有效性。要么就好像它是一种预先设定出来的环节通过唤醒那关于生存（Tilværelsen）的神圣性的观念而震颤遍整个意识，要么这环节预设了一种历史来作为自己的前提条件。在前一种情况下，它是通过“使人意外”来把握的，在第二种情况下肯定是有着一种历史，但是那艺术性的描绘无法长时间地游移在这历史上，而至多只能暗示出这历史，然后就急速直奔那环节。在之中能够蕴含的历史越多，它就越艺术化。一个哲学家说，自然走一条最简短的路[357]；我们可以说，它根本不走任何路，它就是一下子这样地出现；而如果我想要在我的对苍穹的冥想之中忘我，那么我就根本无需等待到那无限多的天体们得以形成；因为它们一下子就全部在那里[358]。相反，那历史的道路就像是法庭打官司的路[359]，非常漫长而艰难。现在，艺术和诗歌冒出来并且为我们减短路途并且让我们在完成的环节中获得喜悦，它们把“那广延的”（det Extensive）集中到了“那密集强烈的”（det Intensive）之中。但是，那要出场的东西越是意义重大，历史的过程就越缓慢，而过程本身的意义也越发重大，就越是高度地呈现出“那本身就是目标的东西也是道路”。考虑到那个体的生命，历史有两种类型，外在的和内在的。这是两种类型的潮流，其运动方向是相互对立的。前一种在自身之中则又有两个方面。那个体不具备那他所追求的东西，而历史就是这斗争，他在这斗争中获取他所追求的东西。或者，那个体人有着这东西，但是他却无法达到对之的占据，因为总是不断地有着某种外在的东西想要阻碍他去达成。这时，历史就是这斗争，他在这斗争中战胜这些障碍。第二种类型的历史从“占据”开始，而这历史就是一种发展过程，他通过这发展过程去获取这“占据”。既然现在在第一种情况中历史是外在的，并且那被追求的东西是外在的东西，所以这历史就不具备真实的实在性，并且那诗歌的和艺术的描绘将这历史简短化并且急速直奔那密集强烈的环节，这样的处理完全是对的。为了继续讨论这与我们最有关系的问题，让我们想象一种罗曼蒂克的爱情。那么，你想象一下，一个骑士，他杀死了三头野猪、四个侏儒，解救出三个着魔的王子而他们也是他所崇拜的公主的兄弟。对于那罗曼蒂克的思维方式，这故事有着自身完美的实在性。但是对于艺术家和诗人来说，这之中到底是五个还是只有四个，这样的问题是无关紧要的。在总体上，艺术家比诗人有着更大的限定，但是连诗人都不会有兴趣去详尽地讲述每一头单个的野猪被宰杀的情况如何。他会急着直奔那环节。也许他会限定那数字，在诗意的密集强烈性中强调各种艰难和危险并且急速奔向那环节，那占据的环节。这整个历史性的顺序对于他不怎么重要。相反，如果我们现在所谈的是内在的历史，那么这时每一个单个的环节都有着极大的重要意义。只有那内在的历史才是真正的历史，但是这真正的历史与那作为历史中的生命原则的东西斗争着，它与时间斗争着，但是，在我们与时间斗争的时候，“那现世的”以及每一个小小的环节就恰恰因此而都有着自身极大的实在性。在任何地方，只要个体人格的内在繁荣还没有开始、只要这个体人格仍然还是关闭着的，那么我们所谈的就只能是外在的历史。而相反，一旦这个体人格开始了所谓绽开芽蕾，那么那内在的历史就开始了。现在，想一下我们的出发点：

那征服着的天性和那占据着的天性的区别。那征服着的天性是持恒地处于自身之外的，而那占据着的天性则是持恒地在自身之中，因此前者得到外在的历史而后者得到内在的历史。但是，既然那外在的历史恰恰能够被不受损坏的浓缩，那么，艺术和诗歌自然就很容易会去选择它来进行描述，于是，也就是选择那未开放的个体人格以及所有属于这一个体人格的东西来进行描述。现在，人们就会说，爱情打开个体人格，但如果爱情被以另一种方式来理解，就像它在罗曼蒂克中的情形，就不是这样，这时个体人格只是被带到了“它应当被打开”的这个点上，然后就结束了，或者这个体人格正在打开，但却被打断了。但是，正如那外在的历史和那关闭的个体人格最容易马上就成为艺术的和诗歌的描绘的对象，那么，一切参与构建出这样一个个体人格的内容的东西也就成为这描绘的对象。然而这在根本上就是所有属于那自然的人的东西。稍举几个例子。骄傲能够被很好地描绘，因为骄傲中本质性的成分不是持续的进程，而是环节中的密集强烈性。谦卑就难以被描绘，因为它恰恰就是持续的进程，并且，在观察者除了在其最高点之外无需更多地看“骄傲”的同时，他在后一种情形之中就真正地得要求那诗歌和艺术所无法提供的东西了：他要在“谦卑”持续地进入存在的过程中看这“谦卑”；因为，这“持续地进入存在”是真正地属于那谦卑的；而如果我们向他展示那处在自身的理想环节中的“谦卑”，那么他就会觉得这其中缺少了什么，因为他觉得，“谦卑”的真正的理想性并不在于“它在那个环节中是理想的”，而是在于“它是持恒的”。罗曼蒂克的爱情能够很好地在环节之中被描绘，而婚姻性的爱情则不；因为一个理想化了的丈夫不是一个在其生命中曾有一次符合理想的人，而是一个每一天都如此的人。如果我想描述一个征服国度和土地的英雄，那么这能够很好地在那环节中得以描绘，但是一个背负着十字架的人，他每天都扛起自己的十字架，这样的一个人就永远也无法被描绘，不管是在诗歌中还是在艺术中，因为，事情的关键在于：他每天都这样做。如果我要想象一个失去了生命的英雄，那么这能够很好地被浓缩进那环节之中，相反，“每天都在死去”则不行，因为这里的首要问题就是，这事每天都发生。勇敢能够很好地被浓缩进那环节之中，忍耐则不，恰恰因为忍耐是与时间的斗争。你会说，艺术还是描绘了基督，作为忍耐的榜样，承担着全世界的罪[360]，宗教的诗化把全部生活的苦楚都浓缩到一只杯子中并且让一个个体在一刹那间[361]喝干。这是真的；但这是因为一个人几乎是在空间中浓缩了它。相反，如果一个人稍稍对“忍耐”有所知的话，那么，他就会很清楚地知道，它的真正的对立面不是苦难的密集强烈［因为那样的话更接近勇气（Mod）］，而是时间，并且，那真正的忍耐（Taalmod）是那显现为与时间斗争着的心情状态[362]，或者真正地是长久耐心（Langmod）的东西，但是“长久耐心”是无法被艺术性地描绘的东西，因为它的特质对于艺术来说是没有共同比较尺度的东西，它也无法被诗意地表述出来，因为它要求时间的漫长持续性。

现在，我要在这里进一步展开的东西，你可能会将之看成是一个可怜的丈夫奉献给审美祭坛的渺小祭品，如果你和所有审美的祭司们要对之示以轻蔑的话，那么我无疑是应当知道怎样来安慰我自己的，乃至可以到这样的程度：我所带来的不是未发酵的面包只有牧师可以吃[363]，而是家里发完酵之后送去烤出来的面包，它就像所有家里做的食物一样简单而不加调料，但健康而有营养。

如果一个人从历史的角度出发，并且也在同样的程度上从辩证的角度出发，去追溯“那审美意义上的美”的发展过程[364]，那么他就会发现，这一运动中的方向是从空间定性走向时间定性，并且，艺术的完美化依赖于这样一种连续发展着的可能性：去越来越多地将自身从空间中解脱出来并且使自己去对准时间。在这之中包含了从雕塑到绘画的过渡以及这过渡的重要意义，正如谢林早先在这方面所指出的[365]那样。音乐有时间作为自身的元素，但并不在时间中赢得持存，它的意义是持恒地从时间中消失，它在时间中发声，但也在时间中让自己的声音退去，而且没有任何持存。诗歌到最后是所有艺术中最完美的，并且因此也是那最知道怎样去使得时间的意义起到作用的东西。它无须像油画那样将自己限定在环节里，并且也无须像音乐那样地消失得无影无踪。但是尽管如此，诗歌仍然还是不得不——正如我们所看见的——将自己浓缩进那环节之中。因此它有着自己的极限，并且正如上面所显示的，如果一样东西的真相恰恰是那时间性的持续，那么它就无法描绘这东西。然而，“时间达成了它的作用”，这不是对“那审美的”的贬低，恰恰相反，这发生得越多，那审美的理想就变得越丰富和圆满。这样看来，“那审美的”甚至对于诗歌的描绘也变成了不相通的对象，那么，它到底该怎样地被描绘呢？回答是：通过“去在生活中体验它”。在这里，这一点与音乐有相像的地方，音乐之所以存在，只是因为它不断地被重复，它只存在于那演奏的瞬间。正因为如此，我在前面提请去留意“那审美的东西”与“那可以在审美意义上在诗歌性的再造中被描绘出来的东西”之间的败坏性的混淆。就是说，我在这里所谈论的一切，肯定都是可以被审美地描绘出来，但不是在诗歌性的再造之中，而是通过“一个人去生活体验它、去在现实的生命中实现它”来被描绘出来的。以这样一种方式，审美（Æsthetiken[366]）就将自己升高了，并且与生活和解了；因为，正如诗歌和艺术在一种意义上恰恰是一种与生活的和解，那么在另一种意义上他们则是对生活的敌意，因为他们只是和解灵魂的一个方面。这里，我是处在“那审美的”的最高处。并且，在事实上，如果一个人是这样的一个人：如果他有着足够的谦卑和勇气去让自己在这里达成一种审美的崇高神圣化；如果他觉得自己是作为一个角色参与进了那由神圣创作出来的戏剧[367]中，在这剧中剧作诗人和说白提词者并非不同的人，在这剧中，那个体，他作为有经验的、体验融化进自己的角色和自己的台词的演员，并不被提词者打扰，而是觉得那被在低语中向他说出的东西是他自己想要说的东西，这样，人们几乎可以怀疑，到底是他在让提词者说出他的词句，还是提词者在让他用嘴说出提词者的词句；如果他在最深刻的意义上觉得自己同时既是在虚构着又是在被虚构出来，如果他在那“他觉得自己是在虚构着”的一瞬间里拥有着那台词说白的本原悲怆、而在那“他觉得自己是被虚构出来”的一瞬间里有着那情欲之爱的耳朵能够去捕捉住每一种声响。如果一个人是这样的一个人，并且只有在他是这样的一个人的时候，他才在审美之中实现了那最高的东西。这样的一种历史被证明是一种甚至与诗歌都无法相通的东西，然而，这一历史就是那内在的历史。这历史在其自身之中有着那理念，并且恰恰因此，它就是审美的。因此，正如我所表述的，它从那“占据”开始，而它的继续就是对这一“占据”的获取。它是一种永恒，在这永恒中，“那现世的”并没有作为一种理想的环节消失掉，相反，它在这之中是作为一种实在的环节持恒地在场着的。于是，如果“忍耐”以这样的方式在忍耐之中获取自身[368]，那么这就是内在的历史。

现在，让我们看一下罗曼蒂克的爱情与婚姻性的爱情之间的关系吧；因为那介于征服着的天性和占据着的天性之间的关系根本就不会招致任何麻烦了。罗曼蒂克的爱情在其自身之中继续保持处于抽象状态，而如果它无法得到任何外在的历史，那么，死亡就已经潜伏在那里等着了，因为它的永恒是幻象的。婚姻性的爱情以占据为开始，并且获得内在的历史。它是忠诚的，罗曼蒂克的爱情也是忠诚的，但是现在让我们看一下区别。那忠诚的罗曼蒂克爱人，他等待着，打个比方说，15 年吧，现在这酬赏他的瞬间到来了。在这里，那诗歌看得很准：那 15 年很容易就能被浓缩，现在它急速直奔那环节。一个丈夫忠诚 15 年，并且他在这 15 年里有着占据，于是，他在这漫长的持续中持恒地获取他所占据的忠诚，既然这婚姻性的爱情在其自身之中有着那最初的爱，并且因此也有着最初的爱所具的忠诚。但是这样的一个理想的丈夫却是无法被描绘的；因为，这里的关键就是那在自身的延伸中的时间。在这 15 年的终结处，他相对于他的开始看起来是根本没有达到更远，而他却是高度审美地生活着[369]。他的占据对于他并没有成为一种死财产，相反他不断地获取了他的占据。他不曾与狮子和巨人搏斗，但是却与那最危险的敌人进行了搏斗，这敌人就是时间。但是，现在那永恒没有像对于那骑士那样地在之后到来；但是他在那时间里有过了永恒、在时间里保存了永恒。因此，只有他才是战胜了时间的人；因为关于那骑士，我们可以说，他杀死了时间，正如我们在时间对于我们不具备实在性的时候总是想要杀死时间[370]；但这永远也不是一场真正的胜利。作为一个真正的胜利者，那丈夫并不曾杀死时间，而是在永恒之中救下并保存了这时间。这样做的丈夫，他是真正诗意地生活着，他解出了那伟大的谜语，生活在永恒之中但却又听见客厅里的钟敲打着[371]，以这样的一种方式：它的钟声没有缩短而是延长了他的永恒，一种矛盾，其深度可以与那中世纪老故事中的处境相媲美，只是它比那处境要远远更漂亮。老故事讲关于一个不幸的人，他在地狱里醒来并且喊着问几点了，魔鬼对此的回答是，一个永恒[372]。现在，即使这样的东西无法在艺术上得以描绘，那么就让这样的事实作为对你的安慰，正如也是对我的安慰：生命中最高的和最美的东西是我们所不该阅读到、不该听到、不该看见的，但是如果我们想要的话，是我们所该去生活体验的。因此，在我乐意承认那罗曼蒂克的爱比那婚姻性的爱更适合被用于艺术描绘时，我绝不是在说后者比前者少一点审美性，恰恰相反，后者在更大的程度上是审美的。在罗曼蒂克学派的那些天才故事之一中有一个这样的人物，他不喜欢像那些与他共同生活的其他人那样去写诗，因为那是在浪费时间，并且剥夺了他的真正享受；相反他想要去生活体验[373]。现在，如果他对于什么是“去生活”有了一种更正确的观念，那么他就会是我要用来做榜样的人。

这样，婚姻性的爱情在时间中有着其敌人、在时间中有着其胜利、在时间中有着其永恒，于是，它总是不断地想要自己的任务，哪怕我把一切所谓外在的和内在的考验都想象成乌有，也是如此。在一般的情况下，它是有着这些考验的，但是在我们想要正确地领会它们的时候，我们有必要注意两件事：它们持恒地是向内的定性、它们持恒地在自身之中有着时间的定性。也是因为这个原因，我们很容易地看出，这一爱情是无法描绘的。它不断地将自身向内拉，并且（在一种好的意义上）将自己拉入时间；但是，那要通过再造而得以描绘的东西，则必须是能够被引发出来的东西，它的时间必须是可简缩的。通过对那些人们可以用来标示婚姻性的爱情的属性进行考虑，你将会更进一步确信这一点。它是忠诚的、恒久的、谦卑的、忍耐的、耐久的、宽容的、诚实的、知足的、警觉的、坚持的、有意愿的、快乐的[374]。所有这些美德都有这样的性质：它们在那个体身上是向内的定性。这个体不是在与外在的敌人搏斗，而是在和自己作斗争、把自己的爱从自身之中搏斗出来；并且它们有时间的定性；因为它们的真相不在于“它们是一了百了地出现过一次”而是在于“它们是持恒地在着的”。并且，通过这些美德没有什么别的东西被获取，只有它们自己被获取。因此，婚姻性的爱情同时既是你所常常嘲弄地称呼的“那日常平凡的”，也是那神圣的（在希腊的意义上），并且，它是通过“它是日常平凡的它”而是神圣的。婚姻性的爱情不是带着外在的标志到来[375]，不像那带着风声扑翅声的富裕鸟[376]那样地到来，它是那宁静精神的不可侵犯的本质[377]。

现在，对于这后者，是你和所有带有征服着的天性的人们所无法想象的。你们从来就不在你们自身之中，而是持恒地在自身之外。是的，只要每一个神经在你身上震颤，不管是你悄悄地在暗中游走，还是你公开出现并且那近卫军的鼓钹音乐声在你的内心之中淹没你的意识，是的，这样你就觉得你活着。但是，在战役打赢了之后，在最后射击的最后回声消隐掉了之后，在那急速的想法就像通讯官一样飞快地跑到总部报告说：胜利是你的。这时，你再也不知道更多东西了；这时你不知道怎样去开始；因为现在才是僵滞在那真正的开始上。

因此，这样的一个名字：习惯，作为婚姻中所不可避免的习惯，你在这样的一个名字下所厌恶的其实是它之中的那历史性的成分，这历史性的成分为你带来了那使得你那扭曲的目光感到如此惊恐的外观。

你在一般情况下总是认为有某种东西通过那与婚姻生活无法分割开的习惯而被消灭了，甚至不仅仅只是消灭而已，而更糟的是，被亵渎了，然而，这东西到底是什么呢？在通常你就此会想到“情欲之爱的有形的神圣标志，这标志，就像一切有形的标志，并非是自在自为地有着意义，它的意义是依据于那使它得以实施的能量、那艺术性的大手笔和造诣（这种大手笔和造诣却同时也是自然的天赋）。看一下在婚姻生活中被用来完成所有这些东西的那种呆钝，它是多么令人厌恶啊！它的发生是多么表面、多么冷淡麻木，几乎就像敲钟，差不多就像那些耶稣会教徒在巴拉圭所发现的那个部落中发生的事情：那里的人是那样地冷淡麻木，以至于耶稣会教徒们觉得有必要在半夜敲响一口钟来为所有丈夫们传达令人愉快的通知，以便借此来提醒他们去行使他们的婚姻义务[378]。以这样的方式，一切根据钟点而准时发生。”现在，就让我们在这一点上达成一致吧：在我们的观察考虑中我们绝不让“在生存中肯定是有着太多可笑而错误的事情”这一事实来打扰我们，而只是去看，到底有没有这个必要，如果有这个必要，那么就让我们在你这里学会拯救。从这个角度看，我无疑不敢对你有很大的期待；因为你搏斗着，尽管是在另一种意义上，然而却还是持恒地像那个西班牙骑士[379]，为一个过去了的时间而搏斗。就是说，既然你为了一个环节而与时间搏斗，那么其实你就是一直在为那消失了的东西而搏斗。让我们看一下一个观念，一个出自你的诗意虚构世界或者出自那最初的爱的真实世界的表述：那相爱的人们相互看着对方。这个词：“看”，你很清楚地知道怎样去使之空开间隙，去将一种无限的实在性、一种永恒放置到它之中去。现在，一对十年生活在一起的夫妇，本来是在日常中一直看见对方的，在这样的意义上就无法看对方；然而，难道他们就因此而应当无法温柔地看着对方吗？现在，我又跑到你那陈旧的异端说法上了。你这样是在把爱情限定到一定的年龄中，把爱情限定到一个处在一种如此短暂的时间段里的人身上，并且，就像所有具有征服着的天性的人们那样，在这样的基础上进行补充，以便去完成你的实验；但这恰恰是对于那情欲之爱的永恒权力的最深重的亵渎。这确实是绝望。不管你怎样在其中颠倒扭曲，你都必须承认：那任务就是在时间里保存爱情。如果这是不可能的，那么爱情就是不可能性。那构成你的不幸的东西是：你把爱情的本质设定并且只设定在这些有形的标志中。现在，如果这些标志要一而再再而三地重复，并且请注意，这之中有着一种病态反思，考虑着它们是否持恒地具备实在性——它们曾因为“那是第一次”这样一种偶然的非本质事件（Accedens[380]）而有过的这种实在性；这样一来，就难怪你会焦虑，难怪你把这些标志和“姿势”归纳到那些对之人们不敢说“即使再重复十次也仍然令人愉快”[381]的东西中去；因为，如果那赋予它们价值的东西是“那第一次”的定性，那么一种重复当然就是不可能性了。但是，那真正的爱则有着完全另一种价值实质，它是在时间之中进行自己的工作的，并且因此也能够在这些外在的标志中使自己重焕青春，并且，这也是我的首要话题，它对于时间以及对于重复的意义有着完全另一种观念。

在前面的文字中我阐述了，婚姻性的爱情在时间中有着其斗争、在时间中有着其胜利、在时间中有着其祝福。在那之中，我把时间只是看成简单的进程，而现在我们将看出，它不仅仅只是一种在其自身中保存其本原的简单进程，而且也是一种成长的进程，在之中其本原不断地增长着。你有过许多观察经验，你无疑会同意我所给出的这一笼统的说法：人分成两类，一类是那些大体地生活在希望中的人，另一类是那些大体地生活在回忆中的人[382]。这两类都蕴含了一种与时间的不正确关系。那真正的个体是同时生活在希望和回忆之中，并且，只有那样，他的生命才获得真正的内容丰富的连续性。这样，他有着希望，并且因此而不愿像那些只是生活在回忆中的个体们那样地在时间中回返。那么，这回忆为他所做的是什么呢；因为它必定还是得有着某种影响的？它在瞬间的音符上打上一个叉[383]，它往回走得越远，重复越频繁，打上的叉也就越多。比如说，如果他在本年度体验了一个情欲之爱的环节，那么，这一环节就以这样的方式来得以放大：他回忆在那前一年中的这一环节，等等。现在，这也在那婚姻性的生活中以一种美丽的方式找到了其表述。我不知道现在世界所处的是哪一个时代，但是你我都知道，人们通常习惯于这样说：首先到来的是黄金时代，然后是白银时代，然后是青铜时代，然后是黑铁时代[384]。在婚姻中这就反过来，首先来临的是银婚礼，然后是金婚礼。或者，要么那回忆在一场这样的"……婚礼"里并非真正的关键？然而，婚姻性的术语仍然将它们宣称为比那第一次婚礼还要更美丽。现在我们不可以误读这一点，就像在类似的情形你会很高兴这样说："那么最好的事情就是让自己在摇篮中结婚，因为马上就能够去开始自己的银婚，并且有希望成为在婚姻生活的词典里创建崭新的概念[385]的第一个发明者。"也许你自己能够看出来，你的笑话中的那不真实的地方在哪里，而我则不该再在这事情上逗留更久了。而我想要提醒你去回想的则是：个体们并非仅仅是生活在希望之中，他们总是持恒地在那现在的时间中有着相互处在对方之中的希望和回忆。在最初的婚礼上，希望则有着回忆在那最后的"……婚礼"所具有的效果。希望在那最初的婚礼上盘旋，就像是一种要填满这环节的永恒希望。这之中的正确性你也会看得出来，如果你考虑一下：如果一个人结婚只是希望着一场银婚，并且就这样希望并且再希望了 25 年，然后，在这第 25 年到来的时候，他就没有什么道理去举行银婚礼；因为既然一切都在那持续的等待中崩溃掉了，那么一个人这时就没有什么可回忆的了。顺带说一下，我常常觉得奇怪，为什么根据一般的语用方式和思维方式，那单身状态根本就没有这样的前景，相反，如果一个胡椒单身汉成功地庆祝纪念日的话[386]，人们只会把它当笑话来搞。这原因肯定就是，人们在一般的情况下就是这样认定的，那单身的状态永远也无法真正地抓住真正的现在在场的时间，而这真正的现在在场的时间是希望和回忆的统一体，并且，正因为它无法抓住这现在在场的时间，所以它通常要么是处在希望中、要么是处在回忆中。但这又暗示到了那对时间的正确关系，通常人们认为那婚姻的爱情与时间也是有着这种正确的关系的。

不过，在婚姻生活中还有着别的东西，那就是被你用“习惯”这个词来标示的东西，“它的单调性、它的对于事件的彻底缺乏、它在空虚无物中的持续性，那就是死亡并且比死亡更糟”。你知道，有一种神经衰弱的人，他们会被最小的噪音打扰，如果有人蹑手蹑脚地在地板上走过，他们就无法思想。你有没有注意到，也还有另一种类型的神经衰弱？有这样的人，他们是那么地虚弱，以至于他们需要具备有力的噪音和一种消遣性的环境才能够工作。除了他们没有对自己的控制力（只是在一种颠倒过来的意义上）之外，这还会有什么别的原因。在他们单独的时候，他们的思想就消失在那不确定的世界中；相反，如果在他们的周围有着嘈杂和噪音，这环境就迫使他们设定出抵抗的意志。看，这就是你为什么畏惧和平和安宁和静止的原因了。只有在有着对抗的时候，你才处在你自身之中，但因此你就从来没有真正地处在你自身之中，而是不断地在自身之外。就是说，在你吸收占据了对立面的那一瞬间，就又会有宁静出现。因此你不敢进入这一瞬间；然而，结果就是这样，你和对立面相互面对面地对峙着，结果就是你不在你自身之中。

在这里，时间的情形自然还是与前面所谈的相同。你在你自身之外，因此你不能没有那作为对立面的他者（det Andet）；你相信只有骚动不安的精神才是活着的，而所有有经验的人们则认为只有宁静的精神才是真正的活着的；对于你汹涌翻腾的大海才是生活的比喻，对于我宁静的深水才是生活。我曾常常坐在一条小溪旁。它总是那老样子，同样轻声的旋律、底部同样的绿色在平静的水下随流屈身摇动，同样的小动物在下面游动，一条撺进鲜花掩映处的小鱼，它对着水流的涌动张开自己的鳍，它躲到了一块石头之下。多么单调，而却又多么富于变化！婚姻性的家庭生活也是如此，宁静、适度、低吟曼语；没有很多变化[387]，然而又像水在潺潺流动，却只有着水流的旋律，对于那认识它的人是甜蜜的，对于他是甜蜜的恰恰因为他认识它；这一切都没有炫耀的光彩，然而偶尔一道光泽铺撒向这一切，却不打断那习惯性的进程，正如在月亮的光线洒落在那水面上并且展示出它用来演奏其旋律的乐器。婚姻性的家庭生活就是如此。然而，如果这生活要被以这样的方式来看、以这样的方式来体验，这就需要将一种性质预设为前提条件，——我会对你说出这性质的。这是欧伦施莱格尔[388]的一段诗歌，据我所知，你至少在以前曾是对之非常推崇的。为了周密而不遗漏起见，我将它抄写在这里：

世界上有多少东西必须结为一体，
才能让情欲之爱真正在魔法中绽开，
首先是一对理解的心灵相照相映，
然后是伴随他们的优雅让人喜爱；
然后是月亮带着光芒飘下天穹，
穿过山毛榉的枝条把春夜打开；
然后让他们能单独相会——
然后是亲吻，——然后是无邪的清白。[389]

你也是非常热衷于赞美那情欲之爱的。我不想来将这不属于你的拥有物从你这里剥夺掉，因为不管怎么说，这是那诗人的，但你却吸纳了它；然而，既然我也吸纳了它，那么，就让我们分享吧，你得到整段诗歌，我得到那最后一句话：然后是无邪的清白。

最后，还有那婚姻性的生活的另一面，那是常常给予了你进攻的机缘。你说，“婚姻性的爱情在自身之中隐藏了某种完全其他的东西；它看上去是那么和蔼和美丽，并且温柔；但是，一旦那门在这夫妇的身后关上，那么，我们还没来得及从那之中知道一字一句，那主子埃里克[390]就出现了，于是这就叫做义务，而现在你们愿意的话你们尽管随心所欲地为我装点这根结杖，把它弄成装饰忏悔节的桦树棒也行，但它却仍然还是一根主子埃里克。”我要在这里讨论一下这一反驳，因为它在本质上也是立足于一种对婚姻性的爱情中的“历史性的因素”的误解上。你不是想让阴暗神秘的力量就是想让突发的怪想来成为爱情之中的建构者。一旦意识出现了，这一魔术就消失了；而婚姻性的爱情具备着这意识。现在，就粗说一下吧：你不是向我们展示那音乐会指挥的指挥棒——这指挥棒在那最初的爱的优美姿势中给出节拍，而是向我们展示出“义务”的令人不舒服的警棍。现在，你首先必须向我承认：只要那最初的爱保持不变（这最初的爱，正如我们在前面达成一致所同意的，是婚姻性的爱情在自身之中所具有的），那么我们就不可能去谈论“义务”严格的必然性。那么，你是不相信那最初的爱的永恒性的。你看，在这里我们就遇到了你那陈旧的异端说法了，那如此常常地将自己置于其骑士角色的人正是你，然而你却不相信它，甚至是在亵渎它。结果就是，因为你不相信它，因此你不敢进入一种联结关系，这关系在你不再是“自愿”[391]的时候能够强迫你去“不自愿地”[392]停留在它之中。很明显，爱情对于你不是那最高的；因为否则的话，你就会为有一种能够强迫你停留在它之中的权力的存在而感到高兴。也许你会回答说：这一方法不是方法，但对此我要说一下，这要看一个人是怎样去看待这件事的。

看来这是我们不断地回返的几个点之中的一个，——你，你看来觉得这是与你的意愿作对，并且你自己也不是真正地知道这是怎么发生的，我呢，我则带着完全的意识知道这个点：那最初的爱或者罗曼蒂克的爱所具有的幻象的或者天真的永恒必定会以某种方式来取消其自身。现在，恰恰因为你试图寻求在这一直接性之中继续保持着它，试图让你自己以为那真正的自由是由“处于自身之外”、“沉醉于梦想”构成的，因此你畏惧那变形

（Metamorphosen），并且，因此它不是以这样的一种方式来向你显现出自己，而是作为某种完全异种的东西，这东西包括了“那最初的”死亡，并且，因此有了你对于“义务”的厌恶。就是说，如果这“义务”不是已经作为萌芽蕴含在“那最初的”之中的话，那么它的出现自然就会起到绝对的打扰作用。但是，那婚姻性的爱情的情形则不是如此；在“那伦理的”和“那宗教的”之中，它已经在自身之中有着“义务”，并且，当它在它们面前显现出自己的时候，这就不是一个陌生者、不是一个无礼的但却有着这样的权威而使人依据于爱情的神秘性不敢将之驱逐出门的不相关者；不，它就像一个老相识一样到来，就像一个朋友、一个相爱者在他们爱情的最深的秘密中相互都知道的知秘者。我们想象这样一个老相识，在他说话的时候，他所说的东西没有什么是新的，而都是一些大家都知道的，而在他说了之后，那些个体们都因他所说的而变得谦卑，但也恰恰因此而得以振奋提高，因为他们很清楚，他所要求的就是他们自己所想要的，并且，“他将之作为要求提出”这一事实，只是用来表达“他们的愿望是可以实现的”的一种更为庄严的、更为崇高的，一种神圣的方式。如果他只是鼓励地对他们说，“这是做得到的，爱情是能够被保存的”，那么这对于他们是不够的；但是，在他说“爱情应当被保存”的时候，在这之中包含着一种权威，它相应于那愿望的真挚性。爱驱逐畏惧[393]；但是现在如果爱无论如何还是在瞬间之中畏惧它自己、畏惧自身的拯救，那么这义务就恰恰是那爱所需要的神圣营养，因为这义务说：“不要畏惧，你应当胜利”，不仅仅是作为将来时而说出来的[394]，因为那样的话就只是一种希望，而是作为命令式，并且在之中有着一种没有什么东西能够来震撼的确定性。

那么，你是把义务看成是爱情的敌人的，我则将之看作是它的朋友。这个解释也许是能够让你感到满意的，并且你会带着你通常的讥嘲祝贺我得到了这样一个既非同寻常又在同样的程度上令人感兴趣的朋友。相反，我绝不会就此满足，而是听任自己将战争推进到你的领域之中。如果义务，在它一旦呈现在意识之中时，是爱情的敌人，那么爱情当然就得去想办法战胜它；因为，你当然是不希望爱情会是那样一种无法战胜每一个对立面的无能无奈的东西。然而你在另一方面又认为，如果义务显现了出来，那么爱情就结束了；并且你还认为，义务迟早会显现出来，不仅仅是在那婚姻性的爱中，并且也是在那罗曼蒂克的爱中，并且，你之所以畏惧那婚姻性的爱，那是因为它在这样的一种程度上在自身之中有着那义务：如果它显现出来，你就无法逃避开它。相反，你认为在那罗曼蒂克的爱中就没有什么问题；因为一旦“义务被提及”的这一瞬间到来，爱情于是就结束了，并且那义务的到来就是一个信号，让你做出非常礼貌的鞠躬退场，或者，如你曾经有一次表述的：你将“使自己退场”看成是自己的义务。在这里，你又可以看见你对于爱情的赞美是怎么一回事了。如果义务是爱情的敌人，并且，如果爱情无法战胜这敌人，那么爱情就不是真正的胜利者。由此得出的结论就是，你听任爱情陷入困境而袖手不顾。一旦你有了这一绝望的想法，认为义务是爱情的敌人，那么你的挫败就已经是确定的了，你所作出的对爱情的贬低和对它所具有的权威的剥夺，与你对义务所作的相比完全没有什么两样，然而，你所想要做的却只是后者[395]。你看，这就又是绝望，并且，不管你感觉到那在它之中的痛楚，还是你在绝望中寻求去忘却它，这是绝望。如果你无法达成去让自己去把“那审美的”、“那伦理的”和“那宗教的”看成是三大同盟者，如果你不知道怎样去保存那由所有事物在这些不同的层面上所获得的不同表述所构成的统一体，那么，生命就是没有意义的，那么我们就得完完全全地同意你所最喜爱的理论，对于一切我们都能够这样说：去做这事或者不去做这事，对这两者你都会后悔[396]。现在，我不像你那样，处在那可悲的必然性之中，老是得去开始一场对“义务”所进行的、总是通向不幸结局的战役。对于我来说，事情不是这样——“义务是一种气候，爱情是另一种”，对于我来说，义务使得爱情成为那真正温和的气候，对于我来说，爱情使得义务成为那真正温和的气候，并且这个统一是完美的统一。然而，为了让你的错误学说能够真正明确地显现在你面前，我会对它作出稍稍更为深入的追踪，同时我会请你对那能够使一个人觉得“义务是爱情的敌人”的不同方式进行考虑。

请想象一下这样一个人，他成为一个丈夫，但却从不曾就蕴含在“那审美的”之中的“那伦理的”真正地对自己进行过阐述。他带着青春的全部激情爱着，而现在突然因为一个外在的机缘而被这样一种怀疑打动，“是不是有这个可能，他所爱的、但也是他借助于义务的系束而结合的人，会以为他爱她的真正原因只是因为那是他的义务”。这时他就是处在类似于上面的文字所暗示的那种情形中，对于他来说，那义务看起来似乎也是处在一种与爱情的对立关系之中；但是他爱着，并且他的爱对于他其实是那最高的东西，并且这样一来，他的努力就对准了这样一个方向：要去克服这个敌人。这样，他想要“不是因为义务提出要求、不是根据那由义务所给出的用于一种‘适量’[397]的可怜尺度”去爱她，不，他想要尽自己的整个灵魂、尽自己的所有力量以及尽自己的所有能力[398]去爱她；如果义务有这可能允许他不用去爱，那么甚至他也会在义务给出这允许的所有瞬间里爱着她。你很容易看出他的思路中的困惑。他怎么做？他尽自己的全部灵魂爱她，而恰恰这个正是那义务所要求的；因为，有些人认为义务相对于婚姻而言只是一大堆仪式定性的集合，让我们不要被他们的说法弄糊涂了；那义务只有一个，就是以真实去爱、以心灵的真挚感动去爱，并且这义务就像爱情本身一样地有着普罗特斯式[399]的可变性，并且把一切出自爱情的东西都宣称为是神圣的并且是善的，而对一切不是出自爱情的东西（不管它怎么漂亮而带有欺骗性）都进行痛斥。由此你可以看见，他也有着一种不正确的立场；但是恰恰因为在他那里有着真实，在他不仅仅只想做那义务所要求的事情时，于是他就去做了那义务所要求的事情，既不多也不少。他所做的那“更多”，在真正的意义上就是“他做了这事情”；因为我所能够做的那“更多”持恒的是“我能够去做义务所要求的事情”。那义务提出要求，更多它无法做到；我所能够做的这个“更多”就是去做它所要求的事情，并且，在我去做的这一瞬间，我就能够在一定的意义上说“我做更多”；我把义务从那外在的转设为那内在的，由此，我就处在了那义务之上。由此你可以看见，在精神的世界里所具有的是怎样无限的和谐和智慧和连贯[400]。如果一个人从一个特定的立足点出发并且很平静地带着真实和能量追踪着它，那么，如果其他的东西看起来可以是与之有矛盾的话，这就总会是一种失望；而如果一个人以为是在相当彻底地显示出不和谐，他就显示出和谐。因此，我们所谈论的这个丈夫安然无恙地脱身了，而他所会遭受到的唯一的惩罚其实就是：那义务因为他的信心之小而逗了他一下。义务持恒地在爱情中发着和谐音。如果你像他一样地将它们分开，并且想把一个部分弄成那整体，那么你就持恒地处在自相矛盾之中。这就好像是一个人在拼读 be 时想要把 b 和 e 分开，并且现在不想要 e，而宣称 b 是全部。在他说出来的那一瞬间，他把 e 也连带地说出来了。这就是那真正的爱情的情形：它不是一种哑音的、抽象的不可说之物，但它也不是一种软性的、无法固定保持的不确定性。它是一个清晰地发出的声音、一种拼读。如果义务是硬性的，那么好吧[401]，爱情就说出它来，它去实现它，并且因此而做了比义务更多的事情；如果爱情正在变得如此软性以至于它无法被固定保持时，那么，义务就来为之设出界限。

现在，如果你的关于“义务是爱情的敌人”的看法是这样的一种情形，如果它只是一种无辜的误解，那么，你的情形就与我们上面所谈的这个人的情形相同；然而你的这种领会除了是一个误解之外，它也还是一个有辜的误解。正因为如此，你不仅仅贬低义务而且也贬低爱情，正因为如此，那义务就显现为一种无法克服的敌人——因为义务恰恰爱那真正的爱情而对那假的则有着殊死之恨，甚至要去杀死它。如果那些个体是处在真实之中，那么他们在义务中只会看见对于“永恒中的路已经为他们准备就绪并且这是一条他们很想要走上去的路”的永恒表达，这条路对他们来说不仅仅是被允许“走上去”，不，“走上去”是对他们的命令；在这条路之上有一种神圣的天意在看守着，不断地向他们展示着前景，在所有危险的地方设上标记。如果一个人是真正地在爱着，那么，他为什么就不愿意接受一种神圣的授权呢，难道是因为它神圣地表达出了自己并且不仅仅是说“你可以……”而且也说“你应当……”在义务中，一切都为那爱着的人们而被打理得很整齐，因此我相信在语言中这就是如此，义务的表达是“那将来时的”，就是为了通过这将来时来暗示“那历史性的”。

现在，我结束了这一小小的论述。看来它对你是产生了印象，你觉得一切东西都是反过来的，并且，你毕竟不能完全地硬着对抗我用来进行论述的这种逻辑连贯性。不过，如果我在一场对话中表述了所有这些东西的话，那么，要让你不嘲讽说我这是在布道，对你来说就会是很难做到的事情。然而，你到底还是无法真正地指责我的描述是有着这错误，或者指责这描述完全就如同人们在与像你这样的一个顽固罪人（Synder）谈话时也许是应有的套路；至于你的讲演、你的智慧，它们看来倒是常常让人想起《传道书》[402]，并且人们真的会以为你是随意地从那里挑了一些你要用到的文字。

然而，我还是想让你自己给我这机缘去阐明这问题。就是说，在通常你并不让自己去嘲弄伦理，并且只有在别人把你逼迫到了某一个点上的时候，你才会将之抛弃。只要你差不多可以，你总是将之保留在你的这一边：“我绝不鄙视义务”，如此常常是那对“义务”的一场精心密谋的谋杀开始时所使用的温和讲演，“我根本不是这样的人；但是，让我们不看别的，首先总是保持清白，义务是义务，爱情是爱情，然后句号结束，并且最重要的是不要把事情混淆起来。或者说，难道婚姻不是有着这样的天性带着这一同体双性的模棱两可的唯一怪物吗？所有别的东西都是要么义务要么爱情。我承认，在生活中寻找一种特定的职业，这是一个人的义务，我将‘去忠实于自己的使命’看作是他的义务，并且，在另一方面，如果他违犯了自己的义务，那么他就获得应有的惩罚。这里是义务。我为自己招揽下某种特定的东西，我能够准确地说出我所许诺要忠实负责地去履行的事情是什么；如果我没有去这样做，那么我就面对一个在我之上的权力来强迫我。在另一方面，如果我通过一种友谊而去和另一个人密切结合起来，那么在这里爱就是一切，我不承认任何义务；如果爱没有了，那么友谊就结束了。以一种这样的不合理为基础来构建出自身，这种事情是唯一只保留给婚姻的。让自己有这样的义务去爱，这句话到底想说什么？界限在哪里？什么时候我算是履行了我的义务？更进一步定性的话，我的义务在于什么之中？在有怀疑的情况下，我能够去找哪一个权力部门[403]？如果我不能履行我的义务，那要来强制我的权力又在哪里？国家和教会无疑是设出了一定的界限，但是就算我不走向那极端，难道我就因此不会是一个坏丈夫了吗？谁会来惩罚我，谁会来保护那倒霉地受坏丈夫之苦的她？”回答是：你自己。然而，在我着手去解开你将你我诱进的这一困惑之前，我得作一下说明。在你的表述中常常有着一定程度的模棱两可，这对于你来说是本质性的和特征性的。你所说的东西，既可以从一个最轻率的人也可以从一个最沉郁的人的嘴中说出。这是你自己也很清楚的，因为这是你用来欺骗人们的手段之一。你在不同的时刻说同样的东西，把强调的重音放在不同的地方，看，整件事情就完全不一样了。现在，如果人们对你进行反驳说你和前一次说的不是同一样东西，你就会带着极大的平静回答说：这难道不是字字相同吗？不过，我就说这些了。让我们看你的分派是怎么一回事。有一句成语，流传了那么多百年仍然被保留下来，人们用这句成语来标示罗马人聪明的政治：分割并统治[404]。在一种远远更为深奥的意义上，我们可以用它来说理智的发展过程；因为它狡猾的政治恰恰就是去分割，并且通过这分割来确定自己的统治，因为那些在联合起来的时候是不可战胜的权力现在分开了并且敌对地相互取消，并且理智保持统治地位。这样，你认为，那余下的所有生命都可以被放置在义务的定性之下或者义务的对立面的定性之下来领会，并且，也从来没有人想到运用另一种尺度；唯独婚姻使得自己在这一自相矛盾中成为祸首。你所用的例子是一个天职义务[405]，并且认为它是一个可被用在一种纯粹的义务关系上的非常合适的例子。然而这事情却绝非如此。就是说，如果一个人只想将自己的职业理解为这样的一种他在各个特定的时间和地点所完成的各种指派给他的工作的全部集合，那么他就是在贬低他自己、自己的职业和自己的义务。或者，难道你认为这样的一种职业观能够造就出一个好的公务员吗？那么，一个人用来使自己献身于其职业的热情，它的位置在哪里；他用来爱这职业的爱心，它的空间又在哪里？或者，哪一个监督部门会来检查他？或者，这是不是恰恰作为一种义务来对他提出要求的，并且，国家是不是把每一个有着除了这个工作之外的其他管理工作的人也看成是雇员，其勤劳和苦劳无疑是可以被使用并且偿付报酬，但在另一种意义上却是一个不称职的公务员？现在，就算国家并不明确地这样说，这也还是因为国家所要求的东西都是某种外在的东西、某种可触摸的东西，并且，在这种要求发生的时候，它是预设着其他的东西为前提的。相反在婚姻之中，首要的事情是那内在的，是那无法被人指出或者展示的；但对此的表述则恰恰就是爱情。因此，它被作为义务来要求，我在这之中看不到任何矛盾；因为那种“没有人能够来检查”的事实对事情就构不成任何影响，既然他完全能够自己检查自己。现在，假如你继续提出这样的要求，那么，要么这是因为你想借助于这问题来悄悄溜走逃避义务，要么是因为你如此害怕你自己以至于你很想让自己被宣布为“无承责能力的（umyndig）”，而这则是同样地错误和同样地不可取的。

现在，如果对于我在前面所展开和阐述的东西，你是以一种我对之进行展开和阐述时所具有的思路来看的话，那么你就会很容易地看见：在我在爱情之中坚持义务的真挚性时，我并不是带着一种狂野的恐惧作出这样的坚持；但对有些人就会是这样，因为他们平庸的理智性首先是消灭了“那直接的”，而现在随着老年的到来他们又寄居进了那义务之中；对有些人会是这样，因为他们在他们的盲目中嘲笑起那纯粹的自然来有劲得没有分寸、而赞美起义务来则愚蠢得没有分寸，就仿佛这样一来这义务成了别的东西，而不是你所称的义务了。这样的分裂，感谢上帝，我一个也不认识，我没有和我的爱情一同逃进那种会让我在我的孤独之中迷路的荒野和沙漠[406]，而我恰好也没有去找我的邻居和对面街坊问对于“我该做些什么”的忠告；这样的一种隔绝和这样的一种化解都是一样地疯狂。在“那普遍有效的”本身之中，我持恒不断地在我自己前面拥有着足迹[407]，而它就是义务。我也感觉到有这样的一些瞬间，在这样的瞬间里，唯一的拯救就是让义务说话，让它自己来惩罚，这是健康的，不要用一种“霍通提摩若美诺斯”（自扰）[408]的沉郁的软弱性，而是带着全部的严肃和强劲；但是我不曾害怕义务，它向我显现出自己，但不是作为一个敌人要来骚扰我曾希望通过生活来拯救的这一小点幸福和喜悦，而是显现为一个朋友、显现为我们的爱情的最初的和唯一的知己。但是，这一使得前景持恒地保持开放着的力量，它是义务的祝福，而与此同时，罗曼蒂克的爱情则因为它非历史性的品质而在路上迷失或者停滞。

*

“我说了，并且卸下了我灵魂的担子”[409]，并非是仿佛我的灵魂迄今一直被绊缚住而通过吐出这口长痰才为自己灵魂赢得一点空气，不，这只是一次健康的呼吸而灵魂在这之中享受了自己的自由。呼吸在拉丁语中，你还记得起，叫做 respiratio[410]，这个词的意思是：那首先是涌流出的东西的一种返涌。在这呼吸（respiration）中生物体享受着自己的自由，我也是以这样的一种方式在这一书写中享受了我的自由，这种我日常所具备的自由。

现在，在做好充分的准备之后，接受这份给你的得到了充分检测的馈赠吧。如果你觉得它实在太微渺而无法满足你的话，那么试一下，你是不是有可能让自己做出更充分的准备、查一下你有没有忘记了某一条谨慎规则。塞尔维亚人有一个民间故事，在之中描述了一个超大的巨人，他有着同样超大的胃口。他跑到一个农人的家里，要和他分享主餐。农人尽可能地把自己家里的所有东西都拿了出来。那巨人贪婪的眼睛已经开始吞嚼一切，并且很确定地算计出，就算他真的把这些食物全部吃掉，他也一样不会感到更饱一些。他们坐上桌。农人从来就没有感觉到过这会不够他们两个人吃的。巨人扑向盘子要吃，农人用这些话止住了他：在我这里有这样的习俗，人们首先祷告；巨人同意了，看，于是就足够他们两个人吃的了[411]。

“我说了，并且卸下了我灵魂的担子”[412]；因为，她，我仍然带着一种最初的爱的青春持恒地爱着的人，我也使得她获得了自由，并非仿佛她在事先是被束缚的，而是她现在和我一同在我们的自由之中感到欣悦。

现在，在你接受我温柔的问候时，请你像往常一样地也接受她的问候，一如既往地友好和真诚。

自从上次在我们家见到你，时间已经过去了很久。这一点我既可以是在真正的意义上说也可以是在一种比喻的意义上说；因为，尽管我在这十四天里把夜晚的时间都用在这封信上“来代替所有别的”[413]，可是以一种方式我仍然持恒地在我这里看见你，然而这却是在一种比喻的意义上说的，我并非真正地在我这里看见你、不是在我的家里、不是在我的客厅里，而是在我的门外，我在我扫地的时候[414]几乎是试图要将你从门口赶走。对于我，我所投入的这一段工作并非是我所不喜欢的，并且我知道，你也不会因为我的行为而不高兴。然而不管是在真正的意义上还是在比喻的意义上说，我总是会更希望在我们家里看见你；我带着一种丈夫的骄傲说这个，因为自己有资格使用这正式用语“在我们家”而感到骄傲；我带着所有人类的敬意说，“在我们家”每一个个体人格都总是肯定能够遇上的。因此下一个星期天你不会收到永恒的，就是说，一整天的家庭邀请；你想到要来就来，你总是受欢迎的；你想待多久就待多久，你总是一个令人愉快的客人；在你想走的时候就离开，良好的评价总伴随着你。

注释：

［1］［维克多·艾莱米塔/Victor Eremita］　拉丁语：胜利的隐士，那在孤独中胜利的人。

［2］［Les grandes passions … rendre à leur empire］　法语。“伟大的激情们生存在孤独之中，将它们流放到沙漠，那就是将它们交给它们自己的王国。”摘自弗朗索瓦·勒内·德·夏杜布里扬（F. R. Chateaubriand）的 *Atala, ou les amours de deux sauvages dans le désert*（《阿塔拉，或者荒漠中两个野人的爱》），Paris 1801，参看 *Atala* 和 *René* 的最初合集版 Paris 1805，第 91 页。*Atala* 备受评论界的赞誉，并且 *Mercure de France* 的第二十期对之作了选载，Paris 1801，第 97—107 页；在同年的第二十一期的第 206 页刊有广告说 *Atala* 的第三版已付印，并且在第二十三期的第 392 页提及“le succes d'Atala est complet（阿塔拉的成功是完全的）”。*Atala* 曾有多个海盗版版本，比如说 1801 年的德累斯顿版；同年由 M. Rahbek 所翻译的丹麦语版本 *Atala, eller tvende Vildes Kjerlighed i Ørken* 也出版了，但是没有标明夏杜布里扬是原著作者；在书中，阿塔拉的说辞被如此再现：“激情们想要孤独；把它们带进荒漠，完全就如同承认它们神圣不可侵犯的统治。”（从第 55 页开始）本来，*Atala* 原本被计划作为 *Le génie du christianisme*（《基督教之精神》），但这计划没有得以实现。

［3］［Chateaubriand］　弗朗索瓦·勒内·德·夏杜布里扬子爵（François René Vicomte de Chateaubriand）1768—1848，法国诗人、政治家和外交官。法国罗曼蒂克运动的先驱者夏杜布里扬在 1802 年出版有巨著《基督教之精神》（*Le génie du christianisme*），对作为一种情感宗教和幻想福音、作为一种对于永恒至福的义烈、牺牲和希望的灵感渊源的基督教进行了诗意的辩护。

［4］［尽管大卫王……国王先生］　指《撒母耳记下》中的一段故事（12：1—7）“耶和华差遣拿单去见大卫。拿单到了大卫那里，对他说，在一座城里有两个人，一个是富户，一个是穷人。富户有许多牛群羊群。穷

人除了所买来养活的一只小母羊羔之外，别无所有。羊羔在他家里和他儿女一同长大，吃他所吃的，喝他所喝的，睡在他怀中，在他看来如同女儿一样。有一客人来到这富户家里。富户舍不得从自己的牛群羊群中取一只预备给客人吃，却取了那穷人的羊羔，预备给客人吃。大卫就甚恼怒那人，对拿单说，我指着永生的耶和华起誓，行这事的人该死。他必偿还羊羔四倍。因为他行这事，没有怜恤的心。拿单对大卫说，你就是那人。”就是说，大卫借亚扪人的刀杀了乌利亚，并娶了乌利亚的妻子拔示巴。

[5]［作为一个公职官员］　写信人是法庭的法官。

[6]［整张的纸］　对开大小的整张纸；当时用这种整张纸来书写官方文书和法律文件是很普通的事情。

[7]［如果一个人辩护，其实这个人就是在指控］　游戏于拉丁语的句子：Dum excusare credis，accusas，这句话被采纳于比利时文献学家嘎布利耶·牟利艾的 *Trésor des Scentences*（1577）中，句子表述为：Qui s'excuse，s'accuse：如果一个人是为自己寻找辩护理由的人，这人是在指控自己。

[8]［一种宗教式爱心的畏惧和战栗］　对照《腓力比书》（2：12）之中保罗向腓力比人们写道：“就当恐惧战兢，作成你们得救的工夫。”这里所引《腓力比书》中的“恐惧”不是克尔凯郭尔所谈的概念“恐惧”，而是“畏惧”，指面对神时的敬畏战栗。

[9]［出拳打空气］　见《歌林多前书》（9：26）保罗这样写关于他自己：“我斗拳，不像打空气的。”

[10]［在烦琐之铁轨上］　单调固定地活一辈子，就好像是坐在一列快车上旅行。铁路在克尔凯郭尔的时代是一个巨大业绩。从大约 1830 年起，各种铁道在英格兰得到发展，然后扩展到了欧洲大陆。最初的丹麦铁路修建于阿尔托纳到基尔的诸公国之间，启用于 1844 年。从哥本哈根到罗斯基勒的这一段从 1847 年开始启用。

[11] 原文为法语 clairvoyance（神秘视能，超自然视能，可看到感官不能觉察的物体或事件的假想的力量）。

[12]［一个正醒来的意识］　可能是回顾地指向《非此即彼》卷一中对《费加罗》中的侍从的谈论：“那感官性的”醒来，但却不是向着运动、而是向着静止，不是向着喜悦和欢乐、而是向着深深的忧郁（Melancholi）……

［13］这里原文是“那偶然的（det Tilfældige）”。

［14］［银板照相］　一种照相，以法国画家达盖尔（L. J. M. Daguerre，1787—1851）和法国物理学家尼普希（J. N. Niepche，1765—1833）发展出来的技术为基础，在转让给法国之后在1839年被正式公布出来。这一发明使得人们有可能在一块潮湿的金属板上摄取一幅正片图像，这发明很快地在欧洲和美国得到普及。在丹麦，第一幅银板照相是在1842年年初由奥地利肖像画家维宁格尔（Joseph Weninger）在布莱德街（Bredgade）的一家工作室摄取的；几个月后，一个丹麦人阿尔斯特若普（M. Alstrup）在王家花园的一座亭阁里开了一家工作室。

［15］［二分之一分钟］　尼普希在1826年摄出第一张成功的图像使用了八小时，然后曝光时间就开始剧烈下降。1842年维宁格尔（Joseph Weninger）能够在十五到三十秒里摄取一张肖像银版照片。

［16］［守护神］　守护神，特别守护那些创造能力，在罗马神话中常常被描述为带翅膀的少年或者小孩子。

［17］［一个小小的宙斯］　指众所周知的宙斯在爱欲上的出轨，见荷马的《伊利亚特》的第十四，312—328。

［18］［向群盗之国付出了相应的贡品］　在古代，北非的突尼斯、阿尔及利亚和的黎波里诸国因为其臭名昭著的海盗活动而被称作是“群盗之国”。人们为了保护自己的船只不受海盗们袭击就付出一笔“相应的贡品”，就是说，过路钱。在这里这是一个比喻：作出了相应的考虑。

［19］原文为拉丁语 pro aris et focis（为祭坛和炉膛）。

［pro aris et focis］　拉丁语，相应的表达语“pro aris et focis certamen”（为祭坛和炉膛而斗争，就是说，为家园、为最神圣宝贵的东西）。

［20］［同时是牧师和教民］　同时是祈祷者和为之祈祷者。

［21］［他自己在男人女人间建立出的约定］　也许是指向《马太福音》（19：4—6）中耶稣谈论婚姻时说的“那起初造人的，是造男造女，并且说，因此，人要离开父母，与妻子连合，二人成为一体。”……“既然如此，夫妻不再是两个人，乃是一体的了。所以神所配合的，人不可分开。”在1685年所出并通用于克尔凯郭尔的时代的（《丹麦挪威教堂仪式》）*Danmarks og Norges Kirke－Ritual* 中有直接的表述说“神圣的婚姻状态”是由上帝确立的，也可参看婚礼仪式后的祈祷词：“啊，全能永恒的上帝，最慈爱的父！正如你自己作出了这样的指派——男人和女人应当有

着同一个生命，并且以你的祝福确定了这同一结合！”

同样的解说也出现在路德的表述中：“最初的男人要了知这一状态（……），就是这个：每一个人都应当知道并且确定地明白：婚姻是由上帝确定和建立的。”

［22］［像那施勒密尔故事中的长人……把它拿出来］　这里谈及的是阿德尔贝尔特·冯·查米索（Adelbert von Chamisso，原名 Louis Charles Adelaide de Chamisso）的小说《皮特·施勒密尔奇遇记》（*Peter Schlemihl's wundersame Geschichte*, Nürnberg 1835［1814］, ktl. 1630.）中的长寿老人。这个人让皮特·施勒密尔出卖自己的影子以换取一个取用不竭的幸福之袋。他得到了皮特·施勒密尔的影子后就将之卷起来放在自己的口袋里收藏着，并且在他想要拿出来的时候把它拿出来。（从十九页起）

［23］［你的眼睛……辐射着］　丹麦警察从 1701 年起使用一个显示着一只眼睛在手中的图标。这个“警觉和效率”的标志所指回溯到古希腊关于英雄阿尔戈斯的传说。传说中宙斯与河神埃纳丘斯的女儿爱莪相爱。赫拉为此采取防范措施，她让阿尔戈斯去看住爱莪；他把她变成了一只牛，把牛拴在一棵树上并一直看着。阿尔戈斯被称作是一个“Panoptes”（全视者），他身上有一百只眼睛，并且总是至少会有一只眼睛是醒着的。宙斯让赫尔玛斯以魔法草和笛声将阿尔戈斯哄睡着，然后杀了他。后来赫拉把自己的帮助者变成孔雀，并把那些眼睛放在了它的尾翎上。

［24］［你是那样地强性，以至于你创作着］　你是如此地力量充沛，以至于你诗意地创造着新的奇想幻念。

［25］［像喀耳刻那样把他们变成猪］　在《奥德赛》中，第十歌讲述了奥德修斯在从特洛伊回家的路上到魔女喀耳刻的埃埃亚岛上，他派出一些自己的手下去她的宫殿。她请人们入内，在她款待了他们并且给他们喝了魔毒之后，把他们变成了猪，但是她让这些人保留了自己的理智并将他们关进猪圈。奥德修斯从赫尔玛斯那里获得了一种能够去掉喀耳刻的毒的魔草；他急着赶到喀耳刻的宫殿，让她款待他却没有受到她魔毒的影响，并且劝说她使那些人重新变回成人。参看荷马的《奥德赛》。

［26］［拉德皋（Ladegaarden）］　在哥本哈根拉德皋路（现今的河大道 Åboulevard）上堤坝之后介于圣约尔根湖（St. Jørgens Sø）和皮布林格湖（Peblinge Sø）的一个机构。

那里的房子在十八世纪被用作医院、济贫院、惩罚所和精神病院。从

1822 年起被用作穷人的劳动所，从 1833 年起作为犯人和流浪者的强制劳动院。在 1839 年的火灾之后一部分颓旧的房子得到重新修建。

［27］［5 Rbd.］　五个王国银行元（rigsbankdaler）。Rbd 是王国银行元（rigsbankdaler）的简称，国家银行币是丹麦在 1813 年国家银行破产后所发行的一种硬币。一国家银行币有六马克，一马克又有十六斯基令（skilling）。在 1873 年的硬币改革中，国家银行币被克朗取代（一国家银行币等于二克朗 kroner，一斯基令等于二沃耳 Øre）。在 1840 年，30 块国家银行币差不多相当于一个女仆膳食居住之外的一年工资。

［28］［堤坡带］　Glacierne。在一个城筑的外在低土方上的外在斜坡。在这些斜坡上不能建房，因为人们要在那些城墙内的高堡垒上向外也就是向它们射击。哥本哈根的城墙在 1857 年起开始被拆除，在之前，西城墙和北城墙区域之外有着这样的堤坡带，作为向着圣约尔根湖（St. Jørgens Sø）和皮布林格湖（Peblinge Sø）开放的空地。

［29］［就像约伯的妻子劝告约伯……咒骂上帝］　见《约伯记》（2：9）："他的妻子对他说，你仍然持守你的纯正吗。你弃掉神，死了吧。"

［30］原文为拉丁文 in casu（在这件事情上）。

［31］按照基督教的说法"你应当爱你的邻人"。这里的"最邻近者"是在这种意义上的用法。

［32］［人与我何干］　也许可参照《约伯记》（35：6）："你若犯罪，能使神受何害呢。你的过犯加增，能使神受何损呢。"

［33］［他的爱超越了所有理智］　参看《腓力比书》（4：7）："神所赐出人意外的平安，必在基督耶稣里，保守你们的心怀意念。"

［34］［基督并不把"等同于上帝"……谦卑贬抑］　参看《腓力比书》（2：6—8）："他本有神的形象，不以自己与神同等为强夺的。反倒虚己，取了奴仆的形象，成为人的样式。既有人的样子，就自己卑微，存心顺服，以至于死，且死在十字架上。"

［35］［影像］　"影像"这个词（在市民的夜晚聚会之后：通过向墙壁投映剪影来显示影像）在当时被用得很普遍；比如说，可参看安徒生的旅行描述《对于一次去哈尔茨山、萨克斯的瑞士等等的旅行的影像》（1831 年）。

［36］原文为拉丁文 in abstracto（普遍一般地）。

［37］原文为拉丁文 in concreto（就具体事件而言地）。

［38］［直接性］　有指黑格尔式的对立面：一方面是那直接给定的、自然的、简单的在；另一方面则是反省和思。

［39］［斯可里布的戏剧创作活动］　见上卷的注释。

［40］［对斯可里布的《最初的爱》的小小评论］　参看A对斯可里布的喜剧《最初的爱》的分析。见上卷的注释。

［41］［永远］　斯可里布和瓦尔纳尔（Varner）的《永远！或者针对情欲之爱迷醉的解药！两幕喜剧》，由欧瓦斯寇翻译。（载《王家剧院剧目》第51号）。从1833年12月到1840年2月，该剧在王家剧院演了19次。

［42］［在极大的程度上令人回想起希腊城邦的瓦解……同时既是喜剧性的又是悲剧性的］　古希腊诸城邦在公元前146年被罗马征服，失去了独立。虽然这些城邦在此之前仍然有着一种内在自治，它们在之前的这两百年其间一直在越来越大的程度上依赖于北方的邻国马其顿。在这里，这也许是指向黑格尔的解说：希腊城邦国是因其内在的对立矛盾而进入瓦解的，参看黑格尔的《精神现象学》和《哲学史讲演录》。

［43］［substantielle Gehalt］　本质性的价值。Gehalt这个词涉及性质，尤其是那纯粹的和质地性的，并且被用于描述钱币中稀有金属的内容。

［44］［胆汁分泌］　（黄）胆汁的流溢。希腊医生加利诺斯（129—199）发展出了关于身与心之间的关联的学说，这一学说直到1628年人们发现了血液循环为止一直被认定为是医术的基础。根据他的理论，相应于火水风土四元素有热湿冷干四种质地，——与体液的黄胆汁、黏液、血和黑胆汁相对应，并被呈现为四种性情状态：易怒、冷漠、乐天和忧郁。黄胆汁影响易怒的脾气，而那忧郁的心态则由黑胆汁决定。在此理论背后有着这样一种观念，认为四种体液必须处于和谐的平衡，正因为如此，为了维持健康它们中的一种就必须得到流溢消泄。

［45］原文为德文empfindsame（多愁善感的）。

［empfindsame］　德语，敏感、多愁善感。在当时人们使用“多愁善感”这个词来标示一个敏感、易受感情影响的人。

［46］原文为拉丁文harmonia præstabilita（先定的和谐）。

［harmonia præstabilita］　拉丁语，先定的和谐。一个因德国哲学家和自然科学家莱布尼茨（Gottfried Wilhelm Leibniz，1646—1716）的影响而出现的哲学名词。莱布尼茨在《神义论》［*Theodicee*（1710）］的§ 59中Des

Versuchs Von der Güte Gottes, von der Freyheit des Menschen, und vom Ursprunge des Bösen 的第一部分里使用了 die Lehre von der vorherbestimmten Harmonie（先定的和谐的理论）这一表述。

莱布尼茨在《单子论》［*La monadologie*（1714）］ § 80 中用到了拉丁语 l'Harmonie préétablie。

［47］原文为德文 Wahlverwandschaften（有择之亲和力）。

［48］［歌德……实现的那种东西］　指歌德在《有择之亲和力。一部小说》［*Die Wahlverwandschaften. Ein Roman*（1809）］中通过举出化学中的例子来阐明一些人物的相互间繁复的关系，依据于此，他们试图实现这关系。

［49］这里的一些“感官性的东西”，按照直译从哲学意义上阅读都应当是“那感官性的”。为了满足并非研学西方哲学的读者们的休闲阅读习惯，在哲学和神学意义并不很严格的地方，译者尽可能不使用“那……的”类的哲学或神学概念名词（形容词的名词化概念）。但是在一些对之进行纯粹概念性运用的地方仍保留“那……的”词式。

［50］［det Sædelige］　可能这个概念是来自黑格尔。比如说，黑格尔把婚姻定性为 sittliche Liebe，道德伦理上的爱。

［51］［得解放］　获得解放，达到独立或者自主。“解放”这个概念后来渐渐地和“妇女解放运动”尤其发生了关联。

［52］［宣称“爱情是天堂、婚姻是地狱”的……拜伦］　摘自英国诗人拜伦（George Gordon Byron, Lord Byron , 1788—1824）的诗歌《致爱丽兹》（*To Eliza*（1807）），引文是根据 E. Ortlepp 的德语翻译 An Elisa：Das Weib ist zwar Engel, doch Höll'ist die Eh'。

［53］［关于“什么是不幸的爱情”……“在一个人不再爱的时候被爱”］　指向德·普里侯爵夫人（Marquise de Prie）的一句台词，引用黎歇留的公爵所说的话：“那在爱情中使人不幸的，不算是一个人在自己爱的时候不被爱，而更多是一个人在自己不爱的时候被爱”，出自大仲马五幕剧《美丽岛的加布丽埃尔》（*Gabrielle de Belle - Isle*）。该剧本由法国作家大仲马（Alexander Dumas pére, 1802—1870）在 1839 年出版。

［54］［使得婚姻成为一种公民设施安排］　与那种被理解为是上帝所确立的并且要在教堂里当着他的面结成的婚姻不同。公民婚姻在 1851 年 4 月 13 日首次被立法制定出来。

［55］［难道沉郁不是这时代的毛病吗］　在当时沉郁是一种占主导地位的倾向。那些词——spleen，ennui 和 Weltschmertz，在当时欧洲的“年轻”文学中，以及对于拜伦（Lord Byron）、夏杜布里扬（F. R. V. de Chateaubriand）和海涅（Heinrich Heine），都是具有标志性的。在丹麦文学中，这一浪漫主义并没有获得那么大的政治性关注，但是，它的 Weltschmertz 在诸如布里克（St. St. Blicher）、豪赫（Carsten Hauch）和帕鲁旦—缪勒（Fr. Paludan－Müller）他们那里很流行。

［56］［去发出命令的勇气、去听从的勇气］　也许是在暗示罗马讽刺诗人裘维纳尔的著名诗句，在 *Satirae* 6，223 中。Hoc volo，sic jubeo，sit pro ratione voluntas，“这是我想要的，我如此命令，我的意志要起到基石的作用”。

［57］［那些好心的哲学家们尽其所能来为现实给出剧烈度］　那些好心的哲学家们寻求增强现实的能力或者力量。在这里以及在后面的句子中看来是遍布了很多暗示，指向海贝尔《新诗》中的《一颗死后的灵魂》中从黑格尔立场出发的对现实的讨论。

参看靡菲斯特对于灵魂的关于“他现在在怎样的程度上是在地狱里”的问题所说的台词：“只是人们不习惯于这样称呼/尘世间的这一肥胖冷漠的生命/在之中人们相信那实在的东西，/没有机会去哪怕窥探一下/那被人称作是理念的干瘦骨骼。/但这恰恰是最好的生活，/人们在之中骄傲地鄙视那干瘦的东西，/像一个寄居在实在之中肥胖寄居者/那样食饱餐足，直到肚子裂开。”（s. 127）

这一肥胖的生命在无限之中成为死后的灵魂生命的框架。作者将之称为“坏的无限性”。

［58］［在云彩间变得神圣化］　部分地指向耶稣的神圣化，就是说，在山上的变化：一片光明的云彩盖住了他和随同他的三个门徒［《马太福音》（17：1—8）］。一部分是指向保罗所描述的耶稣之重返：“以后我们这活着还存留的人，必和他们一同被提到云里，在空中与主相遇。这样，我们就要和主永远同在。”［《帖撒罗尼迦前书》（4：17）］。

［59］［斯特拉斯堡的鹅］　这种鹅被强制填喂，然后，它们的异常大的肝被用来制作有名的斯特拉斯堡鹅肝酱（paté de foie gras）。

［60］原文为拉丁文 cui di dederunt formam，divitias artemque fruendi（得到诸神赋予了美丽、财富和享受之艺术的人）。

［cui di dederunt … fruendi］ 拉丁语。“诸神赋予了美丽、财富和‘去享受’之艺术的人”。暗引罗马诗人贺拉斯（Quintus Horatius Flaccus，公元前65—公元8）的文字“诸神赋予了你美丽、财富和‘去享受’之艺术”。（*Epistolarum* 1，4，6）

［61］［《唐璜》中的终结……在音乐的声调中获得欣喜］ 见上卷的注释。

［62］［萨拉丁和基督徒们所确立的……十分钟的关系］ 指英格兰国王狮心理查在1192年第四次十字军东征时和埃及苏丹萨拉丁（萨拉丁在1187年征服了耶路撒冷）所确立的停火协议；停火要持续三年、三个月、三周和三天。

［63］［每天都有其烦恼］ 参见《马太福音》（6：34）。

［64］中和抵消（neutraliseres），也就是说，使某样东西中性化、使之变得中性。

［65］［坏的无限］ 参见黑格尔的《小逻辑》等。

在丹麦的关联上，其定义由海贝尔（J. L. Heiberg）在其文章《关于“那无限的”的几句话》（Et Par Ord om det Uendelige i *Kjøbenhavns flyvende Post* nr. 100，15. dec.，Kbh. 1828.）中表述出来。辩证法学家海贝尔想在这里把“那无限的”和“那有限的”间的对立转化为一种“理性的对立”，在之中两者都被领会为抽象，并且只是这样假设它们：它们“持存于它们的内在统一中，这样，不管是这一个还是那一个在某种方面看来就都是其自身的对立面。这样，只一个有限的形象如果不是作为在无限的空间中的一个限定的话就是无法想象的，而无限的空间如果不是作为所有有限限定的基础的话则也是无法想象的。”作为对于他的对“那无限的”的讨论的结果，海贝尔提出：不去崇拜无数造化制作或者造化制作的无限广延而只是崇拜造物者，是不应当的，人们应当把“那无限的”理解为“某种无所不在地在场着的、贯通流穿一切事物（甚至那些最短暂的东西）的东西；否则，人们就沉溺进了那连续的系列，这种连续的系列只是令人困倦而无聊的，而绝不是使人振奋或者值得崇尚的，因此它也理所当然地被一些哲学家们称作：那坏的无限。人们越是习惯于那正确的观视，人们就越多地会理解：在所有那些人类关注但却又最被误解的问题中所谈论的东西到底是什么；比如说永恒的生命，我们不应当将之看作（在通常却恰恰会被人看作）是死后的生命，通常是在天上或者一个特定的星球，而是应当将之看作一种已经存在于地上的生命，并且我们已经在之中生活着”。——“坏的（Slet）”在这概念中表达了一种否定的评估（完全不令人满意的，糟糕的），但是这形容词的另一个主要意义“平坦而无变化”也有着作用。“那坏的无限（den slette Uendelighed /die schlechte Unendlichkeit）”在其哲学关联上意味了“对一种无法由某个特定对立面来定义并且因而也就无法进入一种辩证过程的‘有限’的无限继续”。

[66] 就是权宜婚姻，基于利害关系，因政治、经济或社会的利益的缘故而非出自个人爱慕进行的婚姻或结合。

[67] [理智结婚] 也许这个概念是类似于“理性结婚”地被构建出来的。这指向了当时语言中理性和理智间的一般对立。“理性”被评估得更高；而“理智”附带有“冷漠的计算”和“对理想性的缺乏”等意义。

[68] 原文为拉丁文 pium desiderium（虔诚的愿望）。

[69] [外在的目的论] 外在的目的决定作用、意图。德国哲学家康德（Immanuel Kant，1724—1804）在他的同一性哲学中对内在的目的论（那有着自身价值或者是其自身目的的）和外在的目的论（那有着作为达到其他结果的手段的价值的）作了区分。这一区分的根源来自希腊哲学家亚里士多德（Aristoteles，公元前 384—前 322）。

[70] [新近的一场戏剧] 尚未查明。

[71] 原文为拉丁文 Fata（灾祸逆境）。

[72] [Skilsmisse] 丹麦语“离婚”是 Skilsmisse。这个词又有“分开”的意思。在这里，这个词的两种意义都被考虑在内。

[73] [穆塞乌斯……不存在] 指德国作家和讽刺童话家穆塞乌斯（Johann Karl August Musäus，1735—1787）的《爱之忠贞》（*Liebestreue*）中所写的一场婚姻。

之中说到，伯爵海因里希把自己看成是“月亮之下最幸福的丈夫，带着不可打破的忠诚爱着那善良的幽塔，就好像人类的父亲亚当在乐园的无邪世界里爱着所有生命的母亲，在那乐园里再也没有什么别的可与她相比”。

[74] [更高的、同心汇聚的直接性] 指向黑格尔对于“从直接经过反思而进入一种新的更高的直接”三步过渡的观念，——“直接性”通过吸取反思而辩证地扬弃了自己。

[75] 如果是严格地按照哲学的意义翻译的话，这里的“det Ethiske”

应当是译作“那伦理的”而后面的“det Intellectuelle”应当是译作“那智性的”，整句是：“我们在‘那伦理的（det Ethiske）’之中不应当像在‘那智性的（det Intellectuelle）’之中那样也招来一个介于信仰和知识间的类似深壑”。这里，因为有这个可能来避免拗口，因此译作“伦理的领域”和“智性的领域”。

［76］［对上帝而言没有什么是不可能的］　参看《路加福音》（1：37）。

［77］这里的“同心汇聚”和“偏轴非同心”都是数学名词：正圆有一个唯一确定圆心，是同心汇聚于一点；而其他图形轨迹则没有唯一的确定圆心，比如说椭圆的轨迹，就是偏轴非同心的。

［78］原文为拉丁文 commune naufragium（集体沉船）。

［commune naufragium］　拉丁语，集体沉船。相关的句子为：Commune naufragium dulce，集体沉船是甜蜜的。

［79］［在上帝面前］　也许是暗指新婚典礼上牧师在抚头顶祝福礼过程中说：“由于你们原来已经相互间的同意和许诺要共同生活在神圣婚姻的国度，这同样的事实现在在上帝面前公开宣示……”——译自丹麦教堂仪式书。

［80］［是审美的共振波图］　有着和谐的美。“那审美的”在那些对称的图形中并且以对称的图形来表达，这些图形在构建的是：如果把细沙撒在平面的玻璃或者金属板上，然后用小提琴弦在板的边上擦动，细沙受震动之后构成对称的图形。这现象在 1787 年由德国物理学家齐拉德尼（E. F. F. Chladni）展示出来，后来奥斯特（H. C. Ørsted）等人对其进行了讨论。奥斯特在 1808 年因为他的论文《共振波图试验》（Forsøg over Klangfigurerne i *Det Kongelige Danske Videnskabernes Selskabs Skrifter for Aar* 1807 *og* 1808 *bd.* 5，Kbh. 1810，s. 31—64.）获得丹麦皇家科学协会的银牌。

［81］四分钱。原文中用的当然是丹麦的价值单位。原文中所用是“价值 4ß 的情欲之爱”。

［价值 4ß］　价值四个斯基令（ß 是通用的对 skilling 的缩写）；一种表达“某物是一文不值”的意义的说法。

［82］［把路途跑尽］　参看《提摩太后书》（4：7）：那美好的仗我已经打过了。当跑的路我已经跑尽了。所信的道我已经守住了。

［83］直译的话就是“那情欲之爱的”。

［84］“婚约”或者“订婚”，在丹麦语中是Forlovelse，这个词的本原意义是许诺，而对婚姻的许诺则是这个词在这一关联上扩展蕴涵。所以用在男人之间可以用来说是对一种关系的许诺。

［85］［比起这一歌唱大师……消耗着的疾病］　也许是指《费加罗的婚礼》第三幕第七场中巴希尔的咏叹调，其中他唱道：“如果你想在这个世界/赶上幸福/像一只温顺的猫/你必须弯下你的脊背！/哪怕是最野的老虎/也不反对奉承！/把我的这段思语/写进你的钱包/那么你就聪明了！/一个人要去研究/人的糟糕性；/对时间和地点的谨慎/是一个人应当具备的！/如果一个人只用诡计，/那么一切到最后都会成功：/对这个我知道得很清楚！”

［86］［一个人赢得了整个世界……助益呢］　参看《马太福音》（16：26）。

［87］［朱庇特……自己的恋人］　联系到罗马朱庇特神话或者希腊宙斯神话中的两个故事。前一个故事是，朱庇特在雷电之中去找自己怀孕的情人塞默勒，结果塞默勒被雷电消灭了；他通过把六个月的胎儿放在自己的肚子里而使之得救，直到胎儿长成人走出来，这就是他的儿子巴库斯。

另一个故事是：宙斯化身为金色的虹来拜访自己的情人——被禁闭的达娜厄，这道虹沉入了达娜厄的肉中，她生出了儿子帕尔休斯。

［88］［像一个从一桩杀婴到另一桩杀婴的希律］　指《马太福音》（2：16）所说的屠杀婴儿的事情：希律王让人杀了伯利恒及周围所有两岁及两岁以下的男孩以图杀死新生的耶稣。

［89］［我在学校里所得到的第一顿打］　指丹麦诗人和文献学家威尔斯特（Chr. Wilster，1797—1840）在《诗作》（*Digtninger*）中所写的流行极广的诗歌《学生小曲》（*Studentervise*）中的最初的一句诗。“我在学校里所得到的第一顿打/那是为了verbum amare（动词‘爱’）”。Verbum，拉丁语“动词”；amare，拉丁语“爱”，在拉丁语语法中常常被用作初学者学习弱变化动词的转换形式的例子。

［90］［上帝成肉身只有一次……真正的化身］　这是基督教中的基本思想，上帝一了百了地在耶稣的化身中成为人［参看《约翰福音》（1：14）和《希伯来书》（9：26）］；在别的宗教之中则有这样的假想：神圣能够步入许多形态，所以有时甚至可以说是一整个神界。

［91］［铜版雕］　铜版雕，尚未查出是什么作品。

［92］［该隐……亚当和夏娃］　该隐和亚伯是亚当和夏娃最初的两个儿子。上帝接受亚伯的供物而不接受该隐的，该隐大怒，乃至杀了自己的兄弟，《创世记》（4：4—8）。

［93］原文为拉丁语 prima cædes，primi parentes，primus luctus（最初的杀害、最初的父母、最初的悲哀）。

［94］［亚当和夏娃的“罪的堕落”］　所指是《创世记》（3：1—7）。之中说道，尽管上帝禁止人去吃知识之树上的果实，夏娃在蛇的引诱之下还是去吃了，然后又将这果实给亚当吃。

［95］原文为拉丁文 implicite（内蕴地）。

［96］原文为希腊文κατα κρυψιν（隐秘地）。

［97］［拜伦……一首小诗］　所指是《最初的爱吻》（Der erste Liebe-sku——The first Kiss of Love，1807）之中写道：“暮年携带着冰凉的血，欲乐已经过去，/甚至鹰隼也无法像时间那样迅速地起飞；/然而却像最美丽的记忆伴随着我们上路/最初的情欲爱吻是多大的极乐”。

——在之前的段落里，拜伦也吟及了亚当和夏娃：“噢，不要向我谈论堕落与罪恶，/自亚当起它们就带着痛楚追逐着人类，/在大地我们完全能够找到另一个伊甸，/但它只在最初的情欲爱吻中”。

［98］［厄若斯……使得他坠入爱河］　对照巴格森的《迷宫》［J. Baggesen：*Labyrinthen*（1792）］。在之中巴格森讲述，在图那湖他是怎样看见一个美丽的女孩突然从一棵树上跳下来并且扑棱棱地继续向前跑的，并且继续道：“埃莫想要这样，为了开一下我的玩笑，使得她在她的秘密出走的路上掉落了一只手套。”

在这背后有着这样传说，希腊爱神厄若斯（拉丁语“埃莫”）借助于他的雪松箭能够在一个人身上唤起不同的感情；如果被他的有着金箭头的箭射中时，这就意味了幸福的爱情，如果被铅箭头的箭射中，意味了不幸的爱情。

［99］［莫扎特］　就是说，莫扎特的歌剧，对此在《非此即彼》的上卷中有过分析。见上卷的注释。

［100］［在《费加罗》中的侍从……梦着而却仍然寻索着］　见上卷的注释。

［101］就是说，他在这之中所感觉到的就是：不管他自己是什么东西，这东西都是他所拥有的。

［102］［犹太教的上帝……抽象］　在此以及接下来的文字（“尽管是精神”、“自由是没有的”）都是指向黑格尔对犹太教的理解。见黑格尔《哲学史讲演录》。

［103］［以撒……确信上帝……妻子］　指《创世记》24 中亚伯拉罕送仆人去他的故乡为儿子以撒找妻子的事情。在仆人离开之前，亚伯拉罕对他说：“耶和华天上的主……他必差遣使者在你面前，你就可以从那里为我儿子娶一个妻子。”仆人离开，并且在主的帮助下找到了年轻而美丽的利百家，亚伯拉罕的侄子的女儿；他回家时把她带着一起找到了以撒，以撒娶她为妻并且爱她。

［104］［农家女孩……谁的新娘］　指一般平民们的迷信，说一个女孩会在梦中看见自己未来的丈夫，如果她在睡觉前向三位神圣国王发送出诗句：“我请求你们，你们神圣的三个国王！（……）我将成为谁的新娘！”出自《丹麦民间传说》。

［105］［如果不是所有的征兆都出错了的话］　俗语：穷尽所有可能。在这一俗语的背后有着这样的习俗：在一根房梁上画或者刻下记号，作为从 12 月 25 日到 1 月 6 日这 12 天圣诞日的天气的记录，那可以作为年中 12 个月份的天气的预示征兆。

［106］［自由和必然的统一体］　参看康德的《纯粹理性批判》（“纯粹理性的自律。先验理念的第三冲突”）以及黑格尔的《小逻辑》（“必然性的这一真相因而就是自由”）。

另外也参看海贝尔的《论人的自由》，其中写道：“既然自由和必然互为前提，作为原则及其后果，那么一个人就同时有权说必然性是自由的，和自由是必然的；同时必然是自由的产物（……）而自由也是必然的产物”（第 64 页）。另外还有，海贝尔的《在皇家军事高校的哲学之哲学或者思辨逻辑讲演大纲》，其中写道：“意志的自由在这里被定性为导致结果的自由，是从认识的必然性中走出来的”（s. 121）。

［107］［“那普遍的”与“那特殊的”间的一种统一］　又一次运用到黑格尔哲学中的基本概念。参看黑格尔《逻辑学》［“现在在此所要考虑的这普遍的概念包容有三个环节：普遍性、特殊性和单个性（在学术界也有译成‘个体性’的）”］和《小逻辑》（“这概念就其本身包括普遍性……和特殊性……和单个性的环节”）。也参看海贝尔的《哲学之哲学讲演大纲》。

［108］［应当去战胜的斯芬克斯］　指希腊神话中的一个故事，关于

一个可怕的狮身少女脸鹰翅的怪兽斯芬克斯。斯芬克斯蹂躏整个忒拜并吃了许多人。神谕说只有在有人解出了斯芬克斯的谜语时，这灾害才能被停止；这谜语是：“有一样有声音的东西，早晨用四只脚走路，中午用两只脚走路，傍晚用三只脚走路。”许多人试图去解谜，但没有人回答正确，这些人就被斯芬克斯的狮爪抓死。但是俄狄浦斯来了，听了谜语并给出谜底：“这东西是人。在其生命的早晨以四肢爬行。然后直立起来用两只脚走路。到了晚年他使用拐杖作为第三只脚。”于是斯芬克斯从悬崖上跳下深渊。

［109］原文是拉丁文 in casu（在此事件上）。

［110］［一个勇敢的骑士……能够用来砍石头的剑］　也许是指哈空的剑“噬石（Qværnbider)”，丹麦诗人欧伦施莱格尔曾写道：“一把能够咬石头的剑/咀嚼石头如同嚼肉”。

［111］原文为德语 Ansich（自在者）。

［Ansich］德语，自在。参看康德《纯粹理性批判》。

［112］［Concentricitet］　见关于“同心集中性（Concentricitet)”与“离心偏轴性（Excentricitet)”的对立的注释。

［113］原文为拉丁文 petitio principii（以结果为前提的循环论证）。

［petitio principii］　拉丁语。以需要论证的结果为论证前提的循环论证。这一渊源自希腊哲学家亚里士多德的概念 τό ἒν ἄρχη αἰτεῖν（tó en árchē aiteín，参看比如，Topica 8，13），估计最初是在中世纪、在亚里士多德被重新发现并在哲学和神学中起到意义重大的作用时出现的。

［114］［Excentriciteten］　“同心集中性”（Concentricitet）与“离心偏轴性”（Excentricitet）的对立在那心理学的意义上也有着类似的关系：那围绕着规范为中心而运动的人，反过来是那种过度紧张或者难以驾驭的、围绕着另一个中心运动或者有着自己的中心的人。

［115］［一个异教的厄若斯］　厄若斯在古希腊的发展是从首先作为一个概念，然后被解读为一个高贵的年轻人，然后又被解读为一个到处插一脚的淘气的、贪玩的男孩。最后的这种解读在罗马的文学（之中谈论小埃莫或者小丘比特）中蔓延开。

［116］［教众们……无法抵抗尘世间欲乐诱惑的生命物一样看着她］　在克尔凯郭尔草稿中，他在这段文字外作了一个指向：“Rosenkrantz p. 308 og 309”，就是说，德国哲学家罗森克兰茨（J. K. F. Rosenkranz）的《黑格尔体系批判注释》中的第 308 和 309 页，在第 308 页中罗森克兰茨写

道，根据德国天主教科学家 J. H. Pabst（1785—1838）的观点“对婚姻的领会是作为一种对上帝的冒犯而对我们是排斥性的”。接着，罗森克兰茨在第 309 页加上了自己的路德派的理解：“我们人不能抛弃性生活，婚姻将欲乐接纳进行生活，将这欲乐置于精神关系之下并且将自然的生活神圣化。”

[117]［在接受学校校规惩罚或者作公开忏悔］　在教众聚集的当场站出来走到圣坛的门道中向牧师忏悔自己的罪。1685 年的《丹麦和挪威教堂仪式》（*Danmarks og Norges Kirke - Ritual*）中有着一种公开忏悔的特别仪式。按照这仪式，牧师可以让一个行了特别严重的罪的人（尤其是犯罪和犯淫的一类），走到圣坛的门道中听一段训诫讲演并且跪下来在教众聚集的当场忏悔自己的罪，然后牧师才能宣布出罪的赦免。在 1767 年公开忏悔罪被减轻，这仪式不再被使用；1866 年，这仪式正式被取消。

[118]［婚姻是一种让上帝满意的状态］　指宣布结婚的仪式词，之中说：“这时你们的安慰就是：你们知道并且相信你们的国度（亦即，婚姻状态）是让上帝愉快的并且得到了他的祝福。”对此，路德说，上帝对结婚的人们是感到愉快的，因为他们根据他的创造秩序来生活和旅行。

[119]　［在肉体和精神之间被设定出了分裂］　指《加拉太书》（5：16—17），保罗给加拉太人的信中写道：“我说，你们当顺着圣灵而行，就不放纵肉体的情欲了。因为情欲和圣灵相争，圣灵和情欲相争。这两个是彼此相敌，使你们不能做所愿意做的。”

[120]［肉体……那自私的］　指《罗马书》（8：7）：“原来体贴肉体的，就是与神为仇。因为不服神的律法，也是不能服。”也参看《罗马书》（7：18—20）和《以弗所书》（2：3）：“我们……放纵肉体的私欲，随着肉体和心中所喜好的去行。”

[121]［对“那肉体的”……神秘主义的极端行为中所了解到的那样］　禁欲主义的苦修，比如说自我鞭打，是为了阻止上帝的怒气和抵制感官欲乐，许多神秘主义者进行这样的苦修，在基督教中也有，从那些最初的基督教隐士和僧侣到十三世纪意大利的自我鞭挞的苦修者。在十四世纪和十五世纪传播到欧洲的绝大部分地区。

[122]［那些麻风病人们……得以治愈］　指耶稣对麻风病人们的治疗。见《路加福音》（17：11—19），也参看《马太福音》（8：1—4）。

[123]［为她作最后的膏油礼］　为她做好死亡的准备；给予她最后

的待遇，终结。在天主教的教会里临死之人得到圣油的涂抹，或者在忏悔或者圣餐礼之后抹油。

［124］［要用来描述她的话……是夏娃诱惑了亚当］　指向结婚典礼的仪式，根据这仪式，牧师要读："上帝对那男人说：你既听从妻子的话，吃了我所吩咐你不可吃的那树上的果子……"［牧师所读的句子是出自《创世记》（3：17）］。在婚礼上所说的只是间接地提及是夏娃诱惑了亚当。

［125］［对她说的话……她将顺从她的丈夫］　指向结婚典礼的仪式，根据这仪式，牧师要对女人读："你们做妻子的，当顺服自己的丈夫，如同顺服主。因为丈夫是妻子的头……妻子也要怎样凡事顺服丈夫。"［参看《以弗所书》（5：22—24）］并且继续对女人说："你必恋慕你丈夫，你丈夫必管辖你。"［参看《创世记》（3：16）］

［126］［说：要生养众多］　指向结婚典礼的仪式，根据这仪式，牧师要读："神就赐福给他们，又对他们说，要生养众多，遍满地面，治理这地。"［参看《创世记》（1：28）］

［127］［命令她对我忠贞］　指向结婚典礼的仪式，根据这仪式，牧师要对女人说："你愿与他共同生活，不管是顺境还是逆境，在全能的上帝赋予你们的福中如一个婚姻中的妻子所应当做的，与自己的婚姻中的丈夫生活在一起吗？"

［128］［责定我对她忠贞］　指向结婚典礼的仪式，根据这仪式，牧师要对男人说："你愿与她共同生活，不管是顺境还是逆境，在全能的上帝赋予你们的福中如一个善真丈夫所应当做的，与自己的婚姻中的妻子生活在一起吗？"

［129］原文为拉丁文 procul o procul este profani（离开、离开，呵，不洁的东西们）。

［procul o procul este profani］　拉丁语："离开、离开，呵，不洁的东西们"，维吉尔《埃涅伊德》六，258。

［130］［一个得到了解放的女人］　见前面的注释。

［131］［愿敕令天空里大地上的所有力量］　指向关于巴尔德的死亡：奥丁的妻子弗丽嘉跑遍世界各地，请求万物发下誓言不可伤害自己的儿子巴德尔。但是她忘记了让槲寄生（mistletoe）也发誓。洛基看准了机会就把一支由这纤细的植物所做的箭交给盲眼的霍德尔，而使得他杀死了自己的兄弟巴德尔。这神话成为诸多解说的对象。从斯诺日的《艾达和巫女预

言》（Snorres *Edda og Vølvens spådom*）经萨克索的《丹麦人事迹》［Saxos *Gesta danorum*（ca. 1200）］和艾瓦尔德的歌剧《巴德尔之死》［Johs. Ewalds syngespil *Balders Død*（1773，1775）］直到欧伦施莱格尔在《北欧诗歌》中的神话悲剧《善者巴德尔》（Adam Oehlenschlägers mytologiske sørgespil Baldur hin Gode i *Nordiske Digte*，Kbh. 1807）。

［132］［这女罪人诸多的罪……获得赦免，因为她爱得极深］ 指《路加福音》中的故事（7：36—50），关于那生活在罪中而探访耶稣的女人，她的眼泪湿了耶稣的脚，她就用自己的头发擦干，并把香膏抹在上面。耶稣这样说她："她的许多的罪都赦免了，因为她爱得很多。"

［133］原文为拉丁文 in abstracto（抽象地，在一般的情形）。

［134］原文为拉丁文 in concreto（具体地，在具体的事件上）。

［135］［出拳打空气］ 见前面注释。

见《歌林多前书》（9：26）保罗这样写关于他自己："我斗拳，不像打空气的。"

［136］［敕令……所有力量］ 见前面注释。

弗丽嘉请求万物发下誓言不可伤害自己的儿子巴德尔。但是她忘记了让槲寄生（mistletoe）也发誓。洛基看准了机会就把一支由这纤细的植物所做的箭交给盲眼的霍德尔，而使得他杀死了自己的兄弟巴德尔。

［137］［在它的无限性中有着"那审美的"……无法被有限化］ 对于黑格尔，"那美的（Das Schöne）"本质（"那审美的"）就是在"那有限的"（"那感官性的"）之中被创造出的"那无限的"（那理念）：理念的感性表象——das sinnliche Scheinen der Idee。参看黑格尔《美学讲演录》。

［138］［环绕束系］ 也可以考虑宗教的关联，见《诗篇》（18：32）："惟有那以力量束我的腰，使我的行为完全的，他是神。"

［139］［婚姻是被建立在天堂里的］ 也许是指向结婚典礼的仪式，根据这仪式，牧师要对新婚夫妇说："……这样，我宣示你们为正式的婚配，既是在上帝面前也是在人面前，以圣父、圣子和圣灵之名！阿门。由全能的上帝所接系在一起的东西，任何人都不应去拆散。"

［140］［让唐璜保留那座凉亭］ 指歌剧《唐璜》第一幕第十三场和第十八场。在第十三场的舞台指导中说："唐璜的院子的花园。带凉台的房子前。在一片带有凉亭式木房子的灌木林旁（……）。马塞托在前面心烦地绕走着；泽尔丽娜在后面跟着他。黄昏。"马塞托躲在灌木里。在第十

八场，泽尔丽娜想去灌木丛躲开唐璜，但是他拉住她并唱道：“你愿意听我的请求吗：远在小树林里，马上消失，我把它托付给你！”然后唐璜把泽尔丽娜拖向灌木丛，但是，马塞托出现了，让唐璜吃了一惊。

［141］［让那骑士保留夜空和星辰］　指歌剧《唐璜》的第二幕第十五场。司令官的石像出现，要报复，石像唱道：“在星辰之上，公正坐在它的权柄上！看它的复仇之剑，杀人犯！向你刺出了！”

［142］［在圣坛前向一个男人伸出手去］　指向结婚典礼的仪式，根据这仪式，在新婚夫妇各自对牧师提出的三个问题作出了肯定的回答之后，牧师要对新婚夫妇说：“于是相互给对方你们的手！”

［143］［心灵挂在他的最初的爱上］　在斯可里布的喜剧《最初的爱》第八场中林维尔的终结台词。

［144］［不同球体发出的和谐共鸣］　对应于“天体音乐”，由希腊哲学家和数学家毕达哥拉斯（约公元前580—前500）提出。他断言，星体在自己的轨道里生发出一种声音，因为我们习惯于这声音，所以无法听见这声音。

［145］［教堂……怀疑地看着第二场婚姻］　保罗不仅仅允许（参看比如说《罗马书》7：2），并且也推荐［《提摩太前书》（5：14）］第二场婚姻，如果配偶的一方死了的话。相反“旧教会的道德伦理学说，正如天主教的道德伦理学说，带着或多或少的严厉，不赞成第二场婚姻”，比如说，雅典那哥拉（Athenagoras）就将之视为奸淫。

路德追随保罗，并且弃绝对鳏寡者再婚的鄙视。在虔信派中有这样的一种倾向，把重点放在《提摩太前书》（5：5—6）。

［146］这个先天性（Aprioritet）概念源自“先天（a priori）”概念。

［147］这“放任”（Hengivelse）中包含的意思有“献出自己”（在宗教的意义上）、“听任……决定”（在与他者的关系上）、“奉献、献身”（爱情方面）、“放纵、放弃自我控制”等等，在这里主要是指放弃对自身的控制并投身于什么事物中。

［148］这个“它”是指“那宗教的”。

［149］［内在的无限］　作为“那坏的无限”的对立面，“那内在的无限”被设定出来。

［150］［运动法则］　一种辩证发展的必然性。

［151］其他 Andet，德语是 Anderssein。有时候我也将之译作“第二

者”。在哲学上本来是译作“他者”，但因为在这里上下文的关系中可以更通俗一些，所以译作“其他”。

［152］［在另一次生命之中……对立面将被取消］　也许是指向《马太福音》（22：30）中耶稣的话：“当复活的时候，人也不娶也不嫁，乃像天上的使者一样。”

［153］［婚姻……其自身之中有着其目的论］　关于婚姻的内在目的论，就是说，自在的目的或者意图自身，德国哲学家费希特（J. G. Fichte，1762—1814）在《自然法权基础》［*Grundlage des Naturrechts*（1796）］中这样写道：“婚姻是一种由对立性别的两个人以性驱动力为基础的完美结合，它有着其自身的目的”，然后继续写道：“婚姻在其自身之外没有任何目的；它是其自身的目的。”

［154］［那个……歌唱师巴希尔］　指巴希尔的一句台词：“既然结婚在所有严肃的事物之中是最可笑的，那么我想——”《费加罗的婚礼》第一幕第七场。

［155］［向他们指定出来作为跳舞地点的罗得斯］　指谚语“这里是罗得斯，就在这里跳吧。”黑格尔在《法哲学原理》中用拉丁文和希腊文作了引用——Ἰδοὺ Ῥόδος, ἰδοὺ καὶ τό πήδημα. *Hic* Rhodus，*hic* saltus。

在黑格尔自己用了这谚语之后，黑格尔把原先谚语中的说法改变掉，换上“跳舞”这个词：“这里是罗得斯，就在这里跳舞吧。”（*Hier* ist die Rose，*hier* tanze）

希腊语的说法是出自《伊索寓言》第33。讲一个人吹牛说自己曾在罗得斯跳出了不可思议的记录的五项全能运动员的故事，在这人吹牛后，一个听者对他说：“这里是罗德岛，你跳吧！”

［156］［《精灵们》中的校长……新的谎言吧］　校长曼那格林的台词是：“于是我就得请求给我另一个谎言；因为这个不起作用。”

［157］原文为德语 aber（但是）。

［158］原文为法语 enfin（简言之）。

［159］原文为德语 Generalmarsch（全队整装进军）。

［160］［粘西比］　苏格拉底的妻子，许多记载都将她写作一个泼辣暴躁的女人，常常将咒骂倾泻在苏格拉底身上。关于与她的共同生活，据说，苏格拉底曾说：如果他懂得了怎样与粘西比打交道，他也就能够去适应别人。

［161］也可译作：

但是在一个人有意愿要这样做的时候他能够这样做；因为这“有意愿”就是那伟大的灵魂，而那“爱着”的人有意愿。

［162］［爱是恒久忍耐……凡事忍耐。］　《哥林多前书》（13：4—7）。

［163］［主的使徒之一］　保罗。

［164］［每天都有自身的烦恼，但也有自身的祝福］　参看《马太福音》（6：34）。

［165］［一个人结婚——是为了有孩子］　在《非此即彼》的一个版本中，克尔凯郭尔为这段文字作了这样的注脚：“芝诺说：智者结婚，并且把获得孩子作为婚姻的目的”，并加上出处，是出自腾挪曼的《哲学史》卷四。在“芝诺的哲学”这一章中，腾挪曼写道：Der Weise heirathet，und macht die Erzeugung der Kinder zum Zweck der Ehe.

［166］［国家……那些生了大多数男孩的人们］　罗马帝国在奥古斯图皇帝的时期给所有有三个孩子的人们分发出一定的好处。

［167］［基督教在……与此的对立］　来源无法确定。

［168］［我们的时代……没有孩子的婚姻］　可能是指向海贝尔的《为一种审美的道德所写》。在之中海贝尔写道：“小孩子们和成人一同坐在桌前，以一种方式吃喝，就仿佛这些东西倒他们的胃口，并且通过他们的胡言乱语来参与对宁静和谈话的打扰。你最后从桌上站起来，带着一种空虚而迷惘的感受，就像是在一个捣磨坊或者铜匠反复的敲打声之后的感觉，仿佛灵魂聋掉了。不管怎么说这还是一种幸福，因为你至少满足了身体上的食欲。”

［169］［那些最优雅的国家里……被安置在寄宿学校等］　也许是考虑到英国上层社会中的情形，在那里男孩子的寄宿学校很普遍，而女孩则被送到女子寄宿学校——尤其是在瑞士，如果要真正高级一点的话。针对“让孩子在家庭圈子外受教育”的贵族老传统，在启蒙时期，在一些贵族和平民的阶层里出现了一种反向运动，这运动一致于卢梭关于自然性的各种理念，比如说强调通过喂奶和其他肉体的接触来确立一种孩子和父母间的亲密的感情性的纽带，这种关系对于十九世纪的核心家庭是很典型的。

［170］［要生养众多，遍满地面，治理这地。］　参看《创世记》（1：28）。

［171］［上帝建立婚姻，因为单独生活对人不好，所以给人一个伴侣］见《创世记》的第二叙述，上帝说：“耶和华神说，那人独居不好，我要为他造一个配偶帮助他。”《创世记》（2：18）。

［172］［从一开始就“把男人扔进堕落”的伴侣］　指在《创世记》3 中的关于罪的堕落的叙述。

［173］［因为在女人做了……牢固起来］　是指在《创世记》中，夏娃带着亚当去吃了上帝禁止他们吃的知识树的果实，由此他们两个都变得有辜，并且正因此男人要统治女人。《创世记》（3：6 及 12—13 及 16—19）；参看《提摩太前书》（2：14）。

［174］［神赐福给他们］　《创世记》（1：28）。

［175］［使徒保罗……保持宁静］　参看《提摩太前书》（2：11—12），在之中保罗写道：“女人要沉静学道，一味的顺服。我不许女人讲道，也不许他管辖男人，只要沉静。”也参看《哥林多前书》（14：34）。

［176］［她将因为生孩子而得救］　参看《提摩太前书》（2：15），之中说：“她必在生产上得救。”

［177］［常存信心爱心，又圣洁自守］　《提摩太前书》（2：15）。

［178］［theologisk Attestats］　本来是证书考试凭证；神学并且考试（根据 1707 年的条令）。

［179］［塞涅卡……作为自己的医生］　这一说法尚未能够在罗马作家塞涅卡（公元前 4—65）这里找到。也许可以看塔西佗编年史（6：46），之中谈及台比留皇帝：“他习惯于嘲笑医生们的艺术，嘲笑那些在三十岁之后仍然需要别人的建议来认识‘什么对自己身体有益’和‘什么对自己身体有害’的差异。”

［180］［那些要在这样的场合被说出的神圣言辞］　《创世记》（2：18. 21—24）；《以弗所书》（5：25—31. 22—24）；《创世记》（3：16）；《创世记》（3：17—19）；《创世记》（1：27—28：31）；《箴言》Ordsp（18：22）。

［181］［首要段落］　见前文。

［182］［那个段落］　在草稿中，克尔凯郭尔继续写道：“这一段落，我以为是在《以弗所书》或者《提摩太前书》中。”这是《以弗所书》（5：25—31. 22—24）中，婚礼仪式中读出如此：“你们作丈夫的，要爱你们的妻子，正如基督爱教会，为教会舍己。要用水借着道，把教会洗净，

成为圣洁，可以献给自己，作个荣耀的教会，毫无玷污皱纹等类的病，乃是圣洁没有瑕疵的。丈夫也当照样爱妻子，如同爱自己的身子。爱妻子，便是爱自己了。从来没有人恨恶自己的身子，总是保养顾惜，正像基督待教会一样。因我们是他身上的肢体。为这个缘故，人要离开父母，与妻子连合，二人成为一体。你们作妻子的，当顺服自己的丈夫，如同顺服主。因为丈夫是妻子的头，如同基督是教会的头。他又是教会全体的救主。教会怎样顺服基督，妻子也要怎样凡事顺服丈夫。”

［183］原文为法语 impromptu（即兴地）。

［184］［这个意图是内在的（immanent）］　见前文。

［185］［出离了其平衡］　altereret，见前文。

［186］在餐座上把孩子从一个人手上传给下一个人，一个人吻了孩子之后再让下一个人吻，就这样环绕着桌子把孩子传一圈，以便每个人都吻孩子。

［187］原文为德语 hell - dunkle（光明—黑暗的）。

［188］［霍尔堡的亨利克……义务］　指霍尔堡的喜剧《新生婴儿间》（*Barselstuen*）（1724）第一幕第一场中仆人特若伊尔（而不是亨利克）说：“我尽我的义务每年会做 50 个这样的孩子，再也没有比这更大的奇迹了。”

［189］［圣诞树被公开亮出］　挂有各种装饰物的圣诞树被展示出来。德国人的家庭把圣诞树的传统带进丹麦。在丹麦第一棵圣诞树在 1811 年被点亮。

［190］［在摇篮里放一件礼物］　指这样的一个习俗，在孩子受洗后，父亲在教堂里把一件礼物放在孩子的胸前，或者把一件摇篮礼物放在孩子的摇篮里。这里说到“在天上的上帝不曾忘记……在摇篮里放一件礼物”，也许是指受洗仪式，根据这仪式牧师向上帝祈祷道：“……我向你呼唤，在你的这个侍者之上的你，他祈求你受洗的礼物……并且正如你所曾说：祈祷，你们就会得到，寻找，你们就会发现，敲门，门就会为你们打开：那么现在就给这个祈祷的人你的礼物，为这个敲门的人打开门，让他能够在这天堂的沐浴中得到永恒的祝福……”

［191］［精神的世界并不置身于虚妄之下］　间接联系到《罗马书》（8：20）：“受造之物服在虚空之下。”

［192］［宫廷与城市法庭］　一般司法系统中的初审，这之中所处理的案子有诸如离婚和父亲资格等等的民事案。这名称在 1916 年被改为哥本

哈根的城市法庭。

［193］［Assessor］　本原是一个法庭中的旁坐观察员，法官助理，就是说一个由法官顾问委员会构成的法庭的成员。在1909年，这头衔被改为dommer（当今丹麦语的“法官”）。

［194］［四个座位的霍尔斯坦马车］　开放的、有弹簧的、舒服的马车，有着四个松动的座位，带有靠背，挂在车厢边柜间的皮带上。

［195］［弗莱斯贝尔］　弗莱德里克斯堡。弗莱斯贝尔是哥本哈根的发音。直到1852年人们因为拆除工事堡垒将划分线移到哥本哈根的诸湖内，之前的弗莱德里克斯堡一直是一个田园风格的乡村区域，住房很分散。在1840年居民人口是2304人。

［196］［维也纳马车］　精致双座马车，带有车篷。

［197］［使得奥林匹斯山颤抖］　参看荷马《伊里亚特》。其中对宙斯的描述为：“高大的奥林匹斯，他会使之颤抖。”

［198］［中国谚语……会知道你欠你父母的是什么］　无法确定当时的来源。类似的中国谚语在后来被记录下来的有：

You must rear children yourself to understand your parents' love, W. Scarborough *A Collection of Chinese Proverbs*, revised and enlarged by C. W. Allan, Shanghai og London 1926［1875］, s. 199.

［199］［我们洗净自己的双手］　参看那关于彼拉多的叙述。他在对耶稣的审判过程中当着人众的面洗自己的手来表明：在耶稣之死上，他把自己看成是无辜的。《马太福音》（27：24）。

［200］［水猎狗］　一种猎狗，作为衔回猎物的犬被用于探报鸭子和其他水中的猎物。

［201］一个看护病人或者产妇的女人。

［202］［礼拜天式庄重的语气］　庄严的高昂激扬或者修辞性的回避，与“日常平凡的”正相反。

［203］［那富人……在事先把他们的那一份用掉了］　指富人和拉撒路的比较。拉撒路生前讨饭，死后被天使送进亚伯拉罕的怀抱，但富人死后在阴间受苦。他向亚伯拉罕求告，但亚伯拉罕说：“儿阿，你该回想你生前享过福，拉撒路也受过苦。如今他在这里得安慰，你倒受痛苦。”《路加福音》（16：25）

［204］原文为拉丁文item（同样正如）。

［205］［那调子：告诉我，珍妮特］　摘引自德·兰贝尔的《红帽子·三幕抒情魔术剧》第一幕第十场：“告诉我，珍妮特，为什么这么久，/我们在我们的地方想念你，/在我们间你会来什么别的地方/在笛声中跳一场舞？/现在你逃避开青春的喜悦/寻找那些孤独的地方：/告诉我，为什么？”

［206］［总是把笑声带到你的这一边］　见上卷。

［207］我吃不准这个“翻了三倍的哀伤团体”来自什么典故。也许我们就只从字面上来理解：这样一个哀伤团体，人数是一般的哀伤团体的三倍或者哀伤程度是一般哀伤团体的三倍。

［208］中文文字取自天主教旧约《圣经》之《德训篇》。中文版《德训篇》（36：26—28）。

［耶稣·西拉……寻找居所的人］　Jesu Sirach。丹麦文1740年版旧约中收有《德训篇》：Sir 36，24—26（GT－1740）。

［209］［英格兰的女王有一个丈夫］　指维多利亚女王（1819—1901），她从1837年起直到她去世统治着大不列颠和爱尔兰。1840年她和她的表兄萨克森—科堡—哥达的阿尔伯特王子结婚，王子虽然是一个低调的角色，但仍然有着一定的政治影响，诸如在北美内战时。

［210］［女奴……她和孩子一同驱逐走］　指夏甲，亚伯拉罕之妻撒莱的埃及女奴。因为撒莱无法生育，她把夏甲给亚伯拉罕为妾。夏甲生下以实玛利。在萨莱后来生下以撒之后，她请求亚伯拉罕赶走夏甲和以实玛利，因为她不想让以实玛利和以撒一同继承产业。亚伯拉罕按她的请求做了。《创世记》（16：1—4．15—16）；（21：8—14）。

［211］原文为法语 Entrechats（芭蕾舞空中交叉跳跃）。

［212］［连睡觉都像尼希米那样武装着］　参看《尼希米记》（4：17）。讲述了尼希米和他的人们在重建耶路撒冷的城墙时都手持兵器以防敌人进攻。

［213］［在男人的享受中……之环节］　费希特也有同样的想法。见费希特的《自然法权基础》。

［214］［用一种古怪的语言来说话］　一个对此的众所周知的例子是拉贝克（Kamma Rahbek，1775—1829）为许多到她家的艺术家和知识分子们所起的名字。在她那里明斯特主教（biskop J. P. Mynster，1775—1854）被称作“约伯叔叔”。

[215] [无限地柔韧……盘绕着腰围] 指丹麦诗人欧伦施莱格尔(A. Oehlenschlägers) 在《弗伦杜尔神话》中对弗伦杜尔的剑的描述。诗中写道：这剑“如此柔韧，以至于他能够将之绕缠在自己的腰上，而如此锋利，以至于它砍山石如泥。”

[216] 原文直译应当是“陌生人和外国人”，但是为了与《希伯来书》的中文版相吻合，改译为“客旅和寄居者”。

[在这个世界是客旅和寄居者] 《希伯来书》(11：13)，也参看《以弗所书》(2：19)。

[217] [飞翔的荷兰人] 死亡航行者，或者鬼船船长，他因为亵渎神明而遭天罚，令其在自己的鬼船“飞行的荷兰人”号上航行直至永远。

[218] 原文直译应当是“陌生人和外国人”，见前面的注脚。

[219] 原文直译应当是“陌生人和外国人”，见前面的注脚。

[220] [家神……放在前厅] 那些家神 (lares privati 或者 dii familiares) 的石头、金属或者木头形象置于罗马人的家庭里的各个不同地方，有的是放在一个特别的殿里，有的是放在卧室，有的是放在前院的前厅(atrium，这也是一家人聚在一起吃饭的地方) 的壁炉旁。

[221] [更愿意在一个乞讨的僧侣……那里领圣餐] 在中世纪，许多到处漫游的乞丐僧侣常常获得作为神父出场的特权；人们更愿意在一个偶然走过的僧侣那里忏悔——并且顺带也上圣坛 (领圣餐)，来取代他们自己的教区牧师。

[222] 原文为德语：

Mein Herz ist wie ein Taubenhaus

Die Eine fliegt herein, die Andre fliegt heraus

[Mein Herz … die Andre fliegt heraus] 德语：我的心像一只鸽舍/这一只飞进来，那另一只飞出去。摘自《巴格森德语诗作》(*Jens Baggesen's poetische Werke in deutscher Sprache*) 中“混合诗作 (Vermischte Gedichte)”中的“磨刀人史诗 (Scheerenschleifer – Epopee)”。

根据德语老歌谣有：Die eine fliegt hinein, und die andr' hinaus.

[223] [有福了，那些息了他们的作为的人] 是对《启示录》(14：13) 中“我听见从天上有声音说，你要写下，从今以后，在主里面而死的人有福了。圣灵说，是的，他们息了自己的劳苦，工作的效果也随着他们。”和《希伯来书》(4：10) 中“因为那进入安息的，乃是歇了自己的

工，正如神歇了他的工一样”的混合。

［224］［尽管它是无足轻重的］　从苏格拉底开始起，在希腊思想中“适度节制”一直属于那些主要美德（正如道德洞见、公正、勇敢、敬神）之一。在奥古斯丁那里以及在基督教传统中，这些美德都被接受下来并且加上了信仰、希望和爱。

［225］在这里因为用到的是丹麦语的动词 at hvile 和名词 hvile，所以我都用“静止”。因为这个词（不管作为名词还是作为动词）在丹麦语中都有“静止”和“休息”的意思。如果不考虑到前后是同一个词的上下关联，那么，这句就可翻译成：你肯定不是离开你的作为而去休息，静止对于你是一个诅咒……

［226］［一根得到了祝福……硕果累累］　参看《约翰福音》（15：1—6）。耶稣把自己比喻成真正的葡萄树而信者们是枝条，并说：“我是葡萄树，你们是枝子。常在我里面的，我也常在他里面，这人就多结果子。”

［227］原文为法语 au niveau（同水准于）。

［228］［它的仪式］　婚礼仪式。

［229］［那基督徒……的信仰］　参看《彼得前书》（3：15）：“有人问你们心中盼望的缘由，就要常作准备，以温柔敬畏的心回答各人。”

［230］原文为拉丁语 in casu（在这一事例中）。

［231］［一种对于人类之形成的概观］　按照新婚仪式，牧师在结婚过程中朗读两段创世故事，第一段是来自《创世记》（2：18、21—24），后面是来自《创世记》（1：27—29、31）。

［232］原文为德语 es ist eine alte Geschichte（这是一个老故事了）。

［es ist eine alte Geschichte］　德语：这是一个老故事了。引自“一个少年爱一个女孩”，是德国诗人海涅的诗集《歌之书》中《抒情插曲》的第 40 号：“这是一个老故事了，/然而却总依旧是新的”（Es ist eine alte Geschichte，/ Doch bleibt sie immer neu）。

［233］［端庄……少女］　“端庄的某某少女”。这一表述是指向十八世纪的丹麦语言。

［234］［前面所提及过的］　见前文。

［235］［带回到那最初的父母那里］　就是说，亚当和夏娃。参看《创世记》（1：27—29、31）。（在婚礼中要读出的），其中说：“神就赐福给他们，又对他们说，要生养众多，遍满地面……”

［236］原文为拉丁文 in abstracto（一般意义上的）。

［237］［罪通过婚姻而进入世界］　参看《创世记》（3：16—17）。（在婚礼中要读出的）关于亚当和夏娃违背上帝的话而去吃知识树的果实。

［238］［教堂宣示罪之惩罚……服从自己的丈夫］　这是在婚礼朗读中表述出来的，一部分是来自《创世记》（3：16）："我必多多加增你怀胎的苦楚，你生产儿女必多受苦楚。你必恋慕你丈夫，你丈夫必管辖你。"一部分是来自《以弗所书》（5：22—23）："你们作妻子的，当顺服自己的丈夫，如同顺服主。因为丈夫是妻子的头"。

［239］［一个孩子在罪中被生出来］　参看受洗仪式的序，在此之中这一解读被如此表述："这个孩子，在罪中入孕而在孽行中出生"。这一解读的来源可参见《诗篇》（51：5）："我是在罪孽里生的。在我母胎的时候，就有了罪。"

［240］［一切与人的生命有关的东西都归于罪的定性之下］　参看受洗仪式的开始："既然罪因为人而进入世界并且死亡因为罪而进入世界，并且死亡渗透向所有人因为他们都行了罪，因而现在这定罪因为一个人的堕落而覆盖到所有人。"

［241］辜（Skyld）：（英文相近的词为 guilt），Skyld 为"罪的责任"而在，字义中有着"亏欠"、"归罪于、归功于"的成分——因行罪而得辜。因为在中文没有相应的"原罪"文化背景，而同时我又不想让译文有曲解，斟酌了很久，最后决定使用"辜"。中文"辜"，本原有因罪而受刑的意义，并且有"亏欠"的延伸意义。而且对"辜"的使用导致出对"无辜的"、"无辜性"等的使用，非常和谐于丹麦文 Skyld、uskyldig、uskyldighed，甚至比起英文的 guilt、innocent、innocence 更到位。

［242］［在圣经中如此表述：她有着更多的辜］　也许是指《提摩太前书》（2：14）："且不是亚当被引诱，乃是女人被引诱，陷在罪里。"因而他们违背了上帝而吃了知识树上的果子。

［243］［并且，上帝说我会为亚当造个配偶］　参看在婚礼中被朗读出的《创世记》（2：18）："耶和华神说，那人独居不好，我要为他造一个配偶帮助他。"

［244］［男人要离开父母并且守护住自己的妻子］　参看在婚礼中被朗读出的《创世记》（2：24）："因此，人要离开父母与妻子连合，二人成为一体。"

［245］［他要在汗流满面中吃他的面包］　参看在婚礼中被朗读出的《创世记》（3：19）：“你必汗流满面才得糊口。”

［246］蜜月。丹麦语“蜜月”直译是“小麦面包日”（Hvedebrøds - Dage）。

［小麦面包日］　在1800年前后，这个表述方式在通常还被用作“节日”的意思，在节日里人们吃比较贵的小麦面包来代替平常吃的燕麦黑面包。

［247］［向他提出一些问题］　婚礼仪式以三个问题开始，首先是向新郎提出，然后向新娘。

［248］［它问……咨询过你的朋友和相识吗］　婚礼上的第一个问题是：“你咨询过在天上的上帝吗，然后咨询过你自己的心吗，之后也曾咨询过你的亲戚和朋友吗，你是要娶这个站在你这里的诚实的女孩，张三，作你的婚妻吗?”

［249］媒婆，在原文中是“婚刀基尔丝顿（Kirsten - Giftekniv）”。

指那种热衷于安排婚姻的人，尤其是女人的专门表达语。

在霍尔堡的喜剧《消失的新郎》［*Den forvandlede Brudgom*（1753）］中有一个这样的人物名字叫 Kirsten Gifteknivs，她是为她所做的事收费的。

［250］［在他们的感谢中无疑已经将他们的爱指派给了上帝］　这样的一种感谢在婚礼仪式中并没有得到表达。

［251］［教堂获取一个许诺］　指在婚礼仪式中的第二个问题，牧师问新郎：“你愿与她共同生活，不管是顺境还是逆境，在全能的上帝赋予你们的福中如一个善真丈夫所应当做的，与自己的婚姻中的妻子生活在一起吗？”相应的对于新娘的问题只是一些对象上改动——如“一个婚姻中的妻子所应当做的，与自己的婚姻中的丈夫生活在一起吗?”对此要回答的是“是”。

［252］［运动法则］　见前文。

［253］原文为德语 An - sich（自在者）。

［254］［直接性］　见前文注释。

［255］［更年轻的人们］　也许是指比黑格尔更年轻的丹麦的知识分子：马滕森（H. L. Martensen）在对海贝尔的《在皇家军事高校为1834年开始的逻辑课程所作的序言讲座（*Indlednings - Foredrag til det i November 1834 begyndte logiske Cursus paa den Kongelige militaire Høiskole*）》（Kbh.

1835, i *Maanedsskrift for Litteratur* bd. 16, Kbh. 1836, s. 518）的评论中写道“怀疑是智慧的开始”。教区牧师罗特（W. H. Rothe）则在《三一性和救赎的学说，一次思辨的尝试》（*Læren om Treenighed og Forsoning Et speculativt Forsøg*）（Kbh. 1836, ktl. 746, s. 516—518）中强调：哲学体系应当建立在这样的老原理上——“敬神是智慧的开始”，而不是像新的哲学那样立足于选择语言“怀疑是智慧的开始”。海贝尔在自己的杂志《珀尔修斯，思辨理念杂志》（*Perseus, Journal for den speculative Idee*）（juni, Kbh. 1837, ktl. 569）第一期上发表了一篇全面的关于哲学和神学间关系的文章《回顾罗特博士先生的三一性和救赎的学说》，在其中的第 30 页写道：“怀疑是（……）哲学体系的开始，在这样的意义上也是智慧的开始。”

［256］［法国革命中的恐怖人士们］　革命党，雅各宾俱乐部在 1789 年成立于巴黎；渐渐地温和革命者们离开了俱乐部。在 1794 年处决了丹东（丹东曾发动人们攻占国王住宅杜伊勒里宫）之后，罗伯斯庇尔（1758—1794）实行“恐怖统治”，不择手段地集中权力和镇压共和国的内部敌人。罗伯斯庇尔自己后来被捕并被处决。他是卢梭的“人民主权”和“理性神圣崇拜”思想的追随者。

［257］原文是拉丁语 de omnibus dubitandum（一个人要怀疑一切）。

［de omnibus dubitandum］　拉丁语：一个人要怀疑一切。根据法国哲学家笛卡儿（1596—1650），工具性怀疑的基本原理是哲学的出发点。

克尔凯郭尔自己在 1842—1843 年写了一部未完成的《约翰纳斯·克利马库斯或者 *De omnibus dubitandum est*》。但在这里可能是针对马滕森（H. L. Martensens）的论文 *De autonomia conscientiæ sui humanæ* 以及他在《文学月刊》上对海贝尔《为 1834 年开始的逻辑课程所作的序言讲座》的书评中说的“*de omnibus dubitandum est*，这一要求不是像它被说出来那么容易满足的，因为这里没有要求任何有限的怀疑，不是那对此对那的流行性怀疑，通过有限的怀疑人们总能够收藏一些什么不让它被置于怀疑之下。”

［258］［一种科学的怀疑］　根据这一段落的草稿，这是针对黑格尔在《精神现象学》中对科学的怀疑的推荐。

［259］［斯多噶主义］　宣扬品格坚定，不以苦乐为意的淡泊。在古希腊由芝诺（约公元前 340—前 265）创立，在公元一世纪由塞涅卡、爱比克泰德和马可·奥勒留传入罗马。

［260］原文是拉丁文 divide et impera（分割并统治）。

［divide et impera］　拉丁语：分割并统治。据说是马其顿霸权的奠基人菲律浦二世（公元前382—前336）的话。但是在后来，意大利的马基维利（Niccolò Machiavelli，1469—1527）也这样说；同时法国国王路易十一（1423—1483）以法语 Diviser pour régner（为统治而分割）形式表达出来。

［261］［相信自己有能力移山］　参看耶稣对信徒所说的话。《马太福音》（17：20）："耶稣说，是因你们的信心小。我实在告诉你们，你们若有信心像一粒芥菜种，就是对这座山说，你从这边挪到那边，他也必挪去。并且你们没有一件不能作的事了。"

［262］［到处走动施展奇迹］　也许是想到一种对使徒保罗的错误模仿。关于保罗，据说在他的传道之行中，上帝让奇迹发生在他身上。参看《使徒行传》（19：11—12）。

［263］［长串地背诵它的奇迹］　也许是指耶稣关于伪先知的警告。参看《马太福音》（7：22—23）：当那日必有许多人对我说，主啊，主啊，我们不是奉你的名传道，奉你的名赶鬼，奉你的名行许多异能吗？我就明明地告诉他们说："我从来不认识你们，你们这些作恶的人，离开我去吧！"

［264］"学用据有"，也翻译作"吸取"。

［265］［在忍耐之中获取自己］　参看《路加福音》（21：19）："你们常存忍耐，就必保全灵魂。"

［266］［运动法则］　见前文。

［267］其他（Andet），德语是 Anderssein。有时候我也将之译作"第二者"。在哲学上本来是译作"他者"，但因为在这里上下文的关系中可以更通俗一些，所以译作"其他"。

［268］［一切礼物都是好的，如果这礼物被带着感恩地接受］　指《提摩太前书》（4：4）："凡神所造的物，都是好的。若感谢着领受，就没有一样可弃的。"

［269］［像乌戈尔斯庇尔那样地］　乌戈尔斯庇尔是一个轶事集《乌戈尔斯庇尔》的滑稽诙谐的主人公。可查的最早的版本是1515年印于斯特拉斯堡的版本。

克尔凯郭尔自己有从德文译成丹麦文的《关于梯尔·乌戈尔斯庇尔的怪异而离奇的故事》（*Underlig og selsom Historie om，Tiile Ugelspegel*）。

［270］［kryptogamiske］　秘密婚姻的。植物学用语，是指表面上没有

花的植物，通过孢子再生。比如说蕨类植物。

［271］［phanerogame］　公开婚姻的。植物学用语，是指开花的植物，通过种子再生。

［272］［Posito 我设定］　也许是相对于那出自让·保罗（Jean Paul · Johann Paul Friedrich Richter 的笔名）的表述 Posito，geseßt。

［273］［马上……一切又消失了］　指向欧伦施莱格尔（Adam Oehlenschläger）的《宝贝发掘者》（*Skattegraveren*）。出自《诗集》。

儿子问父亲是不是有那地下精灵给出来的宝贝。父亲回答：“是的儿子！在鸡叫的时候/那时就该去找它，/但如果你说一句话/它就又消失了！”

［274］Inderlighed，在这里我译作内在性，但是在一些地方我也将之译作真挚性。

［275］［在脖子上只有一颗头］　指卡利古拉皇帝所说的：“难道罗马人民只有一个脖子吗！”就是说，它的头能够被一刀砍掉。

［276］［有一个疯子……窒息而死的危险中］　指罗马皇帝图密善（Domitian）的故事。在他执政的第一年，他每天好几个小时都把自己关在房间里只顾抓苍蝇，他把抓住的苍蝇串在锥子上。有一次有人问克里斯普斯，有没有人在里面和皇帝在一起，他诙谐地回答说：“不，一只苍蝇都没有。”

［277］［一个人要付钱给牧师……一个政府官员］　按过去的做法，人们要向新娘所属的教区的教区牧师付一笔费用（一种献祭），当时有文件确定这一点。同样，人们也要向新娘所属的地区的教区执事付一笔钱，当时也有文件确定这一点。最后，哥本哈根人要给哥本哈根城库交婚礼费。根据 1814 年 5 月 31 日的法令，婚礼费的最高额是 4 个国家银行币——差不多相当于一部《非此即彼》在 1843 年的书价。

［278］原文为法文 Douceur（赏钱）。

［279］［吹上整个仪仗队的节目］　从 1661 年到 1848 年，传令员和骑兵卫队所组成的仪仗队（在旧时是用来通报国王与国会间的会议）在 3 月份的第一个星期四都要在最高法院门前列队行进。

［280］［用钱来使自己得免于……身份］　根据 1824 年 4 月 30 日的法令，人们能够通过皇家许可而达到的免在布道台上被公开宣示婚姻关系；这样的一个许可是要付钱得到的，而在 1815 年的法令文件中则写有不可以要求这方面的费用。

［281］原文为拉丁文 Clerus（神职人员之集体）。

［282］［在神职任命仪式上……将手置于神职候选人的头顶］　指牧师就职仪式，根据1685年的《丹麦挪威教堂仪式》（*Kirke – Ritual for Danmark og Norge*），所有参与任命仪式的牧师在任命主教念主祷文并为新牧师及其职位进行祷告的时候都要把手放在就职候选人的头上。

［283］［教团之吻］　见《帖撒罗尼迦前书》（5：26）："与众弟兄亲嘴问安务要圣洁。"和《彼得前书》（5：14）："你们要用爱心彼此亲嘴问安。"

［284］［将他们搞成一对夫妇是不是教堂的教令］　指婚礼仪式。据此，牧师要对新郎和新娘说："既然你们相互同意并且许诺了对方要共同生活在神圣婚姻的国度里，并且这同样的事实已经公开为上帝和这一教区集会所知，接下来你们相互向对方给出你们的手，于是我以圣父、圣子、圣灵的名，既是在上帝也是在人的面前，宣告你们为真正的夫妇!"

［285］［一种平静的婚姻］　不带庆祝的婚姻，平静中的婚礼。根据1683年3月13日的法令，人们可以申请在家里进行教堂婚礼的皇家许可。在哥本哈根，这是在1800年5月23日的法令中被确立的（§15），这一许可可由哥本哈根的市政机构发放，在任何情况下都必须交一笔手续费。

［286］［在上帝和这一教区集会面前］　根据婚礼仪式，牧师说："这同样的事实已经公开为上帝和这一教区集会所知。"

［287］原文为德语 Sprödigkeit（清高，超然，一本正经）。

［288］［布道坛公开预告……婚姻］　根据1685年的《丹麦挪威教堂仪式》，牧师要连续在三个礼拜天在布道坛上公开预告：某某打算与某某结婚："第一次为某某和某某作预告。/高高在上的上帝祝福这些人，他们的基督教的计划可以很好的开始，幸福地推进并且在恩典之中使他们终结于对于自己的良心的安宁和对于别人的好例子和榜样：/如果有人在此中有什么反对的话要说，他就该准时地说出来，否则就在从此后沉默。"第二和第三次预示也是与此类似。

对婚姻的预告是法定的义务，由1683年的《丹麦法律》所确立出来的，在1824年4月30日通过以法令确认。

［289］［布道内容为他们留下的印象就全被消灭了］　婚姻预告是在布道之后进行的。

［290］［歌德的一句……提供材料］　也许是指歌德的小说 *Die Wahl-*

verwandtschaften。在之中的第八章谈论关于 dem Publikum（…）das ohnehin in der Ueberzeugung steht, alles was geschieht, geschehe nur dazu, damit es etwas zu reden habe。

［291］［在所有天使面前承认］　参看《马太福音》（10：32）：“凡在人面前认我的，我在我天上的父面前，也必认他。”以及《马可福音》（8：38）：“凡在这淫乱罪恶的世代，把我和我的道当作可耻的，人子在他父的荣耀里，同圣天使降临的时候，也要把那人当作可耻的。”

［292］［让我们在爱中与那些脆弱的人们交往］　也许可以参照《罗马书》（15：1）：“我们坚固的人，应当担待不坚固人的软弱，不求自己的喜悦。”也可参看《罗马书》（14：1）：“信心软弱的，你们要接纳，但不要辩论所疑惑的事。”

［293］Tilblivelse：（名词）是动词“at blive til（成为、进入存在）”的名词化。有时候我也将之译作“成为”，看上下文而定。这个词在克尔凯郭尔著作中是一个重要概念。

［294］原文是拉丁文 communio bonorum（对财产的共同拥有）。

［communio bonorum］　拉丁语：对财产的共同拥有。在草稿中有着对这句话的加长：“在上帝因此通过夏娃而给予亚当伴侣时，看来那复杂冗长的婚姻性的社交是无法由此得到证明的；因为，夏娃没有随身带上一大群女友。”

［295］［留下一个十字］　作为抵挡邪恶、抵挡事故和滥用、使得各种东西神圣化的保护物，作为对于特定事件的回忆。

［296］［为自己的身量购得一份小小的增值］　见《马太福音》（6：27）：“你们哪一个能用思虑，使身量多加一肘呢。”

［297］［不是在哲学的意义上］　影射黑格尔式的哲学表述：在黑格尔的逻辑中从什么东西中走出来并且走回到什么东西中。

［298］［像一个狩猎羚羊的猎人那样从一个尖端跳向另一个尖端］　也许是指向席勒的戏剧《威廉·泰尔》，其主人公是阿尔卑斯山的猎人；在第三幕第一场，威廉的妻子黑德维希说：她带着恐惧想着他怎样像羚羊一样从一座悬崖跳向另一座悬崖。

［299］［厅里的墙是镶在玻璃］　也许是暗示德国作家施莱格尔（Fr. Schlegel）引起轰动的关于爱情和婚姻的小说《卢辛德》（1799）中丽赛德的小间，小间里面的所有各面上有着巨大而昂贵的镜子。

在《论概念反讽》中，克尔凯郭尔转述了这一描述。他用的是另一个版本的《卢辛德》。

［300］［那么一大堆文字］ 指丹麦教堂仪式书中的一长串文字，在此之中每个星期天和其他节日都附上一段福音书文字，这是牧师们每年要布道用的。

［301］原文为拉丁文 toral conjugale（婚姻卧室）。

［302］［想要让自己的身量有一肘之增值］ 见《马太福音》（6：27）：“你们哪一个能用思虑，使身量多加一肘呢。”

［303］［只有那失去了一切的人才是赢得一切的人］ 也许是指《路加福音》（17：33）：“凡想保全生命的，必丧掉生命。凡丧掉生命的，必救活生命。”

［304］［使用费耐纶的话……它给予一切］ 费耐纶（François de Salignac de la Mothe - Fénelon，1651—1715）法国大主教和作家。克尔凯郭尔有德语版的费耐纶生平和智者格言（*Herrn von Fenelons kurze Lebens - Beschreibungen und Lehr - Sätze der alten Welt - Weisen*，Leipzig 1741，ktl. 486），并且在1844年拥有了两个不同版本的费耐纶著作的德语版本。引文出处尚无法确定。

［305］［我们的主给予每一对夫妇一整个任他们为所欲为的世界］ 婚礼仪式中所朗读的《创世记》故事：“要生养众多，遍满地面，治理这地。也要管理海里的鱼，空中的鸟和地上各样行动的活物。”

［306］［在瓦尔哈拉……死亡中恢复青春］ 在北欧的神话中，死去的武士们在瓦尔哈拉——死亡大厅为奥丁所接受，然后作为瓦尔哈拉的居民艾恩赫尔耶尔继续生活下去。他们每天都相互搏斗、死亡，然后再复活，到夜晚喝由澳定的婢女瓦尔基里们所斟的蜂蜜酒。

［307］原文为法文 bon - bon（夹心糖）。

［308］原文是拉丁文 Pretiosa（价值贵重物）。

［309］［应许了去与她同甘共苦］ 指新郎和新娘要回答“是”的问题。“你愿与她（他）共同生活，不管是顺境还是逆境，在全能的上帝赋予你们的福中……”

［310］原文为法文 eh bien（那么，好啊）。

［311］［像波将金一样知道去把一整套内容用戏法变出来］ 王公波将金（Fyrst G. Potemkin，1739—1791）是沙皇卡特琳娜二世的情人。作为

她在南俄地区的最高顾问，他领导俄军征服了克里米亚并且建立了黑海舰队。据俄国传统说法，在1787年女沙皇在一个地区旅行的时候，波将金以人工制造的布景式繁华景象来装点这地区一些城市来蒙骗女沙皇。

［312］［到此为止不能更远］　参看《约伯记》（38：11）：“你只可到这里，不可越过。”

［313］原文为拉丁语 Fatum（命运）。

［314］那“我在人间生活中的最温柔的关联中与之共同生活的存在物”，就是说，婚姻的配偶。

［315］［在墙上……投影的图像］　见前文。

［316］［哔齐、哔叽、鼻子，故事结束］　我把“Snip，Snap”转成“哔齐、哔叽”。这是一种故事结束的形式，在英语和德语中也有如此形式。在《丹麦民间传说》中有这样的结束形式：“哔齐、哔叽、鼻子，我的童话结束了，嘀嗵、托嗵、大桶，另一个就要开始！”

［317］［磨坊的轮子克立克拉、克立克拉地转着］　可能是指格林兄弟所收集的一个童话《桧树》（*Van den Machandel - Boom*）中的描述：它飞了很远很远才来到一座磨坊，磨子正在“轰隆隆！轰咚咚！轰隆隆！轰咚咚！”地转动着。磨坊里有二十个伙计正在劈着一块磨石，伙计们用力地“咔嚓！噼啪！咔嚓！噼啪！”地劈着，磨子的轰隆隆、轰咚咚与伙计们劈磨石的咔嚓、噼啪声交织在一起，难听极了。

［318］德语：快活，喜悦的状态；晴朗。

［319］［这命令就是：在汗流满面中得以糊口］　指《创世记》（3：19）：“你必汗流满面才得糊口……”这一段在婚礼中被朗读出来。

［320］原文是法语 Divertissement（戏剧幕间的短暂歌舞表演）。

［321］［在歌德的《有择之亲和力》（*Wahlverwandschaften*）中……而这则又是沉默造成的］　指歌德的小说 *Wahlverwandschaften* 中的情节。

男爵埃德瓦尔德和他的妻子夏洛特邀请他的朋友奥托和她的侄女奥提丽娅来庄园里住。埃德瓦尔德和奥提丽娅相互爱上了对方，而夏洛特和奥托也相互爱上对方。埃德瓦尔德考虑不用对他的妻子坦白说这事，但她很快就留意到他对奥提丽娅的钟情。埃德瓦尔德和夏洛特都因为自己的新恋爱关系而想要离婚；但是，这对夫妻的小孩子由于奥提丽娅的不小心而被淹死，奥提丽娅觉得自己有辜责，她退出并且死去。稍后，埃德瓦尔德也死去。

［322］这个“它们”就是指“婚姻性的爱情要去进行斗争、要去克服的那些麻烦”。

［323］在丹麦语中，“诗意的”——digterisk——也包含了“虚构的”的意义。

［诗意许可］　是指“licentia poetica”，拉丁语中的名词，用于随意地看待文学规则并且不按照各种实际关系来发挥的诗意自由。

［324］［贸易与航海的萧条］　在拿破仑战争结束后极其严重的经济危机。哥本哈根在1807年被英国人轰炸，并且英国人也打掉了丹麦舰队，1813年，丹麦国家银行破产，并且在之后一年挪威脱离丹麦并入瑞典。丹麦在这一期间失去了世界上第二大的贸易船队和相当大部分过往贸易。在1828年之后，借助于对工业发展后的英国的不断增长的出口，丹麦的经济才恢复过来。

［325］八毛钱。原文中用的当然是丹麦的价值单位。原文中所用是“一磅面包价值8ß”。

［一磅面包价值8ß］　价值八个斯基令（ß是通用的对skilling的缩写）。

在1840年，一磅黑面包的价钱是2到4个斯基令。

［326］［在沃鲁夫·饥饿王……丹麦钱］　沃鲁夫·饥饿（Oluf Hunger）丹麦国王（1052—1095），他的外号是因为在他统治时期丹麦的大饥荒。虽然饥荒也影响到其他欧洲国家，在丹麦这一糟糕的物价极高的时期被看作是上帝对1086年人们在欧登斯杀死克努德国王的惩罚。

树皮面包：部分地或者全部地用树皮粉取代面粉的面包。

［327］［跑尽了当跑的路］　参看《提摩太书》（4：7）。

［328］原文为德语weinerlich（泪汪汪的）。

［329］［贯穿那不幸之洞窟进行一次这样的漫游］　指德国作家斯比斯（Chr. H. Spie，1755—1799）的《我的贯穿不幸之洞窟和悲惨之宅的旅行》（德语版是1796年出版的。在丹麦由L. A. Hjort翻译为丹麦语，bd. 1–4，Kbh. 1802—1803）。斯比斯在丹麦为人所知是因为其感伤的强盗小说。

［330］原文为拉丁文os rotundum（圆嘴）。

［os rotundum］　拉丁语：圆嘴。就是说，以美丽构型的句子带着和谐的动听之声没有阻碍并且优雅地表述自己的能力。这一表述渊源于贺拉斯

的《诗艺》(*Ars poetica* 323)。

该表述以 os rotundum 的形式被用在海贝尔（J. L. Heiberg）和欧伦施莱格尔（Adam Oehlenschlæger）间的争论中。

[331] [一条有力的手臂] 也许是指保罗·马丁·缪勒（Poul Martin Møller)《为丹麦欣悦》(1823)："耕耘丹麦土地的穷人/从自己家的树上摇下苹果，/有一条有力的手臂、一个聪明的额头，/田野里的谷子、桶里的牛奶/小母牛半跪在草地上。"

[332] 丹麦语 Helte 同时意味了主人公和英雄们。

[333] [常常低着头] 也许是指那关于该隐的故事。上帝只接受了亚伯的牺牲祭品而没有该隐的，为此该隐低头不乐，《创世记》(4：5)。

[334] [上帝按自身的形象创造出来] 参看《创世记》(1：27)。

[335] 原文为法文 larmoyante（泪汪汪）。

[336] [许多恩典礼物] 指《歌多林前书》(12：4—11) 中保罗列数出一系列恩典礼物，比如说，智慧的言语、医病的恩赐、能作先知、能辨别诸灵等等。

[337] 原文是拉丁语 sub specie poeseos（在诗歌的视角下)。

[sub specie poeseos] 拉丁语：在诗歌之视角下。影射斯宾诺莎的表述 sub specie æternitatis 在永恒之视角下。

[338] [路德……一个基督教的人死于饥饿] 引文为："人们至今还从来没有看见或者听说过这样的事情：一个基督徒死于饥饿。"源自路德在复活节后第七个星期天关于《马可福音》(8：1—9) 的布道。

[339] [Transsubstantiation] 本质变化，重造，从一种实体到另一种实体的变化。在天主教的神学中被用于（在领受圣餐时）面包和葡萄酒被变成耶稣的真正肉和血的变化。

[340] [诸神也不会不取任何代价地出售那伟大的东西] 也许是指向赫西奥德的《工作与时日》这一表述："在那美德之前，由那些天上的永恒权力设定了/苦劳：一条险峻而漫长的小道，通向那美德。"

[341] 丹麦语的"婚姻（Ægteskab)"是由形容词"真正的（ægte)"将上后缀"……本身（skab)"构成的。丈夫（Ægtemand）这个词则由"真正的（ægte)"和"男人（mand)"合成的。

[342] 原文为德文 Stilleben（绘画中的静物)。

[343] 原文为德文 Einerlei（千篇一律，单调)。

［344］“自然”和“本性”是同一个词：natur。

［345］［第二自然］　参看罗马演说家和政治家西塞罗（公元前106—43）的说法 consuetudo est altera natura（拉丁语：习惯是第二自然/本性），出自《论最高的善和恶》（*De finibus bonorum et malorum*）5，25（74）。

［346］［莱布尼茨……没有什么东西是完全一样的］　见莱布尼茨《人类理解新论》。

［347］这个“吸收（tilegner sig）”，我有时候译作“居有”或者“学用居有”。

［348］［处女腰带尚未解开］　指口语说法“解开一个人的腰带”，和一个女人性交，尤其是在这样的意义上说：夺取一个年轻女人的处女身份。参看荷马的《奥德赛》中对波塞冬的描述：“他狡猾地松解那腰带”并且把“自己的情欲之爱的动力”完全施展在提洛身上。

［349］［交互作用的范畴］　指向《轮作·对一种社会睿智学说的尝试》。见上卷的注释。

“交互作用”是黑格尔哲学的一个基本概念，可参看在《逻辑学》的关于交互作用的章节。

［350］［再生产的瞬间］　奇妙的处境在幻想中寻求被保存和被重复的各种瞬间。

［351］［被向聪明通达人隐藏起来的秘密］　参看《马太福音》（11：25），在此之中耶稣赞美上帝，因为他“将这些事，向聪明通达人，就藏起来，向婴孩，就显出来。”

［352］“自然”、“本性”和“天性”是同一个词：natur。

［353］就是说：伟大不是先天的禀赋，而是后天的开发。

［354］［祈祷和禁食］　也许是指《路加福音》（2：37），之中讲到年老的先知亚拿，她“禁食祈求，昼夜侍奉神”。

［355］或者说“本性的人”或者“天性的人”。

［356］在这前后文字中所用到的“艺术”这个词，常常是指视觉艺术。尤其是在“艺术”这个词与“诗歌”并列在一起的时候。

［357］这里译者参考英文版译者 Hong 所作的注释而加注（H&H，*EITHER/OR* 第二卷，第 480 页，第 152 个注释）：

比如说可以参看莱布尼茨的《关于形而上学的对话》。

［358］［那无限多的天体们……全部在那里］　参看《创世记》（1：14—19）。上帝在第四天一下子创造出日月星辰，并将之置于苍穹之中。

［359］［那历史的道路就像是法庭打官司的路］　参看巴格森的一个表述："因为法庭打官司的路就是非常漫长。"

［360］［承担着全世界的罪］　参看《约翰福音》（1：29）："看哪，神的羔羊，除去（或作背负）世人罪孽的。"

［361］Moment 这个词在描述时间的意义上是"刹那"、"片刻"的意思，而在思辨哲学中作为相对于整体发展的部分，这个词这时的意义就是"环节"。

［362］丹麦语中 Mod 是勇气。但是勇气的这个 mod 作为后缀用，-mod 就是心情状态。比如说，忍耐 Taalmod 就是"忍受、受得了"加上"心情状态/勇气"，长久耐心 Langmod 就是"长的"加上"心情状态/勇气"，忧伤 Vemod 就是"痛"加上"心情状态/勇气"，等等。

［363］［未发酵的面包只有牧师可以吃］　以色列人在安息日在寺庙中摆出"在主的面前"的未发酵的面包，只有祭司们可以吃。见《利未记》（24：5—9）。也参看《马可福音》（2：26）。

［364］［"那审美意义上的美"的发展过程］　艺术的发展过程。在这里以及后面的讨论中有许多地方是指向那相关于时间空间问题对艺术类型之发展所进行的讨论，一部分是在《那些直接的爱欲的阶段或者那音乐性的—爱欲的》中的《无谓的前言》中，一部分则是在《剪影·心理学消遣》中的《即兴致辞》中。

［365］［谢林早先在这方面所指出的］　指德国哲学家谢林的《论绘画艺术与自然的关系》。

在黑格尔的美学中，艺术类型的历史性运动——从"在空间里扩展"（雕塑、绘画）发展到"在时间里作用"（音乐、诗歌）也是一个重要的关键。黑格尔为"音乐优越于油画"所给出的依据是"从空间到时间的进步"。参看黑格尔《美学史》。

［366］Æsthetiken 是名词形式。按理我可以将之翻译成"美学"，但是为了避免引起困惑，我翻译成"审美"。但是我有必要提醒读者，作为名词，"美学"和"审美"是同一个概念的不同翻译法。作为人身名词"美学家"和"审美者"或者"审美家"是同一个概念的不同翻译法。作为形容词，"美学意义上的"和"审美的"或者"审美意义上的"是同一个概

念的不同翻译法。另外，“从美学的角度看”和“审美地看”是同一个概念的不同翻译法。但是，在这相关用词被译作“……审美……”时，主要是强调这是人生实践中的具体关联，而不是一种学科理论上的说法，因为用到后者，更好的翻译则是“……美学……”。

在克尔凯郭尔的著作中的“审美的人”和“审美的阶段”就不宜翻译成“美学的人”和“美学的阶段”，正如“伦理的人”和“伦理的阶段”不宜翻译成“伦理学的人”和“伦理学的阶段”。

[367]［由神圣创作出来的戏剧］　指谢林的《先验唯心主义体系》。

[368]［在忍耐之中获取自身］　见前文注释。

[369]［这样的一个理想的丈夫……却是高度审美地生活着］　也许是指德国作家施莱格尔（Fr. Schlegel）的小说《卢辛德》中对那“诗意的”生活的讨论。

[370] 在丹麦语中，“消磨时间”就是 at slaae Tiden ihjel，而这一惯用语的字面直译就是“杀死时间”。

[371]［听见客厅里的钟敲打着］　指这样的一种观念：永恒是那总是在场的时间，而现世中的时间性则是不断地被给出并消失的时间环节或者时间之片刻的持续过程。

[372]［老故事中的处境……一个永恒］　来源无法确定，但是在一本 1836 年的笔记本里，克尔凯郭尔写道：“挺奇怪的，我不知道是摘自什么地方的一个段落；但有着内在的印痕像是一种可以说是以整个民族的嘴巴说出来的表述。一个绝望的罪人在地狱里醒来并且大喊道：几点了；魔鬼回答，‘永恒’。”

[373]［在罗曼蒂克学派……想要去生活体验］　指德国作家施莱格尔（Fr. Schlegel）的小说《卢辛德》中的尤利乌斯。

[374]［它是忠诚的……快乐的］　可对比保罗在《哥多林前书》(13：4—7）中对爱的描述：“爱是恒久忍耐，又有恩慈。爱是不嫉妒。爱是不自夸。不张狂。不做害羞的事。不求自己的益处。不轻易发怒。不计算人的恶。不喜欢不义。只喜欢真理。凡事包容。凡事相信。凡事盼望。凡事忍耐。”

[375]［不是带着外在的标志到来］　也许是指《路加福音》(17：20)：“神的国来到，不是眼所能见的。”

[376]［风声扑翅声的富裕鸟］　在《丹麦民间传说》中有“富裕鸟

带着风声到来/带着扑翅声到来/在山峰和山谷之上！/你看见吗，你这只贫穷鸟！/我的翅膀多么夸耀?”

在这里引文指向欧伦施莱格尔的诗歌《大黑鸦》：“富裕鸟带着风声到来/带着扑翅声到来/在山峰和山谷之上！/你看见吗，你这只贫穷鸟！/我的羽毛多么夸耀?”

[377] [宁静精神的不可侵犯的本质]　参看《彼得前书》(3：4)。

[378] [那些耶稣会教徒……行使他们的婚姻义务]　耶稣会。1534年由西班牙人，罗耀拉城的依纳提创立的团体，在十七世纪主要传教于亚洲、非洲和南美。在1610年在巴拉圭建立了自己的国家，一直持续到1768年。

[379] [那个西班牙骑士]　堂·吉诃德。

[380] [Accedens]　非本质事件。在亚里士多德派经院派的传统中accidentia是事物的一种非本质的或者偶然的性质，而对立面就是事物的essentia。

[381] 原文是拉丁语 decies repetita placebunt（即使再重复十次也仍然令人愉快）。

[decies repetita placebunt]　拉丁语：即使再重复十次也仍然令人愉快。引文出自贺拉斯的《诗艺》。

[382] [一类是那些大体地……生活在回忆中的人]　针对A在《那最不幸的人》中对希望着的个体人格和回忆着的个体人格的描述。见上卷文字。

[383] [在瞬间的音符上打上一个叉]　在音乐中，如果一个音符被打上一个叉，它的调子就升上半音阶。

[384] [黄金时代……黑铁时代]　参看赫西奥德的《工作与时日》(第109—179页)。

[385] 原文为拉丁语 Terminus（概念）。

[386] 丹麦风俗，三十岁仍然是单身的话，人们就会把胡椒瓶（罐）作为生日礼物送给他。Pebersvend 这个词渊本意是胡椒店员。过去从德国汉莎商业联盟城市中派出的胡椒调味品商，有着保持独身的义务。后来在丹麦就成了标示三十岁以上老单身汉的名词。

[387] 原文为法文 Changements（变化、转换）。

[388] [欧伦施莱格尔]　亚当·欧伦施莱格尔（Adam Oehlenschläger）

（1779—1850）诗人，1809 年，名誉教授，从 1810 年起任美学非常教授，他这一代的诗坛上的无可争议的领袖。

［389］［为了让情欲之爱……然后是无邪的清白］　摘自欧伦施莱格尔的《北方的诸神 · 一首叙事诗》中的《弗莱亚在泉边的歌》。

［390］［主子埃里克］　指 Mester Erich，在霍尔堡的喜剧《山上的耶伯，或者被变化的农人》（*Jeppe paa Bierget*，*eller Den forvandlede Bonde*）（1723）中，那是一根妮勒用来鞭打她丈夫耶伯的藤条的名字。在第一幕第一场，妮勒讲述道："他（耶伯）唯一害怕的东西就是主子埃里克（那我管它叫藤条）"，然后她喊道："喂，耶伯！你这个笨狗怎么还没有穿好衣服？难道你还想再和主子埃里克交谈上一次吗？喂，耶伯！给我进来！"

［391］原文为拉丁文 volens（自愿地）。

［392］原文为拉丁文 nolens（不自愿地）。

［393］［爱驱逐畏惧］　参看《约翰一书》（4：18）。

［394］丹麦语中"应当（at skulle）"也常常被作为将来时的助动词来使用。

［395］亦即，"对义务的贬低和对它所具的权威的剥夺"。

［396］［你所最喜爱的理论……对这两者你都会后悔］　见上卷文字。

［397］原文是拉丁文 quantum satis（适量）。

［398］［他想要尽自己的整个灵魂……自己的所有能力］　参看《申命记》（6：5）。

［399］［普罗特斯］　普罗特斯是希腊神话中的一个海神，知道一切，但是为了避免人家来问他不断地任意改变自己外形。

［400］［在那精神的世界里……和谐和智慧和连贯］　也许是在暗示费希特《人的定性》中的类似表述方式：die Ordnung der geistigen Welt、die Harmonie des Ganzen 和 die Harmonie der Geister。

［401］原文为法文 eh bien（那么好吧）。

［402］［传道书］　旧约中的这一篇常常（并非是完全合理地）被看成是一本悲观的书，刻画出了人类生存的一幅疑难而无告的图像。之所以这样，尤其是因为它的开首："传道者说，虚空的虚空，虚空的虚空。凡事都是虚空。"（1：2）而在快结尾的地方重复："传道者说，虚空的虚空，凡事都是虚空。"（12：8）而在第二章中所说："我心里说，来吧，我以喜乐试试你，你好享福。谁知道，这也是虚空。我指嬉笑说，这是狂妄。论

喜乐说，有何功效呢。”在内容和语气上都很像 A 的 Διαψαλματα。

［403］原文为拉丁文 Collegium（权力部门）。

［Collegium］ 拉丁语：权力部门。在丹麦君主专制政府的下面，那中央的政务部门的以及部分的司法和执法的权力由各个“权力部门（Collegium）”代管，直到 1849 年的 6 月宪法被各个“部（ministeri）”代替。

［404］原文为拉丁文 divide et impera（分割并统治）。

［405］［天职义务］ 属于一种职业或者职位的义务。可参看诸如 *Balles Lærebog*。在标题“论各具体阶层的义务”下：一般的义务是人们所必须注目的，只要他们是人；除了这些一般的义务之外，也有一些特别的义务是根据人们所在阶层而定的各种特殊性，以及上帝所赋予他们的天职，而指派给相关人们的。

［406］［荒野和沙漠］ 参看夏杜布里扬的格言“伟大的激情”。

［407］原文为拉丁文 impressa vestigia（足迹）。

［408］原文为拉丁字母拼写的希腊词 Heautontimoroumenos（自扰）。

［Heautontimoroumenos's］ 希腊语“自扰”，指向罗马作家非洲的特伦提乌斯（Publius Terentius Afer）的喜剧《庸人自扰》（*Heauton timorumenos*）。

［409］原文为拉丁文 Dixi et animam meam liberaui（我说了，并且卸下了我灵魂的担子）。

［Dixi . . . liberavi］ 拉丁语：我说了，并且卸下了我灵魂的担子；一种基督教的说法，从《以西结书》的拉丁语翻译中引发出来，常常被认作这样的形式：“Dixi et salvavi animam meam.”（我说了，并拯救了我的灵魂，就是说，拯救了我的良心。）

［410］［respiratio，这个词的意思是：那首先是涌流出的东西的一种返涌］ 拉丁语的构词 re－和 spiro，“再”和“吐或吸气”。在谢勒尔（J. J. G. Scheller）的《德语拉丁语词典》中解释为“回吐吸气，亦即，重新让气吐出或者排出”。

［411］［塞尔维亚人有一个民间故事……足够他们两个人吃的了］出自哈根（Fr. H. v. d. Hagen）所出版的《故事和童话》中《熊孩子·塞尔维亚民间童话》。在哈根出版了这书之后，克尔凯郭尔在一本手记（1836）中提及熊孩子的童话。

［412］原文为拉丁文 Dixi et animam meam liberaui（我说了，并且卸下

了我灵魂的担子）。

［413］原文为拉丁文 instar omnium（来代替所有别的）。

［414］［在我的门外，我在我扫地的时候］　游戏于两句成语的说法："在自己的门前扫地"（纠正自己的缺陷和错误）和"每个人都在自己的门前扫地，这是好事"（纠正自己的缺陷和错误而不是忙于去关心别人的毛病），反过来也有一种说法"在别人的门前扫地，结果忘记了自己的门前"（指责别人而忘记自己的错）。

“那审美的”和“那伦理的”两者在人格修养中的平衡

我的朋友！

我把我那么频繁地对你说的东西再对你说一遍，或者更准确地说，我在对你喊这东西：非此—即彼；aut - aut；因为这一单个的修正着地出现的 aut，并没有把事情弄得更清晰，因为这话题中所谈的东西有着实在太重大的意义，以至于人们无法只满足于之中的一个部分，而且它就其本身有着太不可分割的关联而无法被部分地占有。世上有这样的生命境况，在这样的境况中去运用一个“非此即彼”就会是一种可笑或者一种疯癫；然而世上也有这样的人们，他们的灵魂过于松弛而无法去搞明白在这样的一个两难之中蕴含有什么东西，他们的人格缺少那种能够带着悲怆去说出“非此即彼”的能量。这些词一直为我留下着很强烈的印象，这在现在也是如此，尤其是在我以这样一种方式简单直接地提及它们的时候，我们知道，在这之中有着一种“去启动最可怕的对立”的可能性。在于我，它们所起到的作用就像是一种咒语句型，我的灵魂变得高度地严肃，有时几乎是受到震撼。我想着一种早年的青春，那时我并没有真正理解什么是“在生命中做选择”，带着一种孩子气的信任听成年人讲话，选择的瞬间对于我变得非常庄严和隆重，尽管我在“去做选择”这一行为中只是顺从另一个人的指示。在更迟一些的生命中，在我站在岔路口的时候、在我的灵魂在决定的一刻变得成熟的时候，我想着这些瞬间。我想着生命中那许多不怎么重要但对于我却不是无关紧要的事件，在这些事件中“去选择”起着至关紧要的作用；因为尽管只在一种关系中，也就是说，每当真相、公正和圣洁显现在一边而欲乐和天生的爱好倾向以及朦胧的激情和迷失在另一边时，这个词有着其绝对的意义，然而，就算是在“人们所选择的东西就其本身是无辜的”的事情中，“去正确地选择”、“去考验自己”也有着重大的意义，这样，人们就不会带着痛楚开始走上回头通向自己的出发点的路了（假如一个人走上这条回头路，那么，如果他除了“虚掷了自己的时光”之外对自己没有别的指责的话，那他就该感谢上帝了）。在日常谈话中，我就像别人使用这些词一样地使用它们，如果不去使用它们的话，反而倒是一种愚蠢的迂腐了；然而有时候我还是会感觉到我将它们用在了完全无足轻重的小事情上。这样，它们脱去了那卑微的外衣，我忘却了它们所脱离的那些无足轻重的想法，它们带着它们的全部尊严，身着法衣，呈现在我面前。就好像是一个官员在通常身穿便服出现并且混同于人众，没有更大的差异，这些字词在日常话语中也是如此；而相反在他带着自己的权威登场的时候，他则将自身与所有人区分开了。就像我只习惯于在庄严节庆的机会中看见这样的权威人员，这些字词也是以这样的方式来呈现自身，而我的灵魂则总是变得严肃。并且，尽管现在，在一定的程度上，我的生命在其自身的背后有着它自己的“非此即彼”，我还是很清楚地知道，一个人仍然会很多次地遇上这样的情况：这一非此即彼具备了其全部的意义。然而我却希望，这些字词，当它们在我的路上拦住我时，至少会觉得我是合适的人选，并且我希望我能够成功地选择那正确的；然而，在任何一种情况下我都要努力带着诚挚真实的严肃去选择；至少，我敢这样安慰自己：我会有着更大的可能性尽快地离开我的歧途。

而现在你，你倒是常常使用这个词的，足够地频繁，甚至它对于你几乎成为一种口头禅，它对你有着什么意义呢？毫无意义。对于你，我该用你自己的一个表述来提醒你：一次闪烁、一次翻手、一个突如其来的行为[1]、一个哇啦哇啦叭呱啦[2]。在每一个场合你都知道怎样去使用它，并且它也不是不起作用；就是说，在于你，它的作用就像一种烈饮对于一个神经质的人的作用；你在那被你自己称作是更高的疯狂之中得到完全的迷醉。“在这之中包含了全部的生活智慧，但是从不曾有人如此强烈地来将之宣示出来，就仿佛是上帝在一个唬人的稻草人形象中对受难的人类说话，就像那个大思想家和真正的人生哲学家对一个把他的帽子扔在地上的人所说的话：如果你捡起它来，你挨一顿揍；如果你不捡起它来，你也挨一顿揍，现在你能够作选择[3]。”在人们处于危急情况中来找你的时候，你是非常乐于去“安慰”他们的；你听他们讲出他们的事，然后你说：是啊，现在我完全看出了这问题，有两种可能性，你要么可以这样要么可以那样，但是我诚实的意见和我友好的劝告为如下所说：去做或者不去做这事，两者都会让你后悔[4]。然而那嘲弄别人的人，他也嘲弄自己，并且，你的人生观集中在唯一的一句句子“我只是说非此即彼”上，这不是什么无所谓，而是一种对你的深刻讥嘲，是对于“你的灵魂多么没有脊梁”的一个可悲的证明。现在，假如你真的是认真的，那么谁也无法对你做什么，我们只好让你如你所是，并且为沉郁（Tungsind）或者轻率（Letsind）弱化了你的精神而感到惋惜。现在相反，既然我们知道事情并非如此，人们就不会忍不住为你感到惋惜，而是希望你的生命状态会在什么时候将你收进其禁锢，并且强迫你去让那隐藏在你内心中的东西呈现出来，会开始那种不仅仅只是满足于闲聊和笑话的严格拷问。生活是一场化装舞会，你这样解释，而且，这对于你是娱乐的取之不尽的原材料，并且还没有人能够成功地认出你来；因为我们所看见的每一次对真面目的揭示都是一次欺骗，只有以这样的方式你才能够呼吸并且阻止人们挤向你而妨碍你的吐气吸气。你的活动内容就是“保护好你的藏身处”，并且在这一点上你是成功的；因为你的面具是一切面具中最神秘的；也就是，你是子虚乌有，并且只存在于与他人的关系之中，如果你是什么的话，那么你也就只在这一关系中是你所是。你向一个多情的牧羊女伸出你恋慕的手，并且在同一个此刻之中把所有可能的牧羊人[5]感伤主义[6]作为面具戴上；你用一个友爱的吻来欺骗一个值得尊敬的神甫[7]，等等诸如此类。你自己是子虚乌有，一个神秘的形象，在这形象的额头上写着非此即彼[8]；“因为这是我的座右铭，这些字词并非如同语法学家们所以为的那样是一些分别关联词[9]，不，它们不可分割地同属一体并且因此而应当被写在一个词中，既然它们在统一体中构成了一个感叹，我用这感叹来呼喊人类，就像人们用‘嘿嗨’来呼喊一个犹太人那样[10]。”现在，尽管每一个这种类型的表述对于我没有什么作用，或者，如果它起到什么作用的话，最多也只是有助于去招致一种公正的愤慨，尽管这样，我还是要为了你自己的缘故而回答你：难道你不知道，那午夜时分会到来，到时候每一个人都要揭开面具；难道你以为，生活总是允许被当作儿戏；难道你以为，一个人能够在午夜到来之前悄悄地溜走而避免真面目被揭露？或者，难道你不为之惊惶？我曾经在生活中看见过一些人，他们如此长时期地欺骗他人，以至于他们的真实本质因此而在最终无法得以公开；我曾经看见过一些人，他们如此长时期地玩捉迷藏，以至于疯狂（Vanvid）最终通过他们而同样令人憎厌地把他们迄今骄傲地对他人隐藏起的秘密想法强加到他人身上。或者，如果事情最后进入这样一种结局：你的本质消释在一种多面性之中，你真的成了诸多的你，变得就像那个不幸的魔性的一“群”[11]，并且你就以这样的方式失去了一个人身上的最真挚的最圣洁的东西、失去了人格的联结力，你还能够想象比这更可怕的事情吗？你真的不应当拿这不仅仅是严肃的而且也是可怕的事情来开玩笑。在每一个人的身上都有着某种在一定的程度上妨碍他“去变得对于自己完全透明”的东西；但是这情形可以会是达到这样一种高度，以至于他如此令人费解地被缠进他自身之外的生活关系之中乃至他几乎不能公开他自己；可是那不能公开自己的人是无法去爱的，而无法去爱的人，他则是所有人中最不幸的人。你在你的玩闹中做着与之相同的事情，你在这种“变得让所有人都觉得神秘”的艺术中排练着。我年轻的朋友！想象一下，如果根本就没有人来猜你的谜的话，那么，你又能从这之中得到什么样的喜悦呢？然而，首要的事情是：为了你自己，为了让你自己得救；因为从我所遇到的一切人中看，再也没有别人比你更正中地处在那种人们能够将之标示为“迷失”的状态中了；停止这一迷狂的逃窜、停止这一在你内心中暴跳的毁灭激情吧；因为，你想要毁灭一切，这就是你的所愿；你想要用生存来喂饱你身上的“怀疑”使之不再饥饿。为此你熏陶你自己，为此你使得你的心意变得坚强；因为你完全愿意承认你一无是处，那让你感到高兴的事情就是绕着“生存”走七次，并且吹响号角，然后让一切毁灭[12]，这样，你的灵魂就可以得到安慰，甚至忧伤地得到安慰，这样你就能够把回声唤出来[13]，因为回声只在空虚之中发音。

但是，看来我是不会和你一同沿着这条路走更远了，另外，这在我眼前不断持续的晕眩，就算你愿意，我的头脑也太弱而无法忍受它，或者，就算我愿意，我的头脑则也太强而无法觉得它有什么令我愉快的。因此，我想从另一个方面来开始进入这问题。想象一下，一个年轻人，处在这样的一个年龄中，生命对于他正在开始获得意义；他是健康的、纯洁的、喜悦的、有着天赋、自己富有希望、每一个认识他的人对他抱有希望，想象一下，是啊，我要这样说，这真是有点艰难了，想象一下，他看错了你，他以为你是一个严肃的、受过考验的、有经验的人，以为人们肯定是能够在你这里寻找关于生命之谜的各种信息的；想象一下，他带着可爱的信心（这种信心是青春的装点）、带着令人无法拒绝的要求（这要求是青春的特权）来找你，你会用什么来回答他？难道你回答说：是啊，我只是说非此即彼；你肯定不会这样说吧？难道你就会用那种你通常在人们用他们的心灵问题来麻烦你时用来标示你的反感的方式来把头伸出窗户说：这与我无关，去下一家[14]；或者，难道你会像你对待其他想要向你征求忠告或者到你这里寻求启发的人们（你就像拒绝那些来要求收牧师费[15]的人们那样地拒绝他们）那样来对待他吗，难道你用这样的话来回绝——说你只是一个生活中的寄居者而不是一个定居的男人和作为家长的父亲？你肯定也不会这样说吧？一个年轻人，有着精神天赋，这是你极其珍惜的。但是你与他的关系却并非是完全如同你本来所希望的，那将你引入与他的接触的并不是一场偶然的遭遇，你的反讽没有受到引诱。尽管他是那年轻的而你是那年长的，他还是通过自己尊贵的青春来使这一瞬间变得严肃。难道不是那样吗，你自己都会变得年轻，你会觉得在“是年轻的”这一状态之中有着某种美好的东西，但也有着某种非常严肃的东西，那么严肃，以至于“一个人怎样去使用自己的青春”的问题决不是什么无所谓的事情，以至于在一个人面前放着一个选择，一个真正的非此即彼，难道不是那样吗？你会觉得，事情的关键与其说是在于去陶冶自己的精神，还不如说是在于让人格成熟。你的友善、你的好感被启动了起来，由此出发你想要与他交谈；你想要使得他的灵魂强化，为他巩固他对于世界的信心，你想要让他确信，在一个人身上有着能去对抗整个世界的权力，你想让他真正有心地去使用时间。所有这些都是你所能够做的，并且如果你愿意，你能够做得很漂亮。但是，现在要注意了，听我会对你说什么，年轻人；尽管你不年轻，人们却总是不得不把你称作是年轻人。现在你在这里做些什么？你承认你本来不愿意承认的东西——一个“非此即彼”所具的意义，并且，为什么呢？因为你的灵魂被对这个年轻人的爱感动；然而你还是以一种方式欺骗了他，因为他也许会在别的时候与你相遇，而在那样的时候你就绝不会有机会去承认这个。在这里你看得见一个令人悲哀的结果，因为一个人的本质无法和谐地公开出来。你以为你是尽了最大的努力，然而你也许却伤害了他；也许他本来是能够直面你对于生活的不信任而不至于在那种你向他灌输的主观而带有欺诈性的信任中找到安宁。想象一下，你在几年之后再一次与这个年轻人相遇；他是生机勃勃、诙谐机智、富有才气、有大胆的想法、有惊人的表达；但是你那敏感的耳朵还是在他的灵魂里探出了稍稍的怀疑，你感到有点怀疑，他是不是也进入了那模棱两可的智慧：我只是说非此即彼；是不是会这样：你为他而感到难过，你会觉得他失去了什么，并且这失去的是某种极其本质的东西。但是你不会为你自己感到悲哀，对于你那模棱两可的智慧，你是心满意足的，甚至为之感到那么地骄傲，以至于你不会允许另一个人来分享它，因为你想要独自拥有它。然而你在另一方面却感到可惜，并且这是你诚实的看法：那个年轻人进入了同样的智慧，这是一件令人感到可惜的事情。怎样的一个巨大的矛盾啊！你的整个本质自相矛盾。然而，你只能够借助于一个非此即彼来使你自己从这个矛盾中走出来；并且我这个爱你更胜过你爱这个年轻人的人，我这个在我自己的生命中经历感受了选择的意义的人，我祝愿你，愿你仍然那么年轻，以至于你总是有着这样的可能性：虽然你总是会错过一些东西，但你还是（如果你具有，或者更精确地说，如果你想要具有能量去做到这一点的话）能够去赢得，那生命中作为首要问题的东西，去赢得你自己、获取你自己。

现在，如果一个人不断地能够将自己保持在选择瞬间的尖端上，如果他能够停止作为一个人，如果他在自己的最真挚内在的本质中只是一种如烟如云的想法，如果人格除了作为一个固然参与各种运动但却依旧保持没有变化的尼斯[16]（Nisse[17]）之外再也没有更进一步的意义了；如果事情就是如此，那么，所谓"对一个人来说作出选择会是太迟了"，这样的一种想法或者说法就会是一种痴愚，因为这个人在更深刻的意义上根本就无法谈论"一个选择"。那选择本身对于人格的内容是起着决定性作用的；通过选择，人格就沉入进那被选择的东西之中，而如果它不选择，那么它就在消耗之中枯萎。在某一瞬间中的情况就是这样，在某一个瞬间中的情况看起来是这样：那应当被用来让人选择的东西是处在那选择者所关心的范围之外；他不进入任何与这东西的关系之中，面对它，他能够保持让自己处于无动于衷的状态。这是慎重考虑的瞬间，但是它就好像是那柏拉图的瞬间[18]，在真正的意义上根本就不存在，更不用说是在抽象的意义上——你是想要在抽象的意义上坚持它；并且，你越是长时间地凝视着它，它就越小。那应当被选择的东西处在与那选择者的最深刻的关系中，并且，如果我们所谈的是一个涉及一个生命问题的选择，那么，这个做选择的个体人就同时要继续生活着，并且，关系到他事情就是如此：他越是长久地把选择往后推迟，他就越是容易将之弄糟，尽管他是在不断地慎重考虑又考虑并且因此而以为自己真的是把选择的诸对立面相互隔绝开了。如果一个人这样地看待生命中的非此即彼，那么，他就不会那么轻易地受诱惑去拿它来开玩笑。这时，这个人就会认识到：人格的内在驱动没有时间去进行想象性实验，它不断地疾进，并且以某种方式要么去设定这一个要么去设定那一个，而通过这种设定，那选择在下一瞬间则变得更为艰难；因为那被设定出去的东西又要被收回来。如果你想象一个在自己的船上的舵手[19]处在一个必须转变航向的瞬间里，那么他也许能说，我可以要么这样做要么那样做；但是如果他不是一个平庸的舵手，那么他就也同时会意识到，在这全部过程中，这船在继续以正常的速度向前航行，这样一来，他就只有这么一个瞬间，只在这瞬间里“他是否去这样做或者那样做”的问题可以是无所谓的。一个人的情形也是如此，如果他忘记了算上这一行进速度，那么，最后就出现一个瞬间，在此之中再也无法说什么非此即彼，不是因为他作出了选择，而是因为他没有去作选择，这样的事实可以如此表述：因为别人为他作出了选择，因为他失去了他自己。

从这里所阐述的东西中你也可以看出，我在这之中对于“一个选择”的看法是与你的有着本质性的不同的，如果我能够把你说的东西作为“选择”来说的话；因为你的所谓“选择”恰恰是在这一点上不同的：它是在阻碍一次选择。对于我来说，选择的瞬间是非常严肃的，这说不上是因为在选择中分别地显现出来的对这选择的严格反复思考，也不是因为那关联到一个特定关节的各种各样的想法，而是因为这之中有着危险，到了下一刻我或许就没有了去支配选择的可能了，某种已经被体验的东西必须被重新体验；因为，如果一个人以为自己在某一瞬间里能够保持使得自己的人格完全空白没有内容，或者以为自己在更严格的意义上能够停止并中断人格上的生命，那么这个人就进入了一种谬误。在一个人作出选择之前，那人格就已经对这选择有了关注，而如果一个人推迟选择，那么，那人格或者人格中的那些朦胧不清的力量就无意识地进行选择。在一个人终于作出了选择的时候，就像我在前面所说到过的，如果一个人并没有完全地被挥发掉了的话，那么他就会发现有一些东西必须被重新做过、必须被收回来，而这常常是非常艰难的。在童话中有说到各种被女人鱼或者男人鱼的魔性音乐吸引进自己的控制之中的人们[20]。为了要解掉这魔法，童话教导我们说，这受魔法的人就有必要把这同样的音乐反向地演奏回去[21]，而且绝不可以犯任何错误。这想象起来非常深奥，而实施起来则非常艰难，但这却恰恰就是如此；人们必须以这样的方式来去除掉那些被弄进自身的错处，每出一次错就得重新从头开始。所以，你可以看出，去选择和去及时地做出选择是多么地重要。反过来，你则有另一种方法；因为我完全知道，你用来面向这个世界的这一挑起争端的方面并不是你真正的本质。是的，如果这“去进行考虑”是对于人生的任务的话，那么，你距离完美就很近了。我来打个比方吧。为了让这例子能够更适合于你，这之中的对立面自然就必须是猛烈的对立：要么牧师，要么演员。在这里是两难。现在，你的全部激情的能量都醒来了；反思用自己一百条手臂去抓住“作为牧师”这一想法。你无法得到安宁，你日夜都想着这事；你阅读你能够找到的所有文字，每个星期天上三次教堂[22]，与牧师们结交，自己写布道文为自己宣读，在半年之内你对于这个世界来说是死人一个。现在你一切就绪；现在，谈论起关于“作为一个牧师”，你能够比那许多做了二十年牧师的人们更有见识，并且看起来更有经验。在你遇上他们的时候，你对于他们不知道怎样去使用完全不同的雄辩来衷诉心曲感到恼火；这是热情吗，你说，和他们相比，我这个不是牧师的人、我这个没有去献身想成为牧师的人所讲的东西简直就可以算是天使之声了。现在，这也许是非常真实，然而你却并没有成为牧师。现在，对于那另一个问题你也作出同样的举动，并且，你的艺术热情几乎超过了你在教会方面的雄辩。这时你已准备就绪能够进行选择了。然而，我们却知道有一件事是很确定的：在你所经历体验过的这一巨大的思想活动中有许多东西都掉落了，许多小的想法和观察。因此，在你要去进行选择的那一瞬间，在这些掉落的东西中又有了生机和动力，它们向自己呈现出一个新的非此即彼：律师；也许辩护律师，这是某种与两者都有着某种共同点的职业。这时你就迷失了。就是说，在同一时刻里你马上足够地像一个律师而能够去证明为什么“把这第三样也包括进来”是对的。你的生命就这样地继续着。在将一年半的时间浪费在了这些考虑上之后、在带着一种令人惊叹的能量去竭尽了你所有灵魂的力量之后，你并没有向前迈出一步。于是思想之弦就绷断了，你变得不耐烦、激动，在思想中烽烟四起地焦灼，这时你继续：要么理发师，要么银行雇员，我只是说非此即彼。于是这句话对于你成为一种冒犯（Forargelse）和一种痴愚（Daarskab）[23]，这又有什么奇怪的，“这对于你就好像是处女[24]的双臂，其拥抱就是死刑”。你目中无人，你用你的讥嘲来对待人众，而你自己所已经成为的这一种人也正是你在一切人之中最厌恶的一种——批评家，一个涉足所有行当的普遍批评家。有时候我不禁因你而觉得好笑，然而这却是一种悲哀，因为你原本极出色的精神能力就被这样地分散风化掉。而在这里，你的本质中又有着同样的矛盾；因为，你能够很好地看出那可笑的东西，上帝安慰那些落在你手上的人吧，如果他的情形也是如此的话，然而你与他的迥然不同则是在于：也许他是腰杆屈了身子折了，而你则相反变得轻松，昂首挺立并且比任何时候更欢欣，并且用你的福音来让你自己和别人感到极乐，“空虚之空虚，空虚”[25]，呦呵[26]！但这不是什么选择，这是人们用直话所说的“算了就由它去吧”，或者是一个中介（Mediation[27]），就好像是那种“差不多大致上行就行了”。现在你觉得自由自在，对这个世界说再见[28]。

于是我沿着所有道路向遥远行进。
在我的帽子之上只有群星。[29]

看，通过这个你作出了选择，当然是选择了“不”，想来你自己也会承认，那上好的部分[30]；但是你其实根本没有选择，或者你只是在比喻性的（uegentlig）意义上作了选择。你的选择是一种审美的选择；然而一个审美的选择不是什么选择。在总体上说，这“去选择”是对于“那伦理的（det Ethiske）”的一个内在真正的并且有严格说服力的表述。在任何地方，只要是在更严格的意义上涉及一个非此即彼，那么我们就总是可以肯定：“那伦理的”在这里是参与起作用的。那已有的唯一绝对的非此即彼就是那介于“善”与“恶”之间的选择，但这选择也是绝对地伦理的。那审美的选择，要么是完全直接的，并且因此而不是什么选择，要么就是迷失在极大的丰富多样性之中。比如说，如果一个年轻的女孩追随自己心灵的选择，那么，不管这一选择本来会是多么地美丽，在更严格的意义上它仍然不是什么选择，因为它是完全直接的。在一个人审美地考虑一大堆生活任务时，就像你在前文中的情形，那么他就不会那么容易地得到一个非此即彼，相反他得到的是整个丰富多样性，因为这在选择中自我定性着的东西在这里得到伦理上的强调，并且因为，如果一个人不是选择绝对，那么他就只为环节而选择，并且因此可以在下一个瞬间又选择某种别的东西。因此，那伦理的选择在某种意义上就是远远更为容易的、远远更为简单的选择，而在另一种意义上也是无限远地更为艰难的选择。一个人，如果他想要伦理地为自己确定出自己的生活任务，在通常的情况下并没有什么可观的选择范围；但是选择的行动则对他有着远远更重大的意义。这样，如果你会正确地理解我的意思的话，我就完全可以这样说：在这“去选择”之中最重要的方面与其说是“去选择那正确的东西”这行为，还不如说是那相应者用来进行选择的那种能量、那种严肃（Alvor）和悲怆（Pathos）。就在这能量、在这严肃和悲怆之中，人格在其内在的无限性中宣示出其自身，并且人格也通过这种自我宣示而又得到了强化巩固。因此，尽管一个人选择了那不正确的，那么，恰恰因为他用来进行选择的这种能量，他还是会发现自己选择了那不正确的。就是说，由于那选择是一个人在带着整个人格的真挚性（Inderlighed[31]）的情况下所进行的选择，因而他的本质是纯化了的，并且他自己被带进了一种与那永恒的力量（den evige Magt）的直接关系，这永恒的力量无所不在地渗透着整个存在（Tilværelsen）。这一崇高神圣化，这一更高的献身仪式是那仅仅只作出审美的选择的人永远也无法达到的。那只作出审美的选择的人，尽管他有着灵魂的全部激情，他灵魂中的节奏却只是一种“弱气”[32]。

就像一个加图[33]，我则是向你大喊我的非此即彼，并且同时却又不像一个加图；因为我的灵魂至今尚未获取他所据有的那种听天由命的冷漠。但是，我知道，如果我有足够的力量，只有这条咒语是能够唤醒你的，不是将你唤进思想的活动中——因为你不缺乏这种活动，而是将你唤进精神的严肃之中。没有这种严肃，你也许也能够成功地去达成许多，也许甚至会使得世界惊讶（因为我并不小气），然而你却会错过那最高的、那唯一真正赋予生命意义的东西，也许你会赢得全世界，却丧失了你自己[34]。

那么，我在我的非此即彼之中所区分的是什么呢？是“善”和“恶”吗？不，我只想将你带到这样的一个点上，使得这一选择对于你真正获得意义。这就是一切所围绕的问题。只有在我们能够让一个人以这样一种方式站到了道路的分叉口上，对于他不通过去作选择就不会有任何出路，只有在这样的时候他才会选择那正确的。因此，如果在你阅读完这一稍稍更为详尽的、再一次以书信形式发送给你的考究之前，你觉得那选择的瞬间已经在那里的，于是把剩下的部分扔掉，如果是那样的话，那么就尽管按你的想法做吧，你什么也没有失去；但是去进行选择吧，并且，你将看见在那之中蕴含着怎样的有效性，甚至没有什么在其心灵之选择中的年轻女孩会像一个知道了怎样去选择的男人那么幸福。于是，要么一个人应当审美地生活，要么他应当伦理地生活。在这里就像前面所说，还没有在严格的意义上谈论“一个选择”；因为审美地生活的人，他不选择，而如果一个人在“那伦理的”向自己显现了之后选择“那审美的”，那么他就不是在审美地生活，因为他在行罪，并且他是处在各种伦理的定性之下，尽管他的生活必须被标示为不伦理的。你看，这就像是“那伦理的”所具的一个“无法抹去的特征”[35]：尽管它适度地将自己置于与“那审美的”平齐的级别，它在根本上却是那使得选择成为一个选择的东西。这就是令人悲哀的事实：在我们观察人们的生活时，有那么多人浑浑噩噩地一路在平静的迷失中生活下去；他们比自身活得更久，这不是说他们生命的内容持续地得以展开并且在这一展开之中被他们拥有，而是说他们就仿佛是在他们自己之外生活着，就像影子们一样地消失；他们的不死的灵魂被吹散，他们不会因为那关于灵魂的不死性的问题而感到焦虑，因为他们在他们死亡之前就已经消失瓦解。他们不是在审美地生活，而“那伦理的”也没有作为一种整体向他们呈示过自己；他们也不曾真正地摒弃过它，因此他们也没有行罪，除非“他们既不是这个也不是那个”就是一项罪；他们也不对他们的不死性有所怀疑，因为，如果一个人深刻而内在地为了自己的缘故而对此有所怀疑的话，那么他肯定就会找到那正确的东西。我说“为了自己的缘故”，现在正是到针对那种大度雅量英雄侠义的客体性而向人们作出警告的时候了，许多思想者们借助于这种客体性来为所有人的缘故却不是为自己的缘故而思想。如果人们把我在这里所要求的东西看成是自我爱恋的话，那么我就会回答：这是因为人们根本就对这个“自我”是什么一无所知，也是因为如果一个人赢得世界而失去自我的话，他也并不会从中获得什么好处，同时还因为：如果一个人想证明什么，而这人的论证却无法首先使得自己信服，那么这就必定是一个糟糕蹩脚的论证。

我的非此即彼并非是用来标示“善”与“恶”之间的那种选择，它所标示的是人们在“选择善恶”与“排除这一善恶选择”之间的选择。在这里问题就是：在怎样的定性之下一个人才会去观察整个存在并且自己去生活。那在善与恶之间选择的人选择“那善的”，这无疑是对的，但这要到后面才显现出来；因为“那审美的”不是“那恶的”，而是那种无所谓的态度，并且，因此我说的就是这个：“那伦理的”构建出选择。因此，问题的关键不在于去在“想要那善的”或者“想要那恶的”之间作选择，而是在于去选择这一“想要”，而因为有了这个“想要”，“那善的”和“那恶的”接下来也就得以设定。那选择了“那伦理的”的人，他选择“那善的”，但是，“那善的”在这里是完全抽象的，它的“在（Væren）”只是通过这选择而得到了设定，并且由此绝不会得出“他不能够再去选择‘那恶的’”的结论，尽管他选择了“那善的”。在这里你又一次看见，“必须有所选择”是多么重要，并且这选择所依据的不是那慎重的考虑，而是意志的洗礼，正是这后者将前者吸收进了“那伦理的”之中。时间流逝得越久，“去做选择”就变得越艰难；因为那灵魂不断地处在两难的一个部分中，因此如果它想要摆脱出来的话，随着时间就变得越来越艰难。然而，如果要有所选择，它就必须摆脱出来，并且，如果一个选择是意味了什么的话，那么这一摆脱也就因此而有着极大的重要性。我将在后面阐示出，事情就是如此。

你知道，我从来就不将自己弄得像一个哲学家，而在我和你交谈的时候则尤其不会是那样了。一方面是在稍稍逗弄你，一方面是因为，我通常作为丈夫出场，这确实是我在生命中的最亲密和最宝贵的、在某种意义上最意义重大的身份。我没有把我的生命奉献给艺术和科学，我所奉献的对象与此相比是微不足道的；我向我的作为（Gjerning）、我的妻子、我的孩子奉献我自己，或者更确切地说，我没有为这些而奉献，而是我在这些对象之中得到了我的满足和喜悦。与你的生活目的相比，这只是一些无足轻重的琐碎，然而，我年轻的朋友，可要小心，不要让你为之献身的那宏伟的东西欺骗了你。现在，尽管我不是哲学家，我还是不得不在这里斗胆冒昧步入一段小小的哲学思索，对于这一思索，我希望你不是作批评而是为你自己取之作为参考[36]。就是说，所有你对于生存的凯旋颂歌都在这样一种争议性的结果中回响，而这一争议性的结果与那更新近的现代哲学所最爱的"取消矛盾律"理论[37]有着一种奇怪的相似性。当然我知道，你所采取的立场对于这哲学而言是一种受厌憎的东西，然而我觉得这哲学自身犯着那同样的谬误，是的，人们之所以没有马上感觉到这一点，那是因为它甚至根本没有像你那样站立在一个正确的位置上。你所处的是"作为"的领域，而它所处的则是"沉思"的领域[38]。因此，一旦人们想要将它引入那实践的领域，它就必定会进入与你一样的结果，尽管它不会以这样的一种方式来表述出自身。你把那些对立面通过中介转化进一种更高的癫狂，而那哲学则将对立面通过中介转化进一种更高的统一体。你所面向的是那将来的时间，因为"行为"在本质上是将来时的；你说，我要么做这个、要么做那个，但不管我做其中的哪个，都同样地荒谬，所以[39]我什么也不做。那哲学所面向的则是那过去的时间，面向那整个被经历了的世界历史，它显示出那些游移的（discursive）环节[40]是怎样在一个更高的统一体中走到了一起的，它不断地进行着中介转化、中介转化。相反在我看来，它根本就没有回答我所提出的问题；因为我所问的是关于那将来的时间。而你倒是以某种方式回答了，尽管你的回答是废话。现在，我假设那哲学是对的，假设矛盾律真的是被取消了，或者，哲学家们在每一瞬间之中将它扬弃在那对于思想而言是更高的统一体中。然而，我们却知道，这无法被运用在那将来的时间中；因为，在我要中介转化那些对立面之前，它们首先必须是曾经存在在那里的。而如果对立面是在场的，那么就会有一个非此即彼。那个哲学家说：迄今事情就是这样；我问：如果我不想作哲学家的话，我该做什么？因为，如果我想做哲学家的话，那么我就肯定能够看出来，像其他哲学家们一样，我得去中介转换那过去的时间。一方面，对于我所问的"我该做什么"而言，这不是什么回答；因为，哪怕我是有史以来世上最具天赋的哲学头脑，我也一样在除了坐在那里观想过去之外还得去做更多的事情；另一方面，我是一个丈夫，并且绝不是什么哲学头脑，我却在我的全部敬畏之中向这位科学的耕耘者请教“我该做什么”。但是我没有获得任何回答；因为那哲学家中介转换着“那过去的”并且身处之中，那哲学家疾跑进往昔，在这样的一种程度上，就像一个诗人就一个古董专家所说的：只有他的衣服后摆还留在现在时中[41]。看，在这里你和哲学家们有着共同点。你们的相同之处是：生活停滞了。对于那个哲学家，世界的历史结束了，而他进行着中介转化。因此，这种令人厌恶的情景就属于我们时代的日程：你会看见各种年轻人，他们能够中介调和基督教和异教[42]，能够拿历史的各种提坦般的[43]力量来玩游戏，却无法对一个简单朴素的人说什么是他在此生中要去做的事情，并且也不知道他们自己该做什么。在对于你所最喜欢的结果的表述上，你的用语是那样地丰富多样，在这里我想要挑出一个来，因为在这之中你与那个哲学家有着惊人的相似之处，尽管他的真正的或者假装的严肃会禁止他去参与这一使你乐在其中的常规性飞翔。如果人们问你，你是否联署一项给国王的提议[44]，或者你是否希望一部宪法[45]或者征税权[46]，或者你是否参与这项或者那项慈善事业，于是你就会回答：“极受尊敬的同代人！你们误解了我，我根本没有参与，我是身在事外的，我就像一个小不点的西班牙 s 那样置身事外[47]。”那个哲学家的情形也是如此，他身在事外，他不参与，他坐着并且听着往昔的歌声变老，他听着那中介（Mediation）的各种和谐。我崇敬科学，我尊重它的耕耘者，但生命也有着自己的要求，并且，如果我看见一个非同寻常有天赋的头脑片面地迷失在“那过去的”之中的话，在我对他的精神技能怀着敬畏的同时，我会不知所措地觉得自己不知道该怎样去判断、去对此给出一种看法；尽管如此，当我在我们的时代里看见一群不可能全部都是哲学头脑的年轻人迷失在这时代所喜爱的哲学中时（或者我几乎会忍不住要将之称为这时代少年的哲学[48]），我则不会变得不知所措。正对哲学，我有着一个有效的要求，同样，每一个它不敢以“完全无能”的理由来回绝的人都能够有这样的一个有效要求。我是一个丈夫，我有孩子。现在，如果我以他们的名义问"一个人在生命中该做的是什么"的话，又会是怎样的一种情况呢？你也许会微笑，每一次都是这样，哲学的青年人们会以微笑来面对一个在家里做父亲的人，然而，我却认为，如果他们没有什么可用来作为回答的话，那么这种不作答本身其实就是对他们的一个可怕的反证。难道生命的进程被停止了，也许现今存在的这一代人能够以观察为生，那么，那随后的一代要以什么为生呢？难道是以观察同样的东西为生吗？上一代人毕竟什么也没有做成，没有留下任何"该被中介转化的东西"。看，我在这里又可以把你和那些哲学家们归在一起了，我对你们说：你们却是错过了那至高无上的东西。我作为丈夫的身份在这里成为一种对我的帮助，帮助我更好地来解说我的想法是什么。如果一个结了婚的丈夫要说"完美的婚姻是没有孩子的婚姻"，那么他就会犯那些哲学家们所犯的同一种理解错误。他使得自己成为"那绝对的"，而每一个作为丈夫的人则都会觉得这是不真实而不美好的，而如果他自己成为一个环节（Moment[49]），就像他在获得一个孩子的时候那样地成为一个环节，那么事情就会是远远更为真实。

然而，也许我已经走得太远了，我让自己被卷进了一个我也许根本不该被卷入的考究中，一方面因为我不是哲学家，一方面因为我的意图绝不是和你一同闲聊这时代的某个现象，而其实是对你说话，是让你以所有的方式都感觉到，你是我说话所针对的人。但是，既然我已经走得这么远了，那么我还是想稍稍更确切地考究一下，那些对立面在哲学上的中介（Mediation）是怎么自圆其说的。如果我在这里所说的东西缺乏严格的说服力，那么它也许就有着稍稍更多的严肃，并且这也是仅仅因此缘故而被在这里提出来的；因为我的目的并不是为了某种哲学上的尊严而去与人竞争，而是在作辩护。这是肯定的了，既然我在手上已经有着笔了，那么我就用这笔来捍卫那我本来会以其他的并且也是更好的方式来捍卫的东西。

正如有一个将要来临的时间，同样也就有一个非此即彼。时间，那个哲学家生活于之中的时间却不是绝对的时间，它本身是一个环节，并且，如果一种哲学是贫瘠不育的，那么这总是一种让人疑虑的情况，甚至这可以被看作是它的耻辱，正如在东方人们把不育看成是丢脸的事情。于是，这时间自身成为环节，而哲学家自身则在这时间中成为环节。我们的时代对于以后的时代则又会显现为一个游移的（discursive）环节，并且一个以后的时代的哲学家又会来中介转化我们的时代，并且如此不断地继续。在这样的一种意义上，那哲学完全是有着其道理的，并且，我们时代的哲学把我们的时代混淆为那绝对的时间，这一事实在这样的意义上也将会被看成是我们时代的哲学所具的一个偶然性错误。然而，我们却很容易看出，“中介”的范畴因此而遭遇到了一次相当严重的挫折，并且那绝对的中介要在历史完成之后才会成为可能，换一句话，也就是说，这体系是处在不断的形成（Vorden）之中。而相反，那哲学所保存下的东西，则是对于“一种绝对的中介是存在的”的承认。这自然是有着极其重要的意义；因为如果我们放弃了中介，那么我们就放弃了思辨（Speculation）。而在另一方面，“去承认这中介”则是一件令人疑虑的事情；因为如果我们承认这中介，那么就不会有“绝对的选择”存在，而如果没有一个这样的绝对选择，那么就也不会有绝对的非此即彼。这是麻烦的地方；然而我却相信，这麻烦部分地是由于人们把两个层面相互混淆起来而造成的，这两个层面就是“思想”的层面和“自由”的层面。对于“思想”，那对立面并不存在，它进入那“他者（Andet）”，然后与之一同进入到更高的统一体中。对于自由，那对立面是存在的；因为它排斥着它[50]。我绝不是在把“随意的自由[51]”和那真正的正定的自由（positive Frihed）混淆为一体；因为，甚至这后者在自身之外也永远有着“那恶的”，尽管“那恶的”只是作为一种乏力的可能性，并且，它之所以变得完美，不是通过它越来越多地吸取“那恶的”，而是通过它越来越多地排斥掉“那恶的”，但

“排斥”恰恰是“中介”的对立面[52]。我将在稍后展示出：在这里，我并不是以此来设定一种根本恶[53]。

那些真正属于哲学的工作范围的层面、那些真正地为“思想”而存在的层面，是“那逻辑的”、是“自然”、是“历史”[54]。在这样的层面里，必然性是统治者，因此中介就有着自己的有效性。“那逻辑的”和“自然”的情形是如此，这无疑是没有人会否定；但是“历史”的情形则相反有着其麻烦之处；因为，人们说，在这里自由是统治者[55]。然而我却相信，人们对历史的考虑是不正确的，并且，那些麻烦就是因此形成的。就是说，历史不仅仅是那些自由个体的自由行为的一个产物，而是更多。那个体作出行为，但这一行为进入了事物们的秩序，而这秩序则承担着整个存在（Tilværelse）。那行为者在根本上其实并不知道由这行为会导致出什么。但这更高的“事物们的秩序”，它可以说是在消化着这些自由的行为并且把它们全都一起加工进自己的永恒法则之中；这秩序是必然性，并且，这一必然性是世界历史中的运动[56]，并且，那哲学运用中介，就是说，那相对的中介，因此就是完全正确的。《圣经》上在谈及一些作为（Gjerninger）的时候说“它们追随他[57]”，这是一类作为；但还有另一类作为，这人通过这类作为而属于历史，现在，如果我观察一个世界历史性的个体人格[58]，那么，我就能够在这两类作为之间作出区分。那哲学与那种能够被人们称作是“内在的作为”的东西是根本毫无关系的；但这内在的作为则是“自由”的真实生命。哲学观察那外在的作为，而却又不是隔绝地看它，而是看它在世界历史的过程中被吸收和转化。这一过程在根本上是哲学的对象，并且哲学是在必然性的定性之下观察它的。因此，哲学摒弃那种想要指出“一切都可以是并非如此的”的反思，哲学是这样看世界历史的：任何关于一个非此即彼的问题都是不存在的。看来，在这一观察之中混杂着许多愚笨而不恰当的说法，至少我觉得是如此；尤其是那些年轻的巫师们，他们想要召唤出历史的精灵，让我觉得滑稽可笑，这一点我不否认，但是我也向我们时代所展示出的那些伟大成就深深地鞠躬致敬。如前面所说，那哲学是在“必然性”的而不是在“自由”的定性之下看历史的；因为，尽管人们把那世界历史的过程称作是自由的，但这种说法却是与人们谈论“大自然中的有机化的过程”[59]是有着同一种意义的。对于那历史性的过程是不存在什么非此即彼的问题的；但是不会有任何哲学家想到要去否定，对于那作出行为的个体，这样一个关于非此即彼的问题是存在的。而由此又可以去看那被哲学用来观察历史及其主人公的那种无所谓、那种心平气和；因为它是在必然性的定性之下看它们的。而由此又可以去看它在“去让一个人作出行为”上面的无能；它的“让一切进入停滞”的倾向；因为在根本上它其实是在要求一个人去必然地作出行为，而这“必然地作出行为”的说法则是一种矛盾的说法。

这样，甚至那最微不足道的个体也有着一种双重的存在。他也有着一部历史，并且这部历史不仅仅是他自己的各种自由行为的一个产品。相反那内在的作为则是属于他自己并且将在所有的永恒之中属于他；这是历史或者世界历史无法从他那里剥夺走的东西，它跟随着他，要么进入喜悦、要么进入悲伤。在这一世界中的统治者是一个绝对的非此即彼；但这个世界和哲学没有什么关系。如果我想象一个年纪较大的人，他回顾自己历尽沧桑的生活，然后他在思想中也获得了一个对此的中介，因为他的历史被交织进时代的历史；但是在他的内心深处，他却没有得到什么中介。一个在他选择的时候是被分开的非此即彼现在仍然持恒地分开着。如果要谈论中介的话，那么我们可以说，那是“悔（Anger）”；然而，“悔”不是中介，它并不欲求地看着那要被中介转化的东西，它的愤怒噬蚀着那东西；但是，这情形正如“排斥”，是中介的对立面。在这里同时我们也可以明显地看出，我没有假设一种根本恶，因为我设立出“悔”的实在性；但悔则无疑是“和解（Forsoning）”的一个表达，并且它也是一个绝对不能和解的表达[60]。

然而，也许你会认同我所有这些说法。除了你出于自身考虑也作弄着这些哲学家们之外，你却是一个以许多方式做着与哲学家们共同的事情的人；也许你认为，我作为丈夫可以让自己心满意足于自己的丈夫身份，并且在我的家庭生活中运用它。诚实地说，我并不要求更多；但是我却想要知道，哪一种生活是更高的，是哲学家的生活还是一个自由男人的生活。如果那哲学家只是哲学家，迷失于哲学之中而不认识“自由”的至福生活，那么他就缺乏一个非常重要的关键点，他赢得整个世界，并且他丧失他自己；这样的事情永远也不会发生在一个为自由而生活着的人身上，尽管他也许会失去那么许多。

为了自由，我因此而搏斗着（一方面是在这封信中，一方面尤其是在我内心之中），为了那将来临的时间，为了非此即彼。这是我打算遗留给我在这个世界上所爱着的人们的宝藏。是啊，如果我的小儿子在这样的一个瞬间到了他真正能够懂得我的年龄而我的临终的最后时刻已经来到，这时我会对他说：我留给你的不是财产、不是头衔和尊荣；但是我知道，在什么地方埋有宝藏，这宝藏可以使得你比整个世界更富有，而这一宝藏属于你，甚至你根本就不该为这宝藏而感激我，你不应当因为欠一个人一切而伤害了自己的灵魂[61]；这一宝藏被存放在你自己的内心深处：在那里有一个非此即彼，它能够使得一个人比天使们更伟大[62]。

在这里，我要中断这一思考了。也许这没有使你得到满足，你贪婪的眼目不断地吞咽而你却没有餍足，但这是因为，眼目是那最后获得满足的东西[63]，在一个人像你这样没有饥饿而只是因眼目无法满足的欲望而受煎熬的时候，尤其是如此。

于是，那通过我的非此即彼而出现的是“那伦理的”。因此，现在还不是在谈论关于对某样东西的选择，不是在谈论那被选择的东西的实在性，而是谈论这“去选择”的实在性。然而，这却是有着决定性意义的关键，我努力想唤醒你并让你进入的就是这一关键。一个人是可以帮助另一个人，一直到这个点上；在他到达了这个点上之后，一个人对于另一个人能够具备的意义就变得更为次要。我在前一封信中说到过，这“曾去爱过”为一个人的本质带来一种永远也无法被完全失去的和谐；现在我要说，这“去选择”给予人的本质一种庄严性、一种宁静的高贵，这是永远也无法被完全失去的庄严和高贵。有许多人因自己曾与某个卓越的世界历史性的个体人格面对面地相遇而深感非凡的殊荣。这一印象是他们永远也不会忘记的，它给予他们的灵魂一个理想的画面，使得他们的本质变得高贵；然而，不管这一相遇的瞬间有多么重大的意义，如果我们拿它与那选择的瞬间相比较的话，它就什么也算不上了。在一切都在一个人的周围变得宁静，就像一个星明之夜那样庄严的时候，在灵魂与整个世界成为一体的时候，这时，在它面前就有某种东西显现出来，这显现出来的不是一个卓越的人，而是那永恒的权力本身，这时，天空就仿佛是分开了一般[64]，那“自我”选择它自己，或者更确切地说，它接受它自己。这时，灵魂看见了“那至高无上的”，这是尘俗的眼睛所无法看见的[65]、无法被遗忘的，在这时，人格就接受了这“被接纳进一种永恒”的骑士授勋礼。他并不成为“异于他以前所是之人”的另一个人，而是成为他自己；意识结合成一体，而他是他自己。就像一个财产继承者，尽管他是全世界的宝藏的继承者，然而在他尚未获得成年合法身份之前，他却并不拥有这些宝藏[66]，同样一个人在人格上的情形也是如此，在他选择了他自己之前，甚至那最丰富的人格也只是乌有，而在另一方面，如果他选择了他自己，那么，就算是那被人称作是“最贫瘠的人格”的，也一样是一切所有；因为那伟大的东西并非是“是这个”或者“是那个”，而是“是自己”，而任何一个人，只要他想要是自己，他就能够是自己。

在某种意义上，我们所谈的不是关于“对某样东西的选择”，这你可以从这样的事实中看出：显现在另一边的东西是“那审美的”，那就是置身事外的无所谓。然而在这里所谈论的却确是一个选择，而且是一个绝对的选择；因为只有通过“绝对地去选择”，一个人才能够选择“那伦理的”。于是，通过这绝对的选择，“那伦理的”就被设定出来了；但由此却绝不是在说“那审美的”就被排斥掉了。在“那伦理的”之中，个体人格集中焦注于自身，这样，“那审美的”就被排除了，或者说，它作为“那绝对的”就被排除了，但是，它相对地继续持恒地留在那里。在人格选择其自身的时候，它伦理地选择其自身并且绝对地排斥“那审美的”；但是既然它选择其自身，并且通过这“选择其自身”不是去成为一个“另一存在”，而是成为自己，于是，那整个“审美的”就在其相对性之中返回来。

这样，我所列出的这一非此即彼在一定的意义上是绝对的；因为它是一个介于“去选择”和“不去选择”之间的选择。但既然这选择是一个绝对的选择，那么非此即彼就是绝对的，在另一种意义上，要到有了选择的时候，那绝对的非此即彼才出现；因为在这时，那介于“善”与“恶”的选择才显现出来。我在这里要专门探讨的不是这一“被设定在最初的选择中并且与最初的选择一同被设定的选择”，我只是想把你逼到这样的一个“选择的必然性得以显现”的点上，然后在各种伦理的定性之下去观察考虑存在。我不是一个伦理的严格墨守者，醉心于形式上的抽象自由；只要那选择被设定了下来，那么所有“那审美的”就返回来，并且你会看见，只有在这样的情况下存在才变得美好；并且，只有沿着这条路，一个人才能够成功地拯救自己的灵魂并且赢得整个世界，去使用世界而不滥用世界。

然而，什么是那“审美地生活”呢，并且，什么是那“伦理地生活”呢？在一个人身上，什么是“那审美的”，什么是“那伦理的”？对此，我将回答：一个人身上的“那审美的”就是这样一种状态，处于这状态时，这个人直接地是他所是的人；而“那伦理的”就是这样一种状态，处于这状态时，这个人去成为他将成为的人。一个人，如果他是生活在“那审美的”之中、通过“那审美的”来生活、依靠“那审美的”来生活并且为了“那审美的”而生活，那么这个人就是审美地生活着。

在这里，我的意图不是更进一步去深入到一种对这许许多多包含在那对“那审美的”的已有定性之中的东西的观察。看上去，要对你解说什么是审美地生活，这也无疑是一件非常多余的事情，你恰恰是带着如此极大的造诣在这方面实践着，以至于是我反过来会需要得到你的帮助了。然而，我倒是想勾勒出一些阶段来帮助我们去走向你生命真正归属的那个点，这对于我是非常重要的，我就只怕你借助于你所特别喜欢的侧转离题手法之一来过早地摆脱我。另外，我不怀疑我将有能力大量地向你解说关于“什么是审美地生活”的问题。就是说，在我会把每一个想要审美地生活的人都推荐到你这里、让你作为那最可靠的指导者的同时，如果有人在一种更高的意义上想要去明白“什么是审美地生活”，那么我就不会让他来找你；因为，恰恰由于你身陷其中，你就不会有能力向他说明白这个问题；只有那处在更高阶段中的人或者伦理地生活的人才能够对他说明白这个问题。也许你不禁会在一瞬间想要给我一个难堪，并且会说：既然我自己是身陷于伦理的生活之中，那么我就当然也不能够给出一个关于“什么是伦理地生活”的可靠解说。这却只会给我一个机缘来作出更进一步的说明。审美地生活着的人之所以在一种更高的意义上没办法作出任何解说，那是因为他不断地生活在那片刻之中，却不断地只在一定的相对性之中、在一定的限定之内是有知的[67]。我的意图绝不是去否定这样的事实：如果一个人想要审美地生活，那么当这样一种生活是处在自身的顶峰时，这个人所面临的挑战就是，他就必须具备丰富多样的精神天赋，是的，甚至这些天赋必须是在一种非凡的程度上得到了强劲地发展的；然而，它们却是受到了奴役的，并且缺乏透明性。比如说，人们常常会发现一些动物种类有着比人类远远更为敏锐、远远更为强有力的感觉能力，但这些感觉力却是和动物的本能捆绑在一起的。我很愿意拿你自己来作例子。我从不曾否认你有出类拔萃的精神天赋，这一点你也可以从我对你的足够频繁的责备中看出来——我责备你滥用它们。你机智诙谐、有反讽精神、总是观察着，你是辩证法运用者，在享乐之中有着丰富的经验，你知道怎样去算计出"瞬间"，你根据环境的需要而感伤或者无情；但是在所有这一切之下，你只是持恒地处在那片刻中，你的生命为此而消释瓦解，而对于你，要把这个解释清楚是不可能的。现在，如果一个人想要来学习"去享受"的艺术，那么他来找你就完全是找对了人；但是，如果他想要来搞明白你的生活，那么他找你就找错了人。也许在我这里他倒会找到他所寻找的东西，事情就是如此，尽管我绝不具备你的那些精神天赋。你沉陷在那里，并且就好像是你没有时间来挣脱出来，我没有被陷住，既没有在我对"那审美的"的判断中、也没有在我对"那伦理的"的判断中陷住；因为，在"那伦理的"之中，我恰恰是被提高到了那"瞬间"之上、是在"自由"之中，而如果说一个人能够沉陷在"身处自由"之中无法自拔，那么这说法就是矛盾的。

每一个人，不管他的天资多差，不管他在生活中的地位多低，都有一种天生的需要去为自己构建出一种人生观、一种关于"人生意义及其目的"的观念。审美地生活的人也有这样的需要，并且我们在所有的时代、从不同的阶段所听见的普遍表述就是：一个人应当享受生命。自然，这之中的变动是非常大的，全都得根据那关于"享受"的观念上的不同而有所不同，但是在"一个人应当享受生命"这一表述上，它们全都一样。*然而，那说自己想要享受生命的人，他总是设定出这样一个条件，这条件不是处在这个体（Individet）之外，就是以这样一种方式处在这个体之内：它不是依据于那个体自身而存在在那里的。*我请求你，关于这最后的一个句号，请你稍稍固定住那些表述词，因为它们是被很用心地选出来的。

现在，让我们非常简短地把所有这些阶段都走一遍以迅速达到你的所在。也许你对我所提出的那"审美的生活"的一般表述已经有点恼火了，然而你却很难去否定掉它的正确性。我们是够频繁地听你对人们进行讥嘲，说他们不懂得享受生命，而与此同时，你则相反认为你从根本上对之进行了研究。当然他们确实有可能不懂这个；但是就这一表述本身而言，他们却是同意你的。也许你现在隐约地感觉到，在对这个问题的考虑上，你弄到最后也许就与那些被你视作是厌憎物的人们成为同道。也许你认为我应当是那么礼貌地把你当成一个艺术家来对待，带着沉默忽略过那些肤浅的庸人，他们会在生活中对你构成足够多的烦扰，并且你也绝不想和他们有任何共同之处。然而，我却无法帮上你的忙；因为你确实与他们有着某种共同的东西，而且那是某种非常本质的东西，也就是说，人生观；而你与他们不同的那些地方则在我的眼里是某种非本质的东西。我忍不住要笑话你了。看见没有，我年轻的朋友，这是追逐着你的一道魔咒：你所获得的、但你却绝不打算承认的那许许多多艺术家师兄弟。你在招致着“去与糟糕平庸者们为伍”的风险，你这个如此出类拔萃的人。我不否认，去与每一个酒肉之徒或者狩猎爱好者[68]共同拥有相同的人生观，这肯定是令人不舒服的。然而事情倒也不是完全如此；因为，你在一定的程度上是处在那审美的领域之外，这一点我将会在后面阐示出来。

在那审美的领域之内，不管各种差异是多么大，所有的阶段却有着本质性的相同处：那精神没有被定性为精神，而是被定性为直接的[69]。各种差异可以是非同寻常的，从完全的无精神性（Aandløshed）一路上去到那最高程度上的才华（Aandrighed[70]）；但哪怕是在才华横溢的阶段，精神却也仍然没有被定性为精神，而是作为天赋。

我只想非常简短地勾勒一下每一个单个的阶段，而只在那以某种方式是适合于你的或者我能够希望你会去运用到你自己身上的东西上作一下停留。人格是直接地定性为不是精神的，而是身理的（physisk）。在这里我们有一种人生观，它教导我们说，健康是那最宝贵的“善的东西”，这就是一切所环绕的中心[71]。这一人生观也得到一个更为诗意的表述，它叫做：美是那至高无上的。现在，美是一种极其脆弱的“善的东西”，因此我们很少看见这一人生观被一直坚持到底。我们足够频繁地碰上一个年轻女孩或者一个年轻男子因自己的美丽而自负，然而它马上就欺骗了他们。然而我倒是记得有过一次，我看见了它带着罕见的幸运被坚持到底。在我的学生时代，我放假到了乡下一个省份的一个伯爵家。那伯爵在早年曾出任过驻外职务，而现在老了并且生活在自己府邸的乡村的宁静中。伯爵夫人在作为年轻女孩的时候曾是非同寻常地让人喜爱；作为年长者她也仍然是我所曾见到过的最美丽的女士了。伯爵在年轻的时候曾因自己的英俊而在美丽的女性那里赢得极大的倾慕；在宫廷里，人们仍然记得起那英俊的王家侍从。年龄不曾挫垮他，并且一种高贵的、真正出类拔萃的尊严使得他更为英俊。那些在他们的年轻时代认识他们的人们，向我确证了，伯爵夫妇是他们所曾见到过的最美丽的一对情侣，而有幸在伯爵夫妇年长的日子里认识了他们的我，则觉得这一评价完全是有道理的；因为他们至今仍然是人们所能见到的最美丽的一对。伯爵和伯爵夫人都是学养极高的人，然而伯爵夫人的人生观则是集中在“他们是全国最美的一对情侣”这一想法上。我仍然能够完全历历在目地回想起一个对此很有说服力的事例。那是一个星期天的上午；在临近他们府邸的地方有着一座教堂正在举行一场小小的庆祝活动。伯爵夫人感觉身体不是很舒服，因而不想硬撑着去那里。伯爵则相反一早就去那里了，穿戴起所有自己的华贵服饰，自己的王家侍从制服，佩带着各种勋章。大客厅的窗户是对着通往教堂的林荫路。伯爵夫人站在其中的一个窗户前；她穿着很有品味的晨衣并且真的很美丽。我询问了她的健康状况，并且进一步与她谈论关于接下来一天驾船出游如何安排的事情，这时，伯爵则在下面的小道上出现了。她陷入沉默，她变得比任何我以前见到她的时候都更美，她的表情变得几乎稍稍忧伤，伯爵走到了很近的地方，以至于他能够从窗户外看到她，她带着优雅和端庄向他抛出一个亲吻的手势，这时她转向我说：“小威尔海姆，你说是不是，我的迪特列夫确实是整个王国里最英俊的男人吧！是啊，我看得出，他身子稍稍地有点像一边斜，但这不会有什么人看得出来，在我和他一起走的时候、在我们并肩同行时，我们仍然依旧是全国最美丽的一对。”任何十六岁的小女孩为自己的未婚夫——英俊的王家侍从——所具的迷醉欢喜都无法比得上这位尊贵的夫人对已经上了年纪的侍卫长所具的这种至高幸福感。

有两种人生观，对于“人应当享受生命”这一点都是一致的[72]，为此所具的前提是在个体（Individet）本身之中，但却是以这样的一种方式被设定出来：它不是依据于那个体自身而被设定出来的。

我们继续。我们遇上的人生观是教导说一个人应当享受生命，但将其条件设定在那个体之外。每一种将财富、荣誉、显贵等等当成生命的任务及其内容的人生观都是属于这种情形。在这里我也要谈论到一类恋情。如果我想象一个年轻的女孩，全灵全魂地坠入了爱河，她的眼目所知的唯一喜乐就是看她所爱的人，她的灵魂所具的唯一思想就是他，她的心灵所具的唯一欲求就是“去属于他”，对于她，如果没有他的话，那么没有任何东西，不管是天上的还是地上的，没有任何东西，是有什么意义的，于是在这里又是一种审美的人生观，其条件处在个体的自身之外。当然，你觉得这样地去爱是一种痴愚，你认为这是某种只会在小说之中发生的东西。然而，这确实可以想象的，并且这一点我们是多少可以确定的：在许多人的眼中这样的爱情会被看成是非凡的。稍后我将向你说明为什么我不能同意这观点。

我们继续。我们所遇会的人生观是教导一个人应当享受生命，但将其条件设定在那个体之内，却是以这样的方式：它不是依据于他自身而被设定出来的。在这里，人格在一般的情况下被定性为才能。它是一种实际的才能、一种做生意的才能、一种数学上的才能、一种诗歌的才能、一种艺术的才能、一种哲学的才能。生活中的满足，享受，都要到这一才能的展开中去寻找。也许一个人并不立足于那在其直接性之中的才能，他以各种方式来使之得到深造，但是，生命中的满足的条件则是才能本身，这才能是一种并非依据于个体自身而被设定的条件。那些在身上可看出这一人生观的人们是属于这样的一类人，他们常常因其不知疲倦的工作活动而成为你不断讥嘲的对象。你认为你自己是审美地生活着，并且绝对不想承认他们也是审美的一类。你有着另一种关于“享受生命”的看法，这是不可否定的，但是这却不是那本质的方面，那本质的方面是：一个人想要享受生命。你的生命比起他们的要远远地更出类拔萃，而他们的比起你的则也要远远地更为无辜[73]。

现在，正如所有这些人生观有着这一共同点——它们是审美，它们相互也在这方面相似：它们有着一种特定的统一、一种特定的关联，一切所围绕的是一样特定的东西。被它们用来建构它们的生命的，是某种就其本身简单的东西，因此这样的人生观不会像那种将自身的生命建立在“那就其本身丰富多样的东西”之上的人生观那样地分裂开。这就是我现在稍稍要作较长停留来阐述的人生观的情形。它所教导的是：享受生命；它这样地对之作出解说：为你的欲乐（lyst）而活。然而，欲乐就其自身却是一种丰富多样的东西，于是，人们很容易看出，这一生命在一种无限的丰富多样之中分裂开，除非那欲乐在某个单个的个体身上从童年起就被定为一种单个的欲乐，我们几乎可以将此称作一种倾向、一种瘾，比如说偏爱钓鱼，或者打猎，或者养马，等等。只要这一人生观在一种丰富多样性之中分裂开，那么我们就很容易看出：它是处在反思的领域之内；然而这一反思却不断地只是一种有限的反思，而人格也依旧停留在自身的直接性之中。在欲乐本身之中，个体人是直接的，并且，不管这个体有多么高雅而有修养、多么机关算尽，这个体却仍是作为“直接的”而在此中，在享乐中他是处在“片刻”中，不管他在这方面多么丰富多样，他也仍然是不断地直接的，因为他是处在“片刻”之中。现在，为了满足自己的欲乐而生活，这是生活中的一个非常卓越的工作，并且我们可以看出，感谢上帝，尘世生活的诸多艰难为人带来了许多其他要去想的事情，而尘世生活的这些艰难使得这工作很少得以完成。如果事情并非如此的话，那么我不会怀疑，我们会足够频繁地成为这一可怕演出场景的见证；因为我们都知道，我们足够频繁地听见人们抱怨说，他们觉得那平庸的生活让他们心烦，而更不幸的是，这种抱怨常常只意味了他们渴望有一种野性，欲望能够将一个人卷起来扔投进这一野性，他们渴望能够在所有这种野性中放纵自己。就是说，如果要让这一人生观得以实现，那么这个体就得拥有一种丰富多样的外在条件，但这种幸运，或者更确切地说，不幸，很少有人得以享有这种不幸；因为，这一幸运到来，它无疑不是来自那些恩惠之神，而是来自那愤怒的诸神。

根据任何可观的尺度来看，我们更少看见这一人生观得以实现；相反我们倒是看见不少人在此之中稍作涉猎，并且，在那些条件停止存在的时候，于是他们就认为：假如他们能够支配拥有这些条件，只须如此，他们就无疑能够达到他们在生命中所欲求的幸福和喜悦。在历史上，我们还是会碰上某个这样的事例的，并且，既然我认为去看一下“这一人生观在一路顺风的情况下会通往何处”是有好处的，那么，我就想展示出这样的一个人物形象，为此，我选择了那个有着全能全权的人，尼禄皇帝[74]，这样一个人，整个世界面对他都要弯下身子，他永远地被无数群欲乐的忠诚使者环拥着。有一次你在你惯有的鲁莽之中表述说，我们不能责备尼禄只是为了获得一种对特洛伊大火的想象而烧毁整个罗马[75]，我们倒是可以问，在他这样做的时候，他是否有足够的艺术头脑而懂得怎样去享受它。现在，这就是你的至尊欲乐之一：从不在任何想法面前示弱让道，从不被它吓倒。要达成这个，一个人无需一个皇帝的侍卫、无需金银、无需所有世上的宝贝，一个人完全能够自己单独做到，并且在宁静中作决定，因此这是更为聪明的，尽管并不会少一些可怕。你的意图固然不是去为尼禄作一场辩护，但在这样的事实之中却有着一种辩护：一个人不将目光凝聚在“他做什么”而在“他怎么做”之上。然而我却很清楚地知道，这一想法中的鲁莽是我们常常在年轻人们身上看见的，他们在这样的瞬间里就好像是让自己在世界上经受历练，于是很容易就忍不住要张扬自己，尤其是在别人听着他们说话的时候。我很清楚地知道，你和我以及每一个人都一样，甚至尼禄自己都会在这样的狂暴面前战栗着缩回去的，然而我仍然绝不会去忠告任何人在严格的意义上去以为自己有足够的力量不去成为一个尼禄。就是说，在我为了描述出尼禄的本质而提到那种在我看来是构成这一本质的东西的时候，你也许会觉得，用来描述这样的东西，这是一个过于温和的用词，然而我却肯定不是什么温和的审判者，尽管在另一种意义上我从不审判任何人。但是相信我吧，这词不是太温和的，它是那真实的，但是它也能够显示出这样的一种残暴可以离一个人多么地近，是的，人们可以说，任何一个人，只要他的一生并非总一直是个孩子，那么，这样的一个瞬间就会在什么时候进入他：他会隐约感觉到，尽管是非常模糊隐约地，感觉到这种迷失。尼禄的本质是沉郁（Tungsind）。在我们的时代，“是沉郁的”变成了某种让人推崇的东西；既然是如此，我自然就能够理解你为什么觉得我这个词用得太温和；我与一种古老的教会学说有着同样的看法，这种学说把沉郁看成是包括在主罪之中的[76]。如果我是对的，这对于你就无疑是一个非常不舒服的消息，因为它对你全部的生活看法作了彻底的颠倒。为谨慎起见，我在这里马上说明，一个人会有悲哀和忧虑，甚至它们会是如此没有穷尽而以至于它们也许会追随他一生，并且这甚至会是美丽而真实的，但是一个人只会因自己的过失而变得沉郁。

于是我想象那至尊的欲乐者。不仅仅是在他登上皇帝宝座或者去议会的时候，他是被扈从[77]围绕，而且尤其是在他出门满足自己的欲乐的时候也是如此，这样他们就能够为他的强盗之行开道了。我想象他年龄大起来，他的青春消失了，那轻浮的念头流逝了，他已经和每一种可以想象的欲乐都很熟悉了，厌倦了。然而，不管这一生活是多么地腐朽，它还是使得他的灵魂成熟了，并且哪怕他有着他对世界的全部理解、哪怕他有着自己所有经历，他仍然是一个孩子或者一个年轻人。精神的直接性无法突破，然而它却仍然要求着一次突破，它要求着一种更高形式的存在。但是，如果这突破要发生的话，那么就得有这样的一个瞬间的出现，使得皇座的光泽、他的权力和威严都变得苍白，而他是没有勇气去进入这一瞬间的。现在，他抓住欲乐，世界的睿智都得为他去想出新的欲乐，因为只有在欲乐的一刻他才能够得到安宁，而在这欲乐过去之后，他就在钝惰之中喘气。精神不断地想要突破，但是它却无法进入到突破中，它不断地受到欺骗，他想要向它提供那种对于欲乐的饱食。这时精神就在他内部像乌云一样地集中起来，它的愤怒孵在他的灵魂上，并且它成为一种恐惧，甚至在享乐的瞬间都不会有止息的恐惧。看，正因此他的眼睛才如此黑暗而以至于没有人能够受得了去看它们，他的目光是那样闪耀着而以至于它让人感到不安，因为在眼睛的背后有着作为一种黑暗世界的灵魂[78]。人们将之称作是至尊的一瞥，并且整个世界为这一瞥而战栗，而他的内在本质却是恐惧。如果一个孩子以不同于他所习惯的方式来看他，偶然的一次注视能够让他感到惊吓，就好像是这个人拥有了他；因为精神想要在他的内心里出现，想要让他在自己的意识里拥有他自己，但是他却不能够，它被挤回去并且去收集更多愤怒。他不拥有他自己；只有在世界在他面前震颤的时候他才变得镇静，因为这时则没有任何人敢来抓住他。正因此，与尼禄在每一个这样的个体人格上有着共同性的人们都有着这种恐惧。他就好像是鬼魂附体，就其自身而言不自由，并且正因此，就仿佛每一道目光都要捆绑他。他，罗马的皇帝，会畏惧那最卑微的奴隶的一道目光。一道这样的目光遇会他，他的眼睛吞噬着这个敢于如此看着他的人。一个无赖站在皇帝的这一边，明白这狂野的目光，这个人不再存在。但是尼禄在自己的良心里不存在杀害，而精神则有一种新的恐惧。只有在欲乐的瞬间他才能找到消遣。半个罗马被烧掉，而他的苦恼依旧如故。稍后，这一类东西就不再让他感到有什么乐趣。还有一种更高的欲乐，他想要使人们焦虑不安。他自己是神秘的，恐惧是他的本质；现在他想要对于所有人成为一个谜，并且对他们的恐惧感到高兴。因此有了这一至尊的微笑，无人能明白的微笑。他们靠近他的皇座，他友好地向他们微笑，然而一种可怕的恐惧却抓住他们，也许这一微笑是他们的死亡判决，也许地板就被打开并且他们落进深渊。一个女人靠近皇座，他和蔼地向她微笑，然而她却仍然几乎因恐惧而昏晕，也许这一微笑已经将她选为他的欲乐的牺牲品。而这一恐惧让他觉得好玩。他不想为人留下好印象，他想让人焦虑。他不是在他的至尊的威严中骄傲地登场，他虚弱、无力地悄悄溜进来，因为这一无力感更加使人不安。他看上去像一个正在死去的人，他的呼吸是虚弱的，然而他却是罗马的皇帝并且在手中抓着人们的生命。他的灵魂是呆滞的，只有笑话和俏皮话能够在一瞬间里将他启动一下。但是世上所有已经被耗尽，而如果没有了声音的话，他就无法呼吸。他能够当着母亲的面让人把那小孩子给砍了，如果她的绝望不能为激情给出新的表达来让他觉得喜乐。如果他不是罗马的皇帝，他也许就会以自杀来结束自己的生命；因为，卡利古拉希望所有人的头都长在同一个脖子上以便一刀砍下去就能够消灭全世界[79]，和一个人终结自己的生命，这两者其实是同一件事情的不同表达。

我不知道这是不是尼禄的情形，但是人们在有时候会觉得在这样的一种人格里也有着某种和善，如果尼禄具备过这种和善的话，那么我不会怀疑，他周围的人们肯定会愿意称之为慈祥。这之中有着一种古怪的关联，但却也给出了对于直接性的一种新的证明，这直接性在自己所受的压抑中构建出那真正的沉郁。这时这样的事情就发生了：全世界的珍宝和荣耀都几乎不足以去娱乐这一类人，与此同时，一句简单的话、一个小小的稀奇物、一个人的外表或者一件其他本身是微不足道的东西却能够为他们带来非凡的喜悦。一个尼禄会像一个孩子一样地为这一类东西而感到欢愉。就像一个孩子；这恰恰就是对此的正确表述，因为在这里显现出来的，不经变异而不被美化地显现出来的，恰恰就是那孩子的全部直接性。一个完全形成了的人格是无法以这样的方式感到欣悦的，因为尽管这个人在自身中保留孩子的天真，但却终究是停止了作为孩子。因此，尼禄在日常中是一个老人，偶尔他是一个孩子。

在这里我要中断一下这小小的描述，这一描述至少为我自己留下了极其严肃的印象。甚至在尼禄死后，他仍然使人不安；因为，不管他是怎样地腐朽，他的肉是我们的肉，他的骨头是我们的骨头[80]，并且即使是在一个非人身上也仍然是有着某种人性的东西。我展示这些的目的并不是为了让你的想象力有所忙碌；我不是一个邀宠于读者的作家，尤其不会来邀宠于你，你知道我在根本上不是作家而且只是为了你的缘故而写下这些文字。我展示这些也不是为了给予你我机会去与那个法利赛人一同感谢上帝说“我不像别人”[81]。在我这里，它唤起其他想法；尽管我感谢上帝，我的生活有过那么少的动荡，以至于我只是非常隐约地能够感觉到这种可怕的事情是怎么一回事，并且我现在是一个幸福的丈夫，我为此而感谢上帝；在你的事情上，我则是很高兴你至今仍然是足够地年轻而能够从中学到一些什么。每一个人都学习自己所能学的东西；我们俩都能够从这之中看到：一个人的不幸绝不是在于他无法控制那些外在的条件，因为如果他能够去控制这外在的条件的话，这只会使得他反而变得完全地不幸。

什么是沉郁（Tungsind）？那是精神的歇斯底里。在人的生命中出现一个瞬间，这时那直接性就仿佛是得以成熟了，并且精神要求一种更高的形式，它想要将自身领会作“精神”。作为一个直接的精神，人关联着那整个世俗的生活，现在那精神就仿佛是想要从这一散漫之中将自己集结出来，并且在自身之中使自己转化进崇高的状态；人格想要在自身的永恒有效性之中意识到自身。如果这转化不发生，那么运动就停止，它被逼回去，于是沉郁就进来了。为了将之带入遗忘，一个人能够做许多事情，他可以去劳作，他可以使用比一个尼禄更为无辜的手段，但是那沉郁依旧在那里。在沉郁之中有着某种无法解释的东西。如果一个人有悲哀或者忧虑，他会知道自己为了什么而悲哀或者忧虑。如果我们去问一个沉郁的人，他如此的原因是什么，是什么东西使他沉重，那么他就会回答，这我不知道，我无法解释这个。在这之中有着沉郁的无限性。这个回答是非常正确的；因为一旦他知道了，那么这沉郁就被取消了，相反，在那悲哀者那里，这悲哀绝不因为"他知道了自己为什么悲哀"而被取消。但是，沉郁是罪（Synd），是真正的一种有效于一切其他东西的[82]罪，因为它是这罪：不愿意深刻和真挚，这是一个"所有罪之母"。这一病症，或者更正确地说，这种罪在我们的时代是那么地普遍，并且正是在这种罪之下，整个青年德国和法国叹息着[83]。我不想刺激你，我尽可能地照顾着你。我完全承认，在某种意义上"是沉郁的"并非恶劣的标志，因为它在通常只会发生在那些有天赋的人们身上。我也不会用这样一种假设来困扰你：每一个消化不良的人都因此而有权去自称沉郁；这一假设在我们的时代里是足够常见的，因为"是沉郁的"几乎成了那所有人都觊觎的高贵状态了。但是那想要作为非凡天赋者的人，他必须承受起这样的事实：我要将这样的责任放在他身上——他也会比别人更有辜[84]（skyldig）。如果他正确地看这个，那么他也不会在这之中看到一种对自己人格的贬低，尽管这是要教会他在真正的谦卑之中去在那永恒的权柄之下屈身折腰。一旦这一运动发生了，那么那沉郁在本质上也就被取消了，相反，对于这同一个个体完全可能发生这样的事情，他的生活会为他带来许多悲哀和忧虑；在这方面，你很清楚地知道，在一切东西中我谈论得最少的就是那些常识上的廉价物，说什么沉湎于悲哀是无济于事、一个人应当扔掉悲哀之类的话。如果我真的去带着这样的话语跑到一个悲哀的人面前的话，那么，我会为自己感到羞耻。但是，即使是那种在其生活里只发生着最宁静、最平安和最合时的事情的人也总是会保持着一小点沉郁，但这却是关联到某种远远更深刻的东西，关联到传承之罪（Arvesynd），并且它是渊源于这样的一个事实：没有人能够变得对于自己是透明的。相反，那些其灵魂彻底不识沉郁的人们则是那些其灵魂对变形（Metamorphose）没有丝毫隐约感觉的人。在这里，我与他们是毫不相干的，因为你知道，我只是在写关于你并且只是写给你。我相信，这个解释是能够让你感到满意的，因为你很少像那许多医生们那样假设说，沉郁是属于那身理方面的东西，并且，足够滑稽的是，尽管医生们这样说，但他们却又无法消除掉它；只有那精神能够来消除掉它，因为它是处在那精神之中，并且如果它发现了它自身，那么所有小小的悲哀烦恼就都消失了。这些小悲哀烦恼在一些人那里被他们认作是招致沉郁的原因：一个人无法适应于世界、一个人既是过早又是过晚地来到这个世界、一个人无法在生活中找到自己的位置；因为那永恒地拥有着自己的人，他既不会过早也不会过晚地来到这个世界，并且，那在其永恒有效性中占据了自己的人，他能够很好地在这一生活中找到自己的意义。

然而，这是一个附带的话题，我希望你会原谅我偏离了正题，因为这文字在本质上是为了你的缘故而出现的。我回到那种认为“人应当为满足欲乐而活”的人生观上。一种睿智的常识很容易看出，这种人生观是无法被实现的，并且因此而不值得去开始为实现它而作出努力；一种成熟完善了的自我主义认识到，这种人生观错失了享受中的关键。在这里则是有着一种教人去“享受生命”的人生观，并且它又可以被这样地表述出来：享受你自己；你应当在享受之中享受你自己。这是一种更高的反思，然而它却自然并没有渗透进人格本身，这人格就仍然停留在自己的偶然的直接性之中。在这里，享受的条件其实也还是一种外在的、不受那个体支配的东西；因为，尽管他是如他所说享受他自己，但他却只在享受之中享受他自己，而那享受本身是联系着一种外在的条件的。于是这全部的差异就在于，他是反思地享受，而不是直接地享受。在这样的意义上，这一伊壁鸠鲁主义本身就是依赖于一种它自身所无法支配的条件。这时，某种理智的硬化则要教会我们一条出路，它教我们说：在你不断地把那些条件抛弃掉[85]的同时享受你自己。但是由这说法自身又推导出：那在对条件的摒弃中享受自己的人，就像那享受这些条件的人一样地依赖于这些条件。他的反思不断地返回到他自己这里，并且，由于他的享受是在于，那享受获得尽可能少的内容，于是他就仿佛是在镂空他自己，既然这样一种有限的反思当然是不能够去打开那人格的。

通过这些观察考虑，我现在觉得这样把审美人生观之疆域的轮廓给勾勒了出来，这至少对于你已经是足够地可辨的了；所有的阶段都有这样的共同点，就是，一个人为什么生活的依据就是让他得以直接是他所是的东西；因为，那反思所作的理解就永远也达不到这样的高度——要让它达到这东西之外是不可能的。我所作出的只是一个非常草率的提示，但我也不想给出更多提示了；对于我这些不同的阶段并不重要，而只有那运动才是不可避免地必要的，正如我现在所要展示的，并且我想要求你的就是将你的注意力固定在这之上。

于是，我假定，那个为自己的健康而活着的人，如果我使用你的一个表述方式的话，在他死去的时候，他也和他生命中任何其他时候一样地健康；那对伯爵夫妇在他们的金婚日跳舞，并且在客厅里有一阵低语穿过，完全就像那时他们在自己的婚礼上跳舞的情形一样。我假定，那富人的金矿是用之不竭的，荣誉和地位在那幸福者贯穿生命的漫步中一直在做着标记；我假设，那年轻的女孩获得她所爱的人，那有着生意才能的人用自己的关系把世界的五大部分捆绑在一起[86]并且保持让全世界的市场都留在他的钱包里，那有着机械才能的人把天地联系在一起。我假定尼禄从不曾喘气，而是每一个瞬间都有新的享受来给予他意外；那个精明的伊壁鸠鲁主义者在每一瞬间都能够为自身而感到欣悦；那犬儒主义者[87]不断地能够把各种条件从自己这里抛掷开[88]以便在自己的轻松之中感到欢喜。这是我所假定的，那么，所有这些人肯定都该是幸福的吧。无疑你不会这么说，但是你不这么说的理由，为什么，我会在后面作出解说；但这是你愿意承认的：很多人会这样想，是的，如果其中的这个或者那个再接着说他们所缺憾的是他们对此并不珍惜，他肯定会自以为是说了什么非常聪明的话。现在，我要进行反向的运动。所有这些之中没有任何一个假定成为真的，全都没有发生。然后怎样？然后他们绝望。也许你也不会绝望，你也许会说，这不值得。为什么你现在不愿意承认那绝望，这我将在后面作出说明；在这里，我只是要求你应当承认，无疑是有很大的一部分人认为“去绝望”并不构成什么问题。让我们看，为什么他们绝望；是因为他们发现，他们用以建筑他们的生活的基础是无常流转的[89]？但难道这是去绝望的原因吗？那么，在那他们用以建筑他们的生活的基础上有没有发生一种本质性的变化呢？它显示出自己是一种无常流转的东西，这是不是在那无常流转的东西中的一个本质性的变化，还是这样说更确切：它的“不显示出自己是一种无常流转的东西”难道不正是它所具的一种偶然和非本质的东西？然而这里却没有什么新的东西来为一种变化给出根据。这样，如果他们绝望，那么这必定是由于他们在事先就是绝望的。那区别只是，他们没有意识到这个，但我们知道，这只是一种完全偶然的区别。这样就表明，每一种审美的人生观都是绝望，而每一个审美地生活的人都是绝望的；这样，要么他知道这个，要么他不知道。但如果一个人知道这个——而你无疑是知道这个的，那么，一种更高形式的存在就是一种不可抗拒的要求。

在这里，我想稍稍进一步解释一下关于我对于那年轻女孩和她的情欲之爱的判断，只几句话。你知道，因为我这个人作为已婚丈夫的这一质地，我习惯于在任何一个场合与你作对，不管是在口头上还是在书面上，强调爱情的实在性，并且，因此在这里，为了避免误解，我也说一下我的看法。在一种有限意义上的聪明人也许会对这样一种爱持有怀疑态度，他也许会看出它的脆弱并且以一种相反的态度来这样地表达出自己的低级智慧：爱我少一点而爱我久一点[90]。在他看起来事实也许不是这样：他的全部的用来理解生活的聪明比起她的爱情更为脆弱，至少要远远更为低级。这样，你很容易看出来，以这样一种方式，我无法不同意它。在爱欲的领域里，我觉得去做一种想象实验是非常不舒服的事情，我只爱过一次并且至今仍然持恒地在这爱情中感觉到无法描述的幸福，而让我想象自己被不是那与我结合的人而是另一个人爱，不是以一种我的妻子使得我那么幸福的方式，而是以一种我要在这里以之来冒险的方式，这样的想象会让我很不舒服。好吧，不管事情会是怎样，就让我成为这样一种爱情的对象吧。这不会让我觉得幸福，并且，我也永远不会接受它，不是因为我想要蔑视它，上帝知道，我宁可让自己在良心上背上一次谋杀的记录也不愿让自己蔑视一个女孩的爱情，然而，我是为了她自己的缘故而不允许自己去接受。我是希望自己被爱的，如果是由我来决定，被每一个人爱；被我的妻子爱，我希望这爱是一个人从另一个人那里所能够得到的最高的爱，并且如果我没有被爱到这么高的程度的话，那么我就会感到痛苦；但是我也不希望更多；我不会允许一个人因为爱我而伤害到自己的灵魂；我会爱她爱到太高的程度而不会允许贬低她自己。对于那自负的头脑来说，以这样一种方式被爱，这之中蕴含了某种诱惑性的东西，并且，世上也有许多人懂得那种去迷惑住一个女孩的艺术，使得她除了他们之外忘记了一切，让他们去想他们该怎样来为此作辩护的吧。通常一个这样的女孩会为此受到足够严重的惩罚，但是，那卑劣的行为是去让这样的事情发生。你看，因此我曾经这样说并且现在仍然这样说：不管她得到还是没有得到自己所爱的人，那年轻女孩是同样地绝望；因为，我们都知道，如果她所爱的人是一个如此正直的人而帮助她出离她心灵的迷途，那么这会是一种很偶然的情形，而即使他用来帮助她的手法会是严酷一些的，那么我还是要说，他对她所做是诚实的、正直的、忠诚的、高尚的。

这显示出了，每一种审美的人生观都是绝望，因此，看起来，作出那让“那伦理的”得以出现的运动是正确的事情。然而这却仍然是一个阶段，一种审美的人生观，所有我要最小心谨慎地进行讨论的一切之中最为精致卓越的人生观；因为现在要轮到你了。在所有我前面所展开的东西中，你能够平心静气地看下来，以一种方式说，我所谈的这些不是对你而谈的，而且，如果以这样的方式对你谈，或者向你说明生命是虚华，能够起到的作用也不会很大。你自己很清楚，并且也寻求以你的方式来为自己想办法。我之所以把它摆出来，原因就是：我先打一个伏笔避免后面的麻烦，我得阻止你突然跳回到这一点上。前面的这种人生观是绝望本身。它是一种审美的人生观，因为人格继续停留在自己的直接性之中；那是最后一种审美的人生观，因为在一定的程度上把关于“这样一种人生观之虚无”的意识吸纳进自身。然而在绝望与绝望之间是有着差异的。如果我想象一个艺术家，比如说一个变盲了的画家，那么他就也许会（如果在他内心中没有什么更深刻的东西的话）绝望。他是对这单个的事件绝望，并且，如果他的视觉重新恢复，那么这绝望就会终止。这不是你的情况，你太具精神天赋，在某种意义上，你的灵魂太过深刻，因而这样的情形不大可能会出现在你的身上。从外在的意义上看，这也不曾发生在你身上。你仍然持恒地支配着一种审美的人生观的所有环节，你有财产、独立、你的健康没有被削弱、你的精神仍然旺盛，你也还没有因为一个女孩不愿爱你而感到过不幸。然而你却是绝望的。这不是什么现实定性的绝望，而是一种在思想中的绝望。你的思想匆忙地跑在了前头，你看穿了一切之虚无[91]，但是你没有继续往前走。有机会的话你也时而在那之中深潜，而当你在某个时刻投身于享乐的时候，你也怀着你那关于“这是虚无”的想法。以这样的一种方式，你是不断地在你自身之外，就是说，在绝望之中。这就使得你的生命处于两者巨大的对立面之间；有时候你有着一种无法比拟的巨大能量，有时候你则有着一种同样巨大的惰性。

我常常在生活中留意到，一个人所沉醉的饮品越是昂贵，他的康复就越艰难，醉态越美，而后果看起来就不怎么糟糕。一个人沉醉于烈性白酒中的人，他马上就感觉到那些糟糕的后果，并且，我们就能够对他的得救抱希望。使用香槟酒的人，康复得更难。而你，你是选择了那最精良的；因为，又有什么样的陶醉是能够像绝望这么美丽、这么上品、这么迷人，尤其是在女孩子们的眼里（对此你所知的都是最佳的信息），尤其是，如果一个人还有着艺术技能，能够抑制住那些最狂暴的发作，让那绝望像一种远远的火焰那样被隐约感觉到，并且只在表面闪烁反射。它为帽子和整个身体带来一种风度，它带来一种骄傲、大胆的眼神。嘴唇傲慢地微笑。这为生命给出了一种不可描述的轻盈，一种在一切之上的帝王般的俯瞰。现在，在这样的一个形象趋近一个女孩的时候，在这样的一颗骄傲的头颅只为她、只在这个世界上为她一个人而低下的时候，这给出了恭维，并且很遗憾，世上就是会有这样的人，无邪[92]到了这样的程度而会去相信这一虚伪的鞠躬。一个人这样，这岂不是可耻？然而，不，我不会在这里进行雷霆般讲演，那只会使你激动，我有其他更有力的手段，我有那年轻的充满希望的人，他也许是陷入了爱河，他找到你，他错看了你，他以为你是忠实的、正直的人，他想要得到你的忠告。事实上你可以对每一个这样不祥的年轻人关上你的门，但你的心是你所无法关上的；尽管你不希望他成为你蒙羞的见证，但这遇会却并不因此而被取消，因为你并非那么腐朽，并且在你一个人独处的时候，你的善意也许比人们所以为的要更大。

在这里，我有着你的人生观，并且相信我吧，如果你随着我一同将之看成是思想“绝望”，那么你生命中的许多东西对于你就会变得很容易解释。你是一个恨“生命中的活动”的人，很对；因为如果在这活动中要有意义的话，那么生命就必须有了连续性，而你的生命则缺乏这连续性。你忙于你的研究，这当然，你甚至是勤奋的，但这只是为了你自己，并且尽可能地发生得不要有目的性。另外，你是空闲的，你站着就像福音书中的那个在集市中闲站的工人[93]，你两手插在口袋里并且观察着生活。现在，你休憩于绝望之中，什么也不关心，你不为任何东西让路，“哪怕人们把砖头拆下，我也不让路”。你就像一个正在死去的人，你每天都在死去，不是在人们本来所对这句话所理解的那种深刻严肃的意义上这样说[94]，而是说生命失去了它的实在性，并且“你总是从一个期限终止日到另一个期限终止日那样地计算着你的生平日子”。你让一切与你擦肩而过，这不为你留下任何印象，但有时突然有什么能够抓住你的东西出现了，一个主意、一个处境、一个年轻女孩的微笑，而这时你就是“参与之中的”；因为，正如你在一些场合中“不参与之中”，你在其他时候则以各种方式提供着你的服务。不管在哪里，只要有一个事件，你就是参与之中的。你在生命中所为正如你习惯于在人堆中的所为，“你尽可能挤入那最挤的人堆，让人们把你推挤到他人之上，这样你就能够躺在他们之上，一旦你到了他们之上你就尽可能地使你自己舒服，这样你也就听任别人将你抬着从生活中穿过。”但是，当这些人群不再聚作一堆、当那事件过去之后，于是你就重新再站在街角并且看着世界。众所周知，一个正在死亡的人有着超自然的能量，你的情形也是如此。如果有一个要去想明白的主意、一部要去通读的作品、一个要去实现的计划、一场要去体验的小小历险，甚至一顶要去买下的帽子，那么你马上就会带着巨大的力量着手去做。根据情况，你会毅然地工作上一天、一个月，在你向自己确定你仍然像以前一样地充满力量的时候，你感觉到喜悦，你不中止，“没有什么魔鬼能够跟得上你的步子”。如果你与他人联合在一起工作，你就会以无数倍的速度超过他们。但是，在那月份，或者你可以将之看成是最大值的，那半年，过去了之后，这时你就会中断，这时你就会说，现在故事结束了；你将自身撤出来并且把那整件事留给别人，或者，如果你是一个人在干这事情的话，你不会与任何人谈起它。这时，你自欺欺人地使自己看上去仿佛是失去了兴趣，用那种虚荣的想法来进行自我安慰：如果你愿意的话，你就能继续以同样的强度工作下去。但这是巨大的欺骗。如果你的耐性想要做到“去完成它”的话，你会成功，正如大多数别人能够成功，但你也会体验到，这是属于一种与你所具的类型完全不同的耐性。这样，你马上就欺骗了你自己，对于你以后的生命来说，你没有学得任何东西。在这里，我可以用一个小小的信息来帮你一下。关于一个人自己的心灵是多么地具有背叛性，关于一个人是多么容易欺骗他自己，我并非一无所知，更不用说如果一个人在像你这样的一种程度上拥有着辩证法的解析性力量，这种力量不仅仅向一切东西分发特许，并且也瓦解和抹去这一切。如果在生活中有什么东西遇上我的话，如果我决定了什么我害怕对于我会随着时间的流逝而获得另一种外观的事情的话，如果我做了什么我害怕我会随着时间的流逝而给出另一种解读的事情的话，那么，我常常会在这时写下几句简要而清楚的话，关于我所想要的是什么，或者我所做下的事情是什么并且为什么做。如果我觉得我有这样的需要，如果我的决定或者我的行为并非是历历在目地显现在我面前，那么我就可以取出我的书面凭证并且对自己进行评判。也许你会觉得这是一种迂腐，会觉得这样做太冗长复杂，并觉得这事情不值得如此小题大做。对此，我除了这样说之外没有别的回答：如果你觉得没有对此的需要，如果你的意识一直是如此没有差错而你的记忆一直是如此忠诚，那么就别这么做。但是我却不信这真是如此，因为你真正缺乏的精神能力是记忆，就是说，不是对这或对那，不是对于各种想法、诙谐或者辩证法中花哨繁复的过程，所有这些都绝非我所说的东西，你缺乏的是对于你自己的生活的记忆、对于那在生活中所体验过的东西的记忆。如果你有这记忆的话，那么，那同样的现象就不会在你的生活中如此频繁地重复了，那么，那许多被我称作是"半小时工作"的事情就不会被演示出来了，因为，哪怕你是用了半年的时间去做，但只要你没有完成它，那么我就能够这样地称呼这事情。然而，你喜欢自欺欺人。如果你一直是像你处在激情之瞬间时那样地强劲，那么你就是，是的我不会否定，我所认识的最强劲的人。然而你却不是，你自己很清楚地知道这一点。正因此你撤回来，几乎是在躲开你自己，并且继续在惰性之中休憩。你并非总是能够逃避开我的眼睛的注意，你带着你那片刻的热情，并且你试图在这种热情之中为你对他人的讥嘲找到合理辩护，在我的眼中，这几乎就是可笑的。从前有两个英国人远行到阿拉伯去买马。他们自己也带了几匹英格兰的赛马，并且想要借机会同阿拉伯人的马作比较来测试一下它们的能力。他们提出了一场赛跑，阿拉伯人愿意奉陪，并且让英国人在他们的阿拉伯马群中挑选他们想要的马。然而他们却不想马上就进行这场赛马，因为他们解释说，他们首先需要使用40天来进行训练准备。人们等待了40天，奖金的大小定了下来，马的鞍羁都装备好了，这时阿拉伯人问他们要骑马跑多久？回答是一个小时。这让阿拉伯人感到诧异，他非常简洁地回答说：我以为我们要骑马跑三天。你看，这就是你的情形。如果人们要和你赛马一小时，那么“没有什么魔鬼能够赶得上你”；三天的赛马你就不行了。我记得我有一次对你说这个故事，我也记得你的回答说，赛马跑三天，这是一件令人疑虑的事情，一个人所冒的风险会是在他进入了这样一个疾速之后他再也无法刹住，因此，你睿智地使自己远离这样的剧烈行为，“有时候我骑马跑一圈，但是我既不想成为骑兵也不想去在生活中具备其他坚持不懈的活动”。这样看来，这在一定的程度上倒也对；因为你总是畏惧连续性，并且尤其是因为这样的原因：这连续性会剥夺掉你欺骗自己的机会。你所具的力量是绝望的力量；它比一般的人的力量更剧烈，但它持续得也更短。

你不断地在你自身之上盘旋，你在这一更高的气境、这一更精美的升华之中挥发着，但这气境和升华却是绝望之乌有，而在你之下你看见丰富多样的知识、明见、学研、观察，但它们对于你却没有任何实在性，然而你完全随着自己的性子来利用和组合它们，你借助于它们来尽可能有品味地为精神之奢华而装点修饰那你偶尔有机会居留的宫殿。于是，生存（Tilværelsen）对于你就是一个童话，这就没有什么奇怪的了，你常常会忍不住以这样一种方式来开始每一段讲演：“从前有一个国王和一个王后，他们生不出孩子”，并且你会在这时忘记所有别的东西来做这样一个评述：这真是够奇怪的，这在童话里总会是一个导致国王和王后的悲哀的原因，而相反在日常生活里我们所听到的倒反而是人们因为有孩子而觉得悲哀；各种孤儿院和所有这一类的机制都证明着这一点。现在你得到了这样一个奇想“生活就是童话”。你真的会把一整个月的时间单单用在阅读童话之上，你对比和检测，你的研究并非是没有收获，然而，这该派什么用场呢？只是用于让你的精神得到娱乐。你在一场极其绚丽的烟花焰火中把一切都烧掉了。

你不断地在你自身之上盘旋，而你在你之下所看见的是丰富多样的心境和状态，你使用这些心境和状态来找到各种与生活的令你感兴趣的接触。你可以是感伤的、无情的、反讽的、诙谐的，在这方面我们得承认，你是训练有素的。一旦有什么东西能够将你从你的惰性之中拉出来，那么你就会带着你的全部激情进入你的全力实践，你的实践不缺乏艺术，正如你只是有着过于丰富的装备——机智、善变，还有精神所具的全部诱惑性的天赋。你正如你自己带着极其沾沾自喜的自命不凡所表述的：如果不在身上带着一束小小的芬芳新鲜地摘下的机智之花环，就这么毫不潇洒的话，那么你永远也不会登场。人们对你的所知越多，就越是会几乎惊讶于这种算计的精明，在你被激情打动的短短时间里，这精明就渗透到你所做的一切之中；因为激情从来就没有使得你盲目，而是使得你看得更清楚。你这时却忘记了你的绝望以及所有那些原本是栖息于你的灵魂和思想中的东西，你与一个人的偶然接触使得你绝对地投入。我想对你回忆一下一个发生在我自己家的小小事件。也许为了你所做出的这段讲演，我得感谢那两个在场的年轻的瑞典女孩。那场对话进入了一个严肃的方向，并且到了一个让你觉得很不舒服的点上；我稍稍表述了一下自己对那种对精神能力的不合时宜的尊重（这是我们时代的一个特征性标志）的反对；我提醒说，那关键性的东西是某种完全其他的东西，一种在那整个本质之中的真挚性（Inderlighed），除了“信仰（Tro）”，语言对之再也没有别的表述。也许你因此被置于一种不怎么幸运的处境，并且你看出你沿着这条你曾踏上的道路无法再走得更远，于是你觉得你被要求去进入那被你自己称为是“更高的疯狂”的东西之中去以感伤的音色进行尝试：“我没有去信吗？我相信，在森林孤独的幽静深处，那些树在暗色的水面上、在暗色的秘密中映照出自身，在那里正午的时候也是黄昏黎明的天色，在那里住着一种生灵、一个水妖、一个女孩，我相信它比任何一种想象更美丽，我相信她在早上编织花环、在中午沐浴于凉水中，到了晚上她忧伤地摘下花环的叶子，我相信如果我能够抓住她并且拥有她的话，我会变得幸福、会是唯一应被称作是幸福者的人；我相信在我的灵魂中有着一种渴慕在整个世界里搜寻，我相信如果这一渴慕得到了满足，那么我就会变得幸福。总的说来，我是相信只要我能够找到它，那么在这个世界里就是有着意义的。现在不要说我信仰不坚或者精神不热烈。”也许你是认为这样的一段演说能够成为录取应试作[95]，能够使得你够资格去成为一场希腊会饮讨论（Symposion）的成员；在诸多学养之中，这是你获得教育的专业，你把这样的一种生活，每天晚上和一些希腊年轻人在一起、头戴花冠对爱情或者其他可能被想到的东西进行赞美颂扬，看成是最美丽的生活，甚至你会完全献身于去作这样的赞美讲演。在我看来，这样的讲演是不知所云的胡话，尽管它无疑是有着创造性的，尽管它在那一刻会为人留下印象，尤其是在你自己获得了许可去带着狂热的雄辩力来进行讲演；另外，它也让我觉得，它是你困惑的精神状态的表现，因为，如果一个人对被别人所信的所有东西完全没有一点相信，他相信这一类神秘的生灵，这完全是合情合理的，正如在生活中常常会有这样的事情：一个人不怕任何东西，不管是天上还是地上的，但他害怕蜘蛛。你微笑着，你认为我落进了圈套，你认为我以为你相信那比起其他人你尤其是彻底不信的东西。这也完全是对的，因为你的讲演总是终结于绝对的怀疑，但是，不管你有多聪明、不管你多么会算计，你却无法否定，在一瞬间之中你在那处于这样一种过度紧张状态的病态热量中烤炙着你自己。你的目的也许是要欺骗人，然而却有这样的瞬间，尽管你自己不知不觉，你却欺骗了你自己。

你的研学的情形也是你的每一个行为的情形，你处在瞬间之中，在瞬间中你是超自然的量，你让你的整个灵魂沉陷在此之中，甚至带着一种意志的能量，因为在一瞬间里你绝对地拥有支配着你的本质。如果一个人只在这样的一瞬间里看见你，那么他就很容易被欺骗，相反，如果一个人等到了下一瞬间，那么他就很容易有机会胜过你。也许你还记得穆塞乌斯的关于罗兰的三个侍卫的著名童话[96]吧。其中的一个侍卫从他们在林子里所探访的老巫婆那里获得了一只能够使得他隐形的指套。借助于这指套，他进入了美丽的公主乌乐喀丝的房间并且向她倾诉自己的爱情，这为她留下了深刻的印象，因为她看不见任何人，并且因此而以为这至少是一个精灵王子在向她表白其爱慕之情。然而，她要求他公开显形。这里就有了麻烦了；一旦他显现出自己，那么魔法就会消失，然而，如果他不能够公开显形，那么他就得不到任何这爱情中的乐趣。在这里我手头恰恰就有着穆塞乌斯的童话，并且我从中摘抄出一段来，想请你通读一下，这对你真的是有好处的。“他同意了，不情愿地，让自己显现出来，公主的想象为她在面前摆出了最英俊的男人的形象，现在她带着紧张的期待以为自己会见到这形象。但是，真实和理想之间有着怎样的反差啊，因为那显现出的不是别的，而只是一张普通的日常面孔，那些非常平凡的人中的一个，其面相看上去既没有天才的目光也没有感伤的精神！”[97]你希望通过与人们的接触来达到的东西，你也达到了，因为，既然你要比那位侍卫骑士在各个方面都聪明得多，因而你认识到将自身显现出来是划不来的。在你用你的魔法为人们唤出一个理想的形象之后（在这里，我们得承认，你能够在任何方向上显现你的理想），你就会小心翼翼地将自己撤出去，这时你就获得了愚弄了一个人的乐趣。你另外还获得了另一样东西：你的人生观中的关联被打破了，你获得了更多的一个环节，它带着你从头开始。

在理论性的方面，你已经了结了与这个世界的关系，有限性无法在你的思想面前持恒地存在下去；在实践性的方面，你在一定的程度上也已经了结了与这世界的关系，就是说，在审美的意义上。你仍然还是没有人生观。你有着某种像是人生观的东西，这为你的生活带来某种沉静，但是我们却不可以把这种沉静混淆为对生活的安全而健康的信任。你只是相对于那仍然在追猎着“享受”的幻影、“为逃离贫困而跨越大海、越过山崖、穿过烈火的逃亡”[98]的人而言有着沉静。相对于“享受”你有着一种绝对上等的骄傲。这完全是合乎道理的，因为你毕竟已经了结了与那整个有限[99]的关系。然而，你却无法放弃它。与那些追猎“满足”的人们相比你是满足的，但是你所满足于的那东西，却是那绝对的“不满足”。“去看全世界的荣耀”，这并不是你所关心的，因为在思想中你已经超越了它们，并且，如果有人将它们奉送给你，你无疑会一如既往地说：好的，我们当然可以在这之上花费一天的时间。“你没有成为百万富翁”，这并不是你所关心的，而如果有人将“成为百万富翁”的机会送给你，你无疑会说：好的，成为百万富翁无疑会是一件很有趣的事情，并且，我们当然可以为这事情花上一个月的时间。关于人们是否可以向你提供最美的女孩子的爱情，你则会回答：好啊，半年的时间会是非常好的。在这里，我不想再往那人们常常听见的对你的抱怨的叫声中再增加音色了，这叫声说你是永远无法得到满足。我倒是更想说：在某种意义上你是对的；因为没有什么有限的东西能够、甚至整个世界都无法满足一个人的灵魂，如果这灵魂感觉到对“那永恒的”的需求。如果人们能够向你提供名誉和荣耀、提供当今时代的景仰（这则是你最弱的弱点），这时你则会说，好啊，一段短暂的时间就可以了。你并非真正欲求这个，你不会去为此而迈出一步。你会看出，如果这要具备意义，那么你就必须是具有出类拔萃的天赋，以至于这是真相；甚至在这样的一种情况下，你的思想还会把更高程度上的精神天赋看成是某种短暂而无法驻留的东西。因此，你的论辩还会再给予你一种更高的表达，如果你在你内在的对整个生活的怨恨中会希望这样表达的话：你是所有人中最傻的，但却被你的同时代景仰和崇拜为所有人中最聪明的；因为这无疑就会是对整个生存（Tilværelse）的嘲弄，比起另一种情形（如果人们是在这样地崇拜真正最能干的人)，这种嘲弄远远要深刻得多。因此，你不去欲求任何东西、不想要任何东西；因为你唯一会想要的，那是一根能够给予你一切的愿望枝[100]，你会用它来挖你的烟斗。以这样的方式，你就了结了与生活间的关系，“并且无需写遗嘱，因为你在你身后不遗留任何东西”。然而你无法保持停留在顶尖上，因为你的思想无疑剥夺了你一切，而它却没有给你任何作替代的东西。在下一个瞬间，一种小小的无足轻重的东西就吸引住了你。当然，你是带着你的目空一切的思想所赋予你的一切优越和骄傲来观察它的；你将之蔑视为糟糕的玩具，在你将之拿在手上之前，你几乎就已经厌倦，但它还是让你关注了，尽管那使你关注的并非是这东西本身——从来就不会，你还是关注它，以至于你愿意屈尊去进入它。在这方面看，一旦你让自己与人发生关系，你的本性就有了一种高度的不忠实，但是人们却无法在伦理上对你有所责备，因为你是处在伦理定性之外的。对于别人来说，很侥幸，你参与得非常少，因此人们感觉不到这个。你常常来我这里，并且你知道，你在我这里总是受欢迎的，但是你也知道，我从来都没有想到过要请你来参与什么，哪怕是最细微的事情。我甚至不会和你一起去树林踏青，不是因为你并非很喜悦有趣，而是因为你的参与总是一种虚假。如果你真的喜欢，那么我们总是可以确定，这让你喜欢的东西不是那让我们大家都感到喜欢的东西，也不是这一行程，而是某种你在头脑中[101]已有的东西；如果你并不高兴，那也不是因为你碰上了什么事情坏了你的心境，因为那样的事情也会让我们别人不高兴，你不高兴是因为，在你上马车的那一瞬间，你已经看穿了这一乐趣活动中的虚无。我完全可以原谅你，因为你的意识总是过度地处在动态之中，并且你常常用在你自己身上的这句话也确实很真实：你就像是一个分娩期的女人，如果一个人是处在这样的状态，那么如果他与别人有所不同的话，这就没有什么奇怪的了。

但是精神是不容人嘲弄的[102]，它会向你报复，它将你束缚进沉郁的锁链。我年轻的朋友，在这里是一条通往成为尼禄的路，如果在你的灵魂中没有一种本原的严肃，如果在你的思想中没有一种与生俱来的深刻，如果在你灵魂中没有一种宽宏大量，并且，如果你成为罗马的皇帝的话。然而你却走另一条路。现在，在你面前有一种人生观向你显现出来，它看来就是唯一适合你的：它就使得你的灵魂沉陷进忧伤和悲哀。然而你的思想对于这样的一种生活来说则是过于健康了，以至于这一人生观无法通过它的考验；因为，对于这样一种审美的悲哀来说，存在也同样是无常流转的，从这个角度看，它与任何一种其他的审美人生观没有什么不同；因为，在一个人无法在悲哀中沉陷得更深的时候，于是我的这样一种说法就有了真实性：悲哀的流逝就和喜悦没有两样，因为一切东西，只要它是有限的，它就会逝去。如果许多人觉得悲哀的流逝是一种安慰，那么，在我看来，这种想法就和“喜悦流逝”的想法一样无告无慰。这时，你的思想又在消灭这一人生观，并且，如果一个人消灭了悲哀，那么他就保留喜悦；你不是选择悲哀，而是选择一种喜悦作为悲哀的替换物。现在你选择了这一喜悦，这一绝望之笑。你重新回到生活，存在在这一种视效之下让你又有了新的兴趣。正如你把“与孩子们谈话”看成一种极大的喜悦，你所说的东西能够非常好地、轻松而自然地被他们理解，而这对于你自己而言却意味了完全另一种东西：你以同样的方式在“以你的笑去欺骗人们”中获得喜悦。如果你能够让人们因为你而笑而欢叫而喜悦，那么面对世界你就有了胜利感，于是你对你自己说：你们仿佛还真以为你们知道自己在笑什么！

但是精神是不容人嘲弄的，而沉郁的黑暗在你的周围密集起来，一道“疯狂的诙谐”的闪电只是将你在你自身面前显现得更强烈、更可怕。没有什么东西使你得到消遣、整个世界的欲乐对你都毫无意义，尽管你羡慕那些头脑简单的人们的那种对于生活的痴愚喜悦；你并不追逐那个。欲乐享受诱惑不了你。不管你的处境是多么地可悲，在事实上，“欲乐诱惑不了你”这一事实却是一个神所具的幸福。我的意思并不是赞美你身上的这“蔑视欲乐”的骄傲，而是赞美那“将你的思想紧紧抓住”的恩典；因为，如果欲乐诱惑了你，那么你就迷失了。但是“它诱惑不了你”，这事实显示出你的路是什么：你要向前走，不能返回。还有着另一条歧路，也同样地可怕，在此我再一次不是相信你的骄傲，而是相信那种使你保持让自己持恒地高高在上的方式。不错，你是骄傲的，并且，一个人骄傲总比一个人虚荣要好；不错，在你的思想中有着一种可怕的激情，你将之视作是一种你不打算放弃的责任，“你宁可将自己看成是在这个世界上的没有得到支付的债权人，也不愿意去消灭这责任”，然而，一切“人的骄傲”都是一种脆弱的保障。

你看见了，我年轻的朋友，这种生活是绝望，你能够对别人隐藏，但是却无法对自己隐藏：它是绝望。然而在另一种意义上它却不是绝望。你太轻率（letsindig）了以至于无法绝望，你太沉郁（tungsindig）了以至于无法与绝望相接触。你就像是一个分娩期的女人，然而你却持恒地保持着那瞬间、持恒地停留在痛楚之中。如果一个女人在自己的产痛中获得这样的想法，想着她所要生出的会不会是一个妖怪，或者在自己的内心里想着她到底会生出个什么出来，那么她就会与你有着一定相似。她的“试图停止自然进程”的努力不会有什么结果，但是你的努力却无疑是有可能产生结果的；因为，一个人用来在精神的意义上“分娩生产”的东西是意志的创造力[103]，并且它是人自己所能控制的。你畏惧什么呢？我们知道，你不是要去生出另一个人，你只是要生出你自己。然而，我无疑也知道这之中的一种严肃，它能够震撼整个灵魂；“在自身的永恒有效性中意识到自己”，这是一个瞬间，它比世上的一切都更意义重大。这就仿佛是，你被陷住、被纠缠住并且从此在时间和在永恒中都永远也无法挣脱，这就仿佛是你失去了你自己，仿佛你停止了存在，这就仿佛是，你在下一个瞬间就会后悔，但这事情却无法被纠正过来。在一个人面对着一种永恒而将自己联系于一种永恒的权力的时候，在一个人将自己看成是那“时间永远也不会删除其记忆”的人的时候，在一个人在永恒而一贯的意义上意识到自己所是的东西的时候，这是一个严肃和意义重大的瞬间。然而，一个人也可以不去做这事！看，在这里就有一个非此即彼。让我对你说一些在有别人听着的时候我永远也不会对你说的话吧（有别人听着的时候我不会对你说，那是因为我在某种意义上无权这样说，并且，因为我几乎只是在谈论那将来的时间）。如果你不想要这个，如果你继续想要用诙谐之缥缈和精神之虚无来为你的灵魂逗趣，那么你尽管去这样做吧，离开你的家，走出去，去巴黎，投身于新闻采访，奉承娇气女人们的微笑，用你的诙谐之凉爽来冷却她们的热血，让"驱逐一个有闲女人的无聊或者一个灯枯油尽的登徒子的思想"成为你生命中的骄傲使命；忘记掉"你曾是孩子、在你的灵魂中曾有过虔诚、在你的思想中曾有过无邪"，弄哑掉你胸口里的每一个高声，在那些晚会闪烁着的可悲中虚掷你的生命，忘记掉"在你身上有着一个不死的精神"，烤炙掉灵魂中的最后一丝生机，并且，在那诙谐喑哑下来成为无声时，那么，在塞纳河中仍然有水，在小货摊上仍然有火药，旅行社在这一天的任何一个时间里都仍然存在着。但是，如果你不能的话，如果你不愿的话，（你是既不能也不愿），那么振作起来，去掐死每一种胆敢对你的更善的本质作出叛逆的反叛想法，去鄙视所有忌妒你具备精神天赋却自己想要拥有这些天赋来滥用它们的可怜品格，去鄙视那种不情愿承受生活的负担却想要获取"承受生活的负担"的荣誉的伪善，但却不要因此而去鄙视生活，要去尊重每一种正派的努力、每一种谦卑地隐藏着的适度的活动，并且在一切之中首先对女人要有更多一点尊敬，相信我，拯救恰恰是来自她那里[104]，正如腐败是来自男人。我是一个已婚的男人，并且因此而有偏见，但我有这样的信念：就算一个女人把人推进腐败[105]，那么她也有足够正直和诚实来补救，并且仍然在补救着：在一百个在世上迷失的男人中，有九十九个被女人拯救，一个是因为一种直接的神圣恩典而得到拯救[106]。现在，我也还认为，以某种方式进入迷途就是男人的属性，对于男人的生活这是真的，正如对于女人的生活，也有着这样的真理：她应当留在直接性之纯粹而无辜的和平之中；这样，你很容易就可以看出，我认为女人为自己所作下的破坏作出了完全的弥补[107]。

那么，你做了什么呢？换一个人也许会说：去结婚，然后你会有别的东西可想。无疑是如此，但是这是否对你有什么好处，这则又是一个问题了，并且，不管你对于那另一性别是怎么想的，你的思维方式仍然是过于骑士化，因而你不会因为这个原因而去结婚，另外，如果你自己都无法控制你自己，那么你就很难找到另一个人是能够做得到这一点的。或者，人们可以说：去找一个职业，投身于让人消遣的商业生活中，你会忘却你的沉郁，去工作，那是最好的。也许你能够成功地让自己进入这状态，看上去它好像是被忘记了，然而它却没有被忘记，它在某一时刻又突然爆发出来，比任何时候都可怕，也许它甚至能够做到它迄今所无法做到的——出乎意料地突袭你。另外，不管你对于生活及其作为是怎样想的，你仍然会把你自己想得过于骑士化，因而你不会因为这个原因而去选一个职业，因为这实在是一种类型的虚假，正如“以此为原因而去结婚”的情形。那么到底该做什么呢？我只有一个回答：去绝望吧！

我是一个结了婚的男人，我的灵魂确定不移地与我的妻子、我的孩子以及这生活联系在一起，我一直应当赞美这生活的美丽。如果我说，去绝望吧，那么，这就不是一个过度激动的少年人想要把你卷进激情的大漩涡，不是讥嘲的魔鬼对沉船海难呼喊这一安慰，而是我在向你喊这句话，不是作为一种安慰、不是作为一种你要在之中停留的状态，而是作为一种“作为（Gjerning）[108]”，整个灵魂的力量和严肃和集聚就属于这种“作为”，就像这句断言是我的信念、是我盖过世界的胜利[109]：每一个人，如果他没有尝到过绝望的苦涩，那么他就总是会搞不明白生活的意义，尽管他的生活也许会是那么美丽、也许会是那么富足于喜悦。你没有对这个你生活在之中的世界进行过欺骗，你没有输给它，因为你战胜了它，就像我自慰于自己是一个正直的丈夫，尽管我同样也绝望过。

如果我以这样的方式来观察你的生命，那么我会赞叹你是幸福的；因为这其实是非常重要的，一个人千万不要在那绝望的瞬间错误地看生活，否则这是非常危险的，就像孕妇在分娩的时候做错事。如果一个人对于一件具体单个的事物绝望，他所面临的危险就是：他的绝望没有变得真实和深刻，这是一种幻觉、一种对于具体单个的事物的悲哀。你不会以这样的方式绝望，因为没有什么单个的事物被从你这里剥夺走，你至今拥有它们全部。如果那绝望的人出错了，如果他以为那事故是出在他自身之外的丰富多样的万物之中，那么在这时他的绝望就不是真的，并且这不真的绝望就会使得他去仇恨这世界而不是去爱这世界；因为，固然这事情就是这样，这世界为你带来麻烦，因为仿佛世界想要在你面前成为某种不同于它所能是的东西，然而这事情也同样是这样：如果你在绝望之中发现了你自己，那么你就会因为它是它所是而爱它。如果那将人带进绝望的是辜（skyld）和咎戾冒犯（Brøde），是一种艰难的良心压迫，那么，他就也许会难以重新获得自己的喜悦。那么，绝望吧，尽你的全部灵魂和你的全部思想[110]，你越是推迟绝望，那么境况就越艰难，而那要求则一如既往没有两样。我对着你这样叫喊，就像那女人向塔奎尼乌斯兜售一本藏书，在他不愿给出她所要的价钱时，她烧了三分之一并且继续要同样的价钱，而在他仍不愿给出她所要的价钱时，她烧了另一个三分之一并且继续要同样的价钱，最终他为那最后的三分之一藏书给出了她原本所要的价钱[111]。

你的绝望的境况是美的，然而却还有更美的。想象一下，一个和你一样有天赋的青年人。让他去爱一个女孩，爱她之深就像爱他自己。让他有时间考虑上一小时，他将自己的生命建立在了什么东西之上，而她又会将生命建立在什么东西之上。爱是他们共有的，但是他却会觉得有着各种差异。也许她是天生丽质，但这对他无法有重大的意义，并且这也是如此脆弱的，她也许具备青春的喜悦心情，但这一喜悦对他无法有真正的意义；而他有精神（Aanden）的权力，他感觉到它的力量。他想要真正地爱她，并且因此他不会想到要去把这个精神性的东西给她，而她谦卑的灵魂也不会要求这东西；然而，这里有着一种差异，并且他会觉得，如果他真正要爱她的话，那么这差异就得被消除掉。这时他就会让灵魂沉陷进绝望之中。他不是为了自己的缘故、而是为了她的缘故而绝望，然而这却也是为了他自己的缘故，因为他爱她就像爱自己一样深；这时，绝望的权力就来啮噬一切，直到他在自己的永恒有效性之中找到他自己，而到那时他就也找到了她，这时他是从这对血和肉和有限性的虚幻差异的搏斗中回返，再没有什么骑士在从那些充满危险的业绩征旅中归返时能够比他更幸福和喜悦了，因为那绝望的人找到那永恒的人，在这之中我们全都是相等同的。他不会产生那种"想要钝化自己的精神或者忽视精神的修养以求通过这种方式来获得平等"的痴愚想法，他会保持精神的天赋，但在他的内心深处他会自己知道：他这个有着这些天赋的人就像那没有这些天赋的人一样[112]。或者想象一种深刻的宗教境界，出于对于同类（人）的真正的和真挚的爱心而将自己投进了绝望之海，直到他找到了"那绝对的"，在这一个点上，一个人的额头到底是平的还是高高拱起比天空更骄傲就是同一回事，在这一点上不存在无所谓而只有绝对有效性。

你有各种各样好的想法、许多古怪的突发念头、许多傻劲，将他们全都留着吧，我是不想要它们的，但是你有一个想法是我想要求你坚持住的，这个想法使得我确定我的精神是与你的精神有着亲缘关系的。你常说，你宁可去成为世界上任何别的人物也绝不愿去成为诗人，因为从常规看，一种"诗人存在"（Digter－Existens）就是一种以人献祭的牺牲[113]。从我的立场看，我不会否认，那种在开始写诗之前就已经赢得了他们自身、或者通过写诗来赢得他们自身的诗人是存在过的，但是在另一方面也很肯定，就其本身而言的"诗人存在"则是处在那种朦胧黑暗之中，这种朦胧黑暗之所以出现，是因为一种绝望没有被完成、灵魂持恒地在绝望中颤抖而精神无法赢得真正的崇高化。诗人的理想总是一种不真实的理想，因为那真实的理想总是现实的理想。于是，当精神得不到许可上升进精神的永恒的世界时，那么它就停留在了半途之中并且欣悦于各种在云彩中反映出来的景象并且为它们的无常流转而哭泣。因此一种就其本身而言的“诗人存在”是一种不幸的存在，它是高于“有限”的，但却又不是“无限”。诗人看见那些理想，但是，为了能够从它们获得喜悦，他就必须逃离这个世界，他无法在生命的迷惘困惑中将这些“神的形象”带在身上[114]，无法不受那些在他周围呈现出来的歪曲形象的影响而心平气和地继续自己的路，这样就更不用谈他怎么会有力量去将这些理想穿戴起来。因此诗人的生命常常是那些因为停留在有限性中而自以为很安全的人们的那种可怜的同情的对象。有一次，你在一个沮丧的瞬间里表述说，恰恰是他们这些人，他们在他们的暗自思量中对你进行了清算，并且一旦你被认作是一个很有头脑的人但你却隐退出社会并且不去成为社会中好管闲事的成员，他们就很想在这样的情形之下做出了结。是的，在这世界里有着这样的一种可悲的事物想要以这种方式来战胜一切稍稍伸出一个手指的人，这是不容否定的。然而不要去让它来打搅你吧，不要去与之对抗，不要去鄙视它，在这里我想说的正是你一直所说的话：它不值得一个人去为之花工夫。但是，如果你不想成为诗人的话，那么对于你来说，除了我向你展示的这条路之外别无他路：去绝望吧！

于是去选择绝望，因为绝望本身是一种选择，因为一个人能够怀疑（tvivle）而无须去选择这怀疑的行为，但是一个人却无法不对绝望进行选择而去绝望（fortvivle）。在一个人绝望的时候，这人就又作出了选择，那么这个人所选择的是什么呢？他选择他自己，他所选择的不是在自身的直接性中的自己，不是作为这一偶然个体的自己，他是选择在自身的永恒有效性中的自己。

在这一点上，我将针对你而努力做出更进一步的阐明。在现代哲学中已经有过非常多的关于“思辨始于怀疑”的说法，比足够的还要多；相反，就我时而有机会所关注到的这方面的思考看，我却只是在徒劳地想去寻找到一个关于“怀疑和绝望的区别在哪里[115]”的阐释。在这里，我尝试阐述这一区别，希望这阐述会有助于为你确定一个方向并将你置于一个正确的位置上。我绝不是自以为有什么真正的哲学能力，我不具备你那种游戏于各种范畴的大手笔，但那在最深刻的意义上是生命之意味的东西，这东西则无疑也是能够被一个更为朴素简单的人把握的。怀疑是思想的绝望，而绝望是人格的怀疑，因此，我如此紧紧地把握住“去选择”这一定性，这“去选择”是我的口令，是我人生观中的神经，尽管我绝不敢妄自以为自己有一个体系，我却仍然有着这样的一个“去选择”。怀疑是思想自身之中的内在运动，在我的怀疑之中，我尽可能无我而不具偏向地作出行为。现在我假设，思想在怀疑得以贯彻的时候找到“那绝对的”并且休止于之中，于是它不是根据一次选择而是根据一种必然来休止于之中。它在之前也是根据这同样的必然来进行怀疑的，因为这怀疑本身是一种必然之定性，而这休止亦然。这就是怀疑中的高贵之处，正因此，它如此频繁地受到几乎不明白自己在说些什么的人们的赞美和欢呼。但是这个，“它是一种必然之定性”，显示出，那全部的人格都没有参与进运动。因此，如果一个人说，“我很愿意相信，但是我却不能够，我不得不怀疑”，那么在这说法之中就有某种非常真实的东西。因此，我们也常常看见，一个怀疑者在其自身之中也还是可能拥有一种正定的实质（et positivt Gehalt）的，这实质在所有“与思想的交流”之外生活着，他可能是一个最有良知的、绝不去怀疑义务之有效性和自己的行为准则、绝不怀疑许许多多同情的情感和心境的人。另一方面，尤其是在我们的时代，我们看见各种在心灵中有着绝望、但却战胜了怀疑的人。在我看来，如果我们看一下德国哲学家中的个别几个[116]，这样的事实就尤其醒目。他们的思想是平静的，客观的逻辑思想在其相应的客体性中被带进了休止，但他们却是绝望的，尽管他们借助于客观的思维来使自己得到消遣，因为一个人能够以许多方式来使自己得到消遣，但却几乎找不到像“抽象的思维”一样地使人麻木迷醉的方式，因为这思维所要求的是尽可能非人格地去作出行为。于是，怀疑和绝望所属的是完全不同的层面，这被置于运动中的是灵魂的不同方面。然而我却绝没有因此而满足，因为这样一来，怀疑和绝望就变得相互并列，而事情却并非如此。绝望是一个远远更为深刻和完全的表述，它的运动比怀疑的运动所包含的要远远更为博大。绝望恰恰是一种对于整个人格的表述，而怀疑则只是对于思想的表述。怀疑所具的那种假设的客体性，固然它因为这客体性而显得那么出色，这客体性却恰恰是对于“它的不完美”的表述。因此，怀疑是立足于“差异”之中，绝望则立足于“那绝对的”之中。“去怀疑”是属于天赋才能，而“去绝望”则绝不属于天赋才能；但是天赋才能就其本身是一种差异，那为使自身有效而要求一种差异的东西永远都无法是“那绝对的”；因为“那绝对的”只能够是为了“那绝对的”而作为“那绝对的”。最卑微的、最没有天赋的人也能够绝望，一个彻底不是思想者的年轻女孩也能够绝望，相反，每一个人都能够很容易地感觉到，在谈论这些人的时候将他们说成是怀疑者，这无疑是痴愚的事情。一个人的怀疑能够是平静而他却可以是绝望的，并且这情形能够这样地继续下去，这之所以是如此，是因为在更深刻的意义上他并不想要这绝望。总体上说，如果一个人不想绝望，他就根本无法绝望，而为了真正地去绝望这人就必须真正地想要去绝望，而如果一个人真正地想要绝望，那么这人就真正是处在绝望之外；如果一个人真正地选择了绝望，那么这个人就真正地是选择了那绝望所选择的东西：在自身的永恒有效性中的自身。只有在绝望之中，人格才是平静的，不是因为必然，因为我绝不会必然地绝望，而是因为自由，只有在自由之中一个人才赢得“那绝对的”。在这方面，如果我对我们的时代能够有什么看法的话（因为我只是从我对报纸的阅读和个别书籍中或者从与你的对话中而对这时代有所知），那么我认为我们的时代会有所进步。也许代价会是昂贵的，但人们会经历到那去发现“‘那绝对的’不是怀疑、而是绝望”的真实出发点，这样的一个时刻不会是很遥远的。

然而，我回到我自己的范畴之中，我不是逻辑家，我只有这样的一个范畴，但是我能够向你保证，它既是我心灵的选择也是我思想的选择，既是我灵魂的兴致也是我的极乐至福——我回到这"去选择"的意味之上。在我绝对地选择的时候，我选择绝望，而在绝望之中我选择"那绝对的"，因为我自己是"那绝对的"，我设定"那绝对的"并且我自己是"那绝对的"；但是，与之完全同一地，我可以说：我选择那"选择了我"的"绝对的"，我设定那"设定了我"的"绝对的"；因为，假如我记不得这第二个表述是同样地绝对的，那么，我的"去选择"的范畴就是不真实的；因为这恰恰就是两者的同一。我所选择的东西，我不去设定，因为如果它不是已经在事先被设定了的，那么我就不能够选择它，并且，我们还得看到，如果我不是通过"我去选择它"而设定了它，那么我就没有选择它。它存在，因为如果它不存在，那么我就无法选择它；它不存在，因为它是通过"我选择它"才进入存在，否则的话，我的选择就是一个幻觉。[117]

但是，我所选择的到底是什么，是这个或者那个吗？不，因为我绝对地选择，我恰恰是通过"我选择了不去选择这个或者那个"来绝对地选择。我选择"那绝对的"，那么，什么是那绝对的？那是在我的永恒有效性中的我自己。我自己之外的别的东西是我永远也无法作为"那绝对的"来选择的，因为，如果我选择别的东西，那么我是将之作为一种有限来选择，于是就不是绝对地选择它。甚至那选择了上帝的犹太人，也不是绝对地选择，因为，他固然是选择了"那绝对的"，但他却不是绝对地选择它，而因此它就停止了作为"那绝对的"存在[118]，而成为一种有限。

然而，这个"我的自我"又是什么呢？如果我想要谈论一个最初的瞬间，一种对之的最初表述，那么，我的回答就是：它是一切之中最抽象的而同时就其自身又是一切之中最具体的东西，亦即，它是自由。让我在这里做一个小小的心理学观察吧。我们很频繁地听见人们在对生活的抱怨中发泄出他们的不满，我们很频繁地听见他们想要些什么。你可以想象一下一个这样的可怜虫；让我们忽略过那些在这里说明不了任何问题的愿望吧，因为它们是隶属于那完全偶然的事物。他有着这样的愿望：但愿我能够具备那个人的精神或者那个男子的才干，等等，是啊，以便去达到那最极端的顶点——如果我具备那个人的坚定有多好。我们足够频繁地听到人们这样的愿望，但是，你可曾听到过人们严肃地愿望他能够成为另一个人，绝对不会吧，这对于那种人们所说的不幸的[119]个体人格恰恰就是很典型的：他们最牢固地紧守着他们自己，他们尽管有他们的全部苦难，但却不惜全世界的代价也不愿去成为另一个人，这种事实，其原因是在于：这样的一些个体人格非常接近真相，并且，他们感觉到这人格的永恒有效性，不是在其祝福中、而是在其苦恼中感受到的，尽管他们保留住了这一对于之中剩下的喜悦的完全抽象的表达——他们宁可还是想要继续是他们自己。但是现在，这个怀有那诸多愿望的人，他却认为自己还是想要持恒地继续作为他自己，哪怕一切都被改变了。也就是说，在他自身之中有着某种东西，这东西相对于所有其他东西而言是绝对的，他因为这东西而是他所是这样的一个人，尽管他通过他的愿望而达成的变化可以是可能达成的最大变化。至于“他是一个误会”这一点，我将在后面展示，而在这里我则只想为这一“使得他是他所是的这样一个人”的“自我”找到最抽象的表述。而这表述除了“自由”之外绝不会是别的东西。沿着这条路走，我们真的能够为人格的永恒有效性给出一个最具机动性的证明；是的，甚至一个自杀者真正地也不愿意摆脱他自己，他也有愿望，他的愿望是为他的这个自己找到另一种形式，正因此我们无疑是能够找到一个这样的自杀者，他在极大的程度上确信灵魂的不朽性，但其生命实质却沉陷得如此之深，以至于他以为他在这一步之上为自己的精神找到了绝对的形式。

然而，一个个体人的情形之所以是能够如此，仿佛他不断地能够被改变但却又继续保持原样，仿佛他的内在本质是一种能够标示所要标示对象的代数符号，原因是：他没有被正确地安置，他没有选择他自己、没有对此的观念，然而，甚至在他的无知之中也依然存在着一种对“人格之永恒有效性”的承认。但反过来，那得到了正确的安置的人，他的情形则不同。他选择了他自己，不是在有限的意义上，因为，如果这是在有限意义上的选择，那么这一“自我”就仅仅只依然是一种穿梭于其他各种有限之间的有限，他是在绝对的意义上选择他自己，并且，他确实是选择他自己而不是选择另一个人。他这样选择的这个自我是无限地具体的，因为这是他自己，然而这又是绝对地不同于他从前的自我，因为他绝对地选择了它。在之前，这一“自我”不曾存在，因为它是通过选择而进入存在的，然而它却又是曾存在的，因为很明白，它本来就是“他自己”。

在这里，选择同时是两种辩证运动，“那被选择的”不存在并且通过选择而进入存在，“那被选择的”存在，否则这就不是一个选择。也就是说，如果我所选择的东西不存在，而是通过选择才绝对地进入存在，那么，我就不是在选择，而是在创造；但是我不是在创造出我自己，我是在选择我自己。因此，一方面大自然是从乌有之中被创造出来的、我自己作为直接的人格是从乌有之中被创造出来的[120]，另一方面，作为自由精神的我则是从矛盾基本律诞生出来的，或者，通过“我选择我自己”而诞生出来的。

现在，他发现了，他所选择的这个“自我”在其自身之中有着一种无限的复杂多样性，因为它有着一部历史，一部“在此之中他认出和承认那与他自身的同一（Identiteten[121]）”的历史。这历史有着不同的类型，因为在这历史中他处于与“人类中的其他个体们”以及与“整个族类”的关系中，并且这历史包含有某种痛楚的东西，并且他却只能通过这历史而是他所是的这样一个人。因此，“去选择自己”就是一种勇气；因为在同时，就在他仿佛是最孤独隔绝的时候，同时也就是他在那根子中沉陷得最深的时候，借助于这根子他与全部的一切关联在了一起。这使得他焦虑，然而事情必须是这样；因为，在自由之激情在他身上醒来的时候（并且，它是在选择之中醒的，正如它在选择之中将自身预设为前提），这时他选择他自己，并且，就像是在为自己的至福而斗争，他为这种拥有而斗争，而这就是他的至福。在这所有的一切之中，他什么都不能放弃，不能放弃那最痛楚的、不能放弃那最沉重的，而对于这一斗争的表述、对于这一获取的表述，却是——悔（Anger）。他将自己悔回[122]到自身之中、悔回到家族之中、悔回到族类之中，直到他在上帝之中找到他自己。只有在这样的条件（Vilkaar[123]）下他才能选择他自己，而这是他所想要的唯一条件，因为只有这样他才能够绝对地选择他自己。然而，如果没有爱的话，一个人又会是什么呢？但世上有着许多种类型的爱；我爱一个父亲不同于爱一个母亲，我爱我妻子则又有不同，并且每一种不同的爱都有自己不同的表达，但是，也有着一种爱，我用这爱来爱上帝，而这种爱在语言之中只有一个表达，它就是：悔。如果我不是这样地爱他，那么我就不是绝对地爱他，不是出自我内在本质地爱他，对于“那绝对的”的每一种其他的爱都是一种误解，因为，让我们看人们所一向最推重的以及我自己所尊崇的情形，在关于所有自己的爱的想法与“那绝对的”紧密地联系在一起的时候，那么，我所爱的就不是“那绝对的”，那么，我就不是在绝对地爱，因为我是在必然地爱；一旦我是在自由地爱并且爱上帝，那么这时我就是在悔。如果说，“我对上帝的爱的表达是悔”这说法没有其他的依据存在，那么，这里就有着这样的一个依据：他先爱了我[124]。然而这却是一个不完美的说法；因为只有在我作为有辜的（skyldig）[125]而去选择我自己的时候，我才是绝对地选择我自己，如果说到底我要这样绝对地选择我自己（而不同一于“创造出自己”）的话；并且，尽管这是父亲的罪过传承到儿子那里[126]，他也将这罪过拿来一起悔；因为只有这样，他才能够选择自己、绝对地选择自己，尽管眼泪几乎将要把一切从他那里抹去，他继续悔着；因为他只有这样去选择他自己。他的自我就仿佛是在他自身之外，它要去被获取，而这"悔"是他对它的爱，因为他从永恒的上帝的手上绝对地选择它。

我在这里所提出的不是讲台上的智慧，这是某种每一个想要这样的人都能够说出的东西，也是每一个人在他想要的时候能够想要的东西。我不是在讲堂里学会这个的[127]，这是我在客厅里学到的，或者，如果你想这样说的话，我也可以说是在托儿所里学到的，因为，我看见我的小儿子在地板上跑，那样喜悦、那样幸福，这时我就想，又有谁知道我是不是对他产生过许多有害的影响。上帝知道，我尽可能地关心他，但这一想法却并不能够使我得到安宁。这样，我就对自己说，在他的生命里会有一个瞬间到来，到那时，他的精神也会在选择的瞬间变得成熟，到那时，他会选择他自己，到那时他也会悔，对于任何出自我而落在了他身上的辜进行悔。一个儿子为父亲的罪过而悔，这是美丽的，但是，他却不会为了我的缘故而这样做，而是因为他只有这样才能够选择他自己。让那将要发生的事情发生吧，常常那些被人们看作是"最好的"的东西对于一个人却是有着最危害的后果，但所有这一切却都是无所谓的。我能够对他有很大好处，这是我应当努力的，但是那最高的，那只有他自己才能够去为自己达到。看，正是因此，一个人在选择他自己的时候才会那么痛苦艰难，因为那绝对的隔绝在这里是同一于那最深的连续性的，因为，只要一个人没有选择他自己，那么，看来那种"要么以这样的方式要么以那样的方式而变成某种不同的东西"的可能性就好像是存在着的。

看，在这里你就看到了我对于"什么是选择和悔"的粗浅看法。把一个年轻女孩当成一个人自己的母亲来爱，或者，把一个人自己的母亲当成一个年轻女孩来爱，这都是不像样的，每一种爱情都有自己的特性，对上帝的爱有着自己的绝对特性，其表达就是悔。任何其他的爱与这种爱相比又是什么，与之相对只是咿呀儿语。我不是一个激动的年轻人试图推销自己的理论，我是一个结了婚的丈夫，我当然敢让我的妻子听到这说法：与“悔”相比较，所有的爱都只是咿呀儿语，但我却知道，我是一个很好的丈夫，“我，仍然作为一个丈夫在那最初的爱的胜利旗帜之下斗争着的我”；我知道她与我共有着这一看法，并且因此我更深深地爱着她，并且我不愿意被那个年轻女孩爱，因为她并不与我共有这看法。

在这里，新的可怕歧途又显现出来：那沿着大地匍匐而行的人不像在群山的峰巅间攀登的人那样地容易面临下跌的危险、那逗留在炉灶边的人不像敢于在世上闯荡的人那样地容易遇上迷途的麻烦，我知道这个，但是我因此同样欣慰地停留在我的选择之中。

现在，一个神学家会在这一点上找到一种通往各种各样的观察考虑的出发点；我不想在这些观察考虑中走更远，因为我只是一个外行。我所想做的只是对之前的东西以这样的一种说法来进行阐明：只有到了基督教之中，“悔”才找到了自己真正的表述。虔诚的犹太人感觉到父祖们的罪行落在了自己的身上，但他的感觉却不会像基督徒那样临近而深刻；因为，虔诚的犹太人无法对之进行悔，因为他无法绝对地选择他自己。父祖们的辜沉重地压在他身上、在他之上孵着，他在这一负担之下瘫沉，他叹息，但他无法将之挑起来，只有那绝对地选择了自己的人借助于悔才能够将之挑起。自由越大，辜就越大，而这是至福（Saligheden）的秘密；不愿去对父祖们的辜进行悔，就算这不是怯懦，那么这也是灵魂中的胆小之心，如果这不是可怜的行为，那么这也还是卑琐和对崇高的匮乏。

于是，绝望之选择就是“我自己”；因为这无疑是真实的：在我绝望的时候，就像对所有别的东西绝望一样，我也对我自己绝望；但是我所对之绝望的这自我则是一种有限正如每一种其他的有限，那我所选择的“自我”是那绝对的“自我”，或者说是依据其绝对有效性的我的自我。如果事情是如此，那么你在这里就又会看见，为什么我在前面的文字中以及在此不断地说：我在

“去审美地生活和去论理地生活”之间所立出的这一非此即彼不是一种完全的两难，因为它其实只是关于一个选择。通过这选择，我其实不是在善和恶之间作选择，而是我在选择“那善的”，但是，在我选择“那善的”的时候，我恰恰由此[128]而在选择那“善和恶之间的选择”。在每一个后来的选择中，这本原的选择是永远地在场的。

那么，去绝望吧，你的轻率再也不应当使得你像一个变幻不定的精灵、像一个鬼魂那样地在一个对你而言是已经丧失了的世界的各废墟之间走动；去绝望吧，你的精神再也不应当在沉郁之中叹息，因为世界对于你将重新变得美丽而令人欢悦，尽管你是用与以前不同的目光去看它，你的精神将得到解放而飞翔在自由之世界中。

在这里我可以中断一下，因为我现在已将你带到了我想要让你进入的这一点上；就是说，如果你自己愿意的话，你已经在那里了。我想要的是，你将你自己从审美（Æsthetiken）的幻觉中、从一种半绝望的梦中解脱出来，这样你就能够觉醒而进入精神之严肃。然而这却绝不是我的意图，因为现在，从这一观点出发，我要给你一种对生活的观察，一种伦理的人生观。我能够为你提供的只是卑微朴素的东西，一方面因为我的礼物（Gave）是无法与那任务（Opgave）相比的，一方面因为卑微朴素是所有伦理事物的首要特性，对于一个从审美（Æsthetiken）的过度丰富中走出来的人，这样一种特性会是足够地醒目的。在这里，事情就是“没有什么显现的，一切都依照良知”[129]。在这里中止，人们也可以怀疑这会是出自另一个原因，因为这看上去很容易显现为这样一种外观：我终结于一种类型的寂静主义[130]（Qvietisme），人格到头来通过一种与“思想归宿于那绝对的”一样的必然性来归宿于之中。一个人赢得他自己，那又有什么用，一个人获得一把能够战胜整个世界的剑，如果他除了将这剑插在剑鞘中之外对之不作他用的话，那又有什么用？

然而，在我转入“进一步提出对于生活的这样一种伦理观察”之前，我想用几句话来提示出一个人在绝望之瞬间所会面临的危险，指出他可能会在之上搁浅并且使他完全沉船的暗礁。圣经上说：人若赚得整个世界，但伤害了自己的灵魂，这对他有什么好处呢，他能够获得什么补偿呢？[131]反过来的说法圣经没有说，但却是隐藏在这句子中。反过来的说法会是这样：人若失去了整个世界，但却没有伤害了自己的灵魂，这对他有什么害处呢，他又需要什么补偿呢？有这样的一些表述，它们就其自身而言是简单的，但却把一种古怪的恐惧灌进灵魂，因为事情几乎就是如此：我们越是去想它们，它们就变得越朦胧昏暗。在宗教方面，这样的一句话就是这种表述：对圣灵所行的罪[132]。我不知道，神学家们有没有成功地为之给出一个特定的解说，我觉得自己是没有这个能力去给出解说，但毕竟我也只是一个外行。相反，“伤害了自己的灵魂”这一表述则是一个伦理的表述，并且，如果一个人认为自己有着一种伦理的人生观，那么他也就必定认为自己能够为之给出一个解说。我们常常听见这说法被用在什么地方，然而，每一个人，如果他想要明白这个，他就必须在自己的灵魂中经历了极深刻的运动，是的，他必须是绝望过的；因为这被表述于此的东西在根本上是绝望之运动：在一边是整个世界，在另一边是一个人自己的灵魂。你将很容易看见，一个人，如果他追随着这一表述，到头来就会进入那对于“灵魂”的同样抽象的定性，就像我们在前面的对于“想要但却不去成为另一个人”的心理学思考中最后进入对于“自我”这个词的定性，这是一个同样地抽象的定性。也就是说，如果我能够赢得整个世界但却会伤害自己的灵魂，那么，在“整个世界”这个表达词中就也蕴含了所有那些我直接地（就我自身而言）所拥有的有限事物。这时，我的灵魂对于这些事物而言则显现为是无所谓的。如果说，我能够失去整个世界而不伤害我的灵魂，那么在“整个世界”这个表达词中就又蕴含了所有那些我直接地（就我自身而言）所具的有限性之诸定性，然而，我的灵魂却没有受到伤害，于是它对于它们而言是无所谓的。我会失去我的财富、我在他人眼中的荣耀、我的精神力量，但却不损害我的灵魂，我会赢得所有这一切但却受到损害。那么，我的灵魂是什么呢，这一能够对这种丧失无动于衷而能够因这一赢利而遭受损害的“我的最内在的本质”是什么呢？对于那正绝望的人，这一运动就显现出来：它不是什么修辞性的表述，而是在他在这一边看见整个世界而在那另一边看见自己、自己的灵魂的时候的唯一足够而恰如其分的表述。在绝望的瞬间，分离就显现出来，并且这时问题的关键是：他以怎样的方式绝望。因为，正如我在上面就每一种审美的人生观所阐述的，这“去赢得整个世界”并且“以这样一种方式损害自己的灵魂”是绝望，但是，我的内在信念却是：这“去绝望”对于一个人来说则是他的真正拯救。在这里，这“去想要自己的绝望”、“去在无限的意义上想要这绝望”中的重大意义就又显现出来了；因为这样的一种意愿是同一于那绝对的“献身”的。相反，如果我是在有限的意义上想要我的绝望，那么我就伤害了我的灵魂，因为那样的话，我的最内在的本质就不会在绝望中走向突破，相反，它是在绝望中关闭了自己、它被坚硬化，这样，有限的绝望是一种硬化，而绝对的绝望则是一种无限化。如果我在我的绝望中赢得了整个世界，那么，我就因为“我使我自己有限化”而损害我的灵魂，因为我是在之中有着我的生活；如果我对“我失去全世界”感到绝望，那么我就损害了我的灵魂；因为，既然我在这里又将我的灵魂看成是通过有限性而得以设定的，那么我就是在以完全同样的方式使我的灵魂有限化。一个人可以通过犯罪来赢得整个世界但却损害自己的灵魂，这一点是很明显的，但是，还有一种看上去要远远更为无辜的方式，人会以这样的方式来赢得整个世界而损害自己的灵魂。因此我说，那个年轻女孩是同样地绝望，不管她是得到了她所爱的人还是没有得到。每一个有限的绝望都是一种对于有限性的选择，因为，我对之作了同样的选择，不管是在我获得它的时候还是在我失去它的时候都一样；因为这“我是否得到它”并非是我的权限所及，而“去选择它”则无疑是我所能做到的。因此，那有限的绝望是一种不自由的绝望，它真正所想要的并非是绝望，它想要的是那有限性，而这一事实则是绝望。现在，一个人可以在这一点上停下，只要他停在那里，那么我就无法真正地作出决定敢去就他的情形说他伤害了自己的灵魂。他站在一个危险之至的点上。在每一个瞬间都会从那里出现一种可能性。绝望在那里，但它尚未袭击他的最内在的本质；只有在他在有限的意义上在之中硬化的时候，这时他才损害了自己的灵魂。他的灵魂就好像是在绝望中麻痹了，只有到了他在自己醒来时选择了一条有限的出离绝望之路时，这时，他才伤害了自己的灵魂，这时他关闭了自己，这时他的理性的灵魂被窒息，并且他被改造成一头不择手段的猛兽，既然一切对于他都是正当自卫。"一个人损害了自己的灵魂"，在这一想法中有着一种可怕的恐惧，然而每一个绝望过的人却都会隐约地感觉到过这一歧路，这一迷失。一个人能够以这样的方式来损害自己的灵魂，这是很明确的；在怎样的程度上这是那单个的人（den Enkelte）的情形，则是我们永远也无法给出定论的，在这里，没有人敢去对另一个人作出判定。一个人的生命看上去可能是奇怪的，并且我们可能不禁会以为这是他的情形，然而他却可能会拥有完全另一种解说，这解说使得他确信他自己是属于完全相反的情形；在另一方面，一个人可能会损害自己的灵魂而没有任何人对此有所知；因为这一损害不是外在的，而是在于这人的最内在的本质之中，它就像腐烂发生在果实的中心，在它的外面看上去可能是非常好看，它就像那内在的空洞，从它之外的表皮上看是无法察觉的。

现在，在你绝对地选择你自己的时候，你就很容易地能够发现，这一自我不是一种抽象或者一种同语反复；至多是在定位的瞬间，在人们进行区分时，直到人们找到对于这个"自我"的最抽象的表达，它看起来可能是如此；但是，即使在这样的时候，"它是完全抽象和没有内容的"这一表象也只是一种幻觉，因为这毕竟不是一般意义上的关于自由的意识，因为这是思想的一个定性；然而它是通过一个选择而出现的，并且是关于这一特定自由存在物（“这存在物是自身而不是他者”）的意识。这一自我在其自身之中蕴含了一种丰富的具体，蕴含了丰富多样的确定性和特性，简言之，是那伦理地作出了选择的整个审美的自我。因此，你越是在你自身之中深化，你就越是会感觉到那甚至是微不足道的东西的重要性，不是在有限的意义上，而是在无限的意义上，因为它是通过你而得以设定的，并且，一个人在伦理的意义上这样地选择了他自己的时候，这就不仅仅是对自身的一种思考了，为了描述这一行为，一个人能够回想那圣经上的用词：清算每一句所说的不恰当的话语[133]。也就是说，在自由之激情醒来后，这时它就是对自身严厉而绝不允许那属于一个人的东西和那不属于一个人的东西这样不确定地相互混在一处。因此，在选择的最初瞬间人格看上去就像是一个刚刚从母亲的子宫里出来的小孩一样是赤裸裸地走出来的，在下一个瞬间它就其自身是具体地自在的，这人只会是通过一种随意的抽象才可能停留在这一点上。他继续是他自己，完全是同一个他以前所是的自己，一直到那最无关紧要的特性上都是如此，然而他却也还是成为了另一个人，因为选择渗透一切并且改变一切。就这样，现在他的有限的人格在这选择之中被无限化了，在这选择之中他无限地选择他自己。

现在他拥有自己，作为通过他自己所设定的自己，就是说，作为由自己所选择的自己，作为自由的自己；但是，在他这样地拥有着他自己的时候，就有一种绝对的差异呈现出来，那介于善与恶之间的差异。只要他没有选择他自己，这一差异就是潜在的。在总体上说，那介于善与恶之间的差异到底是怎么出现的呢？它是可让人想的吗，就是说，它是为思想而存在的吗？不。由此，我又进入了这一点，我在前面曾到过的这一点：正因此看上去似乎可以是这样，哲学仿佛在事实上取消了矛盾律，这却是因为它尚未达到矛盾律。一旦我思想，我就必然地与我所思想的东西发生关系，但正是因此，善与恶之间的差异才不存在。去想你所愿想的东西、去想所有范畴中那最抽象的、去想那最具体的，你永远也不会在善与恶的定性之下思想，去想那整个历史，你思想着理念的必然运动，但你永远也不会在善与恶的定性之下思想。你不断地思想着各种相对的差异，永远也不会思想那绝对的差异。因此，在我看来，人们完全可以承认哲学在这一点上是对的——它无法思想一种绝对的矛盾，但这并不就意味了这绝对的矛盾不存在。在我思想的时候，我也在无限化我自己，但并非是绝对地无限化，因为我消失在“那绝对的”之中；只有在我绝对地选择我自己的时候，我才是绝对地无限化我自己，因为我自己就是“那绝对的”，因为只有我自己是我能够绝对地选择的东西，并且这一“对我自己的绝对选择”是我的自由，只有在我绝对地选择了我自己的时候，我才设定出了一种绝对的差异，它也就是介于善与恶之间的差异。

为了强调出思维中的自我定性之环节，哲学说：“那绝对的”，是因为我思想它，它才存在；然而，既然这哲学自身认识到，以此用来标示的是“自由的思想”，而不是“必然的思想”（这必然的思想本来是哲学所赞美的），这样它就设立出另一个表述来取而代之，也就是说：我对于“那绝对的”的思想是“‘那绝对的’在我之中的对自身的思想”。这一表述则绝不是同一于那前面的表述，但相反倒是完全地起到了标示性的作用。就是说，我的思想是在“那绝对的”之中的一个环节，并且在这之中有着我的思维的必然性，在这之中有着我用来思想“那绝对的”的必然性。“那善的”的情形则不同。“那善的”是因为我想要它，它才存在，否则它根本不存在。这是自由之表述，“那恶的”的情形也是如此，只是因为我想要它，它才存在。由此绝不是在表明善与恶的定性被缩小或者削减为单单的主观定性。相反，这些定性的绝对有效性被表述了出来。“那善的”是由“那自在自为地在着的”所设定出的“那自在自为地在着的”，而这就是自由。

我使用了“绝对地选择自己”这一表述，这看上去也许挺可疑；因为，在这之中似乎可以蕴含有这样的意思：我同样绝对地选择“那善的”和“那恶的”，并且，“那善的”和“那恶的”同样本质地属于我。为了阻止这一误会，我使用了这样的一个表述：我将我自己从整个存在之中悔了出来。也就是说，悔是“‘那恶的’本质地属于我”的表述，并且也是“它并非本质地属于我”的表述。如果我之中的“那恶的”并非本质地属于我，那么，我就不能够选择它，但是，如果在我之中有着某种我无法绝对地选择的东西，那么我在总体上就根本不是在绝对地选择我自己，那么我自己就不是“那绝对的”，而只是产物。

现在，我在这里得打断这些思考，以便显示出一种伦理的人生观是怎样看人格和生命及其意义的。因为考虑到秩序的缘故，我先回头看一下我在前面就“那审美的”和“那伦理的”之间的关系所作的一些说明。前面曾说过，每一种审美的人生观都是一种绝望；这是因为它是建立在那既可以存在又可以不存在的东西[134]上。伦理的人生观的情形就不是这样的；因为它是把生命建立在那“去存在”在本质上所属的东西上。前面说到，“那审美的”是一个人身上的、他因之而直接地是他所是者的东西，而“那伦理的”则是一个人因之而成为他所成为者的东西[135]。由此绝不是在说审美地生活的人就不发展自身了；但是，他是在必然性中发展，而不是在自由中发展，在他身上不出现变形（Metamorphose），在他之中没有那种无限的运动（他得借助于这运动到达这样一个点上，而从这一点上出发他才成为他所成为的人）。

在一个个体审美地观察自己的时候，他就意识到自己的这个“自我”，将之看成是一种以多种方式自在地定性了的丰富多样的具体，但尽管有着所有内在的差异，它仍然完完全全地是他的本质，它有着同样的权利来显现出自身、有着同样的原理来要求得到满足。他的灵魂是一种在之上有着各种各样草类生长的土壤，所有草类都同样要求着茂盛繁荣；他的自我处在这一丰富多样之中，并且他没有一个高于这个自我的更高“自我”。如果他现在（正如你那么频繁地谈论的）有着审美的严肃和一小点生活中的智慧，那么他就会看出：要让一切平等地繁荣，那是不可能的，这时他就想选择，而那决定他的东西是一个更多和更少，而那只是一种相对差异。现在，试想一下，试想一个人能够无需接触到“那伦理的”而生活下去，那么他就能够说：我有着一种成为一个唐璜、一个浮士德、一个强盗头[136]的天赋，我现在深造这一天赋，因为那审美的严肃要求我成为某种特定的东西、要求我听由它在其整体中发展，这发展的根芽已经埋藏在我内部了。这样一种对人格及其发展的考虑，从审美上看是完全正确的。由此你看见一种审美的发展所意味的东西是什么，它是一种就像植物一样的发展，尽管那个体在成为着，那么他也是在成为他直接地所是的东西。如果一个人伦理地考虑人格，那么他马上就会有一种绝对的差异，也就是那介于善与恶的差异，并且，尽管他在自身中发现“那恶的”要多于“那善的”，这却并不意味了那恶的应当冒出来，而是意味了那恶的应当被留下，而那善的应当冒出来。在那个体人伦理地发展的时候，他就去成为他所要成为的东西；因为，就算是在他让“那审美的”（这审美的对于他意味着某种不同于它对于那仅仅只是审美地生活的人所意味的东西）在他身上有着其有效性的时候，这时“那审美的”也是被罢免了的。即使是那审美的严肃，就像所有严肃一样对一个人是有益的，它也永远无法完全拯救他。我是这样想的，这在某种程度上就是你所处的情形；因为，正如理想总是损害着你，因为你茫然地凝视着它，这理想也对你有着好处，只要“那坏的(det Slette)”的理想同样地对你起着一种引起你反感的作用。当然，要治愈你，这是审美的严肃所做不到的，因为你只能走到“你不去管那坏的（det Slette）”这一步而永远无法走更远，因为理想地看，这“不去管它”是无法做到的，但是你不去这样做则是因为它是“那坏的”或者因为你厌恶它。这样，你只能走到这样的一种感情：你对“那善的”和“那恶的”一样地无奈；更远是你所无法达到的。另外，“那恶的”在它以这样的一种方式在审美的各种定性之下出场时是最有诱惑力的，也许它永远也无法比这时更具诱惑力；“永远也不要在审美的范畴中解读‘那恶的’”，这本身就属于一种极高程度上的伦理严肃。这样的一种对“那恶的”的审美的观察，它狡猾地潜进每一个人，并且，时代所拥有的那种有着压倒性优势的审美教育对此所做的贡献也不少。因此，这样的事例并非罕见：我们听见美德的说教者们激扬地以这样一种方式来反对“那恶的”；我们看见那演说者，尽管他赞美“那善的”，却沾沾自喜于“他自己本来完全可以是那最奸诈而狡猾的人，但却在与‘做一个好人’的比较中鄙弃了这种可能性”。然而，这却泄露出一个隐秘的弱点，它显示出，善与恶之间的差异并没有在其全部的严肃之中向他明确地展示出来。尽管有那么多“那善的”仍然留在每一个人身上，以至于他觉得这“做一个好人”是那最高的东西，但是，为了有一个与人群的小小区分，他还是要求着一种高度的赞誉，因为他（尽管他有着那么多去变坏的天赋）还是变好了。这完全仿佛是在说“有着诸多变坏的天赋”是一个优点，这完全仿佛是在表明，这样地通过在这些天赋上兜圈子，他并没有显示出一种对这些天赋的偏爱。我们也常常发现有这样的人们，他们真正在他们的内在心灵之中是善的，但是却没有勇气去对自己承认这一点，因为这看起来就好像他们因此就会落进各种过于平庸的定性。这样的人们也承认“那善的”是那最高的，但却没有勇气去把“那恶的”认识作它所是的东西。我们也常常听见这样的表述：这是那故事的糟糕结局；按常理人们就能够肯定，那被以这样一种方式问候和广告的东西，它肯定是那伦理的。如果一个人以某种方式变得让别人觉得神秘，然后解释出现了，并且它显示出，他并非像人们所希望和高兴地期待的那样是一个诡诈而狡猾的欺骗者，而是一个善意而出色的人；这时我们就会说：仅仅如此而已吗，这就是事情的全部吗？是啊，要去承认“那善的”是那最高的，这在事实上真的是属于极大的伦理勇气，因为我们因此就落进了各种完全普通的定性之中。这是人们所不愿意的，他们更愿意在那些差异中拥有他们的生活。因为一个好人，这是每个愿意做好人的人都能够去做的[137]，但是才能则总是属于“去作恶”的。因此许多人那么愿意作哲学家而不去作基督徒，因为才能属于“作哲学家”，谦卑属于“作基督徒”，并且每一个想要的人都能够具备这谦卑。这里我所说的，你也可以牢牢地记在心里，因为你在你最内在的本质中不是什么恶的人。不要发怒，我没有要侮辱你的意思，你知道，我不得不把必然性当美德[138]，并且，既然我没有你的那些天赋，那么，我就得想办法多少对“做一个善的人”保持一点尊敬。

在我们的时代，人们也以其他的方式来试图削弱那伦理的看法。就是说，一方面人们觉得“做一个善的人”是生命中的一个非常可怜的职位，但另一方面人们却仍然对之怀有一定的恭敬之心，并且不怎么喜欢它被提倡。我绝不是在认为人应当把自己的美德穿戴起来给人看并且一有机会就把“他是一个善的人”硬塞进人们的眼睛里；但在另一方面，他却也不该隐藏这样的事实或者害怕去承认自己的追求。如果他这样做了，人们马上就会向他发出一声尖叫：他想要把自己当成真是那么一回事，他想要比别人更好；人们在这无礼的表达中汇总：让我们做人吧，在我们的主面前，我们全是罪人[139]。这一点，我无须让你知道，但是，我却有必要警示你，你的讥嘲足够频繁地使得你非常活跃，你要小心这种活跃。因此，在现代戏剧[140]中，“那坏的（det Slette）”总是由那些最有杰出天赋的角色来作代表，“那善的”，那正直的，则由杂货店里的小伙计[141]来作代表。观众们会觉得这是合情合理的，并且从剧中学到了他们事先就知道的东西：与杂货店里的小伙计弄成一堆是非常有损他们的尊严的。是啊，我年轻的朋友，要严肃认真地不想在差异之中而是想在普通之中拥有自己的生活，这属于非常巨大的伦理勇气。在这方面，我们的时代需要震撼，并且这震撼也无疑很快就会到来；因为这样的瞬间无疑会到来，在这瞬间里，我们的时代就会看见：那些在审美的意义上最出色的个体们——他们的生活恰恰是在于那些差异之中，他们是怎样对这些差异感到绝望以便去找到“那普遍的”。

这对于我们这些小人物们可以是好事，因为我们有时也觉得自己因为“不能够在那些差异中拥有自己的生活，并非由于我们足够伟大而能够去鄙夷这些差异，而是由于我们实在太卑微而无法进入它们”而感到焦虑。

因此，每一个只是审美地生活着的人都对于这“去绝望”有着一种隐秘的恐怖感，因为他很清楚地知道，绝望所带出的东西就是“那普遍的”，他也知道，他拥有着自己生活的所在是那差异。一个个体站得越高，他所消灭的差异或者说他为之而感到绝望的差异就越多，但是他总是保留着一种差异，这是他所不愿消灭的，在这之中他有着他自己的生活。在这里值得注意的是，甚至那些最单调的人们，他们是怎样带着一种令人感叹的肯定去发现那可让我们称作是“他们的审美差异”的东西的，不管这差异是多么地微不足道；而生命中的可悲事实之一就是那种为指出哪一种差异比另一种更意义重大而进行的愚蠢争执了。那些审美的头脑们也会以这样的方式来表达他们对绝望的抵触，他们说，它是一种断裂（Brud）。如果说生活的发展是由一种对“那直接的”的必然展开构成的，那么这种“断裂”的说法就完全是对的。如果生活的发展并不是如此，那么绝望就不是什么断裂，而是一种神圣变容[142]。只有那为某“个别事物”而绝望的人才获得一个断裂，而这断裂出现的原因则恰恰是：他并不是完全地绝望。那些审美者们所畏惧的还有：生活会失去那娱乐的丰富多样性，而这娱乐的丰富多样性是它本来所具备的，只要每一个单个的个体人都被看成是生活在各种审美的定性之下。这则又是一个误会，无疑各种严格主义的理论有可能会导致这样的误会。在绝望中，什么都不会毁灭，所有“那审美的”仍然还留在一个人身上，只是它被转变成了辅佐性的了，并且它是正因此而被保存了下来。是的，事情无疑就是如此，一个人不再是像从前那样地生活在它之中，然而由此推出的并不是“这个人就失去了那审美的”；它也许是被人以另一种方式使用，然而由此推出的并不是“它消失了”。伦理者只是把那更高的审美者所已经开始的但却随意地中断了的这绝望完全地进行到底；因为，尽管差异可以是非常巨大，但它却终究只是相对的。如果那审美者自己承认，为他的生活赋予意义的那种差异也只是短暂而无常的，并且接着说：只要一个人拥有它，那么去为它而欣喜就总是最好的；如果那审美者是这样认为的话，那么，这一切就只是一种“在没有很高的天花板的地方喜爱着某种安逸”的怯懦，并且这是无法让人感觉到尊严的。这就好像是一个人想要为一种建立在误会之上的关系感到高兴，而这误会迟早是会消解掉的，他没有勇气去让自己意识到这事实，或者不愿去承认这事实，而一味地想要尽可能持久地为这一关系而感到欣悦。然而，这却不是你的情形，而你则是像另一种情形的人：他承认了这误会，中断了这关系，并且，现在他却持续不断地想要与之告别。

审美的人生观也相对外部世界来观察人格，而在其向人格的回归中，对此的表述则是享受。而对于“享受”的审美表述，在它处在它与人格的关系中时，这表述就是心境。也就是说，在心境中人格是在场的，但它是隐约朦胧地在场。就是说，审美地生活着的人，他寻求尽可能深远地完全投入到心境中去，他寻求彻底地藏身之中，这样，在他身上就不再会留下什么无法被调整进这心境的东西了，因为，这样的东西，这样的一种剩余物总会起打扰作用，那是一种能够将他拖住的连续性。人格在心境中越是朦胧，个体人就越是处在那即刻之中，而这则又是对于那审美的存在的最恰当的表述：它是处在即刻之中。审美地生活的人所遭受的那巨大的起伏波动就是渊源于此。伦理地生活的人也知道心境，但这心境对于他来说不是那最高的东西；因为他无限地选择了他自己，因而他将心境看作是在自身之下。这时的这个不愿意进入心境的“更多”，它恰恰就是那被他看成是“那最高的”的连续性。伦理地生活的人，他有着（如果我们回想一下从前的一个表述）对自己的生活的记忆，而这则是审美地生活的人所根本没有的。伦理地生活的人，他并不消灭心境，但他在一个瞬间里注视它，但这瞬间将他从那“生活在即刻之中”的情形中救了出来，这瞬间给予他对欲乐快感的控制；因为“控制欲乐快感”的艺术并非立足于去消灭它或者完全地放弃它，而是在于去确定出那瞬间。你想要怎样的娱乐快感，尽管去享受，之中的秘密、之中的控制力量是在于“它是绝对地处在即刻之中”。现在，我们常听人们说：那唯一的手段就是我们要完全地将之禁绝。这是一种非常不正确的方法，它也只能在一时里起作用。想象一下一个沉溺于赌博的人。这欲乐快感带着其全部激情清醒着，如果它得不到满足，那么这就好像他的生命成为赌注押在那里；如果他有能力对自己说：在这一瞬间我不想要，要过一个小时我才想要，那么，他就康复了。这小时是那拯救他的连续性。审美地生活的人，他的心境总是古怪的（excentrisk[143]），因为他的中心是在外围。人格在自身之中有着自己的中心，而那没有自身的人，他是古怪的。伦理地生活的人，他的心境是集中的，他不是在心境中，他不是心境，但是他有心境，并且他在自身之中有着这心境。他所为之工作的、他的工作对象是连续性，而这连续性则总是心境的主人。他的生活不缺乏心境，是的，这生活有着一个总体心境；但这总体心境是他获取到的，这就是人们所说的“平衡的心情”[144]，但这不是什么审美的心境，没有人天然地或者直接地具备这心境。

但是，那无限地选择了自己的人，难道现在他能够说：现在我拥有我自己，我不要求更多，面对世界的全部兴衰变迁我摆出这骄傲的想法——我是我所是[145]？不，绝不是这样！如果一个人想要以这样的方式来表述自己，那么，我们就很容易看出，他是走上了歧途。他的根本错误也在于，他没有在最严格的意义上选择他自己；无疑他选择了他自己，但却是在他自身之外；他把这“去选择”理解得完全抽象的，并且没有在自己的具体之中把握住自己；他不是以这样的一种方式作出了选择：在选择中停留在自身之中，以自身来穿戴自身；他是根据自己的必然性而不是在自己的自由之中选择了自己；他是在审美的意义上虚华地对待了这伦理的选择。这要出现的东西在实际上的意义越是重大，那么，那些歧路也就越是危险，而在这里一条可怕的歧路也以这样的方式显现出来。在那个体人在其永恒有效性中把握住了自己的时候，这永恒有效性就以自身的全部充实内容来淹没他。现世性在他面前消失了。在最初的瞬间，它以一种无法描述的至福充实他并且给予他绝对的安全。如果他现在片面地凝视着它，那么，那现世性就会设置出自己的各种要求。这些要求被回绝；那现世性能够给出的东西，那在这里显现为多一点还是少一点的东西，与他永恒地拥有的东西相比，对于他来说是那么微不足道。一切在他面前停下来，他就仿佛是在时间之前到达了永恒。他在沉思中深潜下去，他凝视着他自己，但这一凝视无法充实时间。这时他看出了，那时间、那现世性正是他的败坏毁灭，他要求一种存在（Tilværelse）的完美形式，而在此又有一种疲倦、一种冷漠显现出来，它们与那作为享受之伴侣的钝惰有着相似之处。这一冷漠会像鸟孵蛋一样地孵在一个人的身上，以至于在这个人看来自杀就是唯一的出路。没有什么权力能够将他从他自身之中拉脱出来，唯一的权力是时间，它无疑也不能够把他从他自己这里拉走，但是它能够使他停下、推迟他，它阻碍着精神的拥抱（他要用这精神之拥抱来把握他自己）。他尚未选择他自己，他就像那西索斯[146]那样地爱上了他自己。一种这样的状态终结于一场自杀，这一类事情无疑不是罕见的。

他的错误是在于，他没有以正确的方式来作选择，并非简单地是在这样的一种意义上——“他根本不曾看见自己的诸多错处”，而在于他将自身看成了是处在必然（Nødvendigheden）的定性之下，他将他自己——这一带有这整个诸定性之多样性的人格——看成是世界进程中的一种从属物；他是在那永恒的权力面前看它的，而这永恒权力的火焰渗透了它但却并不销蚀它[147]。但是他没有在自由之中看见自己，没有在自由之中选择自己。如果他这样做了的话，那么他就在他选择了自己的同一瞬间里进入了运动；不管他的自我有多么具体，他还是根据自己的可能性来选择了自己，他在那“悔”之中将自己赎了出来，以求在自由中停留，但是在自由之中他只能够通过"他不断地实现这自由"来停留。那选择了自己的人，他正因此也是[148]行为着的人。

在这里，我也许可以用这个段落来给出几句话来谈论你所非常喜欢的一种人生观，作为教导者你尤其喜欢它，有时候，作为有经验的实践者你也喜欢。它所说无非就是：那"去悲哀"其实是真正的生命之意味，以及，那"去做最不幸的人"是最幸福的事情[149]。第一眼看来，这一人生观不像是一种审美的人生思考；因为"享受"其实并不能作为它的密码口令。然而它却也不是伦理的，但是，它却是处在"那审美的"要走向"那伦理的"时的那个危险的环节中，在这样的一个环节中，灵魂很容易被缠进对于一个前定（Prædestination）理论[150]的某个表述中去。你推行着各种虚假学说，这说法几乎就是之中最恶劣的了，但是你也知道，在你想做的事情是潜入人群中或者将他们吸向你的时候，它是最管用的。你能够比任何人更无情，你能够对一切进行恶作剧，甚至拿人的痛苦来开玩笑。这会吸引年轻人，这一点你不是不知道，但是通过这样的行为你却距离那些年轻人远远的，因为一种这样的交往一方面是吸引人的，另一方面却也是同样地令人反感的。如果你以这样的方式所想要欺骗的是一个年轻女性，那么，对于你这样的事实也是不会有例外：一个女性的灵魂有着太多的深度而不会长久地着迷于这一类东西。是啊，即使你在一瞬间里能够赢得她的关注，但是这最终却会是这样的结局，她厌倦于此并且几乎对你厌恶，因为她的灵魂并不想要这样的瘙痒。这时，手法就被改变了，你在个别只有她能够理解的神秘感叹之中让她隐约地感觉到一种遥远的忧郁，来作为这一切的解释。你只向她公开你自己，但却是那么地谨慎，以至于她其实却从来都没有更进一步得知什么，你听任她的想象去描绘出你隐藏在你内心中的深深忧伤。你是聪明的，这一点是我们无法否定你的，一个年轻女孩就你所说的话是真的，你也许最终会成为一个耶稣会员[151]。你越是狡猾地知道怎样去对她们玩手上的这根越来越深地通入忧伤之秘密的拉线，你就越高兴、就越是肯定地能将她们引向你。你并不作长篇的演说，你并不在忠诚的握手或者“在一种罗曼蒂克地进入一种同心的灵魂之罗曼蒂克的瞳仁之中的注目中”宣示出你的痛苦，你太聪明了因而不会这样做。你避开见证，并且只在个别的瞬间里你会有所意外。有这样一个时代，在这个时代里，对于一个女孩，再也没有比“忧伤”更危险的毒素了，这是你所知道的，并且，这一知识，就像所有其他知识一样，就其本身可以是相当好的东西，而相反你对这知识所作的使用则是我所不敢恭维的。

既然你已经硬起你的心肠去在审美的诸范畴之中解说整个存在，那么这就很自然了，“悲哀”是无法逃脱你的注意的，因为它就其自身而言无疑就像“喜悦”一样令人感兴趣。你在一切“那令人感兴趣的”显现出来的地方紧握住这令人感兴趣的东西，这种坚定不移不断地导致了你周围的世界对你的误解，并且周围的人们时而将你看成是绝对地冷酷无情、时而将你看成一个真正地友善的人，尽管你其实既非友善也不无情。就像人们看见你常与喜悦做伴，人们同样频繁地看见你寻访悲哀，而这情形就已经能够导致出一种这样的误解了，如果，请注意，我所说的情形是，如果在悲哀中就像在喜悦中一样地有着一种理念的话，因为只有这样，那审美的兴趣才被唤醒。如果你能够足够轻率而以至于使得一个人不幸，那么你将能够给出一个去达成最奇特的欺骗的机缘。你当然不会像那些没有诚信地只知道追求喜悦的其他人那样地撤退回来并到另一条路上去再对喜悦进行狩猎，不，在这同一个个体身上的悲哀甚至比那喜悦更令你感兴趣，你会继续留在他那里，你会让自己深入进他的悲哀。你有着经验、真挚、言辞的力量、悲剧的怅惋，你知道怎样去为这受苦者提供那审美的悲哀者所唯一欲求的那种缓解——表达。在你演奏着心境的竖琴时，看着那受苦者怎样在这音乐中得到安息，这是一件让你愉快的事；你马上就成了他所不可缺少的人；因为你的表达把他从悲哀的黑暗居所里提升出来。相反他对于你则不是不可缺少的，并且你不久就厌倦了。因为对于你，不仅仅喜悦是

像一个短暂的朋友，
你在一次旅行中遇上他[152]，

而悲哀也是，因为你一直就总是一个旅行者。然后，在你安慰了那悲哀者并且作为对于你的烦劳的补偿而从中提取出了“那令人感兴趣的（det Interessante）”之后，于是你就疾步奔向你的马车并且叫道：上路！如果人们问你，去哪里，那么你就用那英雄唐璜的话回答：“到享受和快乐中去。”[153]就是说，这时你就厌倦了悲哀，并且，你的灵魂要求着相反的东西。

像我所描述的那么完全糟糕的行为，估计你是不会这么做的，而我不想否定你这一点：你常常对悲哀者有着真正的兴趣，你是想要治愈他、使得他进入喜悦。于是你披挂装备好自己，正如你自己所说的，就像一匹勇猛的马，并且试图马上就把他从悲哀的陷阱中解救出来。你不吝惜时间和精力，并且，你有时也是成功的。即使如此，我也无法赞誉你；因为在这之下隐藏着某种东西。就是说，你对悲哀有着一种妒忌，你不喜欢别人有悲哀，也不喜欢一种无法克服的悲哀。在你治愈那悲哀者的时候，这时你是在享受着这一满足，你对自己说：但我自己的悲哀，那是无人能够治愈的。这是你总是保持记在心中[154]的结论，不管是你在寻求喜悦的还是悲哀的消遣，你在你的灵魂中不可动摇地坚信：有一种悲哀是无法被取消掉的。

于是我也这样地到达了这一点上，在这一点上你认为，生活的意味成为“去悲哀”。整个现代的发展具有这个特性，人们觉得有着比“想要是喜悦的”更大的倾向去“想要悲哀”。这被看成是更高的人生观，而如果我们说，“想要是喜悦的”是自然的，而“去悲哀”是不自然的，那么，我们也确实可以说这是一种更高的人生观。还有，这“想要是喜悦的”对于那单个的人来说还带有一定的感恩义务，哪怕他的思想太混乱而无法真正知道他应当感谢谁；这“去悲哀”免除了一个人的这一感恩义务感，而虚妄则得到了更好的满足。另外，我们的时代以那么许多方式经历了生活的虚妄，以至于它不相信“喜悦”，而为了能够有什么东西可去相信，那么它就去相信“悲哀”。喜悦消逝，它说，但悲哀，这悲哀则持存，因此，那将自己的人生观建立在这之上的人，他是将之建立在一种牢固的基础上[155]。

如果人们进一步问，你所谈论的是怎样的一种悲哀，那么，你就能足够聪明地去避过那伦理的悲哀。你所想的不是“悔（Angeren）”；不，它是审美意义上的悲哀，它尤其是那经过了反思的悲哀。它的基础不在“辜（Skyld）”中，而是在不幸、在命运、在一种悲哀的性格倾向、在其他人的影响等等之中。所有这些都是某种你从各种小说中已经得以很熟悉的东西。如果你阅读这些东西，你就会觉得好笑，如果你听见别人谈论这些东西，你就会讥嘲，但是在你自己想要讲述这东西的时候，这之中就有了意义和真理。

虽然现在这种把“去悲哀”弄成了人生自在自为的意味的人生观看起来已经是够可悲的，但我还是不禁要从你也许意想不到的另一方面向你显示出，这是无告无慰的。就是说，我前面所说过的东西，我在这里还要再说，它叫做“悲哀流逝”，那“喜悦流逝”的说法有着怎样的意义，它就有同样的意义。这是某种我无须提请你注意的东西，因为这是你可以从你的大师斯可里布那里学到的，他足够频繁地讥嘲了那种相信永恒悲哀的多愁善感[156]。那说“悲哀是生活之意味”的人，他在自身之外有着喜悦，正如那想要是喜悦的人在自身之外有悲哀，这完全是同一种方式。然后喜悦会使他意外地降临他，正如那悲哀会意外地降临在那以喜悦为生活意味的人身上。这时，他的人生观被联系到一种他所无法驾驭的力量之上；因为，“想要不去变得喜悦”就和“想要不去变得伤心”一样，在根本上这两者都不是人的力量所能够控制的。但是每一种在自身之外有着一个条件的人生观都是绝望。这样一来，那“想要去悲哀”是绝望，完全是在同样的意义上正如那“想要去寻求喜悦”，因为让自己的生活处在那其本质就是“它会消逝”的东西中，这总是绝望。因此，如果你愿意那就尽管去充满睿智和创造性吧，去用一副哭丧相的外表去把喜悦吓跑吧，或者，如果你更愿意这样做的话，用你的外表来欺骗它以便隐藏你的悲哀，喜悦还是会来意外地找到你；因为时代噬食时代之子[157]，而这样的一种悲哀就是时代之子，而它为自己所谎称的那永恒则是一种欺骗。

那悲哀的根基越深，这看上去就越是好像一个人是能够做到终其一生去保留着它，是啊，一个人无须做任何事情，它自然而然地就会留在那里。如果这是单个的事件，那么这看起来就已经非常艰难了。你对此也认识得很清楚，因此，在你要对于“悲哀对于整个生命所具的意味”做出表述的时候，你所想的其实是一些不幸的个体人格和悲剧性的英雄。那不幸的个体人格的整个精神性的倾向在其自身中就包含了这样的性质：他无法变得幸福或者快乐，有一种命运[158]压在他身上，并且这同样也是那悲剧性的英雄的情形。在这里，“去悲哀”是生命的意味，这说法有着其完美的正确性，并且在这里我们有着一种纯粹直接的宿命论，这宿命论在其自身中总是具备着某种诱惑性的东西。在这里，你也是带着你的自负，这自负不多不少只是在说你是那最不幸的人。然而，谁都无法否定，这一想法是一个人的头脑中所能够出现的最骄傲和最大胆的想法。

让我为你给出你应得的回答吧。首先，你并没有在悲哀。这是你所非常清楚的；因为“最不幸的人是最幸福的人”，这是你最喜欢的表述。但这是一种伪造，比任何别的更可怕，这是一种与那统治世界永恒权力作对抗的伪造，这是一种对上帝的反叛，就好像是在人们应当哭泣的时候想要笑，然而却有着那么一种绝望能够这样做、有着那么一种对抗向上帝本身挑战。但这也是一种对人类的背叛。无疑，你也对各种悲哀作区分，但你却认为有一种差异，它是如此之大，以至于要去承受那就其本身的悲哀就是一种不可能性。但是，如果有着一种这样的悲哀存在的话，那么“它是哪一种”这个问题就不是由你来决定的了；这个差异和那个差异也没有什么差别，而你则出卖了人类最深刻和最神圣的权利或者恩典。这是对于“那伟大的”的背叛，一种低级的忌妒；因为它到头来还是终结于这样的说法：那些伟大的人们不曾在最危险的试探中经受过考验，他们轻易地就混到了他们的荣耀，如果你所谈论的那种超人的诱惑落在他们身上，那么他们就也会对之低头折腰。难道你就打算以这样的方式，通过对之的贬损，来尊敬“那伟大的”吗？你就打算以这样的方式，通过否认它来给出证据吗？

现在，不要误解我。我不是那认为“人不应当悲哀”的人，我鄙夷这一可怜的常理，并且，如果我的选择只能是在这两者之间的话，那么我就选择悲哀。不，我知道，这“去悲哀”是美丽的，并且在泪水中有着深重的东西[159]；但是我也知道，一个人不应当去像那没有希望的人那样地悲哀。在我们之间有着绝对的对立，是永远也无法取消的。我无法在审美的定性之下生活，我觉得，我的生活中的最神圣的东西进入毁灭，我要求一种更高的表达，而“那伦理的”给了我这种表达。在这里，首先那悲哀得到其真实和深刻的意味。不要因为我这里所说的东西而感到不快，不要因为我在我谈论这种需要英雄去承担的悲哀的同时谈论孩子而提出异议。如果一个孩子有着这样的倾向，他不去对自己是否正确做太多地考虑而请求别人原谅，那么这就标志了这个孩子是一个很好的孩子，同样如此，如果一个人有着“悔”的倾向，他不去与上帝辩论是非而只是悔着并且在自己的“悔”中爱上帝，那么这就是一个品格高尚的人、一颗深刻的灵魂的标志。没有这标志，他的生活就什么都不是，而只像水上的泡沫。是的，我向你保证，如果我的生命是以这样一种方式并非因自己的缘故而被编织进悲哀和苦难，以至于我能够将自己称作是最伟大的悲剧英雄、能够在我的痛楚中获得快乐并且通过提及这痛苦而去震惊世界，那么，我的选择就已经做下了：我剥褪掉我身上的英雄服饰和悲剧的悲怆，我不是那能够为自己的苦难而骄傲的受苦人，我是那感觉到了我自己罪过的谦卑者，我对于我所承受的东西只有一个表述——“辜”，我对于我的痛苦只有一个表述——“悔”，在我的眼前只有一种希望——“恕免[160]”。如果我发现这对于我是很难做到的，哦！我只有一个祈求，我要扑到大地上从早到晚向那控制世界的永恒权力呼喊，请求一个恩典，这恩典就是，可以允许我去悔；因为我只认识一种悲哀，这悲哀能够将我带进绝望并且把一切都扔到里面；这恩典就是，悔是一种幻觉，并非相对于它所寻求的“恕免”是幻觉，而是相对于它所预设的清算归咎[161]，这悔是幻觉。

你以为通过我的这一行为而发生的悲哀不是正当的悲哀，你以为我是在逃避它吗？绝不是！我将之埋藏在我的本质之中并且因此永远也不会忘记它。总的说来，不敢去相信我能够在我自身之中拥有什么东西而并不在每个瞬间都朝它看，总的说来这就是一种对精神之有效性的怀疑。人们在日常生活中最想要藏好的东西，人们会将它放在一个自己不是每天都去的地方，在精神的意义上也是如此。我在我内心中有着悲哀，并且我知道它会属于我的本质，与那在“生怕失去它”的恐惧之中每天都将之拿出来看一看的人相比，我远远更肯定地知道，它会属于我的本质。

我的生活从不曾有如此强烈的动荡能够让我觉得我不禁想要去混乱地搅浑整个生存；但是，在我的日常生活中我常常体验到为悲哀给出一种伦理的表达是多么有益；不是去在悲哀中清除掉“那审美的”，而是去伦理地控制它。只要悲哀是宁静而谦卑的，我就不会畏惧它；如果它变得暴烈而充满激情、变得强词夺理并且在沮丧中蛊惑我，那么我就会奋起；我受不了哗变，我不想让世上有什么东西来从我这里骗取那我作为一种恩典礼物从上帝的手上获得的东西。我不想驱赶走悲哀，不寻求去忘却它，但是我悔。如果那悲哀实在是属于那一种类型，我并非咎由自取，我悔我让它控制住我，我悔我没有马上将之转交给上帝，如果我将它转交给了上帝，那么它就不会得到任何力量来蛊惑我。

原谅我在这里又说到孩子们。如果一个孩子哭哭啼啼地来回跑而既不想要这个又不想要那个，那么人们就说：你这么哭肯定是想要什么东西[162]，并且这种方法按理应当是很好的。我的情形也是如此；因为，不管一个人在怎样大的程度上进入了判断力的年纪上了岁数，他总还是保留着某种孩子的东西。于是，在我哭泣的时候，我对我自己说：你这么哭肯定是想要什么东西，而这时我就进入了一种变化。我能够向你保证，这对于一个人来说是非常有好处的，因为那审美的悲哀者向自己所倾洒的泪水毕竟只是虚伪的泪水并且不会有什么结果；但那“感觉到自己有辜”则是真正某种要去哭泣的事情，并且，在那悔的泪水里有着一种永恒的祝福。在拯救者走向耶路撒冷并且为这座不知道什么是对自己最有好处的大城市哭泣[163]的时候，这时很有可能就是，他也能够感动这城市和他一起哭，但是，如果这是审美的泪水的话，那么，它只会有非常小的用处，然而世界无疑不曾见到过很多这样的悲剧，在这里是那选民[164]被拒绝[165]了。如果这是悔的眼泪，是啊，那么在它们之中就有着深重的东西，并且我们在这里所谈的还是“为那比他自己所具的辜更多的东西而悔”；因为并非是恰恰正生存着的这一代人是唯一有辜的，那是父祖们的罪过落在了这一代人身上。在这里，悔在其全部的深刻意味之中显现出来；因为，在它以一种方式隔绝了我的同时，它则以另一种方式将我不可分割地与整个族类联系在了一起；因为我们都知道，我的生命并不是在时间之中适于乌有，并且，如果我不能够对那过去的东西悔，那么自由就是一场梦。

现在，也许你认识到我为什么在这里对这一人生观进行论述了；在这里人格又一次是在必然的定性之下被考虑的，并且剩下的只有这么点自由，以至于它只能作为一场不安的梦能够不断地使得那个体人半睡半醒并且在苦难和厄运的迷宫里将他引上歧途，在那里他能够到处看见自己但却不能达到自己。真是不可思议，人们常常看见这些问题是被以一种怎样的轻率来对待的。甚至体系性的思想家们也将它当作一种自然奇观来对待，对这样的自然奇观他们除了仅仅描述之外再也没有说更多，他们也不曾想过，如果有这样的一个自然奇观存在的话，那么他们所有其他智慧就是胡说和幻觉。正因此，人们会觉得，不同于所有哲学的智慧，人们通过那基督教的人生观获得了完全不同的帮助。基督教的人生观把一切都置于罪（Synd）之下，而哲学则太过审美而无法具备伦理的勇气去这样做。然而，这一勇气却是唯一能够拯救生活和人的，除非一个人会去听从自己突发奇想而打断自己的怀疑并且去和一些对于“什么是真理”这问题有着同样想法的人们聚在一起。

那选择所呈现的第一种形式就是完全的隔绝。就是说，在我选择我自己的时候，我将我自己从我与那整个世界的关系中区分出来，直到我在这一区分中终结于那抽象的同一。然而，既然那个体人依据其自由而选择了自己，那么他正因此也是[166]行为着的。然而，他的行为却与任何外部世界都毫无关系；因为这个体人已经完全地消灭了这外部世界并且只是为它自身而在。然而，这里所显示出的这种人生观却是一种伦理的人生观。它在希腊[167]在一个单个的个体人的为将自己修养成一个美德模范而做出的努力中得到了其表达。就像后来的基督教会世界（Christenheden）[168]里的隐士[169]们，他以这样一种方式从生活的活动中引退出来，不是为了去沉浸在形而上学的冥想中，而是为了去作出行为，不是向外，而是在自身之中作出行为。这一内在的“作出行为”同时既是他的任务又是他的满足；因为，“去深造自己以便在以后更好地为国家服务”，这不是他的意图，不，在这一深造中他无疑是他自己，并且，他离开公民生活就是为了永不回返。因此，在根本的意义上他其实不是从生活中隐退，正相反，他停留在生活的多样性之中，因为，从教育功能的角度看，为了他自身的缘故，与生活的接触对于他来说是必要的；但是公民生活就其本身对他是毫无意义的，他通过某种巫咒已经使得公民生活变得对于他是无害、无所谓和无意义的。于是，他所发展的各种美德不是公民美德（但它们却在事实上是异教中的真正美德，相应于基督教中的那些宗教性的美德），那是一些个人的美德，勇气、勇敢、耐性、知足等等。在我们的时代，我们当然是很少看得见这一人生观得以实现，因为每个人都过多地受到“那宗教的”的影响，以至于无法立定在这样一种对美德的抽象定性之上。这一人生观的不完美是很容易被看出的。错处是在于：那个体人完全抽象地选择了自己，因此他所欲求和达成的那种完美也是同样地抽象。我之所以强调（作为与“选择自己”同一的东西）这“对自己进行悔”，原因就是这个；因为悔将个体人设定进了与外部世界的最内在的联系和最紧密的关联。

我们曾经常看见，甚至有时在基督教的世界还能够看见，与这种希腊人生观相类似的情形，只是在基督教之中，因为增添了那神秘的和那宗教的成分，它就变得更美丽和更充实了。一个希腊的个体人格，他将自己发展成为一个所有各种人格美德的完美缩影，现在他就能够在他所想要达到的高度上达到那种大师水准，他的美德战胜了世界的诱惑，但他的生命却并不比这世界更长久，它同样无法进入不朽，他的至福是一种孤独的自我满足，就像所有其他东西一样地短暂。现在，一个神秘论者的生命就远远更为深刻。他绝对地选择了自己；因为，尽管我们很少听见一个神秘论者这样地表述自己，尽管他最通常是使用那表面看上去是反过来的表述——“他选择了上帝”，然而，就像上面所展示的那样，事情依旧是同一回事；因为，如果他没有绝对地选择他自己，那么他就不会处在任何与上帝的自由关系中，而基督教的虔诚之中的本质特征是恰恰在于自由之中。这一自由关系在神秘论者的语言里常常是这样的得到表述的：他是“那绝对的你”。神秘论者绝对地选择了他自己，他的选择也就是依据于自由的，并且他正因此也是[170]行为着的，但他的行为是一个内在行为。神秘论者在其完全的隔绝之中选择自己，对于他，整个世界都死了、被消灭了，并且这疲乏的灵魂选择上帝或者自己。“疲乏的灵魂”这一表述是不可以被误解的，不可以被滥用于对那神秘论者的贬抑，仿佛是一种可疑的事情，“灵魂在它厌倦了世界之后才选择上帝”。这一表述无疑是被神秘论者用来标示自己对于“在以前没有选择上帝”的悔，他的疲乏不可以被看成是同一于生活中的厌烦。在这里你就已经会看见，那神秘论者的生活在根本上是有多么少的伦理倾向，因为，为了“他没有更早——在他在世界中变得具体之前、没有在他的灵魂还只是抽象地被定性的时候——也就是在他还是孩子的时候——就选择上帝”而悔，这是“悔”的最高形式了。

神秘论者，由于他作了选择，正因此也是[171]行为着的；但他的行为是内在的行为[172]。由于他是行为着的，那么他的生命就具备一种运动、一种发展、一段历史。一种发展却可以在一定的程度上是形而上学的或者审美的，我们到底是不是在真正的意义上敢将之称为是一种历史，这会是令人怀疑的，因为我们就这“历史”所想的是一种在自由（Friheden）的形式之下的发展。一种运动可以在一定的程度上是飘摇不定的，我们到底是不是敢将之称为是一种发展，这会是令人怀疑的。比如说，如果这运动是在于一个环节一而再再而三地不断重来，那么我们就不可否认地有了一个运动，是啊，我们也许能够发现一种运动定律；但是我们在此没有任何可被称作是“发展”的东西。时间中的重复是没有什么意味的，并且缺乏连续性。神秘论者的生活在极大的程度上就是这种情形。如果我们阅读一个神秘论者对那些钝惰昏暗的瞬间的哀叹[173]的话，我们就可以看出那有多么可怕。然后，在这钝惰昏暗的瞬间过去之后，光明的瞬间就来到了，他的生活就是这样不断地处在交替之中，它无疑是有运动的，但是却没有发展。他的生活缺乏连续性。那真正在一个神秘论者的生活中构建出这个的东西，是一种感情，就是说，一种渴慕，不管这种渴慕是对准了那已经过去的东西还是对准那将要到来的东西。但是，一种情感以这样的方式来构建出间隔，这恰恰就显示了，这之中缺乏关联。一个神秘论者的发展在这样的一种程度上是形而上学和审美地定性的，我们是不敢将之称为“发展”的，除非我们所说的这种“发展”是人们谈论“一棵植物的发展”时所用的词义。对于神秘论者，整个世界是死的，他爱上了自己的上帝。现在，他的生活的发展就是这一爱情的展开。正如我们有例子显示出，相爱的人相互间有着某种相像之处，在外表上也是如此，在表情和面部形态上，神秘论者也是这样地沉浸在他对那神圣所进行的沉思中，它的形象越来越多地在他那正在深爱着的灵魂中反照出来，就这样，这神秘论者更新着，并且在人身上使得那失去的上帝形象得以复活。他沉思的越多，这一形象就越清晰地在他身上反照出来，他自己就越发地与这形象相似。这样，他的内在行为并非是在于对那些人格美德的获取中，而是在于那些宗教的或者沉思性的美德的发展中。但甚至这对于他的生活来说也是一个过于伦理的表达，因此祈祷是他真正的生活。我不否定，祈祷也是属于一种伦理生活中的一部分；但是一个人越是伦理地生活，祈祷就越是有着意图的特征，以这样一种方式，甚至在感恩祈祷中也有着一个意图的环节。那神秘论者的祈祷的情形就不同。对于他，如果祈祷越是有着爱欲的成分、越是被一种熊熊的爱情火焰燃烧着，那么这祈祷就越是意味深长。祈祷是他的爱情的表述，是只有他能够用来称呼他所爱上的“那神圣”的那种语言。就像在尘俗生活中恋人们渴慕向往着这样的一个瞬间，他们能够相互倾诉他们的爱情、让他们的灵魂融合在一种细语低诉之中，那神秘论者也以同样的方式渴慕向往着这样的瞬间，在这瞬间里，他就仿佛在祈祷中能够潜入到上帝那里。正如在那些相爱者真正地没有什么可谈的时候，他们在这种细语中感觉到最高程度的至乐，对于那神秘论者也是这样，他的祈祷所具的内容越少、他对于自己而言越是多地几乎消失在自己的叹息之中，那么他的祈祷就越充满至福，他的爱情就越幸福。

在这里，如果我稍稍进一步强调出这样一种生活中的不真实之处的话，也许就可能是跑题了，尤其是因为每一个更深刻的人格总是觉得被之感动。比如说你，至少有一段时间，你绝不缺乏去成为一个神秘论者的各个环节。总的说来，那些最大的对立面在这个领域里相遇，那些最纯洁和最无辜的灵魂和那些罪过最深的人们，那些最有天分的人们和那些最简单的人们。

首先我要非常简单地说一下，在这样的一种生活之中刺激着我的东西到底是什么。这是我个人的判断。稍后，我将尝试着展示出，对于那些我所指出的弊端，我的这判断是有其正确性的，也指出这些弊端的根源是什么，以及那些非常邻近的可怕歧路。

在我看来，我们无法否认那神秘论者在其与上帝的关系中是有着一定的一厢情愿的强求。一个人爱上帝应当要尽其全部的灵魂和所有的思想，是的，不仅仅他应当这样做，而且他的“去这样做”本身就是极乐至福[174]，谁会拒绝这个？由此却绝不是说，神秘论者应当去鄙视上帝将他设置于之中的那现实、那存在；因为如果那样做的话，那么他其实就是在鄙视上帝的爱，或者在要求对之的另一种不同于上帝所想给出的表达。在这里可以用得上撒母耳的严肃话语：对于上帝，顺从胜于公羊的脂油[175]。但是，这一一厢情愿的强求有时候会具备更为可疑的形态。比如说，一个神秘论者把他于上帝的关系[176]建立在“他恰恰是他所是”之上，根据某种偶然性把自己看成是那神圣（Guddommen）的偏爱的对象。就是说，这样一来，他就贬低了上帝和他自己。贬低了他自己，因为，以某种偶然的东西为依据来与其他人有本质性的区别，这总是一种降格的事情；贬低了上帝，因为他把上帝弄成了偶像而把自己弄成了这一偶像的宫廷中的受宠物。

其次，在一个神秘论者生活中令我不舒服的是人们无法从他身上清除掉的那种温软和虚弱。一个人想要在自己最深的内心深处感到肯定，他是真实而诚恳地爱着上帝，他常常觉得自己是被指定了要去明确这一点——他能够祈求上帝让自己的灵（Aand）与他的精神（Aand）共同作证[177]来证明他是这样地爱着上帝的；又有谁会否定这之中的美好和真实呢？然而，由此却绝对无法得出这样的结论：他每一个瞬间都想要重复这一努力、每一个瞬间都在对自己的爱做考核。他会有足够的灵魂上的伟大来相信上帝的爱，这样，他就也会有这样的坦荡磊落去相信他自己的爱，并且欣喜地停留在那些已经指派给他的关系中，恰恰因为他知道，这一停留就是对于他的爱、他的谦卑的最确定的表达了。

最后，一个神秘论者的生活让我感到不愉快的原因是，我将此视作是一种对于那他所生活在之中的世界的欺骗，一种对于那些他与之有密切联系或者（如果他不是为“去成为神秘论者”而高兴的话）他有可能与之发生关系的人们的欺骗。在一般的情况下，神秘论者选择那孤独的生活；但是凭这一点，事情并没有被弄明白，因为问题是，他是否有权去选择这生活。就“他已经选择这生活”这一点而言，他没有欺骗别人，因为他凭这一点已经说了：我不想与你们有任何关系；但问题是在于他是否有权这样说、是否有权这样做。我是神秘论者的敌人，尤其是作为丈夫、作为父亲我是如此。我的家庭生活也有着它的神圣禁地[178]，但是，如果我是神秘论者，那么我就得再单单为我自己设立一个神圣禁地[179]，而那样的话，我就是一个糟糕的丈夫。现在，既然按照我的看法（我将在后面阐释这看法），“去结婚”是每一个人的义务，并且既然我不可能认为一个人应当去结婚以便成为一个糟糕的丈夫，那么，你就能很容易地看出，我必定会对一切神秘论都怀有厌憎。

那单方面地献身于一种神秘主义的生活的人，到最后他变得陌生于所有人，如此陌生，以至于每一个关系，甚至那最温柔和最诚挚的关系，对于他都变得无所谓。在这种意义上所说的不是一个人应当爱上帝高于爱父母[180]，上帝并非如此自爱，并且他不是一个想要用那些可怕的冲突来折磨人类的诗人，而如果真的在对上帝的爱和对人类的爱（上帝恰恰是在我们的心中灌输了对人类的爱）之间有着冲突的话，那么我们就很难想象在世上还能有比这更可怕的事情了。想来你没有忘记那年轻的路德维希·布莱克菲尔德[181]吧，我们在一些年前都在生活中与他有过很密切的联系，尤其是我。他无疑是一个非常有天分的人，他的不幸在于，他片面地迷失在一种与其说是基督教的倒不如说是印度的神秘主义之中。如果他生活在中世纪，那么他无疑会遁身修道院。我们的时代没有这样的辅助工具。这样，如果一个人走入迷途，那么，如果他没有被完全地治愈，他就必然地会毁灭，而我们也无法向他提供一个这样的相对拯救。你知道，事情终结于一次自杀。他对我有着一种特别的相知，而这种相知关系使得他对他自己所最喜欢的理论有所违背，他的理论就是：一个人不应当将自己置于与任何人的关系中，而是应当将自己直接地置于与上帝的关系中。他对我的这种相知也并非很深，他从不曾完全地向我公开他自己。在他活着的最后半年里，我带着恐惧成为他各种古怪的（excentrisk[182]）运动的见证。无疑有很多次可能是我中止了他，但是我并非是很确定地知道这事情是怎么回事，因为他从来就不曾向什么人公开过自己。他有着一种去隐藏自己的灵魂状态并且为一种激情给出另一种激情的外表的非凡天赋。最后他却终结了自己的生命，没有人能够解释这事情的原委，他的医生认为，这是一种局部的疯狂；现在看来，他的医生的看法是非常合理的。直到最后一瞬间，他的精神在某种意义上说并没有弱化。你也许知道，有一封他写给他哥哥司法议员[183]的信，在这信中他向他哥哥陈述了自己所想要做的事情。我在此附上这信的抄本。它有着令人震惊的真相，并且是一个对那完全的隔绝（I-solation）的最后挣扎所作的极其客观的表达。①

这可怜的路德维希无疑并不是宗教地受了感动，而是神秘地

---

① 最尊敬的司法议员先生！

我给您写信，因为以一种方式您是我最亲近的人，而以另一种方式您并不比别人与我更亲近。在您收到我的这些字行的时候，我已不再存在。如果有人要问您原因，那么您就可以说，从前有一个公主，她的名字叫清晨之美，或者别的类似的名字；因为，如果我能够有这样的欣悦来幸存下来的话，我自己就会以这样的方式来回答。如果有人问您这事的机缘，那么您就可以说，这是缘出于那场大火。如果有人问您关于时间，您可以回答，它发生在那对于我来说是那么奇怪的七月份。如果没有人问您任何这之中的问题的话，那么您就不要回答什么。

我并不把自杀看成是某种值得称赞的事情。我之所以作出这样的决定并非是出于虚荣。相反，我相信这样一句话的正确性：没有人能够忍受‘去看见那无限的’。对于我，这情形曾经有一次在智性的方面显示出来过，并且对之的表达是无知性。无知性也就是对于那无限的知识的反面表达。自杀是对于无限的自由的反面表达。它是那无限的自由的一种形式，但是那反面的形式。幸运呵，那知道了正面形式的人。

此致至高的敬礼

您的诚挚的。

受了感动；因为在“那神秘的”中最有特征性的东西不是“那宗教的”而是这样一种隔绝，个体人在这隔绝之中，不去考虑任何与已有现实的关系，而是想要将自己设定到与“那永恒的”的直接关系之中。只要有人提及“神秘的”这个词，我们马上一下就会去想到某种宗教的东西，之所以会这样，原因就是在于：“那宗教的”有着一种隔绝个体人的倾向，这是你只需作一下最简单的观察就能够得以确信的事情。你可能很少去教堂，但无疑你更是一个观察者。你难道不曾留意这样的事情吗：尽管一个人在某种意义上获得一种教众集体的印象，可那单个的人仍然觉得自己是隔绝的；人们相互变得陌生，感觉就好像是在走了很大一圈绕路之后人们才重新聚在一起。这只会是因为，那个体人感觉到自己的上帝关系在所有他的真挚性之中是那么地强烈，以至于他的各种世俗关系在上帝关系的旁边失去了它们的重要性；除此之外还可能会有什么别的原因呢？对于一个健康正常的人来说，这样的瞬间不会持续很久，并且这样的一种刹那间的遥远根本不是一种欺骗，相反，它其实是在强化着那些世俗关系的真挚性。那原本以这样一种方式作为环节可以是很健康的东西，在它被片面地发展的时候，它就成为一种最令人担忧的病症。

既然我不具备神学方面的学历，因而我觉得自己没有能力去详尽地阐述这宗教的神秘主义。我只是从我的伦理立场出发对之进行考虑，因此我为“神秘主义”这个词给出一个远远大于它通常所具的外延；我相信我这样做是合理的。在那宗教的神秘主义中有着那么多美丽的东西，那许多献身于这神秘主义的深刻而严肃的人们，他们在他们的生活中经历了许多并且以这样一种方式变得适应于以忠告和指导和提示来为其他想要冒险投身于这条路的人们服务，所有这些是我所没有怀疑的，然而无论如何，这条路却不仅仅是一条危险的路，而且也是一条歧路。在之中一直有着一种前后的矛盾。如果一个神秘论者根本就不把现实当一回事，那么，我们就搞不清楚了：在他被“那更高的”感动的这一时刻，为什么他就不能够以这同样的怀疑来看待现实中的这样一个时刻。

于是神秘论者的错误不在于“他选择了他自己”，因为在我看来，他这样做很对，然而他的错误是在于他没有正确地选择自己，他根据自己的自由选择了自己，然而他却没有伦理地选择自己；但是，只有在一个人伦理地选择自己的时候，他才能够根据他的自由选择自己；但是，只有通过为自己而悔，他才能够伦理地选择自己，并且只有通过为自己而悔他才变得具体，并且只有作为具体的个体，他才是一个自由的个体。因此神秘论者的错误不在于某种后来的东西中，它是在于那最初的运动。如果我们把这一运动看成是对的，那么，对生活的每一次远离、每一场审美的自我折磨就都只是一个进一步得出的正确结果。神秘论者的错误是，他在选择中没有在自己面前变得具体，并且也没有在上帝面前变得具体；他抽象地选择自己，并且因此而缺乏透明性。也就是说，如果我们以为那抽象的就是那透明的，那么我们就错了；那抽象的是那不明了的、那模糊不清的。因此，他对于上帝的爱恋在一种感情、一种心境里有着其最高的表达；在黄昏的微光里、在有雾的时候，他在不确定的运动里和上帝融成了一体。但是，如果一个人抽象地选择他自己，那么他就不是伦理地选择自己。只有在一个人在选择中接管了他自己、穿戴上了他自己、渗透了他自己，完完全全，以这样一种方式——每一个运动都伴随着对于“一种对自己的责任”的意识，只有这样，他才是伦理地选择了他自己，只有这样他才是为自己而悔了，只有这样他才是具体的，只有这样他才在自己的整个隔绝里处于与他所属的现实的绝对连续之中。

这一定性就是：“选择自己”同一于“为自己而悔”。不管原本这一定性就其本身是多么地简单，这一定性总是让我一次又一次返回到它这里，频繁得没个够。也就是说，一切都是围绕这一定性。神秘论者也悔，但是他将自己悔出自身之外，而不是悔进自身之中，他是形而上学地悔而不是伦理地悔。审美地悔是令人厌恶的，因为那是软弱；形而上学地悔是不合时宜的奢侈，因为那个体并没有创造出世界，并且也就不需要去把“世界是不是真的是虚妄”这个问题很当一回事。神秘论者抽象地选择自己，因此他就也必须抽象地为自己而悔。这一点我们可以在神秘论者对存在（Tilværelsen）——那有限的现实（而他却恰恰就生活在这现实和存在之中）的判决上最好地看出来。就是说，神秘论者教导说，这存在是虚妄、幻觉、罪；但是，每一个这样的判决都是一个形而上学的判决，而并非是伦理地确定出我与之的关系。甚至，在他说“有限性是罪”的时候，其实他通过这句话所想说的东西和他在将有限性称作是虚妄的时候所要说的东西几乎就是同一回事。相反，假如他伦理地坚持“罪”这个词，那么他对他与这个词的关系所作的定性不是伦理的，而是形而上学的，因为那伦理的表达不会是“去躲避开”，而是“进入到之中去”、去取消掉它或者去承受它。那伦理的悔只有两种运动，要么是它去取消掉自己的对象，要么就是它承受这对象。这两者运动也暗示出一种介于那悔着的个体与那作为他的悔的对象的东西间的具体关系，相反，那“去躲避开”则表达了一种抽象关系。

神秘论者抽象地选择自己，因此我们可以说，他将自己不断地选择出世界；但是这却导致出这样的结论：他无法再将自己选择回这世界了。真正的具体选择是：通过这选择，在我将我自己选择出这个世界的同一瞬间里，我也将我自己选择回这个世界。就是说，在我悔着地选择我自己的时候，我于是将我自己集中到我的全部有限具体之中，而在我以这样的方式将我自己选择出有限性的时候，我是处在一种与它的最绝对的连续之中。

既然神秘论者抽象地选择了他自己，那么，他的不幸就是，要进入运动对于他是那么艰难，或者，更正确地说，这对于他是一种不可能。正如你在你的世俗的最初的爱情上的情形，神秘论者在他的宗教的最初的爱情上也有着同样的情形。他品尝到了它的全部至福，现在，除了等待着它是不是会带着同样的美好光华再次来临之外，他什么也做不了，而在这一点上，他很容易会情不自禁地怀有一种怀疑，这怀疑就是我所常常指出的：发展是倒退，是一种渐渐的遗失。对于一个怀疑论者来说，现实是一种姗姗来迟，是的，这姗姗来迟属于一种那么令人吃不准的类型，以至于他几乎在冒着“生活从他那里剥夺去那他曾拥有的东西”的危险。因此，如果我们去问一个神秘论者，生活的意味是什么，那么他也许就会回答说：生活的意味就是去认识上帝、去爱上他。然而这却不是对问题的回答，因为，在这里，生活的意味被理解为环节，而不是作为延续。因此，如果我想要问他，这“生活有了这种意味”对生活有着怎样的意味，或者换一句话说，现世性的意味是什么，那么他就没有很多可说了，不管怎么说，他的回答都不会是很愉快的。如果他说，现世性是一个需要去克服战胜的敌人，那么我们则可以进一步问，“这个敌人被克服”这事情本身是不是有着意味呢？神秘论者在根本上不会认为这有什么意味，然而他却想要最好是不再和现世性有关系。因此，正如他不把现实当一回事并且将现实形而上学地解读为虚妄，现在他也不把那历史性的东西当一回事，并且将之形而上学地解读为无用的苦劳。他能够赋予那现世性的最大意味就是：它是一种尝试阶段，在之中人们能够一而再再而三地尝试却无须真正地由此中达成什么结果，或者说，人们除了老是处在“开始”的状态之外再也不会走更远。然而这却是对现世性的错误低估，因为，固然它老是在自身中保留着某种来自一个“被抑制的教会”[184]的东西，但它也是“那有限的精神之荣耀化”的可能性。这恰恰是现世性的美丽之处：无限的精神和有限的精神在它之中分开，并且，现世性被指派给了这有限的精神，这恰恰就是有限的精神的伟大。因此，如果我敢这样说的话，现世性不是因为上帝的缘故而存在的，不是为了让他在之中（我现在用神秘论的话说）能够试探和考验那爱着他的人，相反它是为了人的缘故而存在的，并且是一切之中最伟大的恩典礼物。就是说，他能够获得历史，在这之中蕴含着一个人的永恒尊严；如果他愿意，他可以自己为这一历史给出连续性，在这之中蕴含着人身上那神圣的东西；因为只有在那历史不再是所有发生或者出现在我身上的事情的总和，而是我自己的作为（Gjerning）（以这样一种方式，以至于那发生在我身上的事情也因为我而被变化并且被从必然转化为自由），只有在这时，他才获得这历史。人的生活中让人羡慕的地方就是，这人能够援手去帮助神，能够理解他，而对于一个人来说“去理解神”的唯一有价值的方式就是：一个人在自由中居有吸收所有一切降临到他身上的东西，不管是那喜悦的还是那悲哀的。或者，难道你不是这样认为？这在我看来是如此，是啊，我觉得，如果我们想让一个人来羡慕我们的话，我们只需去高声地对他说这个就行了。

现在，我们在这里所谈到的这两种立场[185]可以被看成是去实现一种伦理的人生观的尝试。它们之所以无法成功的原因是：个体人是在其隔绝之中选择了他自己，或者是抽象地选择了他自己。也可以这样说：这个体人没有伦理地选择自己。因此他没有处在与现实的关联之中，而如果不是处在这种关联中，那么任何伦理的人生观就都无法得以贯彻实施。相反，那伦理地选择了自己的人，他具体地将自己作为“这一特定的个体”而选择下来，并且他是因这样一个事实而达到这具体：悔认可这一选择，而这选择则同一于这“认可了它”的悔。这时，个体人将意识到自己是这一特定的个体人，带有这些能力、这些倾向、这些驱动力、这些激情，被这特定的外部环境影响，作为一种特定外部环境的这样一种特定产品。但是，在他这样地变得对自己有所意识的时候，他把这所有的一切都接受下来作为其责任的一部分。对于“他是否要将那个别事物包括在内”这个问题，他毫不犹豫；因为他知道，如果他不将之包括在内，那么就会丧失某种远远更重要的东西。这样，在那选择的瞬间，他是处在那完全的隔绝之中，因为他将自己撤出了那外部世界；然而，在同一时刻他却又是处于绝对的连续之中，因为他是将自己作为一种产物来选择的；在他将自己作为一种产物来选择的时候，我们完全也可以说，他在生产他自己，以这样一种方式，这一选择就是自由之选择。这样，在选择的瞬间他就是处在临近终结的地方，因为他的人格达到了自身的圆满，然而，他在这同一瞬间却恰恰也是处在开始的地方，因为他根据自己的自由来选择自己。作为产物，他是被压进了现实的形式之中，在选择中他使得他自己有伸缩力，把整个自己的外在转变成内在。在世界中他有着自己的位置，他在自由中自己选择其位置，这就是，“他选择这个位置”。他是一个特定的个体人，在选择中他使得自己成为一个特定的个体人，亦即，成为“这同一个”；因为他选择自己。

于是，这个体人将自己作为一种复杂多样地定性的具体而选择自己，并且因此根据自己的连续性来选择自己。这一具体化是那“个体人”的现实；但是，既然他是依据于自己的自由而对之进行选择，那么我们也可以说，这是他的可能性，或者说——如果我们不使用一个那么具有审美意义的表达词的话，这是他的任务。换一句话说，如果一个人审美地活着，他到处都只看见各种可能性，对于他来说，这些可能性构成了将要到来的时间的内容，而相反伦理地生活的人则到处看见各种任务。于是，那个体人将“他现实的具体”这东西看成一种任务、一种目标、一种目的。但是“那个体人将自己的可能性看成是自己的任务”，这一点恰恰表达出了他对他自己所具的至高权力，他永远也不会放弃这权力，尽管在另一方面他其实并没有在这一最不受约束的至高权力之中获得那种没有国土的君王所具的乐趣。这给予那伦理个体一种安全感，而这种安全感是那只是审美地生活着的人所完全缺乏的。审美地生活的人，他等待着外来的一切。由此得来的是病态的恐惧，许多人以这恐惧来谈论“没有在世界里达到其位置”中的可怕之处。谁会否定“在这方面恰恰是幸运地把握住”中的欣慰之处；但是一种这样的恐惧总是暗示了这个体人从位置上期待一切、而不对自己有任何期待。伦理地生活的人，他也审慎于正确地选择自己的位置；然而如果他感觉到，他把握错了，或者有各种他力所不逮的障碍冒出来，那么他也不失去勇气；因为那种对自身的至高权力是他所不会放弃的。他马上看见自己的任务，并且因此立马就进入了行动状态。比如说，我们常常看见一些人，他们害怕如果一旦他们坠入了爱河就会得不到一个恰恰是那种正适合他们的理想的女孩。谁会否认“得到一个这样的女孩”中的欣慰之处；但在另一方面，“在一个人身外的东西是能够使得他幸福的东西”这样的想法是一种迷信。那伦理地生活着的人，他也希望在自己的选择中幸福；然而，如果事实显示出这选择并非完全符合愿望，那么他并不失去勇气，他马上看见自己的任务，这艺术并非是去被动地拥有着“想要”的愿望，而是去主动地处在“去行动”的意志之中。有许多人有着一种“人生是什么”的观念，希望与那些伟大的事件处于同一个时代，希望被卷进意味重大的生命关系中。谁会否定这样的事情有着其有效性，但在另一方面“事件和生命关系就其本身会把一个人造就成什么”这样的想法却是迷信。伦理地生活的人，他知道一切都得看“一个人在每一种关系中所看见的是什么”以及“一个人是带着怎样的能量看它的”，他知道，一个以这样的方式在最微不足道生命关系中陶冶了自己的人能够比那曾经见证乃至参与了那些最值得注目的事件的人经历更多。他知道，任何地方都是一个跳舞的场所[186]，他知道，哪怕是最卑微的人也有自己的跳舞地点，只要他自己有这个意愿，他的舞蹈可以和那些在历史中被指派下了位置的人们的舞蹈一样美、一样优雅、一样有模仿力、一样动人。这一击剑技能、这一柔韧灵活，才真正地是“那伦理的”之中的不朽生命。“存在还是不存在”[187]这句老话对于那些审美地生活着的人是有效的，并且，他得到许可去生活得越是审美化，他的生活就要求越是多的条件，而只要哪怕是它们其中最小的一个无法得以实现，那么他就死了；伦理地生活的人总是有着一条出路，在一切都与他作对的时候，在雷雨天的乌云压顶把他完全罩住以至于他的邻居无法看见他的时候，他却没有遭到毁灭，他总是有一个可以抓住的点，而这个点就是，他自己。

只有一样东西是我所不得不强调的：一旦伦理者的体操成为

实验行动，那么他就停止了“伦理地生活”。所有这一类体操式的实验行动其实与诡辩术在认识论领域所做的事情是一样的。

现在，我要在这里提醒你回想一下我在前面的段落里为“那伦理的”所给出的定性：它是那“一个人因之而成为他所成为者”的东西。[188]它并不想去使得一个个体人成为别的东西，而只是让他成为他自己：他不想去消灭那审美的，而是去使之崇高变形。一个人想要伦理地生活，那么他就必须对自己有所意识，意识得那么彻底，以至于没有什么偶然性能够避开他的审视。“那伦理的”不想要删去这一具体，而是在这具体之中看出自己的任务，看出什么是要用来建构的和什么是要去建构的。在一般的情况下，人们完全抽象地考虑观察“那伦理的”，并且因此而对之有着一种秘密的恐怖感。这时，“那伦理的”被看成是某种异己于人格的东西，既然人们无法真正地确定在时间的漫长流程中它将会通向什么地方，因此，在要去投身于它的时候，人们就退缩了。有许多人也是以同样的方式畏惧着死亡，因为关于死亡他们怀着模糊朦胧的观念，觉得灵魂在死亡中会进入另一种“事物们的秩序”，在那里有另一种律法和规则决定着一切，完全不同于他们在这个世界里所了解的律法和规则。这种对死亡的畏惧的根源则是个体人对“变得对自己透明”的不情愿，因为，如果一个人想要对自己变得透明，那么他就很容易洞察到这一畏惧之中的不合理之处。“那伦理的”的情形也是如此；在一个人畏惧透明性的时候，于是他就总是逃开“那伦理的”，因为“那伦理的”除了透明性之外其实并不想要别的东西。

作为一种“想要享受生命”的审美人生观的对立面，我们常常听人谈论另一种人生观，它把生活的意味设定在“为对自己的义务的履行而生活”。人们想用这个来标示一种伦理的人生观。然而这一表述却是非常不完美的，我们几乎会以为它是专门被弄出来以便使得“那伦理的”获得一种坏名声；有一点是非常明确的，在我们的时代，我们常常看见它被一种几乎让我们觉得好笑的方式来使用，比如说，在斯可里布[189]带着一种搞笑的严肃（对于“享乐之喜悦和快乐”，这种搞笑的严肃构建出一种贬损的对立面）来让演员说出这个陈述的时候，就是这样。这错误是：个体人被置于一种与义务的外在关系之中。“那伦理的”被定性为义务，而义务又被定性为一种诸多单个陈述的复杂多样性，但是个体人和义务相互处在对方之外。这样的一种义务生命自然是不美丽而枯燥的，如果“那伦理的”没有一种远远更为深刻的与人格的关联，那么，在它面对“那审美的”的时候，如果它想要捍卫自身的话，这就会是一件非常艰难的事情。有许多人无法走得更远，这一点我不想否认；但这不是义务的问题，而是人的问题。

通过“义务”这个词，人们会想到一种外在的关系，这是够奇怪的，因为这个词的词源本身就提示了，它是一种内在的关系；因为，那施加于我要让我去承担的东西，不是作为这一个偶然的个体，而是根据我的真实本质，它无疑是处在与我自己的最真挚内在的关系中。也就是说，这义务不是一种施与物（Paalæg），而且也是一种施与者（Noget，der paaligger）[190]。在义务被这样地看的时候，那么，这就是一种“个体人在自身之中得以确定了方位”的意思。这时，义务在他面前就不会分散为一种诸多单个定性的复杂多样性；因为这样的分散总是喻示了他仅仅只是处于一种与义务的外在关系之中。他穿戴了这义务。这义务是他的最内在的本质的表述。于是，当他以这样的方式在其自身之中确定了方位之后，这时，他就将自己深深地沉浸在了“那伦理的”之中，并且他就不会去疲于奔命气喘吁吁地履行义务了。因此，真正的伦理的个体人在自身之中有着一种平静与可靠，因为他不是在自身之外有着那义务，而是在自身之内。一个人伦理地将自己的生活构建得越深刻，他就越是不觉得有很多需要去在每一个瞬间都谈论义务、在每一个瞬间都焦虑他是不是履行这义务、每一个瞬间都就自己的义务到底是什么而征询他人的意见。如果人们正确地看“那伦理的”，那么它就使得那个体人在自身之中感觉到无限的自信，而如果人们不正确地看它，那么它就使得那个体人感觉到完全的不自信，比起一个人把自己的义务搞到了自身之外却又不断地想要去实现它，我再也想不出一种更为不幸或者更为苦闷的存在了。

如果一个人把“那伦理的”看成是人格之外的东西并且是处在与人格的外在关系之中，那么他就放弃了一切，那么他就是绝望了的。“那审美的”就其本身是绝望，“那伦理的”是“那抽象的”，并且就其本身是没有能力去达成哪怕是最微渺的事情的。因此，如果一个人有时候带着一种诚实的热忱为实现像一道阴影一样地不断逃逝的“那伦理的”而兢兢业业，有时候则在追逐着它，那么这就是既可悲又可笑了。

“那伦理的”是普遍的，并且因此而是抽象的。因此，“那伦理的”在其完美的抽象之中总是在禁止着的。于是“那伦理的”就显得像一种律法。一旦“那伦理的”是命令着的，那么，它就已经在自身之中有着某种来自“那审美的”的东西了。那些犹太人就是律法之民。因此，他们非常出色地理解摩西律法中的大多数诫条；但是他们看来所不曾理解的那诫条，则是基督教使自身去与之发生最密切关联的诫条：你应当全心地爱上帝[191]。这一诫条既不是否定的也不是抽象的，它是在最高程度上的肯定的和最高程度上的具体的。如果“那伦理的”变得更为具体，那么它就出越而进入那道德的定性之中去了。但是，“那在这一角度上的伦理的”的实在性是在于一种民族的个体人格的实在性之中，并且，在这里“那伦理的”就已经在自身之中接受了一个审美的环节。然而“那伦理的”仍然还是抽象的，并且无法被完全实现，因为它是处在那个体人之外的。只有在那个体人自己是“那普遍的”的时候，只有在这时“那伦理的”才能够被实现。那隐藏在良知之中的就是这个秘密，个体的生命在自身中所携带的就是这个秘密：它同时是一个个体的生命，也是“那普遍的”，即使就其本身并非直接如此，但按照它的可能性就是如此。伦理地考虑生命的人，他看见“那普遍的”，而伦理地生活的人，他在他的生活中表达出“那普遍的”，他使自己成为“普遍的人”，不是通过从自己身上脱去自己的具体——因为那样的话他就成了彻底的乌有，而是通过让自己穿戴着这具体并且用“那普遍的”来渗透这具体。就是说，普遍的人不是一个幻影，相反每一个人都是普遍的人，这就是说，这样一条路被展示给了每一个人，只要沿着这条路走，一个人就成为普遍的人。审美地生活的人，他是偶然的人，他以为，因为他是那唯一的人所以就是那完美的人；而伦理地生活的人则为去成为普遍的人而努力着。比如说，如果一个人审美地坠入了爱河，那么偶然的因素扮演着极其重要的角色，并且，对于他来说这一点很重要：没有人曾像他那样地爱，带着他所具的那些细微差别；如果伦理地生活的人去结婚，那么他就是在实现“那普遍的”。因此，他不是“那具体的”的仇恨者，相反他有一个更多的表达，比任何一个审美的表达都更深刻，因为他在爱情之中看见了“那普遍人性的”启示。这样，伦理地生活的人，他把自己当作为自己的任务。他的“自我”是作为直接地偶然地定性的，而那任务则是去把“那偶然的”和“那普遍的”改造为一体。

伦理的个体人并不是在自身之外有着自己的义务，而是在自身之中；在绝望的瞬间，这一点就变得明显，并且在这个体中借助于这个体来努力穿透“那审美的”而展示出来。关于伦理的个体，我们可以说，他就像那有着深底的静水，相反审美地生活的人则只是在表面上被打动。因此在伦理的个体人圆满完成了自己的任务、打完了自己的好仗之后[192]，于是他就到达了这样的一点上：他成为了那唯一的人，这就是说，没有人是像他这样的，并且还有，他成为了普遍的人。“是那唯一的人”，这自在自为地说并不是什么伟大的事情，因为每一个人在这一点上与每一种自然造化物有着共同点；但是以这样的方式而是唯一的人——“他在这此中也是那普遍的”，这才是真正的生活艺术。

这样，人格不是在自身之外拥有“那伦理的”，而是在自身之中，并且它从这一深处突破出来。如前面所说，这里的关键是：人格并不是在一种抽象而没有内容的冲击中消灭“那具体的"，而是吸收着它。既然"那伦理的"以这样一种方式至深地置身于灵魂深处，因而它并不总是被人看见，并且，一个伦理地生活的人能够完全地像审美地生活的人一样地去做事情，这样一来就可能会长时间地有一个幻觉，但是到最后，这样一个瞬间终于到来，这时我们就可以看见伦理地生活的人有着一种底限，而这底线是审美地生活的人所不认识的。在这一对于"自己的生活是伦理地构建出来的"的确信之中，那个体人带着安全的保障歇息着，因此他无需用对于这样那样东西极度敏感的焦虑来骚扰自己和他人。就是说，伦理地生活的人有着一整个为那无所谓的东西而设的空间，这恰恰就是一种对于"那伦理的"的敬畏，因为一个人不想去将之强行逼进每一种无关紧要的琐事中。相反，这样一种强将"那伦理的"挤迫进一切的努力总是失败，而我们也只会在那些没有勇气去相信"那伦理的"并且在更深的意义上缺乏内在自信的人们那里才会看见这样的努力。有这样的一些人，他们的胆怯恰恰是被人从这样的事实中看出来的：他们从来就无法完成那整体的东西，因为这整体的对于他们恰恰就是那复杂多样的东西，但是这些人也是处在"那伦理的"之外，当然不是因为别的，而只是因为意志的虚弱，——这种意志的虚弱就像所有其他的精神虚弱性一样，可以被看成是一种类型的疯狂。这样的人们的生活是做到了"滤出蠓虫"[193]。他们既没有关于"那伦理的"的美丽而纯粹的严肃的观念，也没有关于那无关紧要的东西的无忧无虑的喜悦的想象。然而那无关紧要的东西对于那伦理的个体人来说自然是被废黜了的，他可以在任何瞬间为它设定出界限。于是人们也相信有着一种天意存在，灵魂安全地停留在这一信念之中，然而人们却不会想到要去尝试着用这种想法去渗透每一种偶然性，或者在每一分钟里自觉意识到这一信心。想要那伦理的而不被那无关紧要的东西打搅，相信一种天意却不被偶然性打扰，这是一种能够被获取和保存的健康，如果一个人自己想要的话。在这方面，事情的关键也是"去看见那任务"，只要一个人有着以这样的方式去消遣的倾向，这里的任务就是这个：去作抵抗、去坚持那无限的，并且不让自己受愚弄。

那伦理地选择了自己的人，他把自己当作自己的任务，这自己不是作为一种可能性，不是作为一种为自己的随机偶然性的游戏而用上的玩具。只有当他在连续性中选择自己的时候，他才能伦理地选择他自己，并且，他以这样一种方式把自己当作一种被丰富多样地定性了的任务。他并不试图要抹去或者挥发掉这丰富多样的东西，相反他是在之中为自己而悔以至于陷在之中，因为这一丰富多样的东西就是他自己，只有通过悔着地将自己深化到之中，他才能够达到他自己，因为他并不假设世界是从他开始的，也不假设他创造出他自己；对于后者，语言本身已经为之打上了鄙夷的印戳，人们总是鄙夷地说及一个人：他创造出他自己[194]。但是，在他悔着地选择他自己的时候，他是行动着的，不是在隔绝的方向上、而是在连续的方向上行动。

现在让我们来比较一下一个伦理的和一个审美的个体。一切所围绕的首要差异是这个：那伦理的个体人对于他自己是透明的，并且不像审美的个体那样胡乱随便地[195]生活。随着这一差异一切都被给定了出来。伦理地生活的人看见了他自己、认识他自己、以自己的意识渗透了自己的整个具体、不允许不确定的想法在他心中游荡、不允许诱惑性的可能性用它们的障眼法来让他消遣，他是他自己，并非作为一个巫术簿夹子[196]，根据人们以怎样的方式来翻转而一忽儿冒出这样东西来、一忽儿又冒出那样东西来。"认识你自己"[197]这一表述被足够频繁地重复了，我们在之中看见人的整个努力追求的目标。这也完全是合情合理的，但是同样明确的是：它无法是最终的目标，如果它没有在同时也是最初的开始的话。那伦理的个体人认识自己，但这一认识不仅仅是沉思，因为如果那样的话，个体人就是根据其必然性而被定性了；这是一种对自身的思考，它本身就是一种行为，而正因此我孜孜不倦地使用着这一表述"选择你自己"，来代替"认识你自己"。在那个体人认识他自己的时候，他并没有结束，相反，这一认识是在极高程度上多产的，从这一认识中真正的个体人就出现了。如果我想要变得睿智一些，那么我在这里可以说，个体人认识自己，是以与那在旧约上所说的“亚当认识夏娃”类似[198]的那种方式认识自己。通过个体人与自身的同房，个体人与自己结合怀孕并且生产他自己。个体人所认识的这个自己，同时是“现实的自己”和“理想的自己”，个体人在自身之外有着这个“自己”作为形象，他要通过与这形象的相似来构建出自己，而在另一方面，个体人却又是在自身之中有着这个“自己”，既然他就是这个自己。只有在他自身之中，这个体人拥有着他所要追求的目的，然而由于这时他是在追求着这目的，因而他是在自身之外有着这目的。就是说，如果那个体人相信，“普遍的人”是在他之外、是从外面来遇会他，那么，他就是失去了方向、判断出错，那么他就是有着一种抽象的观念，并且他的方式总是一种对于他的本原自我的抽象消灭。只有在自身之中，个体人才能够获得关于自己的明示。因此，伦理的生命有着这样的一个双重性：个体人在自身之外并在自身之内有着他自己。然而，典型的自我却是不完美的自我。因为它只是一个预言而因此不是那现实的自我。然而它却不断地伴随着他；但他越是多地实现它，它就越多地消失在他之中，直到最后，它不是在他面前显现出自己，而是处在他的背后作为一种苍白退色的可能性。这一形象的情形就像是人的影子的情形一样。在早上那人将自己的影子投向自己的面前，到中午它几乎是不引人注目地走在他身边，到了傍晚它就落在了他后面。如果个体人认识了自己并且选择了自己，那么他就正在实现它自己，但是既然他应当自由地实现他自己，那么他就必须知道他所要实现的是什么。他所要实现的无疑就是他自己，但那是他的理想的自我，除了在他自身之中以外，他却是不可能从任何别的地方得到他的这个理想的自我。个体人在他自身之中有着理想的自我，如果一个人不坚持住这一点，那么他的热切追求就是抽象的。那想要拷贝另一个人的人和那想要拷贝普通人的人，这两者都变得同样地矫揉造作，尽管他们是在以不同的方式做作。

伦理的个体人在自己的具体之中观察自己，并且在现在“在这个和那个之间”[199]作着区分。他看出有些东西是偶然地属于他的，而有些东西则在本质上是属于他的。然而这一区分却是极其相对的；因为，只要一个人只是审美地生活着，那么说到底一切就都是同样偶然地属于他的，而如果一个审美的个体人坚持这一区分的话，那么这就只是能量的匮乏。伦理的个体在绝望之中学习到了这一点，因此他有着另一种区分方式；因为，他也是在“那本质的”和“那偶然的”之间作区分。所有在他的自由之中被设定的东西都是本质地属于他，不管它看上去可以是多么地偶然，所有不是如此的东西对于他来说是偶然的，不管它看上去可以是多么地本质。然而，对于伦理的个体来说，这一区分方式不是他的随机偶然性的产物，这样，事情看上去就可以好像是他有着绝对权力去使自己成为自己想要成为的东西。就是说，伦理的个体当然是敢使用这样的一个表述——“他是他自己的编辑者”，但是他自己也是完全地意识到他是有着责任的，在个人的意义上对自己有着责任，因为他所选择的东西对于他有着决定性的影响；在那他在之中生活的事物之秩序面前有着责任，在上帝面前有着责任。如果一个人这样看，那么我想，这区分就是对的；因为只有那被我伦理地接受下来作为任务的东西才本质地属于我。如果我拒绝接受它，那么这“我拒绝了它”就是本质地属于我的。如果一个人审美地观察自己，那么他也许会这样地区分。他说：我有绘画的才能，这被我看成是一种偶然性；而我有机智诙谐和敏锐的头脑，这则被我看成是那本质的东西，只要我不成为另一个人，它就无法被从我这里拿走。对此我要回答说：这整个区分是一种幻觉；因为，如果你并不伦理地将这机智诙谐和敏锐的头脑作为一种任务、作为某种你对之有责任的东西接受下来，那么它就不是本质地属于你，这尤其是因为：只要你只是审美地生活着，那么你的生活就是完全地非本质的。这时，伦理地生活的人在一定的程度上取消了“那偶然的”和“那本质的”

之间的区分；因为他接受下他自己，完全是作为一样地本质的；但是，这区分又重新回来；因为在他接受下自己之后，他进行区分，但是以这样的方式：对于那被他当作“那偶然的”而排斥的东西，他接受下了一个本质的责任，一个对于“他排斥掉它”的责任。

只要审美的个体带着“审美的严肃”为自己的生活设定出一项任务，那么这任务其实就是：将自己深化进自己的偶然性之中，去成为一个这样的个体人（其悖论和无规律是人们找不出第二个类似者来的）、去成为一个人的鬼脸。我们之所以很少在生活中遇上这样的形象，是因为，我们很少遇上对“去生活”有着一种想象的人们。既然相反有许多人对于“去说”有着一种决定性的偏爱，于是我们在街上、在社交聚会中、在书上就遇到许多杂聊碎谈，这些杂聊碎谈明明白白地带着那种独创性之癫狂[200]的印痕，这种独创癫狂被带进生活、想要以一大堆艺术产品来丰富世界，而这些艺术产品则是一件比一件更可笑。那伦理的个体人为自己所设定的任务是去将自己改变成那普遍的个体。只有伦理的个体才会严肃地阐述自己，并且因此而诚实地对待自己，只有他具备那榜样式的庄重和适度，比所有别的东西更美。但是，“将自己改变成那普遍的人”，这只有在我已经根据可能性[201]在我自身之中拥有着这质地的情况下才会是可能的。就是说，“那普遍的”能够非常好地带着“那特殊的”并且在“那特殊的”之中持存而又不去销蚀“那特殊的”；它就像那火焰，它燃烧着，但却不销蚀那荆棘[202]。如果那普遍的人是在我自身之外，那么就只有一种方法是可能的，那就是为我自己脱去我整个具体。这一在抽象之不羁中的挣扎而出是我们所常见的。胡斯教的诸教派中有一个支派，它认为要去成为普通人真正所要做的就是去像那在乐园中的亚当和夏娃一样裸着身子[203]到处走[204]。在我们的时代，我们很少遇上这样的人们，他们在精神的方面有着同样的教导：通过变得彻底全裸，一个人成为普通人；一个人为自己脱去自己的全部具体，那么他又能达到什么呢？但是，事情却并非如此。在绝望之行动（Act）中，那普遍的人出现，并且，他在这时是在那具体（Concretionen）的背后并且穿透具体而突破出来。在一种语言中有着比那在语法中设定为范例的唯一动词远远多得多的许多范例动词，这个词被列出来作为范例只是偶然的，所有其他规则动词都一样可以被列出来；人的情形也同样是如此。每一个人，如果他愿意，他就能够成为一个作为范例的人，不是通过他为自己去掉自己的偶然性；而是通过他留在它之中并且使它变得高贵。但是他是通过去选择它而使它变得高贵的。

现在，你就很容易可以看出，伦理的个体在自己的生命中穿行了所有那些我们在前面作为特别的阶段而展示出来的阶段；他将在他的生命里发展那些个人的、公民的、宗教的美德，他的生活通过他不断地将自己从一个阶段转设进另一个阶段而向前行进。一旦我们认为这些阶段中的一个已经足够，以为我们可以片面地去让自己汇集于这某一个阶段，那么我们就不是伦理地选择了自己，而是要么忽略了“隔绝”的重要性、要么忽略了“连续”的重要性，并且首先就是没有搞明白这个道理：真相是在于这两者的同一之中。

伦理地选择并且发现了自己的人，他在自己的整个具体之中为自己作出了定性。他拥有自己，这个自己是作为一个有着这些能力、这些激情、这些倾向、这些习惯的个体人、一个处在这些外在的影响之下的个体人、一个在一个方向上受这样的影响、在另一个方向上受那样的影响的个体人。在这里，他是以这样一种方式拥有作为任务的自己：这任务直接就是去安排、去构形、去锻铸、去生火、去压回，简言之就是在灵魂中建立出平衡性、一种和谐，它是那些人格美德的果实。他的活动的目的是他自己，但却不是偶然随意地定性的，因为他拥有着作为“为他而设定的任务”的自己，尽管这任务是通过“他选择了它”而成为他的任务。但尽管他自己是他自己的目的，这一目的却也是一个其他的目的；因为这个作为目的的“自我”不是一个在任何地方都适宜的抽象“自我”，而是一个具体的自我，这具体自我处在一种与这些特定的外在境况、这些生活条件、这事物之秩序的活生生的交互作用中。那作为目的的自我不仅仅是一个个人的自我，而是一个社会的、一个公民性的自我。他拥有自己，作为为了一种活动而要去完成的任务，通过这活动，他作为这一特定人格干预进生活的内容之中。在这里，他的任务不是去构建自身，而是去起作用，然而与此同时他却构建了他自己；因为，正如我在前面所谈及的，伦理的个体是如此生活的：他不断地将自己从一个阶段转设进另一个阶段。如果个体在本原中没有将自己解读为一个处在连续之中的具体人格，那么，他就也不会去赢得这一后来的连续。如果他认为艺术是在于像一个鲁滨孙[205]那样地开始，那么他就一辈子一直是一个冒险者。相反，如果他认识到，如果他不是具体地开始的话，那么他永远都无法进入开始，并且，如果他无法进入开始，那么他就无法进入结束，那么他就会同时处在与“那过去的”和与“那将来的”的连续之中。他将自己从个人的生活转设进公民性的生活，从公民性的转设进个人的。个人的生活就其本身是一种隔绝，并且因此是不完美的，但是在他通过那公民性的生活回到他的个人人格中的时候，个人的生活就以一种更高的形态显现出来了。人格将自身显现为“那绝对的”，它在自身之中有着其目的依据（Teleologi）。在我们使得“为履行义务而生活”成为一个人的生活的任务时，我们常常想到那种怀疑：义务本身是蹒跚眩晕的、那些法律能够被改变。你很容易看见，后一个表述所牵涉的是：人们想到公民的美德总是面临的那些起伏波动不稳定。然而这一怀疑并没有撼动那否定性的道德领域；因为这一领域总是保持不变的。相反，有另一种怀疑是撼动了每一项义务的，这怀疑就是：我根本就没有办法履行我的义务。义务是“那普遍的”；那被向我提出的要求，是“那普遍的”；那我所能做的，是“那单个的”。然而这一怀疑却有其重大的意义，因为它显示出，人格本身就是“那绝对的”。不过，这必须得到稍稍进一步的定性。那值得引起我们足够重视的是，语言本身强调着这一怀疑。我从不这样说一个人：他履行那义务或者那些义务；但是我说：他履行他的义务；我说：我履行我的义务，你履行你的。这显示出，那个体人同时既是“那普遍的”又是“那单个的”。那义务是“那普遍的”，它被向我提出来要求我；如果我不是“那普遍的”，那么我也就无法履行义务。另一方面，我的义务是“那单个的”，某种只是为我的东西，然而它却是那义务，于是也就是“那普遍的”。在这里，人格在其最高的有效性之中显现出了自己。它不是没有律法的，并且也不为自己去给出自己的律法；因为义务的定性继续在那里，但那人格将自己显现为“那普遍的”和“那单个的”的统一体。这之中的关系是如此，这是很清楚的，我们能够让一个小孩子弄明白这一点；因为我能够履行那义务但却不履行我的义务，并且我能够履行我的义务但却不履行那义务。我根本看不出世界会因此而陷进怀疑；因为善和恶的差异总是在那里，那责任和义务也总是在那里，哪怕这对于另一个人来说是不可能说的——什么是我的义务，相反对于他则总是会有可能去说什么是他的义务；如果“那普遍的”和“那单个的”的统一体没有被设定出来的话，就不会是如此。在人们把那义务弄成了某种外在的固定而明确的东西的时候，对这样的东西谁都可以说“这是义务”，这时候，人们也许会觉得所有的怀疑都被去掉了。然而这却是一个误解；因为怀疑并不是在于那外在的东西，而是在于那内在的东西，是在我与“那普遍的”的关系中。作为单个的个体，我不是“那普遍的”，而如果人们对我提这样的要求来要求我是那普遍的，那么这就是一种不合情理；于是，如果我要能够去履行“那普遍的”，那么我在“我是‘那单个的’”的同时就必须也是“那普遍的”，但那样一来那义务的辩证法就在于我自身之中了。如前面所说，对于“那伦理的”，这一学说没有携带任何危险，相反，它是在维护“那伦理的”。如果我们不设定这一点，那么人格就变得抽象，它与那义务的关系就变得抽象，它的不朽性就变得抽象。善和恶的差异也没有被取消；因为我怀疑会有人曾经声称“去行恶”是义务。他去行恶，那则是另一回事，但他也试图愚弄自己和别人去以为那是善的。他要能够继续停留在这样的一种愚弄欺骗中，这则是不可思议的，因为他自己是“那普遍的”；于是他不是在自身之外、而是在自身之内有着敌人。相反如果我假设说那义务是某种外在的东西，那么善和恶的差异就被取消了，因为，如果我自己不是“那普遍的”的话，那么我就只能够进入一种与之的抽象关系中，但是，那介于善与恶之间的差异对于一种抽象的关系来说是不相容的。

恰恰是在人们认识到了人格就是“那绝对的”、就是他自己的目的、就是“那普遍的”和“那单个的”的统一体的时候，正是在这时，每一种使得“那历史的”成为自己的出发点的怀疑就都被战胜了。那些自由思想者们[206]足够频繁地试图通过指出人们是怎样在一些时候把那“在别的人们那里是一种可鄙和恶行”的东西宣告为神圣和合法的东西而对概念进行混淆。在这里，人们是自己被外在的东西炫盲了眼目；而通过“那伦理的”看，则从来就没有关于“那外在的”的问题，而只有关于“那内在的”。但是，哪怕外在的东西被改变得再多，行为的道德质地却依旧是没有什么两样。这样，无疑从来就没有什么人会认为孩子们应当恨他们的父母。然而，如果人们为了增强怀疑的程度而指出，固然所有文明的民族都把“照顾自己的父母”立为孩子们的义务，但那些野蛮人们还是有着这样的习俗去杀死他们年老的父母。当然这完全有可能是这样；但是这样一来我们也并没有进一步走得更远，因为那问题是：是否野蛮人在这样做的时候是认为自己在作恶。“那伦理的”总是在于这一意识之中，相反，一种有缺陷的认识是否可靠，那则是另一个问题了。自由思想者很好地看出，最容易让“那伦理的”蒸发掉的方式就是为“历史方面的无限性”打开大门。然而在他的举止之中却有着某种真实的东西，因为，如果个体人自己在最终不是“那绝对的”的话，那么“经验（Empirien）”就会是唯一的一条被指派给他的路，而这条路，就其通出去的出口而言，它和那就其渊源而言的尼日尔河[207]一样：没有人知道那是在什么地方。如果我被指派给有限性，那么，“站定在某个单个的点上”就是一种随机偶然性。因此，沿着这条路我们永远也不会开始，因为，为了要去开始，我们必须到过终结，但这则是一种不可能。如果人格就是“那绝对的”，那么这人格本身就是阿基米德点，从这一点上我们能够举起世界。我们很容易看出，这一意识无法诱使个体人去想要从自身中抛弃掉现实，因为，如果他想要以这样一种方式来作为“那绝对的”，那么他就是完全的乌有，是一种抽象。只有作为单个的人，他才是那绝对的人，并且这种意识会将他从所有的革命激进主义那里拯救出来。

在这里，我要打断我的理论化活动；我很明显地感觉到我是不善于这种活动的，我也没有指望我是进行这种活动的人，但是如果我可以被看成是一个说得过去的实践者的话，那么我就会完全地感到满足。另外，所有理论化活动都要占掉那么多时间；那在行动中我瞬间所能够做的或者马上能够开始的东西，它需要一个人去经历许多艰难和麻烦才能够将之说出或者描述下来。现在，我的意图不是要向你讲授一种义务学说，或者根据习俗来谈论关于对上帝、对自己和对自己的邻人的各种义务。这绝不是说，我似乎要弃绝这一分类[208]，也不是说我所要讲授的东西会过于深奥而无法联系上《巴勒的教学书》[209]或者要预设比这本教学书所预设的还要更多的预备性知识为前提；绝非是因为那样，而我之所以这么说，是因为我相信，在“那伦理的”的方面，关键不是在于义务的多样性[210]，而是在于义务的强度。如果那人格带着其全部能量感觉到了义务的强度，那么这个人在伦理上就成熟了，并且那义务就会在他自身之中脱颖而出。因此，首要的问题并不在于一个人是否能够用手指算出他有多少义务，而是在于他一次并且一向如此地以这样的方式感觉到了义务的强度，以至于对此的意识对于他来说是那对于“他的本质之永恒有效性”的确认。因此，我绝不赞美“去作一个义务之人”，正如同样我也不推重“去作一个书呆子”，然而有一点却是肯定的：一个人，如果义务的重要性对于他从不曾在他的整个无限性之中显现出来过，那么他就在同样平庸的意义上是一个人，完全就像“那些格瑞瑙人们[211]”那样地认为“理所当然，不用说”[212]就发现了智慧的人是科学家[213]。让那诡辩术全神贯注地去深入发现“义务之多样性”吧，那首要的问题，那唯一使人得到至福的，总是这个：一个人相对于自己的生活不是自己的叔叔，而是自己的父亲。

让我用一个例子来展示我所说的是什么。为此我选择了一个我从我的童年保存下来的表述。在我五岁的时候，我被送去一家学校。这样的一种事件总是会为一个孩子留下印象，这是很自然的，但问题是，怎样的印象。孩提式的好奇被那对于“这到底会意味着什么”的各种各样困惑的想象吸引住。我那时的情形也是如此，这是完全合情合理的；然而我所获得的首要印象则完全不是那么一回事。我到了学校、被带到老师面前并且在这时被布置了我下一天的作业：《巴勒的教学书》中的最初十行[214]，那是我应当能够去背出来的[215]。现在，所有其他印象都从我的灵魂中被删去了，只有我的作业活生生地站在它面前。作为一个小孩子，我有着非常好的记忆力。这样，我很快地就完成了我的作业。我的姐姐听我背了几次并且确证我背得出了。我上床睡觉，在我睡着之前，我再次向自己背诵；我带着这样一个意向睡着了：第二天早晨再读它一遍。我早上五点钟醒来，我穿上衣服，拿出教学书并且再读。那瞬间的一切仍然活生生地在我眼前，就仿佛那是昨天发生的。如果我没有完成作业的话，那么这对于我来说就好像是天地要崩毁一样，而在另一方面，如果就算是天地崩溃的话，那么这一崩溃也绝不会让我免于去做那已经放在了我面前的事情——完成我的作业。在那个年龄我对于我的各种义务所知非常之少，从《巴勒的教学书》中我还没有认识到它们，那时我只有一个义务，这义务就是完成我的作业，然而，我却能够从这一印象中推导出我的整个对生活的伦理思考。我会为这样的一个五岁的小家伙带着这样的心灵激荡去着手一件事而感到好笑，然而我却能够向你保证，我只是想在每一个生活的年岁里能够像当年一样地带着那种能量、那种伦理的严肃去着手我的作为，我再也没有比这更高的愿望了。一个人在之后的生活中会获得更多关于“一个人的作为是什么”的观念，这是真的，然而能量却是首要的事情。这一事件为我留下了这印象，我得感谢我父亲的严肃，如果我不欠他别的，那么这一事件就足以将我带进一种归于他的永恒债务之中。在教养中关键的东西不是孩子学这样学那样，而是精神得以成熟、能量被唤醒。你足够频繁地谈论“脑袋好使”的美妙，谁又会拒绝这是重要的呢，然而我还是几乎这么相信，只要一个人想要，那么他就能够使自己去做到这个。给予一个人能量、激情，他是一切。

让我们看一个年轻女孩，就让她是肤浅做作、一个真正没有头脑的女孩吧，想象一下她非常深非常真挚地爱上了一个人，你就会看见机灵的头脑自己就冒出来了；你会看见，在她要侦查出她的爱情会不会有回报的时候，她有多么聪明和狡猾；让她幸福地被她所爱的人爱，你会看见多愁善感的梦想在她的唇边盛开；让她不幸地得不到回报之爱，你将会听见各种诙谐和理智的冷静反思。

从这个角度看，我可以说，我的童年是幸福的，因为它用伦理的印象来丰富了我。让我在它之上再停留一瞬间，它让我想到我的父亲，而这是我所拥有的最亲爱的记忆，而绝不是什么贫乏枯瘠的回顾，它给我机会去再一次阐明我所说的东西：首要的事情是对于义务的总体印象，而绝不是义务的多样性。如果多样性成为重心，那么个体人就遭到了贬弃和损毁。从这个角度看，那时我作为孩子是幸福的，因为我从不曾有许多义务，而在一般的情况下只有一项，而这一项也是有着益处的。在我大了两岁之后，我被送进了那有学识的学校[216]。在这里新的生活开始了，但在这里那首要印象则还是“那伦理的”，尽管我享受着最大的自由。我在那些别的学生间来往，惊奇地听他们抱怨他们的老师，看奇怪的事情发生：一个学生被接出了学校，因为他无法和那老师相互融洽。如果我不是在更早的时候得到过那么深的影响，那么也许这样一个事件会对我起到有害的作用。然而现在的情形却不是如此。我知道，我的任务是上学，在我已经被送进的学校上学，哪怕一切别的都被改变了，这一点是无法被改变的。那为我带来了这一观念的，不仅仅是对我父亲的严肃的畏惧，而是那种对于“那作为一个人的义务的东西”的崇高印象。即使我父亲已经死去，即使我被置于某个别人的看护之下而我能够打动这个人来接我离开学校，我也绝不敢或者绝不会真的想要离开学校；对于我来说就会仿佛是我父亲的影子会到学校来跟随着我；因为再一次是如此，我在这里获得了一种关于“作为我的义务的东西”的无限印象，因此，如果我那样做，任何时光的洗刷都无法删除那种“我冒犯了他的意愿”的回忆。本来，在其他方面我享受着我的自由，我只认识一项义务，这就是我要好好上学，并且从这一方面看，我自己是负着完全的责任的。在我被送进学校的时候，那些规定要用的书本都被买好了，这时我父亲把它们递给我，并且说：威尔海姆，在这个月结束的时候，你是你班上的第三名。我无须去听所有那些通常父亲们所说的废话。他从来不来问我关于我的作业，从来不听我朗读背诵，从来不看我的作文，从来不提醒我现在该读书了、现在该停了，从来不为那纪律的良知帮上一手——就像人们足够频繁地看见的高贵大度的父亲们拍着他们的儿子的脸蛋说“你肯定是学会了你的功课了”。如果我要出去，他才问我是否有时间；这是由我自己决定的，而不是由他决定，而他提的问题从来不进入事情的细节。另外，他很关心我做些什么，我完全确定地这样认为，但他从来不让我感觉到这个，以便让我的灵魂通过责任而得以成熟。在这里又是同样的情形：我没有很多义务；有多少孩子不是因为人们把一整个众多义务的大排场覆盖在他们的身上而使得他们变得扭曲了。这样，我非常深刻地获得了一个关于“有着某种叫做‘义务’的东西存在并且这东西有着永恒的有效性”的印象。在我的学生时代，我们带着一种人们在今天所看不到的强大意愿学习着拉丁语语法。通过这一教学我获得一个印象，它以另一种方式却对我的灵魂起到了与以前的印象相同的作用。如果我敢认为自己有能力去哲学地观察思考什么的话，那么我就得把这种能力归功于这来自童年的印象。那种我用以看待规则的无条件的尊重，那种我对规则所怀的敬畏，那种我用来俯瞰"'例外'所诱惑着的可悲生活"的鄙夷，那种在我眼里的"用来把'例外'追击进我的作文本并且总是为之打上'可耻'之烙印"的公正方式，它除了是那"被用来作为每一种哲学思考的基础"的"区分"之外又能是什么？在这样的影响之下，我再观察我父亲，那么他对于我来说就好像是一种规则的化身，所有来自其他地方的东西，只要不是与他的命令一致，那就是"例外"。在我考虑到我的那个同学的时候，于是我就感觉到，这必定是一个不值得去留意的例外，并且再加上那许多在他身上弄出来的小题大做的事情，这就更足够地显示了他是一个例外。那种我当时用来在规则和例外之间作区分的孩子气的严格，不管是在文法上还是在生活中，无疑都得到了缓和，但是我在我自身之中仍然不变地有着这区分，我知道怎样去将它呼唤出来，尤其在我看你和你的同类的时候，你们这些人看来是在宣讲那种"例外是最重要的东西"的学说，是啊，"规则之所以存在，只是为了让例外能够看起来更好看一些"。

事情的关键则是能量，我用来使自己伦理地意识到自己的那种能量，或者更确切地说，如果没有能量，我就无法伦理地意识到自己。因此，如果我没有意识到我自己的永恒本质（Væsen），那么我就永远也不可能伦理地对我自身有所意识。这是对于灵魂的不朽性的真实证明。当然，只有到了任务和义务完全达成一致的时候，它才是得到了完全展开的，但是，那我永恒地有义务去做的事情，是我永恒的任务。这样的一件事情——《巴勒的教学书》中的十行被设定给我，作为一种任务，世上没有什么别的东西能够将之从我这里赎买走，这件事情在某种意义上是第一个证明，向我证明了我的灵魂的不朽性。那不完美的东西不是在于我的能量，而是在于这任务的偶然性。

我的意图并不是将你带进一种对"义务的多样性"的考虑中去；如果我想否定地表述义务，那么这就很容易做；如果我想要肯定地表述它，那么这就会是非常地困难和繁复的，甚至，在我到走向某个点上的时候，简直就是不可能。相反，我的意图，我根据能力尽全力所要做的事情，是阐明义务的绝对重要性、义务关系对于人格的永恒有效性。就是说，一旦人格在绝望之中发现了它自己、绝对地选择了它自己、为自己而悔了，之后，这个人就在一种永恒的责任之下拥有他自己作为自己的任务，以这样一种方式，义务就被设定进了自己的绝对性之中。然而，既然他没有创造出他自己，而是选择了他自己，那么，那义务就是那"他的绝对依赖性与他的绝对自由间的相互同一"的表达。他会教会他自己那单个的义务，想要在任何别人那里寻找关于这义务的启示都是徒劳的，而在这里他却再一次会是"自学者（Autodidakt）"，正如他是"受上帝教授者（Theodidakt[217]）"，反之亦然，他是受上帝教授者正如他是自学者。那义务对于他却是在任何情况下都不是抽象的，部分是因为它对于他不是什么外在的东西，因为如果它是外在的，那么它总是抽象的；部分是因为他自己是具体的；因为，既然他伦理地选择了自己，那么他就是在他的整个具体之中选择了他自己并且放弃了随机偶然性（Vilkaarligheden）的抽象性。

现在剩下的就是要展示：在我们伦理地看生活的时候，它看上去是怎样的。你和所有审美者们都非常愿意做划分，你们承认，"那伦理的"是有着其意义的，你们说，如果一个人为自己的义务而生活，那么这是应受尊敬的、这是值得去赋予所有荣誉的，是啊，你们甚至扔下一些模棱两可的话语，诸如：有人为他们自己的义务而生活，这完全合情合理，许多人这样做，这很好；尽管这说法自然就像所有的怀疑一样是毫无意义的，但有时候你们还是会碰上一些义务之人，他们足够善意地觉得在这样的说法之中是有着意义的。但你们自己则相反并不希望让自己被卷入"那伦理的"；如果被卷入，那么这就会把生活的意义，尤其是所有生活的美，都从生活中剥夺走。“那伦理的”是某种完全不同于“那审美的”的东西，在它出现的时候，它就把后者完全消灭掉。现在，如果事情是这样的话，那么我还是不会对“我该选择什么”有什么怀疑。在绝望中有着一个瞬间看起来就是如此，而没有感觉到这个的人，他的绝望就一直是有欺骗性的，他没有伦理地选择他自己。然而，事情却并非如此，而因此绝望在下一个瞬间并不将自己显现为一种断裂，而是显现为一种变形。一切都重新回来，但却得到了崇高化。因此，只有在一个人伦理地观察了生活的时候，只有在这时，这生活才获得美、真、意义、持存；只有在一个人自己伦理地生活的时候，只有这时他的生活才获得美、真、意义、安全；只有在伦理的人生观之中，那种自感的（autopathiske）和那种同感的（sympathiske）怀疑才得以缓和平息。也就是说，那种自感的和那种同感的怀疑[218]只能够在一样并且是同一样东西中得到缓和平息，因为这在本质上是同一种怀疑。就是说，自感的怀疑不是一种自我中心感的表达，而是一种自爱所提出的要求，这自爱对每一个其他人的自我这样地要求，并且正是在同样的意义上，它也这样地要求它自己的自我。我认为这一点是意义重大的。就是说，如果一个审美者不是自我中心者的话，我们先预设这样的一个前提——每一个可想的好处都有运气落在他的身上，那么，在这样的前提之下，他就必定会对所有自己的幸福感到绝望，因为他必定会说：我因为某种东西而幸福，而这东西是某种无法以这样的方式去给予另一个人的东西、某种任何别人都无法自己去获得的东西。是啊，他必定会感到恐惧，唯恐有人会问他是在哪里寻找自己的幸福的，因为，他是变得幸福了，由于所有别人会觉得他们无法变得幸福。如果这样的一个人有着任何同感（Sympathi）的话，那么在他为生活找到一个更高的出发点之前，他就不会给予他自己安宁。而如果他找到这更高的出发点，那么他就不会害怕去谈论自己的幸福，因为，在他现在真正地想要谈论这幸福的时候，他就会也顺带着说出一些东西，这东西绝对地使得他和每一个人、和整个人类达成和谐。

然而，让我们在这个范畴上停一下吧，美学总是要求着对之的拥有权的范畴——"美"的范畴。你说，一旦"那伦理的"占据了决定地位，那么生活就失去了它的美。"不再是那种在我们审美地观察生活时生活所具的喜悦、幸福、轻松、美，作为替代，我们获得尽义务的活动、值得赞美的进取心、坚定不移而没有休止的热情。"假如现在你是自己就在我家里，那么我就会请你给我一个对于"那美的"的定义，这样我就能有一个开始。既然这不可能，那么，我就允许我自己去使用一下你通常所给的那个定义："那美的"就是那在自身之中有着自己的目的（Teleologi）的东西[219]。你用一个年轻的女孩来作例子，你说她是美的，她是喜悦、轻松、幸福、完美的和谐，圆满于自身之中；去问"她为什么存在"就是一种愚蠢，因为她在自身之中有着自己的目的。我不应当用这种反驳来使你难堪：以这样一种方式仅仅在自身之中有着自己的目的，这对那年轻的女孩是不是真的有好处，或者，如果你获得机会去向她讲授你对于她的存在的神圣性的看法的话，你是不是会一厢情愿地认为，她到最后会理解错误而以为"她之所以存在只是为了听你的各种影射暗示"。你观察大自然，并且觉得它也同样地美，并且革逐每一种对之的有限观察。在这里我也不应当用这种评论来让你烦恼："为他者而存在"是不是在本质上就属于那大自然。你观察艺术和诗歌的作品，并且和诗人一同喊道："离开、离开，呵，不洁的东西们"[220]，你把"不洁的[221]"理解为那些通过赋予诗歌和艺术一种在自身之外的目的来贬损诗歌艺术的人们。牵涉到诗歌和艺术，我想提醒你回想一下我在前面所提及的：它们只能够给出一种与生活的不完美的调和，以及，你在你把你的目光凝视在诗歌和艺术之上时并不是在观察现实；关于这个，才是我们真正地应当谈论的。这样，我们就再回到这话题，既然你也许自己已经认识到，在你想要以艺术的各种要求的整个严谨来强调这些要求的时候，你或许会觉得生活中美的东西太少，于是你就赋予"那美的”另一种意义。你所谈的“那美的”是“那个体的美的”。你把每个单个的人看成是从属于“那整体的”之中的一个小小环节，你恰恰是在他的特性中看他，并且，这样一来甚至那偶然的、那无关紧要的东西也都获得了重要性，而生活则获得了“美”的烙印。就这样你把每个单个的人看成是环节。而“那美的”是那在自身之中有着自己的目的（Teleologi）的东西，但是，如果一个人仅仅只是一个环节，那么他就不是在自身之中有着自己的目的了，而是在自身之外。就算“那整体的”是美的，那些部分就其自身也不是美的。现在看一下你自己的生活。它在其自身之中有着自己的目的吗？是否一个人有权去进行一种这样的仅仅作着观察的生活，这是我不应当去决定的，但是，那么，好吧[222]，就让我们假设，你的生活的意义是“你是为了观察其他的一切而存在的”，那么，你这不就是在自身之外有着自己的目的吗？只有在每一个单个的人是环节并且也是“那整体的”的时候，只有在这时你才根据他的美来观察他，但是一旦你以这样的方式来观察他，那么你就是在伦理地观察他；如果你是在伦理地观察他，那么你就是在根据他的自由来观察他。就让他那么特殊地被定性吧，如果这一“被定性”是一种必然，那么他就仅仅只是环节，并且他的生活不是美的。

如果你借助于那在其自身之中有着自己的目的的东西来定义“那美的”，并且作为例子你举出一个女孩，或者大自然，或者一部艺术作品，那么，我就会估量出，全部的这种说法，所有这“在其自身之中有着自己的目的”，就是一个幻觉；这结论太对了，再也不会有更正确的估量了。要谈论一个目的，就必须有一个运动，因为，只要我想到一个目标，那么我就会想到一个运动，尽管我想象一个人在这目标那里，我仍然总是会想着一个运动，因为我想他是通过一个运动而到达那里的。那被你称作“是美的”的东西明显地缺少这运动；因为在大自然之中的“那美的”全都有这运动，而在我观察一部艺术作品并且用我的思想渗透进它的思想时，那么，运动其实是在我这里进行，而不是在艺术作品之中。因此，你这样说完全可以是对的：“那美的”在其自身之中有着自己的目的；但是像你这样地解读和运用这说法，则其实是一种否定的表达，它标示了：“那美的”不在其他东西中有自己的目的[223]。因此，你就不能够使用一个表面上同义的表述：你所谈论的“那美的”有着内部的目的或者内在固有的（immanent）目的。就是说，一旦你使用它，那么你就是在要求运动、历史，并且因此你就跨出了大自然的领域和艺术的领域，并且处在了自由的领域中，因而也就是处在伦理的领域中。

现在，如果我说“那个体人在其自身之中有着自己的目的[224]”，那么，这句话就不能被误解成为仿佛我由此是在说“个体人是那中心的”或者“个体人在抽象的意义上对于自己是足够的”，因为，如果这是被抽象地看，那么我就仍然得不到任何运动。个体人在其自身之中有着自己的目的，个体人有着内在的目的，个体人自己就是自己的目的；这样，他的“自我”是他所追求要奔向的目标。这个“他的自我”却不是一种抽象，而是绝对具体的。这样，在奔向他自己的运动中，他就不能让自己否定地去与这个世界发生关系，因为如果那样的话，那么他的自我就是一种抽象并且继续会是一种抽象；他的自我必须根据自己的整个具体来开放自己，但是，那些其定性就是“主动地干预进世界”的因素，它们也属于这一“具体”。这样一来，他的运动就是从他自己出发通过世界再回到他自己。在这里是一种运动，并且是一种现实的运动；因为这一运动是自由（Friheden）的作为，但也是内在固有的（immanent）目的，因此在这里我们才能够谈论到“美”。如果这一切都确实是如此，那么，那个体人在某种意义上就开始站得比任何一种关系都更高，然而由此绝不会推导出一个结论说他不是在这一关系之中；这也不意味了在这之中蕴含了某种暴政独断的东西，因为这同样的情形也都是每一个个体人的情形。我是一个做丈夫的，而你知道，我对这一关系有着最深刻的尊敬，并且我知道，我在全部爱情之中谦卑地让自己隶属于这一关系之下，但是我却知道，在另一种意义上我是高过这关系的；但我也知道这在同样的意义上也完全是我妻子的情形，并且因此我——如你所知——不会去爱那个年轻的女孩，因为她不具备这一人生观。

因此，只有在我伦理地观察生活的时候，只有在这时，我才根据它的美来看它；只有在我伦理地观察我自己的生活的时候，只有在这时，我才根据它的美来看它。如果你要说，这“美”是无形的，那么我将回答：在某种意义上它是无形的，在另一种意义上它就不是；就是说，它在“那历史的”的轨迹之中是有形的，就像是在“说话，以便我可以看见你”[225]那种意义上，是有形的。如果说我不看完成的终结，而看那斗争，这话无疑没说错，但是在任何我想要看的一瞬间，我终究也还是看那完成的终结的，如果我有去看的勇气的话，如果没有勇气，我根本不会去看什么永恒的东西，于是也不会去看任何美的东西。

在我伦理地看生活的时候，我根据它的美来看它。这时，生活对我而言就丰富地充满了美，而不再像它本来对于我来说的那样贫瘠地没有什么美。我无需旅行到全国各地去发现美，也不用在街上到处寻找它们，我无需评估和剔除。现在看来也很自然，我不像你那样有着那么多的时间；因为，既然我带着喜悦也带着严肃根据我的生活的美来看我的生活，那么我就总是会有足够多的事情要去做。如果我有时获得一小时的闲暇，那么我就站在我的窗前观察外面的人们，每一个人我都是根据他的美来看他。也许他会是无足轻重、会是那么卑微，我根据他的美来看他；因为我是把他当作“这一单个的人、但却也是那普遍的人”来看，我把他当作“有着这一具体的生活之任务的人”来看；他不是为了什么别人的缘故而存在的，哪怕他可以是最卑贱的雇仆；他在他自身之中有着自己的目的，他实现这一任务——他胜利了，这是我所看见的；因为勇敢的人看不见鬼，但相反他看见战无不胜的英雄；而胆小的人看不见英雄，却只看见鬼。他必定是和胜利联系在一起的，对此我是确定的，因此他的斗争是美丽的。我本来也并没有去斗争的倾向，至少不会去与除了我自己之外的别人斗争；但是你可以确信这一点：为了这一对于“那美的”的胜利的信仰，我愿做殊死斗争，并且在这世界上没有什么会将之从我这里夺走。就算有人想要借助于祈求来从我这里骗走这一信仰，就算有人想要用强权从我这里剥夺走这一信仰，我也不会为世上的任何东西而让这信仰从我这里被夺走，哪怕是整个世界；因为只有在我失去这一信仰的时候，我才失去那整个世界。借助于这一信仰，我看见生活的美，我所看见的美没有那种无法与所有大自然和艺术的分开、无法与希腊诸神的永恒青春分开的“忧伤的和沉郁的东西”。我所看见的美是喜悦的和胜利的，比整个世界更强有力。这美是我到处都能看见的，在那种你的眼睛什么都看不见的地方，我也能够看见它。就在这里，站在我窗前。一个年轻的女孩走过；你想起来，我们曾在街上遇见过她。你说，她不美，但是在你更进一步地打量了她之后，你认出了她，你继续说道：“在几年之前她是极其美好的，并且在那些舞会中非常受人关注，然后她有了一场恋爱，并且还是[226]一场不幸的恋爱。魔鬼才知道她是怎么搞的，她把失恋那么放在心上，以至于她的美丽因为悲伤欲绝而消退，简短地说，她曾美丽，但现在她不再美丽，至此故事就结束了。”你看，就是这个，人们可以将之称为“根据生活的美来看生活”。在我的眼睛里她却什么都没有失去，在我看来她比任何时候都更美。因此，你对于生活之美的观察在我看来与在“酒谣时期”盛行的那种生活喜悦有很大的相似之处，在“酒谣时期”[227]，人们通过唱出类似于这样的咏叹调来变得快乐而兴高采烈：

如果不是为了红葡萄的浆汁，
谁又愿意继续留在这里？
因为不管智慧的眼睛望在哪里，
它所遇到的只是纯粹的苦难。
被压迫者的声音高响，
被始乱终弃者们的尖叫从南到北。

兄弟们，起来吧！畅饮，遗忘掉
整个可悲的大地。[228]

现在，让我们稍稍更进一步去看一下各种单个的生活关系吧，尤其是像这样的，在之中“那审美的”和“那伦理的”相互有着接触，这样我们就可以考虑一下：伦理的观察在怎样的程度上将某种美从我们这里剥夺走，或者，更确切地说，它是不是在为一切给出一种更高的美。这样，我想象一个特定的个体人，他在某种意义上就和大多数人一样，在另一种意义上则在自身之中是具体的。让我们完全直来直去地说吧。这个人必须生活，要穿衣服，简言之，要能够存在。也许他就跑到一个审美者那里去求知：他该怎样安排他的生活。这时他也不会得不到启示，这审美者也许会对他这么说：“如果一个人是独身，他一年要用 3000 元国家币[229]，想要生活得舒服一点，如果他有 4000 元，那么他也会用掉这 4000 元；如果一个人想要结婚，那么他就至少要有 6000 元国家币。金钱是并且继续是去办成事情的力量[230]，是真正的必要条件[231]；因为，去阅读关于乡村的知足感、阅读关于田园的朴素，这无疑是很美丽的事情，我喜欢读这样的诗歌[232]；但是生活的方式本身让人不久就会厌倦；而以这样的方式生活的人们，在对这生活的享受上，也及不上那有钱并且现在在和平安闲之中阅读诗人们的歌的人的一半。金钱是并且继续是‘去生活’的绝对条件。一旦一个人没有了钱，他就是并且继续是被排除在贵族的人众之外，他就是并且继续是平民[233]。金钱是条件，但是这并不就能够推导出结论说每一个有钱的人都知道怎么去使用这些金钱。那些懂得这个道理的人则在贵族之中又是那真正的最佳者（Optimater[234]）。”现在看来这一解说对于我们的英雄来说是明显没有用处的；他对这另一个人的所有生活智慧无动于衷，他的感受必定是差不多就像一只进入了起舞的鹤群的麻雀[235]。就是说，如果他对那审美者说：这挺好，我一年收入既没有 3000 元也没有 6000 元国家币，不管是在本还是在利中我都没有，我总的说来就根本什么也没有，几乎连一顶帽子也没有。那么，在这时这审美者肯定会耸耸双肩说，是啊，这是另一回事了，那么我们也就没有什么好做的了，那么你就得满足于去劳动所[236]吧。如果那审美者是非常好心的话，他也许会再次向那可怜的倒霉蛋招手并且对他说："在我尚未尝试那最极端的办法之前，我不想将你带进绝望；还有几个救急的办法，在一个人永远地对喜悦说再见并且发誓并且穿上紧箍衣之前有必要拿来试一下。去和一个富有的女孩结婚，去赌一下彩票，到那些殖民地去，花几年时间积攒些钱出来，想办法去渐渐地让一个老单身汉喜欢你而使得他会把你定为他的继承人。现在就让我们分手，去找钱，我总一直会是你的一个这样的朋友、一个懂得怎样去遗忘掉'曾经有一段时间你没有钱'的朋友。"然而，在这样的一种生活观察中还是有着某种可怕的冷酷：以这样一种方式冷血地谋杀掉每一个没有钱的人的生活中的全部喜悦。一个这样的金钱人士确实是在这样做，因为，至少他是这样认为的：在生活中没有金钱就没有喜悦。如果我在这里想要将你与那个审美者混为一体、想要指控你怀有或者表达这样的想法，那么我就在极大的程度上对你是不公正的。就是说，一方面你的心肠太好而不会成为一种如此可鄙的卑劣想法的居所，一方面（即使你有这样的想法的话）你的灵魂也太富于同情（sympathetisk）[237]而不会想要表述这样的想法。我这样说，并非就好像是我在认为那没有钱的人需要一种这样的怜悯的关怀，我这样说是因为，我们能够对一个自以为受到命运宠幸的人提出的最小的要求就是，他不应当自豪于或者乐衷于去冒犯侮辱不是那么幸运的别人。让一个人去骄傲自豪吧，看在上帝的分上，如果他不骄傲，那就更好，但是让他骄傲吧，但只是别让他为金钱而感到骄傲，因为没有什么东西能够像金钱那样在这样一种程度上使一个人丧尊辱格了。现在，你是习惯于拥有金钱了，并且你很清楚这之中蕴含了什么。你不去侮辱任何人，在这一点上你不同于那些审美者，在你有这个能力的时候，你很愿意帮助人，是的，在你强调"没有钱"的悲惨之处时，这也是因为出于同情（Sympathi）。因此，你的讥嘲不是针对那些人，而是针对那存在（Tilværelse）——那种在之中事实就是“不是所有的人都有钱”的存在。“普罗米修斯和埃庇米修斯”[238]，你说，“毋庸置疑，他们是非常聪明的，但是有一点却是不可理解的：在他们赋予人类别的东西来装备人类的时候，做得是那么漂亮，但为什么他们就想不到也顺带着赋予人类金钱呢?”如果你那时是在场并且知道你现在所知道的东西的话，那么你就会站出来，并且说：“你们这些善良的神啊，为所有的这一切感谢你们，但是（请原谅我坦率地对你们说）你们缺乏世界知识；为了人能够幸福，对于他来说还缺少一样东西，这就是金钱。他被造出来是为了统治世界，但如果他为生计忧愁而没有时间去统治世界，那又有什么用？这像什么呢，把一个理性的受造物赶进这个世界然后让他受苦受累，这是一种对待一个人的方式吗?”在这一点上你是滔滔不绝的。“大多数人”，你说，“为获得生计（Levebrød）而活，在他们获得了生计的时候，他们就为获得好的生计而活，在他们获得了好的生计的时候，他们就死了。因此，前些时间我带着真正的感动读了报纸上的一段广告，之上是一个妻子公布自己丈夫的死。她没有长篇大论地哀诉那种失去最好的丈夫和最温柔的父亲时的痛苦之处，相反她非常简短地写道：这一死亡事件是那样地沉重，因为她的丈夫前不久刚刚获得这样一份好的工作（Levebrød[239]）。比起那悲哀着的寡妇或者一个《地址报》[240]的普通读者在这之中所能够看到的东西，这之中蕴含的东西远远有更多。这一观察几乎被发展成为对人的不朽性的证明。这一证明可以这样展开：获得一份好的工作是每一个人的定性。如果他在获得这工作之前死了，那么他就没有达到这一定性，于是这问题就被留给每个人的猜测：他是不是假定了他在另一个星球上会达到自己的定性。相反，如果他获得了一个好的工作，那么他就达到了他的定性，但是，‘一个好的工作’的定性不可能是‘他应当死去’，而相反是‘他应当靠他的工作而活得好’，所以[241]，人是不死的[242]。这一证明，我们可以将之称为‘那通俗的证明’，或者‘从生计（Levebrød）出发的证明’。如果这一证明被加到以前的各种证明中去，那么关于不朽性的每一种理性的怀疑都可以被看成是‘已被战胜了’。这一证明也完全可以很出色地被设置进与那些以前的证明的关联中，是啊，它恰恰是在这里带着它的全部光华显示出了自身，因为它作为演绎将自己推回到那些其他的证明之中并且证明了它们。那些其他的证明是从‘人是一种理性的生命物’这一思考出发的；现在，只要有人怀疑这一点，那么‘生计之证明’就可以登场了，并且借助于下面的三段论演绎法[243]来证明这一预设的前提：上帝把理解力给予那他给予工作的人；上帝把好的理解力给予那他给予好的工作的人[244]，所以[245]。那个悲哀着的寡妇隐约感觉到了这一点，她在生活的自相矛盾之中感受到了那深刻的悲剧性。”这样，讥嘲和搞笑就是你在这个问题上所做的贡献。想来你自己也并不认为你的这种看法会对什么人有益或者起到指导作用。想来还有一件事也是你不会想到的：你通过这样的讲授会造成伤害；因为无疑我们可以这样想：一个在自身之中对于“被迫去在生活中工作”怀有足够的抵触意愿的人，由于去留意那并不乏味的热情洋溢（你就是用这种热情洋溢来站在他的立场上思考的）、去留意你的同感的（sympathetiske）讥嘲，而变得更没有耐性、更暴躁。不管怎么说，这是你应当慎重对待的。

这样，我们的英雄沿着这条硬是被闯进的道路去寻找启示，那么他只会是徒劳的。现在，让我们看一下，一个伦理者会回答他一些什么。下面就是他的回答：为生活而去工作，这是每个人的义务[246]。如果他没有更多可说，那么你也许就会说：“在那里我们又有了那关于义务和义务的老生常谈，到处都是义务，再也想不出比这张撅起的压抑一切束紧一切的嘴巴更乏味无聊的东西了。”请记住，我们的英雄没有钱，那位冷酷无情的审美者没有什么东西可留给他的，你也没有许多剩余的东西可保障他的将来。假如他是有过钱的话，他会做下些什么事情？如果他不愿坐下来想一下这个问题，那么他就必定是想着另一条出路。然后你就会看见，那伦理者非常礼貌地向他说话，他不是把他当成一种例外来对待，他不是对他说这样的话：噢，我的上帝，你现在已经是那么不幸了，你得想办法看开点，认命吧。相反，他使得那审美者成为例外；因为他说：为生活而去工作，这是每个人的义务；于是，只要一个人无需为生活而去工作，这个人就是一个例外；但是这“作为一个例外”，就像我们在前面一致地认为的，不是那伟大的，而是那低劣的。因此，如果一个人想要伦理地看这事情，他就会看到，这“有钱”是一种羞辱；因为每一个幸运惠顾都是一种羞辱。如果他以这样的方式来看这事情，那么他就不会喜欢上任何幸运惠顾。这时他会在这幸运惠顾之下使自己谦卑，而在他去这样做了的时候，他就会在这样一种想法中又重新变得高大起来：这幸运惠顾是“有一个更高的要求被提向了他”的一个表达。

如果那个伦理者（我们的英雄就是从他那里获得了启示）自己知道这“为生活而去工作”是什么，那么他所说的话就会有更大的分量。但愿人们在这方面具备更多一点勇气，人们之所以常常会高声刺耳地听见那种“金钱是一切”的可鄙说法，部分是因为那些必须去工作的人们缺少伦理的力量去承认“去工作”的重要意义、缺少对这一重要意义的伦理信念。损害着婚姻的不是那些诱惑者，而是那些怯懦的丈夫们。这里的情形也是如此。那种可鄙的说法不会对任何东西有损害，但是那些被迫去为生活而工作的人们，他们在这一瞬间想要让人们承认他们在他们的生活与游手好闲者们的生活所作的那种比较中所应获得的正面价值，而在下一瞬间又抱怨叹息并且说：那最美丽的事情还是在生活上不用去依赖于工作的收入，这样的人们才真正在损害着那美好的事业。在一个更年轻的人听见年长者们这样说的时候，他会对生活获得什么样的尊重呢？在这里，你通过你的想象试验又严重地损害了你自己，因为你得知了太多根本不是美好而快乐的事情。你非常清楚地知道怎样去引诱一个人、去从他那里骗出这样一种坦白：他在内心深处还是希望最好不用去工作，而这样一来你就为你的胜利而欢欣雀跃。

我们是否能够想象得出一个人们在之中无需为生活而工作的世界，这个问题是一个毫无用处的问题，因为它与这已有的现实没有什么关系，而只和一个虚构的世界有关。而同时这却一直是一种想要贬低那伦理的看法的尝试。就是说，如果“一个人无需工作”是生存中的圆满完美的话，那么，那无需去工作的人的生活就是最完美的了。这时，一个人就只能在这样的一种意义上说“去工作是义务”这句话了。他是将这句话理解为一种可悲的必然性。这时，那义务就不是在表达“那普遍人性的”而是在表达“那普通的”，并且，在这里“义务”就不是对于“那完美的”表达了。因此，我也想完全正确地作出回答：“人无需去工作”，这必须被看成是生存中的一种不完美。人的生活越是处在低级阶段，“去工作”的必然性也就显现得越少；越是高级阶段，就越显现出这必然。“为生活而去工作”这义务表达了“那普遍人性的”，而在另一种意义上它也表达了“那普遍的”，因为它表达了“自由”。恰恰是通过“去工作”，人解放了自己，通过去工作，他成为自然的主人，通过去工作，他显示出他是高于自然。

或者，因为“一个人必须为生活而去工作”，生活会不会由此而失去它的美？去看原野里的百合，那是美的，尽管它们既不纺也不织，如此穿戴，以至于所罗门带着所有光华都没有这么荣耀；去看飞鸟们无忧无虑地寻食[247]，那是美的，去看亚当和夏娃在乐园里——他们在那里能够得到一切他们所指的东西[248]，那是美的；然而，去看一个人通过自己的工作而获取他所需要的东西，这却是更加美的。去看一种天意满足一切和照顾一切[249]，那是美的；但是去看一个仿佛自己就是自己的天意的人，这却是更加美的。人能够照顾自己，正因此人是伟大的，比任何别的受造物更伟大。去看一个人有着他自己所获取的丰裕[250]，这是美的；但是去看一个人做出一件更大的艺术品——

把一小点转换成许多[251]，这也是美的。人能够去工作，这是“人的完美”的一个表达；而人应当去工作，这则是“人的完美”的一个更高的表达。

如果我们的英雄采纳了这一看法，那么他就不会觉得自己受到诱惑想要去得到通过睡眠来获得的财产，他不会把目光老是停留在生活的条件上，他会感觉到“为生活而去工作”中的美丽之处，他会在之中感觉到自己的人的尊严；因为，植物不能纺织，这不是植物所具的那伟大之处，而是不完美之处。他不会有兴致去与那个富有的审美者建立友谊。他会冷静地看到什么是那伟大的东西，而不让有钱人们来吓唬着自己。够奇怪的，我看见许多人，他们带着喜悦感觉到“去工作”的重大意义、他们对他们的工作感到满意、在他们的知足中感到幸福，然而他们却仿佛是没有勇气去承认这个。如果他们谈论他们所花费使用的东西，那么他们总是为之给出一种这样的外观，仿佛他们花费使用掉了远远多于他们实际所花费使用的东西；他们不想让自己看上去很勤奋，尽管他们在事实上很勤奋，就仿佛“花费多”比“花费少”更伟大，仿佛“去做一个游手好闲者”比“勤奋”更伟大。试想一个人，他带着平静、带着欣悦的尊严说：这样的事情或者那样的事情是我所不会去做的，因为我做不起。这样的人是多么罕见啊。这就仿佛是他有着一种良心不安、仿佛他害怕狐狸所得到的那种回答[252]。以这样的方式，我们则是消灭掉了所有真实的美德，或者是将它们转化成了阴魂；因为那些无需节俭知足的人，他们为什么要节俭知足？而那些不得不节俭知足的人，他们则是把“必然”搞成了一种美德。完全就好像一个人无法节俭知足，除非他有着奢华丰裕的可能性在一边放着；完全就好像“渴望”对于节俭知足就不是一种同样强烈的诱惑。

想来我们的英雄会作出决定去工作，但他无疑还是想要得免于“为生计烦恼”。我从来就不曾感受到过“为生计烦恼”，因为尽管我在一定的程度上是必须为生活而工作，但我却仍然总是有着我丰厚的收入，因此我无法从经验出发来谈论，但是，对于之中的沉重，我则总是睁大着眼睛注目着，然而我也睁大着眼睛注目之中那美的东西，那种教育性的东西和那种使人高贵的东西；因为我相信，没有任何悲哀忧愁是在这样一种程度上教育着人的。我曾认识这样的人们，我绝不会将他们称作是怯懦或者软弱，他们绝不认为人的生活应当没有斗争，他们在其他人想要放弃的情况下感觉到要去斗争的兴致和勇气和力量；而我也常听见他们说：但愿上帝让我得免于“为生计烦恼”，再也没有别的东西能够像这种事情一样地在一个人身上扼杀那更高的品质了。因为这些说法的缘故，我常常不经意地想到（而我自己的生活也为我提供了机会去体会到这想法的正确性）：再也没有什么东西比人心更不可靠的了。我们想要有勇气去冒险投入到最危险的斗争中去，但“为生计烦恼”却是我们所不愿去直面解决的问题；而同时我们却又想要让那“在最危险的斗争中胜利”成为比这“解决生计烦恼的胜利”更伟大的事情。现在这也够容易的；我想选择一种更轻松的斗争，它在人众的眼中看上去更危险；我们自欺欺人地以为这是真的；我们胜利，而这样我们就是英雄了，并且比起我们在那另一场可怜的、对一个人来说是不值得的斗争中胜利，这是完全不一样的英雄。是啊，如果在“为生计烦恼”之外，我们在自己的内心中还有着这样一个隐藏的敌人要去与之做斗争，那么，我们再看“我们希望最好得免于这一为解决生计烦恼的斗争”，这就没有什么奇怪的了。至少我们对我们自己应当有这样的诚实去承认：我们之所以逃避开这一斗争，原因是在于，它要比所有别的麻烦要远远沉重得多，但如果是这样的话，那么那胜利也就要远远美丽得多。只要我们自己还没有在这一斗争中经受过考验，那么我们就欠每一个在此中斗争着的人一个“承认”——我们得承认他的斗争是那最危险的，而我们还欠的是：去给予他这一荣誉认定。如果一个人以这样一种方式来看“为生计烦恼”，将之视作一种比起别的斗争在还要更为严格意义上的荣誉之战，那么他就会多少已经达到了更远的地方。在这里是这样，正如在所有地方都是这样：一个人身处正确的位置、不把自己的时间浪费在“希望要”上，而是去着手完成自己的任务。如果这任务在表面上看来是卑微而无足轻重的、是琐碎而令人沮丧的，那么我们就知道，这只是在使得那斗争更艰难，而胜利也就更美丽。有的人因头衔而使自己获得荣誉，有的人因自己而使得头衔获得荣誉，后者可以让这样的人用来描述他自己：他在感觉到那让自己去在各种值得赞誉的斗争中大显身手的兴致和力量的同时却让自己满足于一切之中最可怜的事情——去为解决生计烦恼而斗争，他因为他自己而使得他的头衔获得荣誉。

一场为解决生计烦恼问题的斗争在极高的程度上有着教育陶冶的性质，报酬那样少，或者更确切地说根本没有报酬，斗争者为创造“能够继续斗争”的可能性而斗争。斗争的报酬越多，它越是处在一个人之外，那斗争者也就越是敢去信靠那些居留在每一个人身上的模棱两可的激情。野心、虚荣、骄傲，那是一些有着极大的伸缩性并且能够驱动一个人走得很远的力量。那为解决生计烦恼而斗争的人，他马上就看出，所有这些激情都背叛了他；因为他又怎么会去以为一场这样的斗争能够让别人感兴趣或者激发出他们的钦佩？如果他没有别的力量，那么他就被解除了武装。报酬是非常微不足道的，因为在他累死累活辛勤劳苦之后，这时他也许恰恰就获得了那所必需的——一个人要维持自己的生命而能够再去辛勤苦劳所必需的那一点点。你看，因此这“解决生计烦恼”是那样地使人高贵而具有教育性，因为它不允许一个人在与自身相关的方面欺骗自己。如果他不在这场斗争中看到某种更高的东西，那么这斗争就是可悲可怜的，并且他有这样看法也是对的：这是一种悲惨，一个人不得不为“汗流满面才得糊口”[253]而去挣扎斗争，这是一种悲惨。但正因此，这一斗争是那么地使人高贵的，因为它强迫他去在之中看见某种别的东西，强迫他（如果他自己不是完全想要使自己投入）去将之视作一场荣誉之战，并且让他认识到，报酬之所以是那么微不足道，那是因为那荣耀恰恰会因此而更高。固然，他是在为获得其生计所需的收入而斗争，但无论如何，他的斗争首先是一场为了他获取他自己而进行的斗争，而我们其他人，我们这些未经严峻考验但却对这种真正的“伟大”怀有感情的人们，我们会看着他，如果他允许的话，并且我们会在他身上表达出对一个社会之荣誉成员的敬意。这样，他有着一场双重的斗争，他可以在这一场斗争中失败而同时在那另一场中取胜。如果我想要去想象那几乎不可想象的东西的话，所有他为获取其生计所需的收入的努力都没有成功，那就是说，他失败了，而在同时他却会是赢得了世上可能被赢得的最美丽的胜利。在这之上他的目光将久久地凝视，不是凝视那他所失去的报酬；因为对于这一凝视而言，这报酬太微不足道。那在其眼前有着一种报酬的人，他忘却了那另一场斗争；如果他没有赢得那报酬，那么他就失去了一切，而如果他赢得了这报酬，那么，他是怎么赢得这报酬的，这也仍然总是可疑的。

这样，又有什么斗争会比为解决生计烦恼而进行斗争更具教育作用！一种不朽的精神为了生活下去必须拥有这些尘世间的艰难困苦，而要能够几乎去对所有这些艰难困苦作出不时的微笑，这需要多少天真烂漫的赤子之心，要去对带着艰难所获取的那一点点感到满足，这需要多少谦卑；要去看见在他的生活中也有着一种天意的安排，这需要多大的信心；因为去说“上帝在那最渺小的东西之中是最伟大的”，是够容易的，但是去在那之中看见他则需要最强的信心[254]。要去与那些幸福的人们同乐[255]、要能够去鼓励那些进入了同样悲惨的生活境况的人们，这需要多少对人类的爱。一个人做他力所能及的事情，这是一种对于自身的多么真挚内在而明察秋毫的意识啊，这之中有多少忍耐和专注啊，因为又有什么样的敌人能够比这一烦恼忧愁[256]更狡猾呢。他没有通过几次大胆的运动来摆脱掉它、没有用喧嚣和嘈杂来惊吓走它。要避开它而不逃离它，这需要多少优雅和端庄啊。要多么频繁地去改变各种武器啊，一忽儿要工作，一忽儿要等待，一忽儿要抵抗，一忽儿要乞求。他要改变那些武器，这要用上多少兴致、喜悦、轻松、圆通啊，因为否则的话，敌人就胜利了。在所有这一切进行的时候，时间就过去了，他没有被给出机会去看见自己的美丽计划得以达成、看见青春的愿望得以实现。他看那些成功的别人。他们让人众聚集在自己周围，他们收获着人众的喝彩，他们为人众的欢跃而高兴，而他像一个孤独的艺术家站在生活的舞台上，他没有观众，任何人都没有时间看他，没有人有时间，这当然，这也是要求时间的，因为他的表演不是一场半小时的杂耍，他的艺术属于更精妙的一类，并且，如果要理解他的艺术，这要求的就不只是有教养的观众，而是更多。但他也不欲求这个。在我二十岁的时候，他也许会这样说，那时我也梦想着搏斗，那时我想象我自己在那格斗场，我抬头向观众席的包厢看去，我看见那些女孩子们的圈子，看见她们为我而担忧，看见她们向我挥手表示支持，我忘记了搏斗的艰难；现在我年纪大了，我的搏斗变成了另一种搏斗，但是我的灵魂并不比以前少一点骄傲。我要求另一种裁判，一个内行，我要求一只在暗中察看的眼睛[257]，不会厌倦于察看并且看着搏斗和看着危险的眼睛；我要求一只耳朵，听得见思想们的工作、感觉得到“我更好的本质是怎样从考验的酷刑之中得以脱离出来的”的耳朵。对这个裁判我是要抬头仰望的，他的赞同是我想要得到的，哪怕我无法让自己受之无愧。在苦难之杯[258]被递给了我的时候，这时我不会把目光聚注在杯上，而是聚注于那把杯子递给了我的人，我不会凝视这杯子的底部看我是不是马上喝干了它，而是不可撼动地看着那个我从他那里接过这杯子的人。欣悦地，我会把杯子接到我手中，不是像在某个庆贺的场合在我自己为饮品的美味而欢欣的时候我说为了某某人的健康然后举杯一饮而尽；不，我将品尝它的苦涩，并且，在我品尝它的时候，这时我向我自己喊道：为了我的健康，因为我知道并且确信，通过这杯饮品，我为自己购得了一种永恒的健康。

我相信一个人必须以这样一种方式来伦理地看待那挣扎于生计烦恼的斗争。我不应当这样顽固地对你坚持我的权利来要求你说明白，在你的美学中的哪一点上你是论述了这个问题的；但我只是提出来让你自己考虑：生活本身在这一斗争中是不是失去它的美——如果一个人自己不想要的话，或者，它是不是会赢得一种更高的美。否定这样一种忧愁烦恼的存在，这无疑是疯狂；忘记它的存在，因为它经过这人家门前没有进去就走过了，这是没有思想；而如果在我们要求对社会作出思考的时候仍然如此，那么这就是冷酷或者怯懦了。

许多人不以这样的方式来观察生计烦恼，但这并不构成反驳；去希望这些人，希望他们会有足够的崇高去以这样一种方式来看待生计烦恼、希望他们有足够的热情不去看邪，就像那些看邪的人们，圣经中描述他们在另一个场合说，他们看邪，所以他们不朝天上看，而是朝苏珊娜看[259]。这样的希望当然是一种善良的希望和一种虔诚的希望。

那种伦理的看法，“为生活而去工作是每一个人的义务”，与那审美的看法相比有两个长处。首先，它与现实有着和谐的共鸣，解释了现实中的某种普通的东西，而那审美的说法则只是提出了某种偶然的东西，并且什么也没有解释。其次，它是根据人的完美性来解说人、根据人的真实的美来看人。就这里讨论的问题看，这个必须被看成是必要的条件和多于充分的条件。如果你想要几个经验性的说明，那么我就附带也给出一些这样的说明吧，并非是好像那伦理的思考需要一些这样的附加说明来支持，而是因为也许你会用得上它们。

我曾认识一个老人，他那时总是说，一个人学会为生活而工作，这对于这人来说是一件好事，这对成年人是如此正如对小孩子是如此，他们必须及时被告诫。现在，我不认为对一个年轻人来说马上就进入生计问题的烦恼是有好处的。但只是去让他学着为生活而工作。饱受赞誉的独立性常常是一个圈套；每一种欲望都能够得到满足，每一种倾向都能被追随，每一种突发奇想都得繁荣发展，直到这些合谋串通起来针对一个人自己。那不得不去工作的人，他应当对那种“能够获得一切”的虚荣的喜悦保持一无所知，他不应当去学会因自己的财富而目空一切而凭金钱去排除每一个障碍去为自己购买每一种自由；但是他的思想也不应当遭到痛苦的挫折，他不应当被引诱去（如很多富有的年轻人所做的）这样做：在他用朱古塔的话说“这里有着一个一有了买家就可出售的城”[260]时带着鄙夷让后背对着[261]生存；他不应当在很短的时间里就获得了一种他用来对人不公正并使自己不幸福的智慧。

因此，在我那么频繁地听人们抱怨说自己不得不去工作、不得不为这些事情而忧愁的时候，他们这些人，他们的灵魂之高飞按理是不应当以这样一种方式受挫而气馁的。这时，我就无法否认，我有时候对这样的事情变得失去耐心，以至于我会希望还仍然有一个哈伦·拉希德[262]在我们中间走动，并向每一个在错误的时间里抱怨的人分派杖笞[263]。现在，你不是处在这样的情形中，你不用为生活而去工作，并且，我的意图绝不是劝告你去抛弃掉你的财产以便让“去工作”对于你成为一种必然，这是没用的，而所有想象的实验都是一种通向乌有的痴愚。然而我却相信，你在另一种意义上是处于“必须去获得生活之条件”的情形中。为了你能够生活，你必须想办法去驾驭住你与生俱来的沉郁。这样一来，我就也可以在你身上用到那位老人的话：你必须及时被告诫；这一沉郁曾是你的不幸，但是你应当看见，将来会有一个时刻你自己会承认：它曾是你的幸福。那么，去获取“你能够生活”的条件吧。你不属于那些用抱怨来使得我失去耐心的人们，因为我倒是相信，你宁可做任何别的事情也不愿抱怨，并且你很清楚地知道怎样去咬着牙把你的苦难吞咽进自己的肚子里。然而，警惕你自己，你不要堕落进那反过来的另一个极端，落进一种狂乱的对抗，这种对抗把力量销蚀在隐藏痛楚上，而不是使用这力量去承受和战胜这痛楚。

这样，我们的英雄是愿意去工作的，不是因为这对于他是一种严酷的必然性[264]，而是因为他将之看成是最美丽和最完美的东西。（“他之所以无法去以这样的方式看这个问题，是因为他终究是不得不认命去接受这事实”，这样的说法就是那诸多一方面是愚蠢的、一方面又是恶毒的误解之一，它想要将一个人的价值置于他之外而放进“那偶然的”之中。）但是恰恰因为他想要工作，所以他的作为无疑就是一种工作，而不是一种奴隶的劳役。这时他为他的工作要求一个更高的表达，一个标示他的作为与他个人以及与其他人的关系的表达，一个为他将之定性为“喜好（Lyst）”并且强调出其意义的表达。在这里，一种深入的思考又是必要的。他会觉得去与那有着 3000 元国家币的智者[265]有什么关系的话，那无疑是低于他的尊严的事情；但我们的英雄则是像绝大多数人一样的人。无疑他是及时地得到了告诫，但是他却在“审美地生活”中尝到了品味，是像绝大多数人一样的人，是不识好歹的。因此，尽管那帮助他出离他从前的困境的人是那伦理者，但这伦理者却不是他首先要去找的人。也许他在暗中还是相信，到了最后实在没有办法的时候，那伦理者还是会再次帮他脱离困境，因为我们的英雄毕竟还不是那么可鄙，他毕竟承认了那伦理者确实是帮助他脱离了困境，尽管他不曾给他任何钱。于是他就去找一个稍稍更人性化一点的审美者。也许现在的这一个也会知道要讲述一些关于工作的重要性方面的东西；没有工作的话，生活最终会是枯燥无聊的。“一个人的工作却不应当是在严格意义上的工作，而是要不断地被定性为‘喜好’。一个人在他自己身上发现某种贵族气的才能，通过这才能他将自己与庸众区分开。这不是一个人随随便便就培养出来的，因为如果轻率了他不久就会对此感到厌烦，相反他必须带着所有审美上可能的严肃去发展自己。这时生活对他就有了新的意义，因为一个人有了自己的工作，一种在根本上其实就是这个人的‘喜好’的工作。这人在他的独立之中守护着它，这样它就不会被生活挫伤而能够在自身的整个繁荣之中得到发展。这人却并不把这一才能弄成一块在生命之海中要用来救命的木板，而是将之当成自己翱翔于世界之上所要用的翅膀；他并不将之弄成一匹做苦力的役用马，而是将之当作一匹仪式用马[266]。”但我们的英雄不具备这样的贵族气的才能，他是个像绝大多数人一样的人。除了这样说之外，那审美者不知道再有什么别的出路可让他选择了："他得认命了，得去满足于让自己进入那庸众们对于'作为一个在生活中工作的人'所作的平凡定性之下了。不要灰心，这也是有着其意义的，也是正直而值得尊敬的，去成为一个灵活手巧而勤勉努力的人吧，一个社会中的有用的成员。我已经为见到你而感到高兴了，因为我们都知道，生活越是丰富多样，对于观察者来说它就越令人感兴趣。正因此，我和所有的审美者们都恨民族服装，因为如果所有人都穿得一样的话，那看上去实在是枯燥乏味极了；如果每个单个的人都以这样的方式来看待自己在生活之中的作为的话，那么这对于我和我的那些把观察生活当职业的同类们来说就更加美丽了。"我们的英雄多多少少觉得这样的一种对待方式是令人无法忍受的，——我是这样希望的，他会为这样一种对人的分类之中的傲慢无礼之处感到愤慨。另外，在审美者的观察中，那独立性也扮演着一个角色，而现在我们的英雄则肯定不是独立的。

也许他仍然无法做决定去找伦理者；他再做一次尝试。他碰到一个人，这人说：一个人必须为生活而工作，生活本来就是被这样安排的。在这里他觉得他找到了他所要找的东西，因为这也恰恰是他所认为的。这一说法是他所想要去留意的。"一个人为了生活而工作，生活本来就是被这样安排的，这就是生存中破烂的一方面。一个人每昼夜睡七小时，这是被浪费掉的时间，但这是不得不然；一个人一昼夜工作五小时，这是被浪费掉的时间，这是不得不然。通过五个小时的工作，一个人就有了自己的收入，而一个人有了自己的收入，他就开始生活。现在一个人的工作最好就是得尽可能地枯燥和无意义，只是他由此而得到收入而已。如果一个人有一种特殊才能，那么这人就永远也不该对自己的才能行这样的罪而去把它弄成收入来源。不，一个人的才能是他所必须去爱抚的，一个人为了自己的缘故而具备这才能，他从这才能中所得到的喜悦大于一个母亲从自己的孩子那里得到的喜悦，它是一个人所陶冶的，一个人每天用 12 个小时来发展这才能，睡上七小时，作一个非人五小时，这样一来生活倒还是完全可以忍受的，是的，甚至是相当美好的；因为，五小时的工作，这不算什么危险的事情，因为，既然一个人的思想从来就不在工作上，那么他就是把力量集中在那作为其喜好的追求上了。”

我们的英雄又仍然没有什么进展。就是说，一方面他没有特殊的才能去在家里填充上这 12 个小时，一方面他已经获得了一种对“去工作”的更美好的看法，一种他所不想放弃的看法。在这时，他也许就会决定再重新去伦理者那里寻找帮助。这伦理者的说法是简短的：“去具备一个职业（kald）[267] 是每一个人的义务。”更多他就无法再说什么了，因为“那伦理的”就其本身而言总是抽象的，而一个为所有人而设的抽象职业是不存在的，相反，他要预设每一个人都有一个特殊的职业。我们的英雄将选择哪一种职业，这是伦理者所无法向他说明的；因为，这种说明要求对他整个人格中的“那审美的方面”有一种细节上的了解，而即使伦理者具备这种了解，他也还是会避免去为他做选择，因为我们知道，这样一来他就会否定掉自己的生活观。那伦理者所能够教他的是：对于每一个人都有一个职业存在，而在我们的英雄找到了自己的职业时，那么就去伦理地选择它。就是说，那审美者就“那些贵族气的才能”所谈的东西，那是对于那伦理者所解释的东西的一种使人糊涂而怀疑的说法。审美者的生活观总是在于那差异之中：有些人有才能，另一些则不，然而那区分开他们的东西则是一个“更多”或者“更少”，一种量的定性。在这样的情况下，“去在某个单个的点上停下”，这就是审美者们的一种随机偶然性（Vilkaarlighed），然而他们的生活观的神经则恰恰就是在于这一随意偶然性之中。因此他们的人生观在整个存在之中立出了一种分裂，这分裂是他们凭自己的能力所无法取消的，相反他们试图借助于轻率和冷漠来武装起自己对抗这分裂。相反，伦理者则将人与生活调和起来，因为他说：每一个人都有一个职业。他不是在消灭差异，而是在说：在所有的差异之中所剩下的是“那普遍的”——“这是一个职业”。那最杰出的才能是一种职业，那拥有着这才能的个体不能让现实在视野中消失，他不是处在“那普遍人性的”之外，因为他的才能是一个职业。那最微不足道的个体人有一个职业，他不应当被排斥在外，不应当被转送去生活在一个与动物一同的界限区域[268]中去，他不是处在“那普遍人性的”之外，他有一个职业。

这伦理的判断句“每个人都有一个职业”表达了：存在有一种理性的事物秩序，在之中每一个人（只要他愿意）以这样一种方式来充实自己的位置，他同时表达着“那普遍人性的”和“那个体的”。存在是不是因为这看法而变得不怎么美了？人们不具备一种其意义建立在偶然性之上并且是偶然地建立在偶然性之上的贵族性来让自己欣喜；不，人们有一个诸神的王国[269]。

一旦才能不被理解为一个职业（并且，一旦它被理解为一个职业，那么，每一个人就都有一个职业），那么，这才能就是绝对地自我的（egoistisk）。因此，每一个将自己的生活建立在才能上的人，他就是在尽可能好地建立一种强盗式生存。对于才能，他没有一个比“这是一种才能”更高的表达。于是，这一才能就想要在其全部差异之中冒出来。因此，每一种才能都有一种“将自己变成那中心的东西”的倾向，为了展示它，每一个条件都必须在场；因为，只有在这一狂野的猛涌之中才有着对这“才能”的真正的审美享受。如果在另一个方向上有着一个同时的才能，那么它们就会进入生死相搏的冲突；因为它们没有任何同心汇聚的（Concentrisk）方面，没有任何共同的更高表达。

这样，我们的英雄就得到了他所寻找的东西，一份工作，依靠这工作他就能够生活，对于这工作与他的人格的关系，他也得到了一个更有意义的表达：这是他的职业，这样，它的完成就联系着一种对于他的整个人格的满足；对于这工作与其他人们的关系，他也得到了一个更有意义的表达，因为，既然他的工作是他的职业，那么，我们知道，通过这工作他在本质上就被置于与所有其他人相同的步阶上，通过他的工作他做着与每一个别人一样的事情，他履行自己的职责。这一承认是他所要求的，他不要求更多，因为这就是“那绝对的”。如果我的职业是卑微的，他说，我仍然还是忠实于我的职业，并且根据“那本质性的”看，我则是与最伟大的人一样伟大，尽管我不会因此而在某个瞬间会痴愚到想要忘却各种差异的地步；这样的痴愚对于我自己是最没有好处的；因为如果我忘记了这些差异，那么对于我来说就存在着一个对于一切人的抽象职业，但是一个抽象的职业不是什么职业，那样一来我就会丧失得与那最伟大的人们所丧失的一样多。如果我的职业是卑微的，那么我就会对之不忠诚，而如果我不忠诚，那么我就行下了一个与最伟大的人所行一样大的罪。我不应那么痴愚而想要去忘记那些差异，也不应当去以为我的不忠诚对于那整体来说会有着像那伟大的人的不忠诚一样的可怕后果，这样的痴愚对我没好处，我自己会是因这种痴愚而损失最多的人。那伦理的看法，“每一个人都有一个职业”，比起那审美的关于才能的理论有着两个长处。就是说，它一方面对生存中的某些偶然的东西不做解说，而只解说“那普遍的”，另一方面，它在“那普遍的”的真实的美之中展示出“那普遍的”来。就是说，只有在“才能”得以变形而美化成为一个职业的时候，这“才能”才会是美丽的，只有在每一个人都有一个职业的时候，生存才是美丽的。既然这事情是如此，那么我就要请求你不要轻视一个个别简单的经验观察（相对于那主要的观察你可能会善意地将之看成是一种多余）。在一个人有着一个职业的时候，一般说来他这时在自身之外有着一种规范性的东西（Normativ），这东西并非是要使得他成为奴隶，但却或多或少地指示他什么是他所要去做的，为他安排他的时间，常常给予他“去开始”的机会。如果什么时候他的作为没有成功，那么他就希望下一次做得更好些，并且这个“下一次”在时间上不是很远。而相反那没有什么职业的人，只要他想要为自己设定出一个任务，那么他一般说来总必定是完全非同寻常地一口气做完[270]。他不会有停顿，除非是他自己想要停下来。如果他失败，那么一切就失败，并且“去重新开始”对于他是非常艰难的，因为他缺少一种重新开始的机缘。这时，他很容易被引诱去成为一个学究，除非他想要成为一个无所事事者。去把那些有着特定事务的人们指责为学究气，这是非常普通的事情。按理一个这样的人根本不会成为学究。相反是那些没有特定事务的人，才被引诱去成为学究，以便针对那实在太大的自由保持一点约束，否则他在自由之中很容易就走迷了路。因此我们会很偏向于去原谅他的学究行为，因为这是某种好事的标志；但在另一方面，这还是得被看成是一种惩罚，因为他曾想将自己从“那普通的”之中解放出来。

我们的英雄为自己的工作与其他人们的工作的关系找到了一个更有意义的表达，这是一个职业。于是他得到了承认，他获得了自己的信用状[271]。但是现在，在他履行自己的职责的时候，于是他简直就在这之中找到了自己的满足，但是他也要求一个对于“这一活动与其他人的关系”的表达，他要求达成什么事情。在这方面他有可能又会走迷路。那审美者会向他解释说，“才能”的满足是最高的事情，而一个人达成什么或者没有达成什么都完全是次要的事情。也许他会碰上一种很实际的执迷，这种执迷在其痴愚的[272]热情之中坚信去达成一切，或者碰上一种审美的势利，它认为在世界上达成什么是一些单个的特选者们的命运中事，只有一些单个的杰出能人达成一些事情，人类其余的都是数字[273]，是生活的额外多余物、造物主的奢侈浪费而已。所有这些解释对于我们的英雄来说都是毫无用处，因为他只是个像绝大多数人一样的人。

让我们重新去找伦理者。他说：那每一个人所达成的和能够达成的东西是：他能够在生活中做出自己的作为。就是说，如果事情是这样，如果有的人达成了某些东西而另一些人则没有达成，并且之所以如此的原因是在于他们的偶然性，那么怀疑就又重新占了优势。因此我们可以说：在本质上看，每一个人所达成的东西一样多。我绝不是在布道宣扬懒散，但是另一方面，我们使用“去达成”这一表述时得谨慎。它曾一贯是你的讥嘲的对象，并且，正如你有一次所说，你曾“因为这个原因而去研学了积分计算和微分计算以及无限微积分以求去计算出一个海军部[274]里的抄写员[275]、一个部门里公认的好工作人员所能够达成的全部东西有多少。”你把你的讥嘲只是用在所有那些想要在生活中把自己弄得很重要的人们身上吧，但千万不要滥用它去迷惑人。

“去达成（at udrette）”这个词标示了一个介于“我的行为”和“一件在我之外的他物”间的关系。现在，我们很容易看出，这一关系并非是我在我的权限之内所能够决定的，并且，我们在这样的意义上有同样的权利可以说，那最杰出的能人，就像那最卑微的人一样，他什么事情都达成不了。在这之中绝没有蕴含任何对生活的不相信，相反，在这之中有着一种对于我自身无足轻重的承认和一种对于每个他人的意义的尊重。那最杰出的能人能够完成自己的作为，而这是那最卑微的人也能够做得到的。他们中谁也无法做更多。他们是否能够达成什么，这不是他们在自己的权限里所能够决定的，相反，他们在自己的权限里所能够决定的倒是“阻止自己去达成什么事情”。于是我放弃所有那常常在生活里四处蔓延开的自负姿态，我去做我的作为，并且不把我的时间浪费在对于“我是否达成什么”的算计上。我所达成的东西则随着我的作为，就当作是我的幸运，我可以因这幸运而感到高兴，但是不敢绝对地将之看成是属于我的。一棵山毛榉，它长大，它密集起自己的树冠，人们因为坐在它的阴影下而高兴。如果它想要变得不耐烦，如果它想要说：在这里，我所站立的这个地方，几乎从来就不会有什么生灵过来；我长大了又有什么用，我让枝杈向外伸展，以此我又达成了什么呢；于是它就推迟自己的成长，也许有一天会有一个远足的人到来，他说：如果这棵树没有长僵掉，如果它是一棵枝叶茂盛的山毛榉，那么我现在就能够在它的阴影之下休息了。想象一下吧，如果那树能够听得见的话！

这样，每一个人都能够达成一些什么，他能够达成自己的作为。“作为”可以是非常不同的，但这一点则总是要得到反复强调：每一个人都有自己的作为，所有人就以这样一种方式在这一表达中达成一致：他们各自做着自己的作为。我的作为与其他东西的关系，或者，我所要达成的东西（根据通常的语用来理解“达成”这个词），是我在我的权限中所无法决定的。甚至那种其生活中的作为就是“去发展自己”的人，在本质上看，甚至他这样的人与每一个别人相比也只能达成同样多的东西。因此，这看上去可以是这样：那个认为“一个人根本就不该去反思自己达成些什么、而只该去享受自己的才能之施展的满足”的审美者似乎说得有道理。然而，这之中的错误却是在于，他停滞在了那种对才能的自私定性上。他把他自己看成是那些特选出的人中的一个，并且不愿意在自己的生活中达成“那普遍的”、不愿意将自己的才能看成是自己的作为。相反，让我们看另一个人，对于这个人我们能够说“他在生活中的作为单单就只是‘去发展自己’”，自然，根据人类的经验，我们可以这样说：这个人倒反而是属于那种最不具天赋的人。比如说，一个年轻的女孩。她无疑是属于那一类我们忍不住要说是“他们能够达成一些什么东西”的人。另外，再让她在爱情上进入到失意不幸的地步中、让她的最后一丝“去达成什么”的希望都破灭掉；如果她终究还是去做出自己的作为，如果她去发展她自己，那么，她所达成的东西，从本质上看，就和那最伟大的人所达成的东西一样多。

这样，这“去达成”就同一于那“去做出自己的作为”。你想象一下这样的一个人，他是一个深刻而真挚地被感动了的人；他从来就不会想到他是不是该去达成什么。只有这想法要在他身上带着其全部力量出现。让他去作为一个讲演者、牧师，或者你想让他去作为什么吧。他不是为了去达成什么而对人群说话，然而就仿佛是他身上的乐键要奏响音乐，只有这样去对人群说话他才会感觉到幸福。难道你觉得他所达成的东西就少于那在关于

"自己要达成什么"的想象中变得妄自尊大的人、就少于那通过对于"自己想要达成的东西"的想法来保持使自己处于良好状态的人吗？想象一个作家，他从来想不到他是否要去得到一个读者，或者他是否要通过他的文字来达成什么，他只想把握住真相，只有这真相是他所追猎的。难道你觉得一个这样的写作者所达成的东西就少于那种由"他想要达成什么东西"的想法来监察和领导自己的笔杆子的人吗？

够奇怪的，不管是你还是我，还是我们的英雄自己，还是那个聪明的审美者，都不曾注意到这样一个事实，而事实则确是如此：我们的英雄拥有着一种非同寻常的才能。一个人身上的那种精神性的东西就是这样能够长时间地欺骗，直到它宁静的成长达到了一定的程度，而这时它则突然地在其全部力量中宣示出它自身。想来那审美者会说：是啊，现在太晚了，现在他已经被弄糟了，可惜啊，这个人。而相反那伦理者则也许会说：这真是太幸运了，因为，既然他现在已经认识到了那真实的东西，那么他的才能当然就不会成为那种为他的脚而设下的圈套；他会看出，一个人既不需要独立也不需要五小时的奴隶劳役来守护这才能，而他的才能倒恰恰正是他的职业（Kald）。

这样，我们的英雄为了生活而工作；这工作也是他的喜好；他履行自己的职责，他做出自己的作为，我用一句话来说出一切，并且是用一句将你逼进恐惧的话来说：他有一份"谋生糊口的工作（Levebrød）"。不要变得不耐烦，让那诗人来说，这样听上去就更美：他获得了"一只带着荣誉的生活面包（Levebrød）[276]"而不是"童年金色的夏日梨"[277]。还有什么？你微笑着，你认为我别有意图，你已经对我的平凡无聊感到惧怕了；因为"现在这故事不会在让他结婚之前就结束了，好啊，请吧，你完全可以帮他发表一份结婚预告，我不会对他的和你的虔诚意向提出任何反对的说法。这真是不可思议，生存中有着怎样的一种理性的连贯啊，一只生活面包和一个妻子，是啊，甚至那个诗人在自己的钟琴上也不会用不清楚的声音来奏出：带着生活面包，妻子就来了[278]。我要抗议的只有一样东西，你把你的当事人称作一个英雄。我已经是随和而宽容的了，我不曾想过要在他身上折断棍棒[279]，我总是对他怀有希望，但是现在我真的要请你原谅，如果我转身上另一条街而不愿意再听你说的话。一个生活面包的男人和一个婚姻男人[280]，我对他有着全部恭敬，但是英雄，就算他自己也不会提出要求说要作为英雄吧。”于是你认为，一个人要被称为是英雄，这就要求他必须做出什么非同寻常的事情来。这样看来，你是有着确实很出色的前景。现在让我们设想一下：“去做那普通的事情”是需要极大的勇气的，而那显示出了极大勇气的人，他很明显就是一个英雄。一个人要被称作是英雄，我们无须多去考虑“他做什么”，而是该考虑他是怎么做的。一个人能够征服许多王国和疆土但不是一个英雄，另一个人能够通过控制自己的意念而显现为英雄[281]。一个人能够通过去做出非同寻常的事情来显示自己的勇气，另一个人则通过去做那普通的事情。问题总依旧是：他是怎么做的。你不会否定，我们的英雄在前面的文字里显现出了想要去做那非同寻常的事情的倾向；是啊，我仍然还不敢完全为他作担保。基于此，你也许是为你的“他应当成为一个真正的英雄”的希望找到了依据；我基于此则有了依据去担心他会成为一个愚人。这样，我也和你一样对他显示了同样的宽容，我从一开始就对他抱有希望，就将他称作“英雄”，尽管他多次做出了似乎要使得他自己不配承受这一称号的样子。因此，如果我让他去结婚，那么我就很安宁地将他放出我的手而高兴地把他交到他妻子的手上。就是说，因为他在先前所显示出的顽抗，他使得他自己能够合格地被置于一种特殊的监管之下。他的妻子会承担下这项工作，并且一切都会很好地进行下去；因为，每一次在他受到诱惑想要成为非同寻常的人时，他的妻子马上会帮他重新把握好方向，这样他就会在全部的平静之中无愧于这一称号：英雄，而他的生活不会没有成就。这时，我就与他不再有进一步的关系了，除非他会感觉到自己被吸引向我，正如我会觉得自己被吸引向他，如果他继续他的英雄生涯的话。这时，他会觉得我是一个朋友，我们的关系不会是没有意义的。在某个时间你会退出你与他的交往，这是他知道要怎样去接受的事实，这就完全好像，如果你会乐衷于对他感兴趣的话，他反倒会变得有点怀疑了。在这一点上，我祝愿他幸福也祝愿每一个丈夫同样幸福。

然而，我们却远远地尚未进入那样的境地。这样，你还依旧可以有很长的一段时间去希望，正如我在同样长的时间里需要担忧。就是说，我们的英雄和大多数人一样，对那非同寻常的东西有着一定的偏好；他也有点不识好歹，并且也正因此他在这里又一次是这样，在他投奔那伦理者之前，首先跑到审美者们那里去碰运气。对于自己的不识好歹，他也很清楚怎样去掩饰；因为，他说，那伦理者确实是帮我出离了我的困惑；我得感谢他帮我获得对于我的工作活动的看法，这看法完全让我感到满足，它的严肃让我获得崇高感。相反，那牵涉到爱情的事情，我则在这方面无疑是想要享受我的自由的，想要去真正地追随我心灵的驱使；爱情不爱这一严肃，它要求“那审美的”的轻松和优雅。

你看，和他有关还够让我头痛的。这看来几乎就是，他仿佛完全没有弄懂前面的东西。他仍然顽固地认为“那伦理的”是在“那审美的”之外，尽管他自己不得不承认生活通过那伦理的思考而获得美，他还是这么认为。让我们看吧。如果你稍稍再吹上一点风，那么我就会获得足够多的理解偏差要去对付。

尽管你从未回答过（不管是书面的还是口头的）我前面所写给你的一封信[282]，我想你无疑还是会想得起它的内容，以及我是怎样试图展示出：婚姻，通过“那伦理的”，恰恰就是对于“爱情”的审美的表达。这样，你想来也许就会顾及到那已经得以阐述的东西而相信，只要我能够差不多成功地让你明白了这问题，那么，在必要的时候，我就能够很容易地对我们的英雄解说这东西。他去找了那些审美者们，并且他离开了他们，对于“他该做什么”这个问题，他并没有变得更聪明，相反他倒是更清楚了“他不该做什么”。在一个较短的时间里他曾见证了诱惑者的狡猾诡诈，听了诱惑者花言巧语的讲演，他学会了去鄙视这诱惑者的艺术，他学会了去看穿这诱惑者：这诱惑者是一个谎言家；在他作伪于爱情的时候，在他粉饰感情的时候，他是个谎言家，也许在他所粉饰的那些感情里本来曾有过真实，因为在这些感情之中他自己是属于另一个人，他双重地欺骗，他欺骗那他想要使之去以为“他是有着这些感情”的人，他也欺骗了那这些感情本应当归属的人；在他自欺欺人地以为在他的享乐欲望中有着某种美的东西时，他是个谎言家。我们的英雄学会了去鄙夷那种使得爱情变成一种人们只该以一笑置之的儿戏的聪明讥嘲。他看了你所最喜欢的戏《最初的爱》[283]。他不觉得自己获得了足够的修养能够去审美地评估这部剧，但他觉得，诗人让查勒斯在那八年里沉沦得如此深，这是不公正的。他很乐意承认这样的事情会在生活中发生；但是他认为这不是人们应当从一个诗人那里学到的东西。他觉得戏中的一个矛盾的地方是：艾玛丽娜要同时作为一个矫揉造作而又没有头脑的人和一个真正可爱的女孩，林维尔在第一眼看见她的时候就确信了后者，尽管他对她有着偏见。如果是这样的话，他觉得让查勒斯在这八年里变成一个堕落了的人就又是一个不公正。他觉得这戏不应当成为一部喜剧，而是应当成为一部悲剧。他觉得，诗人让艾玛丽娜那么轻率地忍受自己的误会、轻率地原谅林维尔对她所做的欺骗、轻率地忘却查勒斯，并且以这样的方式轻率地对自己的感情作讥嘲，轻率地把自己的整个未来建立在她自己的轻率、林维尔的轻率、查勒斯的轻率之上，他觉得，这是诗人的不公正的地方。当然，他觉得那本原的艾玛丽娜是感伤而敏感的；但是在他的眼里，那改善了的艾玛丽娜，那个聪明的，比起那前一个、带着所有自身不完美的，则是一个远远更为低级的生命物。他觉得，以这样一种方式把爱情描绘成一种愚蠢的胡闹、一种“一个人可以用八年的时间去进入而用半个小时转上转下却又看不到这变化留下什么印象”的胡闹，他觉得这是诗人没有道理的地方。他很高兴地留意到，那些因这样的剧作而笑得特别厉害的人们恰恰不是那些他所尊重的人们。在瞬间之中，那讥嘲使得他觉得他的血液被冻结住了，但是他重新感觉到那些情感的喷涌重新流进他的胸膛，他确信这一脉搏是灵魂的生命原则，那些割断了它的人死了且无须被埋葬。在短时间里，他听任那种对生活的不信任将自己哄进瞌睡，这种不信任想要教他知道：一切都是无常流转而短暂的，时间改变一切，我们不敢在任何东西之上有所建树，因此永远也不用去为自己的整个生命设计出一个计划来。他身上的惰性，还有怯懦，觉得这一说法是相当可接受的，这是一套穿起来很舒服的套装，而在人们的眼里也不是不合身。然而，他还是用尖锐的目光对这一说法进行了审视，他看见了那虚伪者，看见了穿上了谦卑外衣的纵欲者、那披着羊皮的猛兽[284]，他学会了去鄙视这一说法。他认识到了这是一种侮辱：想要根据一个人的本质中朦胧晦暗的东西、而不是根据那意识到的东西去爱这个人，想要以这样的方式去爱（他能够想象一种“这一爱情会停止”的可能性，这样他就敢说“对此我无能为力，感情是一个人在自己的权限里所无法决定的东西”）；他认识到了这种“想要”是一种侮辱，因而是不美的。他认识到了这是一种侮辱：想要用灵魂的一个方面而不是用那整体去爱、去把自己的爱情弄成一个环节但却拿下另一个人的全部爱情，想要在一定的程度上作为一个谜和一个秘密存在；他认识到了这种“想要”是一种侮辱，因而是不美的。他认识到了，如果他有着一百条手臂，这样他一下子可以拥抱许多人，那样的话是不美的，他只有一个胸怀并且只想要一个他能够拥抱的人。他认识到了这是一种侮辱：想要以那种人们让自己去与有限的和偶然的事物发生关联的方式来有条件地与另一个人发生关联，这样，如果自己事后发现有麻烦就可以再重新取消；他认识到了这种“想要”是一种侮辱。他不相信“他所爱的人会被改变”是可能的，除非是被改变成更好的，而如果这样的事情发生，那么他相信这关系所具的力量能够使得一切重新好起来。他认识到，爱所要求的东西就像是圣殿税，一种以自己的币类[285]来支付的神圣税费，如果币上的铸印是假的话，那么，即使是世界上的全部财富也无法补偿这币面上最微不足道的要求。

你看，我们的英雄走在正道上，对于审美者们硬化了的常识理智和他们对于各种朦胧晦暗情感（这些情感过于精细脆弱而无法作为义务而得以表达）的迷信，他失去了信心。他满足于伦理者的解释："去结婚"是每一个人的义务；对此他是有了正确的理解的，就是说，那不结婚的人当然不是在行罪（synder），除非这是他自己造成的，因为，如果这（不结婚）是他自己造成的，那么他就是在冒犯"那普遍人性的"，"那普遍人性的"对于他来说也是被设定为一种应当被实现的任务，而那去结婚的人就是在实现"那普遍的"。那伦理者无法为他带来更多东西，因为"那伦理的"，就像前面所说，总是抽象的，它只能够对他说"那普遍的"。这样一来，它在这里绝不可能对他说他应当去和谁结婚。就是说，关于"他和谁结婚"的问题会要求一种对于他身上的那整个审美的方面的一种精确的了解，但这样的了解是那伦理者所不具备的，而就算他具备这种了解，他也无疑会警惕不让自己因为"代我们的英雄来为自己作出选择"而毁掉自己的各种理论。这样，在我们的英雄自己进行了选择的时候，这时，"那伦理的"则会认同这选择并且使得他的爱情变得崇高，而这对于他在一定的程度上也会有助于作出选择，因为这会将他从那种对于"那偶然的"的迷信中拯救出来；因为一个单纯的审美的选择在根本上其实是一种无限的选择；"那伦理的"无意识地帮助着每一个人，但这既然是无意识的，那么"那伦理的"的这种协助就有着一种外表看上去好像是一种卑微化、一种"生活之悲惨性"的后果，而不像是崇高化、一种"生活之神圣性"的后果。

"一个有着这样出色的基本原则的人"，你说，"这样的人，我们当然敢让他独行，我们当然敢在他身上期待所有伟大的事情。"我也是这样认为的，并且我希望，他的各种基本原则能够坚定到它们不为你的讥嘲所动的程度。然而在我们进港之前还有一个尖角是我们要沿着它绕行而过的。就是说，我们的英雄曾经听一个人说过（对于这个人的判断和意见，他是有着全然的尊敬）：既然一个人通过婚姻而将自己与一个人一辈子联系在一起，所以我们就得在“作选择”中小心，这必须是一个非同寻常的女孩，她恰恰能够通过自己的非同寻常来给予一个人其整个未来的安全。现在，难道你不觉得有兴致再稍稍花一点时间来对我们的英雄寄予希望吗？至少我是为他担忧的。[286]

让我们从根本上来看这事情。我们都知道，你假设了[287]在森林孤独的宁静之中住着一个水妖、一种生灵、一个女孩。好吧，现在，这个女妖、女孩，这个生灵离开自己的孤独并且到这里在哥本哈根显现出自己，或者在纽伦堡，就像凯斯贝尔·豪瑟尔[288]，地点是无所谓的，不管怎么说，反正她在世上显现出来。相信我，那就会有一场殷勤的追求！进一步将之展开，这事我就让你去做了，是啊，你可以写一部小说了，标题就叫：水妖、生灵、森林之孤独中的女孩，就像[289]那部在所有出租图书馆中著名的小说《孤独山谷里的骨灰盒》[290]。她是完全地显现出来了，而我们的英雄变成了那个她赋予其爱情的幸福的人。对此我们都同意吧？我是没有什么反对意见的，我是结了婚的。相反你倒是也许会觉得，让这样的一个日常人物相对于你而成为首选，你也许会觉得受辱。但是，既然你对我的当事人还是感兴趣的，而这又是他所剩下的去成为你眼中的英雄的唯一的一条路，你就同意吧。现在让我们看，他的爱情是否变得美丽，他的婚姻是否变得美丽。我们知道，他的爱情和他的婚姻中的关键是在于：她是世界上的那独一无二的女孩。于是，这关键是在于她的差异之中：这样一种幸福，它的相似物在整个世界中是无法找到的，而这之中恰恰就是他的幸福所在。他是有着决定能力的，就是说，他是可以根本不想要去和她结婚的；因为，去给予这样的一种爱一个那么普通而粗俗的表达：婚姻，这岂不是在使这种爱情降格吗？去要求两个这样的相爱者步入“婚姻”的巨大集体，以至于在某种意义上除了用那种说及每一对新婚夫妇时所用的话“他们结婚了”来说及他们之外再也没有更多关于他们的可说了，这岂不放肆？也许你觉得这完全没问题，你可能提出的唯一反对无疑就会是：就像我的英雄这样的一个傻帽儿居然会获得一个这样的女孩，这是不对的；而反过来，如果他做成了一个比如说像你一样的非同寻常的人，或者做成了一个，就像那个女孩是一个非同寻常的女孩，同样地非同寻常的男人，那么，一切就都到位了，而他们的爱情关系也就是我们所能够想象出的最完美的关系了。

我们的英雄被卷进了一种危急的处境。对于那女孩，我们只有一种看法：这是一个非同寻常的女孩。我自己，结了婚的丈夫，用多娜·克拉拉的话来说：在这里流言并没有说太多，这是一个神奇的孩子，美丽的普莱希鸥萨（Preciosa）[291]。眼中不再看见那普通的东西而只在那童话般世界的轻风中飘浮，这真是太诱惑人了。而且，他自己也是看到了婚姻中的那美的东西。婚姻做什么呢？它会把什么东西从他那里剥夺掉吗、它会从她那里拿走某种美吗、它会取消掉那唯一的差异吗？不，绝不。但是，在他所具有的婚姻是在他自身之外的时候，这婚姻就把所有这些都作为偶然向他显示出来，并且只有在他为差异给出了“那普遍的”表述时，只有在这时，他才安全地拥有这差异。“那伦理的”教他：这关系是“那绝对的”。就是说，这关系是“那普遍的”。它从他那里剥夺去那种“作为那非同寻常的”的虚荣的喜悦，以便给予他那“作为那普遍的”的真实的喜悦。它将他带进与整个生存的和谐之中，教他去在这生存之中欣悦；因为，作为例外、作为“那非同寻常的”，他是处在冲突之中，而既然那为“那非同寻常的”作依据的东西在这里恰恰就是他的幸福，那么他无疑就必须对自己的生存有所意识而意识到自己的生存是对于“那普遍的”的一种骚扰（倘若在他的幸福之中本来是有着真实性的话），并且，如果一个人的幸福从本质上看是不同于所有别人的，那么，去处于这样的幸福之中，这在事实上就必定是一种不幸了。这样，他赢得那偶然的美而失去那真正的美。这是他将会认识到的，并且他还会重新回到那伦理者的句子“‘去结婚’是每一个人的义务”上，并且他会看见，这句子不仅仅在自己的这一边拥有着“真”，而且也拥有着“美”。然后，让他去获得那神奇的孩子[292]吧，他不会迷上那“差异”的。他会真正从内心中欣悦于她的美、她的优雅、她所拥有的精神之丰富和情感之温暖，他会觉得自己是幸运的，但在本质上，他会说，我和任何别的做丈夫的人没有什么区别；因为那关系是“那绝对的”。让他得到一个不很有天资的女孩，他会因自己的幸福而喜悦；因为他会说，尽管她远远低于他人，在本质上她让我感到同样地幸福，因为那关系是“那绝对的”。他不会看错差异的重要性，因为，正如那他所认识到的，不存在那抽象的职业，但每一个人都有一个职业，以同样的方式他也会认识到，不存在什么抽象的婚姻。伦理对他所说只是“他应当结婚”，但无法对他说他应当与谁结婚。伦理向他解释（forklarer）那差异中的“那普遍的”，而他则在“那普遍的”之中崇高化（forklarer[293]）那差异。

于是对婚姻的伦理考虑比起每一种对爱情的审美理解都有很多好处。它阐明“那普遍的”，而不是“那偶然的”。它并不显示，一对完全个别的人在他们的非同寻常之中是怎样能够变得幸福的，但是它显示出每一对婚偶是怎样能够变得幸福的。它把那关系看成是“那绝对的”，并且并不把那些差异当成担保，而是将它们当成任务。它把那关系看成是“那绝对的”，因此它根据爱情的真正的美，也就是说，根据爱情的自由，来观照爱情，它领会那历史性的美。

于是，我们的英雄通过自己的工作（Arbeide）来生活，他的工作也是他的职业（Kald），因此他带着喜好（Lyst）工作；既然这工作是他的职业，这工作就将他置于与其他人的关联之中，在他完成自己的作为时，他去达成（udretter）他能够想要在世界里达成的事情。他结了婚，满意地在自己的家里，并且对于他，时间是很令人愉快地过去的，他不明白时间怎么可能会是一个人的负担或者成为人的幸福之敌，相反，时间让他觉得是一种真正的祝福。在这方面，他承认他欠他妻子非同寻常之多。这是真的，我忘记了说，那来自森林的女妖的事情是一个误会，他没有成为那个幸运的人，他不得不满足于一个就像大多数女孩一样的女孩，正如在同样的意义上他是一个像大多数人一样的人。然而他却非常高兴，是的，他一次私下对我说，他相信，他没有得到那个神奇的孩子，这才是真的幸运，如果他得到了她，那么这任务也许对于他来说就太重大了；如果一切在我们开始之前就已经那么完美，那么我们在这时就很容易出事故。而现在他则是满心的奋勇和信心和希望，他是完全热情洋溢的，他情绪高昂地说：关系才是“那绝对的”；比起任何别的东西，他更坚定地确信，这关系将会有力量去把这个普通的女孩发展成为一切伟大的和美丽的东西；他的妻子在谦逊之中有着同样的想法。是啊，我年轻的朋友，世界总是给人意外，我根本不相信，你所谈论的这样一个神奇的孩子在这个世界上是存在的，而现在我几乎对我的不信感到羞愧，因为这个普通的女孩，带着其伟大的信心，她就是一个神奇的孩子，她的信心比黄金和绿色森林更宝贵。不过，在一方面我还是仍然停留在我过去的不信之中：一个这样的神奇孩子是不会在森林的孤独中存在的。

我的英雄，或者，难道你会拒绝他拥有这一命名的权利、难道你不觉得一种敢去相信要把一个普通的女孩转变成神奇的孩子的勇气是英雄的勇气吗？我的英雄为“时间对于他来说获得了一种如此美丽的意义”而尤其感谢自己的妻子，而在这样的意义上他又在一定的程度上将此归功于婚姻，在这一点上，他和我，我们两个结了婚的丈夫是完全一致的。如果他得到了那个来自森林的女妖，并且没有结婚，那么他就会害怕他们的爱情会在一个单个的美丽瞬间里炽烈地燃烧殆尽，这样的瞬间会留下钝惰昏暗的间歇。也许他们只会是想要相互看看对方，如果那看见了对方的目光真正能够变得意义重大的话；如果有好几次这注视都没有达到他们想要的效果的话，那么他就害怕这整个关系渐渐地消释进了一种乌有。而那卑微的婚姻则相反，它将“每天看对方”弄成了他们的义务，不管是在他们富有的时候还是在他们贫困的时候，这婚姻反倒是在整个关系之上散撒出一种平均性和稳当性，这使这关系对于他来说变得如此高度地爽心悦目。那平凡的婚姻在其卑微的隐蔽之处藏着一个诗人，这诗人不仅仅在一些单个的场合使得生活变得美丽崇高，而且也总是准备就绪随时用自己的音调来震响哪怕是那些更贫瘠的时刻。

我的英雄对于婚姻在这方面的看法是我所完全同意的，并且它在这里真正显示出了其优越之处，不仅仅是相对于那孤独的生活，而且也是相对于每一种单纯的爱欲关系。我的新朋友在这一刻刚刚对后者作出了阐述，因此我就只想用几句话来强调一下那前者。一个人可以让自己尽可能地聪明、一个人可以是勤勉的，一个人可以为一种想法而激动，然而那些时间变得稍稍漫长的瞬间还是会来到。你那么经常地讥嘲另一性别[294]，我足够频繁地劝诫你不要这样做；如果你想要把一个年轻女孩看成是不完美的生灵，那么你尽管可以这样做，我却还是想要对你说：我的好智者啊，去蚂蚁那里看看，变聪明点吧[295]，从一个女孩子那里去学一下怎样打发时间，因为在此中她是天生的大师。她也许没有像一个男人所具的对于严格和持久的工作的观念，但她从不空闲，总是忙碌的，对于她时间从不显得漫长。对此我可以从经验出发来谈。有时候这样的事情会在我身上发生，现在当然很少了；因为，我努力去对抗这样的情形，既然我认为“努力让自己处于与自己的妻子有着同样的年龄的状态”是一个丈夫的义务。有时候这样的事情会在我身上发生：我坐着并坍陷在我自身之中。我把心思放在我的工作上，我没有想要去消闲的愿望，我性情中的某种忧郁在我身上占了上风；我变得比我实在的年龄老上了许多许多年，对于我的家庭生活，我几乎成了一个陌生人，我能够很清楚地看到这是美丽的，但是，我是在用一双不同于往常的眼睛在看；这在我仿佛就是，我自己是一个老人，我妻子是我的一个幸福地结了婚的妹妹，并且现在我仿佛是坐在我的这个妹妹的家里。在这样的时段里几乎就是这样，时间对于我开始变得漫长。现在，如果我的妻子是一个男人的话，那么这样的事情也许也会和我一样地发生在她身上，也许我们就都停滞住了；但是她是一个女人并且与时间有着很和谐的关系。她所处的这种与时间的秘密交往，难道这是一个女人身上的完美性，难道是一种不完美，这是因为她是一个比男人更为尘俗的生灵，还是因为她在自身之中更多地具备着永恒？你回答呀，你不是有着一个哲学的头脑吗？现在，在我这样苍凉迷惘地坐着的时候，这时我看着我的妻子；她轻快而青春焕发地在客厅里来回走动着，总是那么忙碌，她总是有着什么东西要去关心，这样，我的目光不自禁地就跟着她的运动走，我参与进她所做的一切事情，而在最后这一切终结于：我重新在时间之中找到我自己，时间对于我重新有了意义，那瞬间又重新疾速流逝。她所进行的事情是什么，是啊，这是我所实在无法说的，哪怕我带着我最好的意愿想要说——即使是要我花上生命的代价，这对于我继续是一个谜。什么是“长久地工作直到深夜，那么累以至于我几乎无法从椅子上站起来”、什么是“去思想”、什么是“在思维中那样完全地空白，以至于对于我来说要从头脑中获得哪怕最小的一丁点想法都是不可能的”，这些，我都知道；我也知道什么是“去懒散”，但是像我妻子的这种忙碌的方式，这则是一个谜。她从不疲倦但却也从不空闲，看上去就仿佛她的劳碌是一种游戏、一种舞蹈，就仿佛一种游戏是她的劳碌。她用来充实时间的东西是什么？因为，也许你是能够明白的，这自然不是一种学会的技能，不是那种胡椒单身汉[296]在通常所擅长的那种无聊把戏；既然我们谈到了胡椒单身汉，并且我在这精神气息中看出你的青春正在进入终结，那么，你也确实到了考虑要能够去充填那些空闲的瞬间的时候了，你应当学着演奏笛子或者想办法弄出一种奇特的工具来掏挖你的烟斗了。然而我不愿去想这一类事情，这样的事情我一想马上就会厌烦，我回到我妻子那里，看着她，这是我永远也不会觉得厌烦的事情。她所进行的事情是我所无法说明的，但是她在做所有这些事情的时候，全都是带着魅力和典雅，带着不可描述的轻松，无拘无束不拘仪式，就像一种鸟唱自己的歌，它的工作，我相信也是最适合于拿来与她的劳碌相比的，然而她的艺术则更让我觉得是真正的魔术。从这方面看，她是我的绝对的皈依处。这样，在我坐在我的工作室的时候，在我疲劳的时候，在时间对于我变得漫长的时候，这时，我就潜入客厅，我坐到一个角落里，我一声不吭唯恐在她的作为之中打扰她，因为，这尽管看上去像一种游戏，但它的发生却是带着使人肃然起敬的尊严和端庄，她绝不是你所说的汉森夫人[297]，一只在四周嗡嗡发声并通过自己的嗡嗡而在客厅里散布婚姻家庭的音乐的陀螺。

是啊，我的好智者，一个女人是怎样的自然浑成的艺术大师啊，这真是不可思议，她以最有趣和最美丽的方式来解释了那让许多哲学家赔上了自己的理智的问题：时间。对这样的一个问题，我们在许多哲学家们那里在所有他们的繁复冗长的努力中徒劳地想要寻找到启示，现在她毫无麻烦地[298]在一天中的任何时候作出解释。她解释这个问题，正如她同样以一种唤起人们的最深刻的惊叹的方式来解释许多别的问题。尽管我不是什么年老的丈夫，我还是认为关于这个我能够写出一整本书来。然而我却不想这样做，但是我想对你讲一个故事，这故事对于我一直是非常有说明性的。在荷兰某地生活着一个博学的人。他是一个东方学家并且结了婚。一天中午他没有在吃饭的时间去吃饭，尽管已经叫了他。他的妻子在饭桌前充满期待地等着；她知道，他在家，并且，这持续得越久，她就越无法向自己解释他为什么不出现。最终她决定自己去对他说让他来吃饭。那里，他是一个人坐在自己的工作室，没有别人。他全神贯注于自己的东方研究。我可以想象出，她弯腰靠向他，让自己的手臂落在他的脖颈旁，朝下看他的书，然后看着他说：亲爱的朋友，为什么你不来吃饭。也许这学者就几乎没有时间去留意她所说的话，但在他看见自己的妻子时，也许他回答了：“是啊，我的女孩，没办法谈吃饭的事了，在这里有一个元音标记（Vocalisation[299]）是我以前所从未见过的，我常常看见这个段落被引用，但是从来都不是这样的，而我的版本则是一个非常好的荷兰语版本，你看，这个点，这真是让人为之发疯啊。”我能够想象，他的妻子看着他，半微笑半责怪，因为这样一个小小的点会来打扰家庭里的正常秩序，并且这故事说，她回答道：有什么东西需要这么当一回事吗？你知道这东西，根本就连去吹它一下也不值得。说的时候她就去做了；她吹了一口气，看，那元音标记消失了；因为这个古怪的点就是一颗鼻烟末。这学者满心欢喜，就赶紧去饭桌前坐下，为元音标记的消失而欢喜，更为自己的妻子而欢喜。

我是不是该为你讲述一下这个故事的寓意？如果那学者没有结婚的话，那么他也许就会发疯，也许他还会带上好几个东方学者一起发疯；因为我不怀疑，他会在文献中作出可怕的疾呼。看，因此我才说，一个人应当与异性和谐理解地生活在一起，因为，只是我们私下说说[300]，一个年轻的女孩说明一切并且一口气吹掉那整个议会大厦[301]，如果一个人与她和谐理解，那么这个人因她的启迪而欣喜，否则的话，她就会讥嘲愚弄这个人。但这个故事也在教人们，一个人应当以怎样的方式与她和谐理解地生活在一起。如果那个学者没有结婚，如果他是一个支配着所有条件的审美者，那么，他也许就会是那个幸运的人，前面所提到的那个神奇的孩子[302]会想让自己属于他。他没有结婚，他们的感情太高贵而不可能结婚。他为她建造了一座宫殿，不惜一切所需的精致来使得她的生活富于享受，他在她的宫殿里拜访了她，因为她希望事情应当如此；带着爱欲的翩翩风度他自己步行走完去她那里的路，而他的僮仆则在马车上跟着他，带着丰富昂贵的礼物。在他的东方研究中，他也碰上那个古怪的元音标记。他对着它看，凝视着，却无法解释它。然而，他要去拜访自己的爱人的那一瞬间却到了。他把这一忧虑扔到了一边；因为，带着关于任何其他事情而不是关于她的优美可爱和他自己的爱情的想法去拜访自己的爱人，这怎么合适？他穿戴上所有可能的魅力，他比任何时候都更吸引人，他使她获得了非凡无比的欣喜，因为他的声音远远地回响着许许多多激情，因为他不得不通过搏斗来从沮丧中把快乐争取出来。但是，在黎明到来他要离开她的时候、在他向她投出最后一吻并且现在坐在了自己的马车里的时候，这时，他的额头是阴郁晦暗的。他回到家里。工作室的百叶窗关上了，灯点上了，他没有脱下衣服；他坐下来并且凝视着那个他所不能解释的点。无疑，他确实是有着一个他所爱的女孩，是啊，甚至是他所崇拜的女孩，他只在自己的灵魂是丰富而强大的时候才去拜访她，但她不是一个进来招呼他去吃饭的妻子，不是一个能够把这个点一口气吹掉的老婆。

总体地看，对于解说“有限”，女人有着一种与生俱来的才能和一种本原的天赋，一种绝对的极品境界。在男人被创造出来的时候，那时他站在那里作为整个大自然主人和君王；自然的华丽和壮观，整个有限（Endeligheden）的财富只是等着他的示意，但是他却没有明白过来：他该拿这一切怎么办。他看着这一切，但是这一切仿佛通过那精神的一瞥就消失了，对于他这就好像是：如果他动一下，那么他就会在哪怕只是一步之中与这一切失之交臂。就这样，他站着，一个令人难忘的形象，就其自身是沉思的，却是滑稽的，因为我们会笑话那个富人不知道怎样去使用自己的财富；但也是悲剧性的，因为他无法使用这财富。这时女人被造出来了。她不是处于困窘之中，她马上就知道一个人该怎样开始去处理这事情，没有骚动慌乱，不用准备，她已经马上就绪可以去开始了。这是被赠予人的第一个安慰。她靠近那男人，就像一个孩子那样高兴、就像一个孩子那样谦卑、就像一个孩子那样忧伤。她只想作为他的一个安慰，缓解他的匮乏，一种她所不明白、但她也不认为自己要去填充的匮乏，她只想减短他的间隙时间。看，她谦卑的安慰成为生活最丰富的喜悦，她无辜的解闷消遣成为生活的美，她孩子般的游戏成为生活最深刻的意义。一个女人明白有限是怎么回事，她从根本上对这有限是理解的，因此她是美好的，从本质上看，每一个女人都是如此，因此她是可爱的，并且没有任何男人是如此，因此她是幸福的，正如没有任何男人能够或者应当如此幸福，因此她是处在一种与存在

（Tilværelsen）的和谐之中，正如没有任何男人能够或者应当处于这种和谐。因此我们可以说，她的生活比男人的更幸福，因为有限想来是能够使得一个人幸福，而无限就其本身则永远也不能够。她比男人更完美；因为那能够解说什么东西的人无疑是要比那追猎着一种解释的人更完美。女人解释有限，男人追猎无限。事情本当如此，每一个人都有自己的痛楚；因为女人带着痛楚生孩子，而男人带着痛楚构想（undfanger[303]）理念，并且女人不认识那怀疑（Tvivlen）的恐惧和那绝望（Fortvivlelsen）的苦恼，她不应站在理念之外，但她是第二手地拥有着它。但是，因为女人以这样的方式解释有限，因此她是男人最深刻的生命，但这是一种应当隐藏不露（就像根的生命一向是如此）的生命。看，正因此我恨所有那关于妇女解放的可恶言谈[304]。愿上帝在任何时候都禁止这样的事情发生吧。我无法对你说，这想法能够带着怎样的痛楚来渗透进我的灵魂，但我也无法对你讲述，我对每一个胆敢说出一类东西的人怀着怎样暴烈的愤慨、怎样的痛恨。幸好这些宣讲这一类智慧的人们并非是灵巧得像蛇[305]，而在通常都是些傻瓜，他们的胡说八道不会造成危害，这是我的安慰。是啊，如果那蛇能够蛊惑她去相信这个、能够用那外表上看起来可喜的果实来引诱她[306]，如果这一传染病到处散布开，如果它也渗透到她那里，她，我所爱的人，我的妻，我的喜悦，我的皈依，我的生命之根，是啊，如果是那样的话，那么我的勇气就被击溃了，那么我灵魂中的自由之激情就熄灭了；到了那种时候，我当然是知道我该做什么的，我会跑到集市广场上坐在那里哭，就像那个其著作被毁灭掉而他自己也无法记得它所描绘的是什么的艺术家[307]那样哭。但是，如果这事情没有发生，它不应当并且也不能够发生，那么，就让邪恶的精神们在这上面作尝试吧，就让那些愚蠢的人们去试吧，这些人，他们根本就不知道什么叫做“做一个男人”，毫无做人的观念，不管对之中的伟大之处还是卑劣之处都一无所知，他们丝毫感觉不到那女人在其不完美之中的完美性，就让他们去试吧！难道真的会有一个（哪怕是唯一的一个）女人足够简单而虚荣而可怜到了这样的地步，以至于去相信她在男人的定性之下能够变得比男人更完美、以至于看不出在这样的信念之下她的损失将是不可弥补的，难道真的会有这样的女人存在吗？没有什么可鄙的诱惑者能够想得出一个比这个对女人来说是更危险的学说了，因为，如果他一旦蛊惑了她去相信这个，那么，她就完全地处在他的支配之下、进入了他所设定的条件之中；这样一来，除了去作为他的突发奇想的一个猎物之外，她对于这个男人来说不可能会是任何别的东西，而反过来，她作为女人对他来说则能够是一切。但是，这些可怜虫们根本不知道自己在做些什么，他们自己本来无能，不够做男人的资格，他们不去自己好好学会做男人反而倒想要去腐蚀败坏女人，并且在这样的一些条件下联合起来：他们自己继续是他们所是——半男人，而女人则向前跑也走进那同样的可悲之中。我想起来曾经有一次读了一篇关于妇女解放的不乏诙谐的嘲弄性文章[308]。作者尤其在服装的问题上流连了很久，他认为这样的情况下男装和女装应当是一样的。想象一下这种令人发指的事情吧。那时候我觉得好像是那作者没有足够深刻地把握住自己所要写的东西，他所提出的那些对立面都无法很好地用在文章所要说明的问题上。我想用一个瞬间来大胆地想象一下“那不美的”，因为我知道，“美”会在自己的全部真实之中显现出来。还有什么东西比一个女人丰盛的头发、比这一把又一把曲卷的发束更美丽呢？然而圣经上却说，这是她的不完美的标志，并且为此给出了诸多理由[309]。难道不是如此吗？看她，在她把自己的头垂向大地的时候，在那些茂盛的发绺几乎触摸到地面的时候，并且那看上去就好像是花的卷须，帮助她向着大地像藤蔓一样地生长固定，这时，难道她不是站在那里作为一种比那抬头望天的男人更不完美的生灵并且只是触摸着大地[310]吗？然而这一头发却是她的美，是的，还有更多，也是她的力量；因为，正如诗人所说，正是借助于这头发，她捕获男人，借助于这头发，她吸引住男人并且将他捆绑在大地上[311]。我愿去对这样一个宣扬妇女解放的傻瓜们说：看，在那里，她站在自己的全部不完美之中，一个比男人卑微的生灵，你有没有勇气去剪掉她丰盛的头发[312]，砍断这些沉重的锁链，并且让她像一个疯子、一个女犯[313]一样地奔跑，让人们感到恐怖。

让男人放弃“作为整个大自然主人和君王”的要求，让他为女人让出位子，她是大自然的女主人，它理解她而她理解它，她的示意是它所听从的。正因此，她对于男人是一切，因为她把有限献给他，没有她的话，他就是不稳定的精神（Aand），一个无法找到安息、没有居所的不幸者。以这样的方式来看女人的意义，这常常让我感到欣喜，这时，她在我看来是总体上的教会会众的象征，如果那精神没有一个教众社群让它居留，那么它就处在极大的麻烦中，而在它居留在教众之中时，这时它则是教众的精神。因此，就像我在前面曾有一次所提到过的，在圣经上写着，不是女孩要离开父母并且牢牢抓住自己的丈夫，这本是我们以为的，因为那在男人那里寻求保护的女孩是更弱的，不，圣经上所写是：男人要离开父母并且牢牢抓住自己的妻子[314]；因为，既然是她给予他那有限，她就比他更强。再也没有什么东西能够像一个女人那样美丽地被拿来作为教众的比喻了。如果我们这样地看这问题，那么我真的相信，我们会有太多可能的方式来美化教堂仪式。在我们的教堂里那是多么没有品味啊，如果教众不代表他们自己的话，那么就会由一个教区执事或者一个教堂司事人来代表他们，多么没有品味啊！教众按理总是应当由一个女人来代表。一种真正有益的对教众的印象，这是我在我们的教堂仪式中一直想要看见却一直看不见的，不过在我的生命中倒是有一年，我每个星期天都能够进入到一种与我理想的想象相当接近的教堂仪式中。那是在本城我们的教堂之一。那个教堂本身就非常吸引我，我每星期天所听讲的神职人员，是一个非常值得尊敬的人，一个独特的人格形象，他知道怎样去从一种多变的生活的经验中取出新旧的东西来[315]；他站在布道坛上，那完全是得其所在，相配相称。作为牧师，他满足了我整个灵魂的理想的要求，作为一个人格形象他满足了要求，作为一个讲道者他满足了要求。每个星期天，在我想着我要去那里听他讲的时候，我都是非常高兴的；但是，那使得我的喜悦得以增大并且使得我完全地获得对于这个教堂中所举行的仪式的印象的，则是另一个人物形象，一个同样也在每星期天到场的年老妇人。她通常是在仪式开始之前的一小会儿到场，我也一样。她的人格对于我来说是教众的象征，看见她我就完全忘记了教区执事在教堂门前给我留下的烦人的印象。她是个上了年纪的妇人，看上去近六十岁，但仍然是美丽的，她的容颜是高贵的，她的表情充满了某种特定的谦卑的尊严，她的面容是那深沉而纯洁的女性道德的表达。她看上去经历了许多事，不仅仅是充满风暴的事件，而且是作为一个承担了生活的担子但却又保持并且赢得了一种对世界的喜悦的母亲。当时，在我看见她走到过道的很深处的时候，在教堂的杂工在教堂门口接待她之后并且在这时作为一个侍者带她进入她的坐椅的时候，这时我知道，她也会经过我通常所坐的那排椅子。在她走过我的时候，我总是站起来向她躬身，或者，像旧约上所说：低下我的头向她下拜[316]。对于我来说，这一躬身之中蕴含了如此非常多的东西，就仿佛我想要请求她把我接受进她的代祷之中。她进入了她的坐椅，她友好地向杂工打招呼，她保持站立的姿势，站了一会儿，她低下头，把自己的手绢拿在自己的眼前，举了一忽儿，做着祷告，必须有一个非常有说服力的传道者才可能为我留下类似于这位可敬的妇人身上的庄严所留给我的这样一个如此强烈和如此慈善的印象。有时候我不禁会想到，也许你也已经被包括进了她的祷告了；因为“为他人祷告”，这在本质上就是属于女人本性的一部分。想象一下她，不管你所想是在怎样的生活处境之中、在怎样的年龄，你想象她祈祷着，并且你照例会发现她是在为他人而祈祷着，为她的父母、为她的爱人、为她的丈夫、为她的孩子，总是为他人。“为自己祷告”在本质上就是属于男人的本性。他有自己特定的任务、自己特定的地方。因此，他的放弃是另一种，甚至在祷告中他也是斗争着的。

他放弃对自己愿望的实现，而他所祈求的是“能够去放弃”的力量。甚至在他想要什么的时候，他仍然是带着这一想法的。女人的祈祷远远更具实体性，她的放弃是另一种。她祈求自己愿望的实现，她放弃她自己，这样她就能够使得什么事情出现或者不出现；因此她也就比男人远远更适合于去为别人祈祷；因为如果他想要为别人祈祷，那么他在本质上就会想要祈求愿他能获得力量去承担并且快乐地战胜那“因为自己的愿望没有得以实现而造成的”痛楚，但是这样的一种代祷，被当作是代祷的话是不完美的，而反过来，它作为一种为一个人自己所做的祈祷则是真实的和正确的。从这方面看，女人和男人仿佛是在构成两行队列。首先是女人带着自己的代祷到来，她就仿佛是通过自己的眼泪感动那神圣，然后男人带着自己的祈祷来了，在那第一行队列害怕而想要逃走的时候，他使它停下，他有着另一种策略，这策略总是带来胜利。这之中再一次蕴含了这道理：男人追猎那无限。如果女人在战役中失败了，那么她就得从男人那里学会祷告，然而，那代祷却是如此本质地属于她的本性，以至于甚至在这件事情上她为男人所作的代祷也会不同于他自己的祈祷。因此，在某种意义上女人比男人有着更大的信心[317]；因为女人相信“对于上帝一切都是可能的[318]”，而男人则相信“对于上帝有的东西不可能”。女人在自己的谦卑要求之中变得越来越真挚内在（inderligere），男人放弃越来越多，直到他发现了那不可动摇的点，到了这个点上他就无法再被进一步逼退。这是因为，“进行了怀疑”在本质上就是属于男人的本性，他的所有确定性（Vished）都会带有一种“进行了怀疑”的烙印。

然而我对那个教堂里的礼拜仪式的欣悦却并没有持续很久。一年之后，上面所说的那个牧师就被调往别处，而那位可敬的老妇人，我的虔诚慈母（我几乎可以这样称呼她），后来我再也没有见过她。然而我却常常想着她。在我后来结婚了的时候，她的形象常常会在我的思绪中萦绕。如果教会留意到这一类事情，那么我们的礼拜仪式无疑能够在美和庄严之中赢得一些东西。想象一下，在一场婴儿洗礼中，如果是一位这样极其可敬的女人站在牧师的身旁说阿门，而不是像现在这样让一个教堂司事用羊咩的声音说出来。想象一下，在婚礼仪式上，这岂不美丽，因为，又有谁能够像一个这样的女人那样地给出一种关于代祷之美的如此崇高的演示呢？

然而我坐在这里不停地布道，忘记了我真正应当谈论的东西，忘记了我说话的对象是你。这是由于我纯粹因为我的新朋友的关系而忘记了你。你看，与他我很愿意谈论这一类话题；就是说，一方面他不是一个讥嘲者，一方面他是一个结了婚的丈夫，只有那能够鉴赏得出婚姻之美的人，也才能够在我的言论之中看出那真实的东西。

那么我就回到我们的英雄这里。无疑这个称号他当之无愧，然而我却不想在以后再继续用这个称号来称呼他，而宁可使用另一个称呼，在我由衷地将他称作我的朋友（同样正如我很高兴将自己称作是他的朋友）的时候，这称呼对于我来说更为亲近。你看，他的生活为他提供安排好了“那被称作是‘一个朋友’的多余物品”。也许你以为我带着沉默想要跳过“友谊”及其伦理有效性，或者更确切地说，既然“友谊”根本没有任何伦理方面的意义而完全地隶属于审美的定性之下，那么去谈论“友谊”对于我来说是一种不可能。也许这让你感到奇怪，既然我要谈论这个问题，那么为什么我到这里才谈论它；因为我们都知道友谊是青春的第一场梦；这恰恰是在那最初的青春：灵魂是那么温柔而热情洋溢，以至于它要寻求友谊。这样，如果是在我让我的朋友进入那神圣的婚姻状态之前谈论友谊的话，那就会是更合乎道理。我可以回答说，在我的朋友的这个事例中，事情挺奇怪的，在他结婚之前，他其实并不觉得自己被什么人吸引到了这样一种“他敢将自己与此人的关系认作是友谊”的程度；我可以补充一下，对此我是感到高兴的，因为我想在最后论述友谊，因为我并不认为在这之中的“那伦理的”就像在婚姻之中那样有着同样的意义上的有效性，我恰恰是在这之中看到了它的不完美性。这个回答看上去可能是不充分的，因为人们可以这样想，我的朋友的这种情形是一种异常的偶然；因此我很愿意在这个问题上进行一下稍稍更为仔细一些的论述。当然，你是一个观察者，因此你会在这样的观察上同意我：一个可辨认的个体性之差异可以以此来标示，即“一个人的友谊”的时期是处在非常早的青春还是到了一个较晚的年岁才出现。那些天性轻浮的人们在自我适应上没有什么麻烦，他们的自我从一开始起就马上是一种流通硬币，而现在则步入了那被人称作是“友谊”的交易。那些天性深刻的人们则不那么容易去找到他们自己，只要他们没有找到他们的“自我”，他们就无法去希望有什么人向他们提供一种他们所无法回报的友谊。这样的人部分地全神贯注于他们自身、部分地是观察者，但是，一个观察者不是什么朋友。如果我的朋友的情形也是如此，那么事情就可以这样得到解释了。这不是什么异常的标志，也不是他的不完美的标志。不过，他当然是结婚了。现在问题就是：友谊在结婚之后才显现出来，这是不是某种异常现象；因为在前面的文字里我们达成一致的当然只是“友谊到了一个较晚的年岁才出现是合情合理的”，但是我们没有谈及它与婚姻的关系。让我们在这里再使用一下你的和我的观察。这样，我们也必须把“与第二性的关系”也考虑进去。对于那些在非常年轻的年龄里寻找友谊关系的人，这样的事情并不罕见：在情欲之爱开始呈现出自身的时候，友谊就变得完全苍白了。他们发现友谊是一种不完美的形式，中断各种早先的关系并且将他们的灵魂完全地集注在婚姻上。另一些人的情形则反过来。那些过早地品尝到了情欲之爱的甜蜜、在青春的陶醉之中享受了情欲的快乐的人们，他们也许就获得了一种关于异性的错误看法。他们也许就对异性变得不公正。也许他们因为他们的轻率而获得了代价极高的经验，也许相信了他们自己心中的感情（这些感情显示出自己不具备持恒性）、或者相信了别人心中的感情（这些感情像一场梦一样地消失）。这样，他们放弃情欲之爱，它对于他们来说既是太多又是太少，因为他们接触到了情欲之爱中的“那辩证的”而又无法解决这辩证的问题。这时，他们就选择了友谊。

这两种构成形式都必须被看成是异常的。我的朋友则不属于他们这两类，不管是前一种还是后一种情形。在他认识了情欲之爱之前，他不曾在友谊中作出青春的尝试，但是他也不曾因过早地享用情欲之爱的不成熟的果实而伤害到他自己。在爱情之中，他找到了那最深刻和充实的满足，但恰恰因为他自己以这样一种方式有着绝对的平和安宁，所以现在那些其他关系的可能性就向他显现出了自己，对于他，这些关系能够以另一种方式获得一种既深刻又美丽的意义；因为那拥有的人，还要给他并且他应当有盈余[319]。他通常在这样的关联中回想：有一些树，花在这些树上随果实而来并且与果实同时共在。他用这样的一棵树来比较自己的生活。

但是恰恰因为他是在他的婚姻中通过他的婚姻学会了去看“有一个朋友或者一些朋友”中的那美丽之处，所以他也不曾在任何瞬间困惑于“一个人应当怎样看待友谊”的问题，他知道，如果一个人不是伦理地看友谊的话，那么这友谊就会失去其意义。他的生活的许多经验多多少少消灭了他对于那些审美者们的信仰，但婚姻则在他的灵魂里完全地根除了这种信仰的每一丝痕迹。这样，他感觉不到任何想要让自己去着迷于审美的海市蜃楼的愿望，而是马上默认了伦理者的看法。

如果我的朋友没有现在这样的倾向的话，那么我倒是能够很高兴让他来找你，作为一种惩罚；因为你关于这话题的说法混乱到了这样一种程度，他也许就会因为听你说而变得完全摸不到头脑。友谊在你这里的情形就像一切东西在你这里的情形。你的灵魂在这样一种程度上缺乏着那伦理上的集中[320]，以至于人们能够就同样的问题在你这里找到各种相互对立的解释，你的言论高度地证实了那句句子“多愁善感和冷酷无情是同一样东西”的正确性。你对友谊的看法最好是拿来与那巫术簿夹子[321]做比较，那想要接受认可它的人必定是发疯了，正如那宣扬它的人在一定程度上必须被预设为是疯的[322]。如果我们（在你有这方面的兴致的时候）听你宣扬关于“去爱年轻人们”中那神圣的地方、“志同道合的灵魂相遇”中那美丽的地方，那么我们几乎就情不自禁地担心你的多愁善感会让你付出你年轻生命的代价。到了别的时候，你以这样一种方式说，以至于我们几乎就相信你是一个这样的老手通过实际经验对世界上的空洞虚无有了足够的认识。“一个朋友”，于是你说，“就是一样神秘的东西，他就像雾，只能够远距离地被看见，因为只有在一个人变得不幸的时候，这时他才感觉到，他曾经有过一个朋友。”我们很容易看出，在这样一种对友谊的判断之下的根子上有着对这友谊的要求，不同于你以前所做出的要求。以前你谈论智力上的友谊，谈论那精神性的情欲之爱中的美丽之处、一种对于理念的共同梦想之中的美丽之处；现在你谈论一种行为之中的实际的友谊、谈论一种在世俗生活的艰难中的相互援助。在这两种要求之中都有着某种真实的东西，但是如果我们无法为它们找到统一点，那么，那最好的处理方式无疑就是在你的首要结论中作出了结：友谊是荒唐，一个结论——一个你部分地从你的两个句子中分别得出、部分地由这两个处在其相互矛盾中的句子共同地得出的结论。

友谊的绝对条件是人生观上的统一。如果一个人具备这种统一，那么他就不会把自己的友谊的依据建立在各种朦胧昏暗的感情或者各种无法解释的同感（Sympathier）上。由此而得出的结果就是，一个人不会去经历这些可笑的变动：他这一天有一个朋友，而那另一天就没有。一个人不会无法认出那种无法解释的同感性的东西（Sympathetiske）的重要性；因为我们知道，在严格的意义上，一个人并非是与每一个与自己有着共同的人生观的人都是朋友；但是一个人也不会单单地停留在这种神秘的“同感性的东西”上。一种真正的友谊总是要求着意识，并且通过这意识使得自己得免于去成为醉心狂热的梦想。

那种人们在之中得以统一的人生观，必须是一种正定的人生观。我的朋友和我，我们就是这样地有着一种共同的正定的（positiv）人生观。因此在我们相互看着对方的时候，我们间的情形就不像那些古代占卜师们（Augurer）那样，不，我们不是要笑出来[323]，相反我们是变得严肃。那些占卜师们笑出来，那是完全有道理的，因为他们的共同的人生观是一种否定的（negativ）人生观。这是你所非常清楚的，因为我也知道，在你那些激情奔放的愿望之中，有一个就是“去找到一个志同道合的灵魂，与他一起你能够笑一切；生活中可怕的地方，那几乎令人焦虑的事，是没有人注意到这有多么可悲；这少数的几个人知道怎样去保持让自己有好的心情并且去笑那一切，他们只是非常罕见的例外”。如果无法平息你的憧憬向往，那么你知道怎样去承受；“因为根据那理念本身就是这样，只有一个人笑；这样的一个人是真正的悲观主义者，如果有很多这样的人的话，那么，这倒是‘世界并非是那么悲惨’的证据了。”现在，你的思想是正处高潮而看不到任何边界限制。于是你认为，“甚至‘去笑’也只是那对生活的真正讥嘲的一个不完美表达。如果这讥嘲应当得以完全的话，那么一个人就真正地应当是严肃的。如果那宣讲出了最深刻的真理的人不曾是一个梦想者，而是一个怀疑者，那么这就会是对世界的最完全的讥嘲了。而这不是什么不可思议的，因为没有人能够像一个怀疑者那样出色地宣讲那正定的真理，只是他自己并不相信他所讲的东西。如果他是虚伪的人，那么这讥嘲就是他自己的，如果他是一个也许自己想要去相信他自己所宣讲的东西的怀疑者，那么这讥嘲就完全是客观的，存在通过他来讥嘲自己；他宣讲一种能够解释一切的学说，整个人类能够依托于这个学说，但这个学说却无法向它自身的创立者作解释。如果一个人恰恰就是那么聪明，以至于他能够隐藏起‘他自己是在发疯’的事实，那么他就能够使得全世界发疯。”看，如果一个人有着这样一种对生活的看法，那么要获得一个有着共同人生观的朋友就是一件难事。或者，难道你也许是在你有时候谈起的那神秘的同逝者[324]协会[325]中找到了一个这样的朋友？或许你们是不是一个“相互恰恰都把对方都看成是聪明得能够知道怎样去隐藏起你们的疯狂”的朋友们的协会？

在希腊曾有过一个智慧者，他享受着被算进“七智者”之中的殊荣（如果我们认定，智者们的人数为十四）。如果我没有记错很多的话，那么他的名字就叫缪松。一个古代的作家说到过他，说他是一个厌恶人类的人。他说得非常简短："关于缪松有人这样讲，他是个仇恨人类者。他在他一个人的时候笑；有人问他为什么他这样做；他回答，正是因为我就我一个人。"[326]你看，你有一个先驱者；你徒劳地想要被录取进那七智者的数字之中，哪怕这数字被定到二十一，因为缪松在路上挡着你呢。然而这却是不怎么重要的，相反你自己也会认识到，那在他一个人的时候笑的人不可能有一个朋友，并且这有两个原因，一方面是因为他只要那朋友在场就不可能笑，一方面是因为那朋友必定会怕他等着自己离开只是为了他能够笑话自己。所以，你看，你的朋友必定是魔鬼。我几乎忍不住要请你从字面上理解这句话；因为人们也是这样来谈论魔鬼的：他在他单独的时候笑[327]。在我看来，在一种这样的隔绝之中蕴含着某种极其沮丧无慰的东西，我忍不住想到这之中的可怕：如果一个曾以这样一种方式生活过的人在世界审判日在另一种生活中醒来并且又重新是完全孤独地站在那里，这会是多么可怕。

于是，友谊要求一种正定的人生观。但是一种对生活的正定观察，如果它在自身之中没有一个伦理的环节的话，是无法想象的。在我们的时代，我们无疑是够频繁地会碰上有着这样的一些人，他们有着一个体系而在这体系中根本找不到"那伦理的"。就算让他们十次拥有一个体系，他们也一样不会有一个人生观。在我们的时代，这样的一种现象能够得到很好的解释，因为，正如我们的时代以多种方式是颠倒的，它在这方面也是如此：人们在得以传授那些小神秘之前已经得授了各种大神秘[328]。这样，人生观中的伦理环节成为友谊的真正出发点；只有在我们以这样的方式去看友谊的时候，它才获得意义和美。如果我们停留在"那同感性的东西（det Sympathetiske）"面前，将之作为"那神秘的"，那么，友谊就会在那种介于群居鸟们间所具有的那种关系之中找到其最完整的表达，这些群居鸟，它们的和谐凝聚是那么的内在，以至于这一只的死也是那另一只的死。但是，这样的一种关系在自然之中是美丽的，而在精神的世界中则是不美的。人生观中的统一是友谊中的建设性元素。如果这统一在场，那么友谊就持存，即使朋友死去，因为那升华了的朋友就在另一个之中继续生活下去；如果这统一停止存在，那么友谊也就消失了，尽管那朋友仍然继续活着。

如果我们以这样的方式来看友谊，那么我们就是在伦理地看它，并且因此是根据它的美看它。这时，它就同时获得了美和意义。是不是我应当以用一个权威来支持我反对你？好吧！亚里士多德是怎样看友谊的？难道他不是把这个作为他对生活的全部伦理观察的出发点的吗，因为通过友谊，他说，那些关于“什么是公正”的概念就得到了扩展，于是它们就成为同一回事[329]。这样，他把“公正”的基础建立在“友谊”的理念上[330]。以这样一种方式，他的范畴在一定的意义上比那将“公正”的基础建立在“义务”、建立在“那抽象范畴的”上的现代范畴[331]更完美；他是将之建立在“那社会性的（det Sociale）”之上。我们很容易由此看出，国家的理念对于他成为那最高的[332]，而这又是他的范畴所具有的不完美的一面。

然而，我却不应当擅自进行这样的探讨，仿佛这是对于“那伦理的”的亚里士多德式的和康德式的解读间的关系。我引用亚里士多德只是因为我想提醒你，他也看见了友谊在“一个人伦理地去赢得现实”中是起着作用的。

这时，那伦理地考虑友谊的人，他将友谊看成是一种义务。因此，我可以说，这“去有一个朋友”是每一个人的义务。然而，我更愿意使用另一个表达，它同时显示出友谊之中的和一切之中的“那伦理的”，它是在前面的文字中得到了展开的东西，并且它同时也尖锐地强调了“那伦理的”和“那审美的”之间的差异：“去变得公开”是每一个人的义务。圣经上教导说，人人都有一死，死后且有审判，那时一切必要被显露出来[333]。伦理说，“人变得公开”是生活和现实的意义。如果他不变得公开，那么那公开显露就显现为一种惩罚。相反那审美者不愿把意义给予现实，他持恒地保持让自己隐藏着，因为，不管他投身于世界的次数有多么多、程度有多么大，他从来就不曾完全地投身进世界，总会有一些东西是他留着不放出来的；如果他完全地投身，那么他就是伦理地投身于世界。然而这“想要玩捉迷藏”总是会有报应，并且自然是这样一种报应：一个人变得对自己而言是神秘的。正是因此，所有神秘论者，由于他们认识不到现实对于“人应当变得公开”的要求，就碰上了各种别人对之一无所知的麻烦和考验。这就好像是他们发现了完全另外的一个世界，就仿佛他们的本质在自身中变成了双重的。那不想与各种现实作斗争的人，他就得去和幻影们搏斗。

在此，我就完成了这一次的事情。宣讲义务学说从来就不是我的意图。我所想做的是去显示出，为什么“那伦理的”在这些混杂的领域里根本不会从生活中将生活的美剥夺掉，为什么它恰恰是将美赋予生活。它将和平、确定和安全赋予生活，因为它不断地向我们喊着：“你所找的东西在这里”[334]。它将人从每一种会将灵魂的能量消耗掉的狂热梦想之中拯救出来，并且把健康和力量赋予灵魂。它教导人们，不要去过高地估量那偶然的东西，也不要去崇拜幸运。它教人们去为幸运而高兴，甚至这个都是一个审美者所做不到的；因为幸运就其本身只是一种无限的相对性；它教人去在不幸之中快乐。

把我所写的东西看成一种微不足道的东西，将之看成是对《巴勒的教学书》的一些注脚，它无关紧要，然而它却有一种我希望你会尊重的权威。或者，也许你会觉得我以一种不正确的方式想要擅自为自己扯上一个这样的权威，觉得我不恰当地将我的公民立场混进这本私人间的账、将自己作为审判者而不是作为诉讼者？我完全可以放弃每一个要求，在你面前我甚至不是诉讼者；因为尽管我很愿意承认，“审美”完全可以给你全权来代它出庭，然而我却不敢自以为自己重要到了足以作为“伦理”的全权代表出场的程度。说到底，我只是一个证人，并且只是在这样的一种意义上我认为我的这封信有着一定的权威；因为那谈论自己所经历过的事情的人，他所说的东西总是有着权威性。我只是一个证人，在这里你以完美地正确的形式[335]得到了我的证词说明。

作为法庭中的法官[336]，我做出我的作为，我在我的职责中是高兴的，我相信它是与我的能力和我整个人格相符合的，我知道这职业要求着我付出精力。我努力进修着自己去使自己更与这职务相称，而在我这样做的时候，我也感觉到我在越来越进一步地发展自己。我爱我的妻子，在我的家里是幸福的；我听我妻子的摇篮曲，在我看来它比所有别的歌都更美丽，但我并不因此就认为她是一个歌手；我听见小孩子的哭叫，在我眼里这不是什么不和谐，我看见他的哥哥长大、取得进步，我高兴而充满信心地望进他的未来，没有不耐烦的，因为我有足够的时间等待，而对于我这一等待就其本身而言是一种喜悦。我的作为对于我自己有着重大意义，并且我相信，它在一定的程度上对别人也有着意义，尽管我不能够为之定性并准确地测量它。如果别人的个人生活对于我有着意义，那么我对此会感到一种喜悦，并且希望和期待着我的生活也可能对于那些我在对自己的整个生活的思考中感到与之志同道合的人们有着意义。我爱我的祖国，我无法想象我能够在任何别的国家真正让自己的生活繁荣兴旺。我爱我的母语，它解放我的思想，我觉得我能够非常好地把我在这个世界里所可能要说的东西在我的母语中表达出来。以这样一种方式，我的生活对我有着意义，有那么多的意义，以至于我因它而感到喜悦和满足。在所有这些之下我也有着一种更高的生活，有时候会发生这样的事情，我在我的尘俗和家庭的生活的呼吸中吸入了这一更高的生活，在这时，我就觉得自己得到了祝福，在这时，艺术和恩典对于我就融成了一体。以这样的一种方式，我因为生活（Tilværelsen[337]）是美丽的而热爱这生活，并且希望着一种更美丽的生活。

在这里，你获得了我的证词说明。如果我对于“将此证言提供出来的做法是否对”有所怀疑的话，那么这也是出于对你的关心；因为我几乎就担心，你会因为听到“生活在其简单性之中可以是如此之美”这样的说法而感到难过。然而，接受我的证言吧，让它稍稍为你带来一些痛楚，但是让它也在你身上起到使你欢欣的作用；它有着一种性质是你的生活（很遗憾地）所缺乏的：忠诚（Trofasthed），你可以很安全地信赖它。

最近我常常和我的妻子谈起你。她真的是非常喜欢你的；然而，我几乎不用说这个，因为，如果你愿意，你有着那么多让人喜欢的才能，但是，你有着更多去观察“你自己是否成功地让人喜欢”的审视能力。她对你的感情完全得到我的认同，我不是那么容易会嫉妒的，而嫉妒对于我也总是难以找到辩护依据的，并非因为我，像你所说的“人应当如此”那样，太骄傲而不会嫉妒，骄傲到足以“马上就能够写上‘收到谢谢’的收据”，而是因为我的妻子太可爱而让我无法嫉妒。我没有什么可害怕的。在这个方面看，我敢说，斯可里布自己也会对我们的平凡婚姻感到绝望，因为我相信，要使得这样的婚姻变得诗意，对于他来说也是不可能的。他有力量和才能，这我不否认，按照我的理解来看他是在滥用它们，这我也不否认。难道他不是做了一切来教年轻的妻子们，婚姻的确定的爱情不足以使得生活诗化，如果一个人再不去依赖婚外的各种小恋爱事件的话，生活简直就是不可忍受的[338]。难道他不是这样地教诲吗？难道他不是向她们显示了，一个妻子，尽管她以一场不伦之爱来玷污了自己和自己的婚姻，仍然继续是可爱的？难道他不是让人们朦胧地领会：既然常常是因为偶然事故使得这样一种关系被发现，那么生活中的个别人就可以希望，如果她把她的自己的狡猾和她从他的戏剧的女主人公那里学来的东西加在一起，那么她就能够成功地将这关系隐藏一辈子？难道他不是在寻找各种各样的方式去让丈夫们担忧紧张，难道他不是把那些最可敬的妻子们（没有人敢怀疑她们有什么不妥的地方）描绘成被秘密的不贞（Skyld[339]）玷污了的人吗？难道他不是一而再再而三地展示着那迄今一直被人们视作是“捍卫婚姻幸福的最佳手段”的东西的虚无、“一个男人置无限信任于自己的妻子、高于一切地相信她”的虚无吗?不管所有这些吧，斯可里布所喜欢的是，每一个男人都应当是冷漠而瞌睡的懒虫、一个不完美的生灵，对于妻子走上歧路，他是咎由自取。难道斯可里布真是那么谦虚而以至于声称人们根本不会从他的剧中学到任何东西吗?因为，否则的话他就必然能够看见，每一个丈夫都必定马上就会学着去认识到自己的丈夫身份绝不是安全和平的，是啊，他不得不生活在不安和紧张之中，甚至任何警探都不会生活得像他这么不安而紧张;除非他想用斯可里布的安慰依据来使自己镇静，让自己也去寻找一个与他妻子一样的消遣，并且去主张：在根本上，婚姻是为了“在与他人的关联中消除掉每一个枯燥乏味的贞节无辜之表面并且真正去使这种关联变得令人感兴趣”而存在的。

然而不管怎样，我就放斯可里布走吧，我是没有这个能力去与他斗的，相反，我有时候倒是带着一定的骄傲想着，我，一个卑微的、无足轻重的人通过我的婚姻使得那伟大的诗人斯可里布成为一个撒谎者。也许这一骄傲只是一种乞丐的骄傲，也许我之所以成功只是因为我是一个身处诗歌之外的普通人。

于是，我的妻子是喜欢你的，并且我在这方面与她的感情有着同感，而由于我相信她对你的好感的原因一部分地在于她看到你的弱点，我尤其与她有同感。她很清楚地看出了你所缺的东西是在一定程度上的女人性。你太骄傲而无法使自己奉献自己。这一骄傲对她根本构不成诱惑，因为她把“能够奉献自己”看成是真正的伟大。也许你不相信这个，但我却能够向你保证，我确实是在她那里为你作辩护。她断言，你在你的骄傲之中拒绝所有的人，我试图解释，事情也许并非完全这样，并非是你在无限的意义上拒绝人们，那种你的灵魂用来寻求“那无限的”的骚动使得你不合情理地待人。这是她所不愿意领会的，我很理解这一点，因为如果一个人像她那样知足(她有多么知足，你能够比如说从这一点上看出来：她觉得她对于“和我结合在一起”感到不可描述的幸福)，那么对你作出审判就是难以避免的了。我的婚姻生活中也有争执，并且以一种方式看，是因为你的缘故。我们当然是很好地走出了这种争执，我只是希望，你永远也不会成为一对夫妇的另一种类型的争执的缘由。然而你甚至可以为决定我妻子和我之间的争执而稍稍帮上一点忙。不要以为我是在强行挤进你的各种秘密，但我只是有一个问题要问你，我相信这个问题是你无需与自己过不去就能够回答的；就这么一次吧，真正坦诚而不拐弯抹角地回答我：你真的在你独自一个人的时候笑吗？你知道我的意思，我不是说“你在你独自一个人的时候笑”这样的事情有时乃至经常在你身上发生，而是说你是不是在这一孤独的笑中得到了你的满足。就是说，如果不是这样的话，那么我就赢了，那么我就会去以此说服我的妻子。现在，在你一个人的时候，你是否把时间用在笑上，这是我所不知道的；然而，这在我看来这就多少不仅仅只是古怪了；因为，无疑你的生命的发展是属于这样一种类型：你肯定是会有寻求孤独的愿望，但是根据我的估计，这并不是为了去笑。甚至，哪怕是最随便的观察也展示出你的生活是根据一种非同寻常的尺度来构建的。你看来是绝不会在“去走所有人都走的道路”中得到满足的，而是更愿意走你自己的路。如果一个年轻人有一定的冒险愿望，这是人们完全能够原谅的；但如果这种冒险愿望在一定的程度上占了上风，以至于它想让自身成为“那正常的”和“那现实的”，那就是另一回事了。一个人，如果他是以这样一种方式走上了歧途，那么我们就应当对他喊：“考虑一下结局”[340]，并且对他解说“完”[341]这个词并不意味了死亡，因为死亡对于一个人来说尚不算是最艰难的任务，但是生活，一个这样的瞬间到来，这时真正要做的事情是去开始生活，这时，如果一个人自己这样地碎裂成一堆，以至于要去将之集中起来都成了个大问题，那么这就是一件危险的事情了，是啊，一个人不得不匆匆忙忙地草草了事而以至于无法照顾到全部，这样，事情在最终就是：他不是去成为一个非同寻常的人，而是在成为一个人的出了错的样本。

在中世纪，人们以另一种方式来着手进入这样的事情。一个人突然中止生活的发展过程而进修道院。错的地方无疑不是在于"一个人进修道院"，而是在于一个人走出这一步的时候所联系到的那些错误观念。我从我自己的立场出发是完全能够理解一个人作出这样的决定的，是的，我能够觉得这是很美丽的事情；但反过来我则对他有着这样的要求：他应当清楚这意味着什么。在中世纪，人们认为，一个人通过选择修道院而选择了"那非同寻常的"，并且自己成为一个非同寻常的人；一个人从修道院之高傲地、几乎是怜悯地俯瞰那些普通人。这样，在人们能够通过这么划得来的买卖而成为一个非同寻常的人的时候，人们一群群地进入修道院，这又有什么奇怪的呢？但是诸神不会以可笑的低价出售"那非同寻常的"[342]。如果那些从生活中退隐了出来的人对自己和对他人都是诚实坦白的；如果他们所爱的不是别的任何东西而是"做一个人"；如果他们带着激荡的热情感觉到那之中所蕴含的所有美的东西，如果他们的心灵不曾陌生于那真实深刻的人本情感，那么，他们也许就也隐退到了修道院的孤独之中，但是，他们没有愚蠢地自欺欺人地以为自己成为了非同寻常的人，除非是在这样的意义上：他们比别人更不完美；他们没有怜悯地俯视那些普通人们，而是心怀同感地在忧伤的喜悦中观察他们，因为他们这些普通人成功地去完美着那美丽的和那伟大的事物，而这是他们自己所无法做到的。

在我们的时代，修道院生活跌了价；这样我们就很少看见一个人完全与整个存在（Tilværelsen）、与整个"普遍人性的"断绝关系。相反，如果一个人对人类有着更进一步的了解，那么他有时就会在某个单个的个体那里找到一种能够使人历历在目地想到修道院理论的错误学说。因为顺序的缘故，我想在这里马上说出我关于"什么是一个非同寻常的人"的看法。真正非同寻常的人是真正的普通人。一个个体能够越是多地在自己的生活中实现"那普遍人性的"，那么他就越是非同寻常的一个人。他所能够吸收到自身中的"那普遍的"越少，他就越不完美。这时，他无疑是一个非同寻常的人，但这不是在一种好的意义上所理解的。

这时，如果一个人，在他想要实现那为他设定正如为每一个其他人设定的任务——“在自己的个体生活中表达‘那普遍人性的’”时候，碰上各种困难，如果看起来是显示出了有着某种“那普遍的”之中的东西是他所无法吸收进自己的生活的，那么他怎么做？如果那修道院理论，或者一种完全类似的审美考虑，在他的脑袋里作怪，那么他就觉得高兴，这时他从第一瞬间马上就在自己所有的优越之中觉得自己是一种例外、是一个非同寻常的人，他因此而变得虚荣，变得那么孩子气，完全就像一只在翅膀上得到了一片红羽毛的夜莺会为了“任何别的夜莺都没有这样一片红羽毛”而高兴。相反，如果他的灵魂通过爱情而变得崇高成为那普遍的、如果他热爱人在这个世界中的生活（Tilværelse[343]），那么这时他怎么做呢？

他斟酌着：这在多大的程度上是真的。一个人可能是自己有辜于这种不完美性，他也可能是无辜地拥有着这不完美，而那真相则也可能是在于：他无法实现“那普遍的”。如果在总体上人们带着更大的能量明确地意识到这些，那么也许就会有远远更多的人得出这结论。他也会知道，在只要一个人把“那普遍的”变换成“那单个的”并且相对于“那普遍的”保留一种抽象的可能性的时候，惰性和怯懦就会以这样的方式蛊惑他去相信这样的事情，使得痛楚成为一种无足轻重。就是说，“那普遍的”就其自身是不会在任何地方的，而我在“那单个的”之中到底是看见“那普遍的”还是仅仅只看见“那单个的”，这则是取决于我、取决于我意识的能量。

也许他会觉得这样的一种斟酌是不充分的，他会尝试着做一下实验。他很容易就会看出，如果这实验为他带来同样的结果，那么，他就让那真相在他心中留下得到了更进一步强调了的印象，而如果他想要善待一下自己，那么也许他最好就是别去做这事，因为去这样做的话他就会承受自己从不曾体会过的刺痛。他将会得知没有什么“单个的”是“那普遍的”。如果他不想欺骗自己，那么他就要把“那单个的”转化成“那普遍的”。他会在“那单个的”之中看见比“那单个的”就其自身所是还要更多的东西；对于他，这就是“那普遍的”。他想要给“那单个的”帮上一手并赋予它作为“那普遍的”的意义。这时，如果他觉察到这实验失败了，那么他就会安排好一切，这样，那伤害了他的不是“那单个的”而是“那普遍的”。他会对他自己保持警惕，这样不会有任何混淆的错误发生，这样就不会有“那单个的”来伤害到他；因为它的伤口将会是太浅，并且他爱自己爱得太严肃，因而，获得一个小伤口对于他不可能会是那最重要的事情；他将会是太过诚实地爱着“那普遍的”，以至于不想去用“那单个的”来代替它，这是出于那种“想要不受伤害地从此中全身而退”的意图。他会很警惕地防止自己去笑“那单个的”无力的反应，谨慎地注意着，不让自己轻率地去看这事情，尽管“那单个的”就其自身诱惑着他去变得轻率；他不想让自己被那古怪的错误（“那单个的”在他身上有着一个比在它自己身上更大的朋友）分散开注意力。在他做完了这个之后，这时他就会很镇定地与那痛楚相遇；哪怕他的意识受到了震撼，它也绝不动摇。

现在，如果这样的事情发生了，他所无法实现的“那普遍的”恰恰就是他所想要的，如果是这样，那么他就会（如果他是一个大度量的人）在一定的意义上为此高兴。这时他会说：我是在最不利的条件下进行了斗争。我与“那单个的”做了斗争，我把我的喜好放到了敌人的那一边，为了了结它，我把“那单个的”弄成了“那普遍的”。固然所有这事实使得这失败对我而言变得更沉重，这没错；但这也会强化我的意识，它会把能量和明了性给予我的意识。

于是，就以这样方式，他就在这一点上将自己从“那普遍的”那里解放了出来。他不会在任何瞬间里搞不清楚在这样的一步中所具的意义是什么，因为我们都知道，那真正使得这失败成为“完全的失败”并且赋予它意义的，其实就是他自己；因为他知道在什么地方是他会受到伤害的地方以及怎样才能够使他受到伤害，他为自己导致了这伤口，“那单个的”就其自身是没有能力导致这伤口的。于是他会确信，有着某种“那普遍的”之中的东西是他所无法去实现的。然而，他却并非就此终结于这一信念，因为它会在他的灵魂中生产出一种深刻的悲哀。他会为那些有幸得以完成的其他人感到高兴，他也许会比他们更清楚地认识到这有多么美丽，但是他自己则将感到悲哀，并非是怯懦而沮丧地，而是深沉、磊落地；因为他会说：然而我仍然爱着“那普遍的”。如果其他人的幸福命运通过“他们实现了那普遍人性的”而为“那普遍人性的”给出一个证明，那么我就通过我的悲哀来为之给出证明，而我的悲哀越深，我的证明就意义重大。这悲哀是美丽的，这悲哀本身就是“那普遍人性的”的一个表达，是它的心灵在他身上的感动并且会使他与它达成和谐。

他并没有终结于这种他所赢得的信念，因为他想要感觉到他将一种极大的责任放置在自己身上。在这一点上，他说，我将我置于“那普遍的”之外，我使得我自己丧失了“那普遍的”所给予的所有指导、安全和抚慰；我一个人站立，没有同情，因为我是一个例外。但是，他不会变得怯懦和郁闷，他会带着信心走自己孤独的路，是的，他证明了他所做的事情的正确性，他拥有着自己的痛楚。在这一步上，他不愿意不明不白，他拥有一种他在任何时候都能够拿出来的解释，没有什么喧嚣能够让他对之感到困惑，没有任何精神之缺席；如果他在深夜醒来，他在瞬间之内马上就能够为自己阐明一切。他会觉得这种成为了他的命运的教养是沉重的，因为在一个人在其自身之外有着“那普遍的”的时候，它是一个严厉的主人，它不断地把那审判之剑举在他的头上，并且说：为什么你想要留在外面，哪怕他说，在这之中没有我的过错（Skyld），它还是将这过错算在他身上，并且从他身上要求着它自己[344]。这样，他有时候重新回到那同一个点上，一而再再而三地进行证明，这时，他会不屈不挠地继续向前。他依托于他通过斗争而为自己赢得的这种信念，他说：我最终所仍然信赖的就是，有着一种公正的合理性存在，因它的慈悲我愿意相信，它会足够慈悲地呈示出公正；因为，如果我因我做了不对的事情而应当承受我所应得的惩罚，那么这不是可怕的事情；但是，如果我能够以这样一种方式做错事情，以至于没有人来对之进行惩罚，那才是可怕的事情；并且，如果我在我心灵的昏乱中带着恐惧和惊惶醒来，那么这不是可怕的事情；但是，如果我能够以这样一种方式去昏乱迷狂，以至于没有人来将我从中唤醒，这才是可怕的事情。

然而，这整场搏斗却是一场炼狱，其可怕是我至少能够做出一种想象的。因此人们不应当去神往欲求去成为非同寻常的人；因为这“是一个非同寻常的人”不是什么对自己随意的欲乐的一种突发奇想式的满足，它意味着完全另一种东西。

相反，那以痛楚来使自己确信“自己是一个非同寻常的人”、通过自己对之的悲哀又使得自己和解于“那普遍的”人，他也许会在什么时候体验到这喜悦；那施痛楚于他身并在他眼中使他自己卑微的东西显现为一种机缘，这机缘使得他重新被崇高化并且在一种更为高贵的状态中成为一个非同寻常的人。也就是说，他在外在广延之中所失去的东西，他也许在强烈的内在真挚性之中就赢得这东西。就是说，不是每一个有着一种平庸地表达着“那普遍的”的生活的人就因此而是一个非同寻常的人，因为，我们知道，如果那样的话，这就是一种对平凡琐碎的神圣崇拜了；因为，如果他真正地要被称作是非同寻常的话，那么我们就也得问及那种他用来作为非同寻常者的强烈力量。现在，那另一个人是在那些他能够实现“那普遍的”点上拥有着这一力量。这时，他的悲哀会重新消失，它会消释在和谐之中；因为他将认识到，他到达了他的个体人格的极限边界上。他很清楚地知道，每一个人都是借助于自由来发展自己的，但是他也知道，一个人不是从乌有之中创造出他自己的，他在自己的具体之中拥有着自己作为自己的任务；当他认识到“在某种意义上每一个人都是一个例外”并且同样真实地可以说“每一个人都是‘那普遍人性的’并且也是一个例外”的时候，他将再次与存在（Tilværelsen）和解。

在这里你知道了我关于“什么是‘是一个非同寻常的人’”的看法。我太热爱生活（Tilværelsen）、太热爱“是一个人”了，以至于我无法相信那“去成为一个非同寻常的人”的道路是容易的或者是无须接受考验的。但是，哪怕一个人以这样一种方式在更高贵的意义上是一个非同寻常的人，他还是会不断地承认：去将整个“那普遍的”吸收进自身，那是更完美的。

那么，接受我的问候，接受我的友谊；因为，尽管在最严格的意义上我不敢这样地称呼我们的关系，我还是希望，有一天我年轻的朋友能够变得那么足够地年长，以至于我真正地敢使用这个词；你可以确信我的参与感。接受她——我所爱的人的一个问候，她的想法隐藏在我的想法里，接受一个与我的问候无法分割的问候，但也接受一个来自她的特别问候，一如既往地友好而真诚。

前几天你在我们家的时候，也许你没有想到，我又完成了一封那么巨幅的文字书写。我知道，你是很不能接受别人对你谈论你的内心史，因此我选择了用写信的方式，并且永远也不会对你谈论这些事。你收到一封这样的信，这将继续是一个秘密，并且我不希望这个秘密会产生影响改变你与我和我家的关系。如果你愿意，你会有足够的艺术手笔去做这事，这是我所知道的，因此我为了你的缘故和为了我的缘故而请求你那样做。我从来就不曾想要强行挤进你的内心，并且完全能够带着距离地爱着你，尽管我们常常相见。你的本质太内闭（indesluttet），因而我不相信与你谈话会有什么帮助，相反我希望我的这些信不会毫无意义。这样，当你在你人格的封闭的机械中加工打造你自己的时候，我就把我的这些文献塞进来，并且确信它们会加入到这运动之中。

既然我们在文字上的关系继续是一个秘密，那么我就谨守一切礼仪，愿你一生平安，就仿佛我们相距遥远，尽管我希望与从前一样地常在我家看见你。

注释：

［1］原文为法语 coup de mains（突如其来的行为）。

［2］原文为 abracadabra。

［Abracadabra］　出自希伯来语的“胡说”的代用象声词。这个词是由希伯来语“圣父”、“圣子”、“圣灵”三个词的开头字母加上没有意义的辅助字母而构成的。被用作祛治恶性高烧的符咒，或者作为一种招驱鬼怪的无意义声音咒语。

［3］［那个大思想家……现在你能够作选择］　不明出处。参看《非此即彼》上卷当中“间奏曲”。

［4］［去做或者不去做这事，两者都会让你后悔。］　指向苏格拉底。一个人问他，人是不是应当结婚？他答：要么你这样做要么你那样做，你都会后悔。《第欧根尼·拉尔修的哲学史》。

参看《非此即彼》上卷，“间奏曲”。

［5］原文为德语 Schäfer（牧羊人）。

［6］牧羊人感伤主义：

［Schäfer 感伤主义］　田园牧歌式的感伤主义。指向巴洛克和洛可可艺术中古典牧歌田园诗式创作的再度繁荣，对牧人生活的田园化和情欲化进入了贵族的社交生活。它也体现在十八世纪的前罗曼蒂克对简单和自然的追求中。

［7］［用一个友爱的吻来欺骗一个值得尊敬的神甫］　也许是指向关于犹大的故事，他在一个吻中出卖了耶稣。《马太福音》（27：48—49）。另外见《撒母耳记下》（20：9）中所说，约押假装要给造反的将领亚玛撒一个友爱的吻，但却将剑刺进了他的肚子杀死了他。

［8］［在……额头上］　也许是指旧约时代的一般习俗，在额上有标记，比如说刺青。在延伸的意义上，以色列人尤其要记住的来自上帝的话语或者事件也被称作“你额头上的一个回忆标记”，见《出埃及记》（13：9）。另外也可参看《申命记》（6：8），根据《出埃及记》（28：36—38）亚伦总是在自己的额头上要戴有刻着“归耶和华为圣”的金花或者金牌。在《启示录》中信者的额头上有着上帝的印记（7：3）而偶像崇拜者则在额头上有兽的印记（14：9），并且，在新的耶路撒冷，获得拯救的人们在额头上印有基督的名字（22：4）。

［9］［分别关联词］　比如说，“不是……就是……”。

［10］［人们用“嘿嗨”来呼喊一个犹太人那样］　在1819年的虐犹运动中，在丹麦有专门用来嘲弄地呼叫犹太人的呼词Hep。

［11］原文为拉丁文Legio（群）。

［不幸的魔性的一Legio］　指耶稣治愈一个被魔鬼附身的人。耶稣问他的名字，得到的回答是：“我名叫‘群’，因为我们多的缘故。”然后这些魔请求耶稣不要让他们离开这地方。见《马可福音》（5：1—10）。

［12］［绕着……让一切毁灭］　指向耶利哥毁灭的故事。见《约书亚记》（6：1—20）。上帝命令约书亚，所有兵士都要一天一次绕耶利哥的城墙走，并且，有七个祭司拿七个羊角走在耶和华的约柜前，这样走六天；在第七天则是绕城走七次，祭司也要吹角、众百姓要大声呼喊，城墙就必塌陷。约书亚按上帝的命令做了，耶利哥的城墙就塌陷了。

［13］见卷一的Διαψαλματα中这一段：“我只有一个朋友，它是回声；为什么它是我的朋友？因为我深爱我的悲哀，而这回声不会从我的心中夺走我的悲哀。”

［14］［这与我无关，去下一家］　原文中的丹麦文是“Huus forbi”，是一种游戏中叫牌的口令。每个玩游戏的人都拿到一颗有画像的子，或者牌，与下一个座位上的游戏者换子或者换牌。如果一个人手上的子或者牌的图像是一幢房子，并且他又不愿意与人换，他就说“Huus forbi（房子。过）”，这样就轮到下一个人那里。

［15］［要求收牧师费］　根据1814年9月21日的公告，每一家定居的人家和每一个定居的人（就是说自己住而不是作为他所住的家庭成员的人）每年都要向教区的牧师付一笔钱。

［16］［一个固然参与各种运动……的尼斯］　出处尚未查明。

［17］Nisse，在丹麦的圣诞节频繁出现的穿灰衣戴红色长尖帽的虚构人物。在北欧的民间信仰中，尼斯是一个穿灰衣戴红色长尖帽的小精灵，住在农人的院子里，帮助或者作弄着农人。

［18］［det platoniske ... slet ikke］　指向《柏拉图》的《巴门尼德篇》156：“不存在这样一个时间，在这个时间里一个事物可以既不运动又不静止。另一方面，没有过渡就不会有改变。那么它什么时候发生过渡呢？既不是它静止的时候，又不是它运动的时候，也不是它占有时间的时候。因此，它发生过渡的时间必定是十分奇特的，是瞬间发生的。‘瞬间’这个词似乎意味着一事物从自身原有状况过渡到另一种状况。只要事物仍旧

保持着静止，那么它就没有从静止状态向其他状态过渡，只要事物仍旧在运动，那么它也没有从运动状态向其他状态过渡，但这个奇特的事物，这个瞬间，位于运动和静止之间；它根本不占有时间，但运动的事物却过渡到静止状态，或者静止的事物过渡到运动状态，就在这瞬间发生。同理，由于一既静止又运动，它必定要从一种状态过渡到另一种状态——只有这样它才能同时处于两种状态——当它发生这种过渡时，这种过渡是在瞬间完成的，不占有时间，而在那瞬间，它并非既运动又静止。”（译者所引是来自人民出版社 2003 年版的《柏拉图全集》卷二第 794 页。王晓朝译。）

［19］［舵手］　也许是暗示亚里士多德的《尼各马可伦理学》，在之中的第二卷第二章写道：“既然我们现在的研究与其他研究不同，不是思辨的，而有一种实践的目的（因为我们不是为了解德性，而是为使自己有德性，否则这种研究就毫无用处），我们就必须研究实践的性质，研究我们应当怎样实践。因为，如所说过的，我们是怎样的就取决于我们的实现活动的性质。我们的共同意见是，要按照正确的逻各斯去做（这种逻各斯是什么，以及它同其他德性的关系，我们将在后面讨论）。但是，实践的逻各斯只能是粗略的、不很精确的。我们一开始就说过，我们只能要求研究题材所容有的逻各斯。而实践与便利问题就像健康问题一样，并不包含什么确定不变的东西。而且，如果总的逻各斯是这样，具体行为中的逻各斯就更不确定了。因为具体行为谈不上有什么技艺与法则，只能因时因地制宜，就如在医疗与航海上一样。不过尽管这种研究是这样的性质，我们还是要尽力而为。”（译者所引是来自商务印书馆 2003 年版的《尼各马可伦理学》第 38 页。廖申白译。）

［20］［在童话中……的人们］　这样的童话或者民间传说在《爱尔兰精灵童话》中讲到。德国格林兄弟翻译。

在这里所指的是民谣《精灵丘》（安徒生有同名童话，或译作《妖山》），唱的是女精灵歌声中的魔法力量。选于《中世纪丹麦歌谣选》。

［21］［这受魔法的人……反向地演奏回去］　出自《爱尔兰精灵童话》（*Irische Elfenmärchen*，s. LXXXIII）。关于西兰岛的音乐段落也有这种说法，“精灵王乐段”，它能够强迫所有人不管年轻年老，甚至没有生命的东西，都进入舞蹈，并且如果演奏者不知道怎样去准确地反向演奏，或者，如果没有人从后面反过来将演奏者的小提琴弦剪碎，这演奏者就无法停止。

［22］［每个星期天上三次教堂］　哥本哈根的大多数教堂在星期天举

行三次礼拜：七点钟晨祷，十点钟上午礼拜和下午一点或者两点的下午礼拜。

［23］［一种冒犯和一种痴愚］　保罗在《歌林多前书》（1：23）中写道：传被钉在十字架上的基督的福音是“在犹太人为绊脚石，在外邦人为愚拙。”（这里文字中和中文版新约文字中“用词”的不同只是一种在翻译上的差异：Forargelse，冒犯——绊脚石；Daarskab，痴愚——愚拙。）

［24］［处女］　中世纪用铁以女人的形象（参照德语 eiserne Jungfrau“铁处女”）做成的刑具，其手臂借助于绞盘来抱住受刑者而将许多刀刃刺进受刑者并将之挤碎。

［25］原文为拉丁文 vanitas vanitatum vanitas（空虚之空虚，空虚）。

［vanitas vanitatum vanitas］　拉丁语：空虚之空虚，空虚。参看《传道书》（1：2）和歌德的诗歌 Vanitas！vanitatum！vanitas！，在歌德全集中的《社交的歌》之下。

［26］原文为德文 juchhe（德语欢呼词）。

［juchhe］　德语欢呼词，等于“乌拉”。在歌德的诗歌 Vanitas！vanitatum！vanitas！中多次出现，比如说第一段中：Ich hab´mein Sach auf Nichts gestellt. Iuchhe！

［27］［Mediation］　在一种“更高的”统一体中的扬弃，相当于黑格尔逻辑中的 Vermittlung。

［28］［对这个世界说再见］　也许是指托马斯·京构（Th. Kingos）的赞美诗《再见世界，再见!》，这首诗部分地立足于《传道书》（1：2—3）而构建出来的，在许多诗句中多次出现“虚空、虚空”。此赞美诗篇被收进丹麦 1798 年和 1988 年的《赞美诗》。

［29］原文为德文：

So zieh´ich hin in alle Ferne

Ueber meiner Mütze nur die Sterne

［So zieh´ich … die Sterne］　德语：于是我沿着所有道路向遥远延伸/在我的帽子之上只有那些星辰。引文出自歌德《西东方诗集》（*West - östlicher Divan*）的《自由主义》（Freisinn）。

［30］［选择……那上好的部分］　参看《路加福音》（10：42）耶稣对马利亚的姐姐马大说：“马利亚已经选择那上好的福分，是不能夺去的。”

［31］Inderlighed，在这里我译作真挚性，但是在一些地方我也将之译

作内在性。

［32］原文为拉丁文 spiritus lenis（弱气）。

［spiritus lenis］　拉丁语：弱气。用来标示弱气音，在希腊语中用在一个以元音开首的词上以表明该词是弱气音，亦即，发音不带 h 辅音声。

［33］［就像一个加图］　指罗马议员老加图（234—149 f. Kr.）用来固执地用重复说 Præterea censeo Carthaginem esse delendam（另外我认为，迦太基应当被毁灭）来终结他在罗马议会中的演说时所具顽固。参看普卢塔克《马尔库斯·加图》。

［34］［赢得全世界，却丧失了你自己］　见《路加福音》（9：25）中耶稣所说的话：“人若赚得全世界，却丧了自己，赔上自己，有什么益处呢。”

［35］原文为拉丁文 character indelebilis（无法抹去的特征）。

［character indelebilis］　拉丁语：无法抹去的烙印，无法抹去的特征。根据罗马天主教的教义，那作为一种精神上的不可侵犯的标记而被烙印在接受了洗礼、再受洗和婚礼仪式的人的灵魂中的永不消失的特征。

［36］原文为拉丁文 ad notam（作为参考）。

［37］［那更新近的现代哲学所最爱的“取消矛盾律”理论］　黑格尔将矛盾视作一切之中发展原则。根据这一原则，每一个正定（position，或译“肯定”、“设定”）都在一种辩证的过程中将自身发展为自己的对立面，这一过程不是通向对矛盾的取消，而是通向一个更高的“同一”和“差异”的统一体。参看黑格尔《逻辑学》。

黑格尔取消矛盾律的学说在丹麦引起了极强烈的讨论。

［38］［你所处的是……的领域］　对黑格尔逻辑的反驳，这种逻辑对矛盾律的取消是抽象思辨，对存在和行动没有意义。

［39］原文为拉丁文 ergo（所以）。

［40］［游移的环节（discursive Momenter）］　可以标示在每一个体系或者在一种对思想的有机并列中的各种元素，比如说，在逻辑学或者在历史发展过程中，这些环节由那辩证方来被联系起来。可参看黑格尔的《小逻辑》。

［41］［就像一个诗人对一个古董专家所说的：只有他的衣服后摆还留在现在时中］　也许是指欧伦施莱格尔的戏剧《意大利强盗们》（*De italienske Røvere*, *Kbh.* 1835, 2. *handling*）中的古董专家施特劳斯。其原型

是丹麦的古斯堪的纳维亚的鲁尼语研究者阿伦特（M. F. Arendt，1773—1826），阿伦特在当时用名为“漫游的古董专家”。

［42］［各种年轻人们……中介调和基督教和异教］　也许是指马滕森对《思辨教义》的讲演中的某个部分。

［43］［提坦般的］　非常大的、超巨型的。在希腊神话中一个早期神族，这个族是乌拉诺斯和盖亚的后代，提坦。他们与宙斯发生战争，但被宙斯放逐到了冥府下面的塔尔塔罗斯深渊中。其首领阿提拉斯被判承负天空。

［44］［联署一项给国王的提议］　在丹麦1831年的一个王家法令中，省议会被授权提交联署给国王的建议和愿望，比如说，关于新的法令。

［45］［宪法］　丹麦在1849年6月5日有了国家基本宪法，它限定了国王的专制权，比如说，立法权落在了人民代表的民主政府手中。

［46］［征税权］　在1831年关于省议会的王家法令中决定，税务法的草案必须提交给各个省议会。

［47］［我就像一个小不点的西班牙s那样置身事外］　“像一个小不点的西班牙s”出自一个丹麦的童谣。

［48］作者用两个字母的差异来调侃：“这时代所喜爱的哲学（Tidens Yndlings - Philosophi）”和“这时代少年的哲学（Tidens Ynglings—Philosophi）”这两种说法在丹麦语中的差异就是一个d和一个g的不同。

［49］［Moment］　环节。这个词在这里就像在黑格尔那里一样被作为一个“在一个整体中的或者作为一个整体的一部分的或者作为一种在整体中作为构建物的”事实。

［50］对立面排斥着自由。

［51］原文为拉丁文liberum arbitrium（随机自由，任意自由）。

［52］［“排斥”这恰恰是“中介”的对立面］　根据古典逻辑的排中律，一样东西要么是“A”要么是“非A”，——在这之间不会有第三者。就是说任何事物在同一时间里具有某属性或不具有某属性，而没有其他可能。从思维规律的角度说，一个命题是真的或不是真的，此外没有其他可能。从认识规范的角度看，任何人不应同时否认一个命题（A）及其否定（非A）。如果我们否定某事物具有属性“A”，那么我们因此就同时在赋予该事物属性“非A”。黑格尔的信从者们不接受古典逻辑的一些基本定律，比如我们所谈的排中律，因为他们觉得，为“避免这类绝对矛盾”所作的

努力追求的结果恰恰就是“把逻辑推进这类矛盾之中”。关于矛盾律。

［53］［根本恶］　指向康德的《纯然理性界限内的宗教》（*Religion innerhalb der Grenzen der bloßen Vernunft*）（Königsberg 1793）。在这里假定出在人的存在中既有着善的原则又有着根本恶的原则，“那恶的”既不能归咎于人的感官性、也不能归咎于人的道德的瓦解、也不能归咎于人的恶的意志，它是源自一种向着“那恶的”的倾向，在人对各种动机进行重组的时候出现。尽管一个人知道自我主义必须屈从于社会的公共道德，但是，那根本恶（das radikale Böse）就会起作用，比如说，一个人把去实现“那自利的”作为愿意屈从于这类社会公共规则的前提条件。

［54］［真正属于哲学……“那逻辑的”、是“自然”、是“历史”］　在德国唯心主义中的传统的哲学性的学科，参看黑格尔《哲学全书》的卷一《小逻辑》、卷二《自然哲学》和卷三《精神哲学》。

［55］［在这里自由是统治者］　见前文。

［56］［必然性是世界历史中的运动］　指向了黑格尔式思维中的根本思想：历史不仅仅发展着，而且是带着必然性发展。那具体的由此而可以被看作是隶属于那理想的。

［57］［圣经上……它们追随他］　指《启示录》之中对那些信者们的说法，“在主里面而死的人有福了。圣灵说，是的，他们息了自己的劳苦，做工的果效也随着他们。”（14：13）

［58］［世界历史性的个体人格］　这个概念有着黑格尔思想的印痕。黑格尔以恺撒、亚历山大为例子来对之进行分析。比如可参看黑格尔的《哲学史讲演录》。

［59］［人们谈论“大自然中的有机化的过程”］　指罗曼蒂克自然哲学中的广泛理解方式。比如可参看德国神学家施莱尔马赫的《对迄今道德学说的批评的基本纲要/伦理学说体系草案》，之中有一种发展学说，说伦理的展开是有着一种有机化和有形化过程的形式。

另外，在黑格尔的《哲学全书》中也谈到自然中的有机过程（organische Prozeß）。

［60］在这里作者稍稍游戏了一下文字。形容词“不能和解的（uforsonligt）”的词根是动词“和解（forsone）”，而后者衍生出名词“和解（forsoning）”。在这里就是说，“悔”这个对于“和解”的表达是一个没有妥协余地的表达。

［61］［伤害了自己的灵魂］　见《马太福音》（16：26）：“人若赚得全世界，赔上自己的生命，有什么益处呢。”在克尔凯郭尔文字中所用的“伤害了自己的灵魂”和丹麦文圣经（NT—1819）中的相应于中文版圣经中“赔上自己的生命”的句子是同一种说法：tager Skade paa sin Sjel（伤害了自己的灵魂）。

［62］［使得一个人比天使们更伟大］　也许可对照《诗篇》（8：5，丹麦文版是8：6）中对上帝的赞美，他让人稍次于天使：“你叫他比天使微小一点，并赐他荣耀尊贵为冠冕。”这在《希伯来书》（2：7）中被引用于耶稣，“你叫他比天使微小一点”。也可参看《希伯来书》（1：4）中关于耶稣：“他所承受的名，既比天使的名更尊贵，就远超过天使。”

［63］［眼目是那最后获得满足的东西］　针对俗语“上帝先让人的肚子饱，然后才让眼目饱。”

［64］［天空就仿佛是分开了一般］　参看《马可福音》（1：9—11）：“那时，耶稣从加利利的拿撒勒来，在约旦河里受了约翰的洗。他从水里一上来，就看见天裂开了，圣灵仿佛鸽子，降在他身上。又有声音从天上来说，你是我的爱子，我喜悦你。”

［65］［这是尘俗的眼睛所无法看见的］　也许是针对《哥林多前书》（2：9）中的关于神通过圣灵向人启明的东西的表述：“神为爱他的人所预备的，是眼睛未曾看见，耳朵未曾听见，人心也未曾想到的。”

［66］［就像一个财产继承者……并不拥有这些宝藏］　参看《加拉太书》（4：1—2）：“我说那承受产业的，虽然是全业的主人，但为孩童的时候却与奴仆毫无分别，乃在师傅和管家的手下，直等他父亲预定的时候来到。”

［67］不是无知的。

［68］原文为德文 Jagtliebhaber（狩猎爱好者）。

［69］“被定性为直接的”在这里我也可以译作“直接地定性的”，这一语用在克尔凯郭尔的著作中出现得相当多，尽管许多读者会不习惯。这一“直接的”常常是“反思的”的对立。

［70］“才华（Aandrighed）”这词在丹麦语中按构词有着“精神丰富性”的意义。

［71］［人格是直接地定性……这就是一切所环绕的中心］　针对霍尔堡的喜剧《被典当的农家少年》第二幕第八场所说：“健康是一个人在世

界上的最宝贵的宝物。”霍尔堡常常引用到体液学说，这学说从四种体液（黄胆汁、黏液、血和黑胆汁）出发来解说心理上的因素与身理上的因素间的关系。体液具体的混合被看成是导致四种性情状态（易怒、冷漠、乐天和忧伤）和一系列疾病的原因（当时人们可能是以体液间缺乏平衡来作为疾病的原因的）。直到病理学在1838年发现了细胞，体液学说才真正被摒弃。

[72]［有两种人生观……这一点都是一致的］　幸福学说（Eudaimonismen）将这样的说法作为伦理立场：强调幸福是最高的善，在此，对于人的极乐至福的考虑被看成是“一个人应当去完成一般义务”的依据。享乐主义者（Hedonist）则将娱乐或者（尤其是感官）享受作为生命的最高喜悦；希腊哲学家伊壁鸠鲁（公元前341—前270）就是持这一观点，他的学说被诸如斯多噶主义者们粗俗化了。

[73] 无辜（uskyldig）——参看从前关于“辜”的注脚。

[74]［尼禄皇帝］　尼禄皇帝（Nero Claudius Cæsar，37—68）罗马的皇帝（54—68），最初的时候听从一些好的顾问（诸如塞涅卡和布洛斯）的建议，但是成为了罗马贵族堕落退化的原型。他的犬马声色和猜疑导致了极度的残暴；被他杀死的人中也包括了他的母亲和妻子。

[75]［尼禄只是为了获得一种对特洛伊大火的想象而烧毁整个罗马］　罗马历史学家斯维通（Sveton）在他所写的《十二大帝生平》中关于尼禄皇帝的章节中写道，尼禄让人烧掉了罗马的一大部分。（*De vita Caesarum* 6, 38）：在他从美凯纳斯院的一座塔上看这大火，并且因为这场大火的美丽效果而感到欣喜，他穿着他在舞台上时穿的悲剧戏服咏唱一首关于特洛伊废墟的诗篇。

- 对西北小亚细亚的古城特洛伊的烧毁，荷马在其关于特洛伊战争的史诗《伊里亚特》中有所描述。

[76]［一种古老的教会学说……把沉郁看成是包括在主罪之中的］　也许是想到那种由格利高里一世（Gregorius Magnus）教皇（约540—604）、塞维利亚的伊斯多尔（Isidorus Hispalensis）主教（约560—636）和奥尔良的约纳斯（Jonas of Orléans）主教（卒于844）建立起来的学说，认为tristitia（忧伤、沉郁、郁闷）是七主恶（septem principalia vitia）之一。约纳斯主教也把acedia（惰、沉郁）算在里面，定义为otiositas（无所事事）、tristitia和cenodoxia（虚荣、自欺欺人）。

［77］［扈从］　古罗马侍从官，随从执政官在公开场合露面并且走在执政官前面开道。作为执政官决定生死的权力的标志，扈从手持捆有斧头的一根棍棒。

［78］［在眼睛的背后有着作为一种黑暗世界的灵魂］　也许可参看《马太福音》（6：22—23）："眼睛就是身上的灯。你的眼睛若明亮，全身就光明。你的眼睛若昏花，全身就黑暗。你里头的光若黑暗了，那黑暗是何等大呢。"

［79］［卡利古拉希望所有人的头……就能够消灭全世界］　罗马皇帝卡利古拉在37年被指为皇帝之后陶醉于自己的权力，他认为这权力是神圣的。他处决了许多人。

［80］［他的肉是我们的肉，他的骨头是我们的骨头］　可参看《创世记》（2：23）："那人说，这是我骨中的骨，肉中的肉，可以称她为女人，因为她是从男人身上取出来的。"

［81］［与那个法利赛人一同感谢上帝说"我不像别人"］　参看《路加福音》（18：11）："法利赛人站着，自言自语的祷告说，神阿，我感谢你，我不像别人，勒索，不义，奸淫，也不像这个税吏。"

［82］原文为拉丁文 instar omnium（作为一切其他的东西的代替者、有效于一切其他东西的、作为原型的）。

［83］［在这种罪之下，整个青年德国和法国叹息着］　拜伦式的悲歌风格、spleen（英语：忧郁消沉）、Weltschmertz（德语：世界之痛）、ennui（法语：烦恼、厌倦、无聊）对于欧洲的罗曼蒂克者们是共同的，对于生命的厌倦和唯美主义以及对于价值丧失的标志。"青年德国"是德国1830—1850年间的一股文学潮流，包括波尔内（L. Börne）和海涅（H. Heine）等诗人作家。其标志为对于绝对主义、对于正统教诲和道德及社会教条的反抗，以及为个体主义以及政治宗教问题中的自由而斗争。对唯心主义和彼德麦式稳健的清算导致了一种对于现实主义的要求和一种文学和政治斗争间的更密切的关联，其背景是巴黎1830年的七月革命以及一些激进作家诸如乔治桑（G. Sand）和圣西门（L. Saint－Simon）。青年法国的领头作家戈蒂耶（Th. Gautier）提出了 l'art pour l'art（为艺术而艺术）的口号来挑衅，并且预言了在现实消亡的同时艺术会继续生存下去。缪塞（A. de Musset）也受当时的世界之痛的影响。

［84］有辜（skyldig）——参看前面关于"辜"的注脚。

[85] [不断地把那些条件抛弃掉] 也许是指安提西尼（Antisthenes）。参看拉尔修所写的“安提西尼”。

[86] [把世界的五大部分捆绑在一起] 把地球捆上了。在当时地球被划分为五个部分。

[87] [犬儒主义者] 一个由希腊哲学家、苏格拉底的弟子安提西尼（Antisthenes 约公元前455—前360）建立的哲学学派，这学派被称为犬儒学派而它的门徒被称作犬儒主义者，因为他们明确演示地抛弃社会的一般习俗。他们寻求将自己从自己的欲乐需求中摆脱出来，使得自己无需依赖其他人和外在的物，并且因此而达到自足（autarkeia）。他们不承认任何社会和国家的界限；根据他们的理解一切都隶属于同一个神，人们必须通过追求道德完美来敬拜这神，因此在一个人的行为中有美德形态。犬儒学派的最有名的门徒是西诺普的第欧根尼。

[88] [把各种条件从自己这里抛掷开] 犬儒主义者把摆脱了所有外在财物的自由看成是美德的标志。

[89] “无常流转的”，forgængelig，我有时候也翻作“短暂而无法驻留的”。

[90] [爱我少一点而爱我久一点] 谚语，在丹麦语中有各种表达上的变化，但都是这个意思。

[91] [一切之虚无（Alts Forfængelighed）] 见前文。

[92] 无邪的，Uskyldigt，也就是“无辜的”。

[93] [福音书中的那个在集市中闲站的工人] 见《马太福音》（20：1—16）：“因为天国好像家主，清早去雇人，进他的葡萄园做工。和工人讲定一天一钱银子，就打发他们进葡萄园去。约在巳初出去，看见市上还有闲站的人。就对他们说，你们也进葡萄园去，所当给的，我必给你们。他们也进去了。约在午正和申初又出去，也是这样行。约在酉初出去，看见还有人站在那里。就问他们说，你们为什么整天在这里闲站呢。他们说，因为没有人雇我们。他说，你们也进葡萄园去。到了晚上，园主对管事的说，叫工人都来，给他们工钱，从后来的起，到先来的为止。约在酉初雇来的人来了，各人得了一钱银子。及至那先雇的来了，他们以为必要多得。谁知也是各得一钱。他们得了，就埋怨家主说，我们整天劳苦受热，那后来的只做了一小时，你竟叫他们和我们一样吗？家主回答其中的一人说，朋友，我不亏负你。你与我讲定的，不是一钱银子吗？拿你的走吧。我给

那后来的和给你一样，这是我愿意的。我的东西难道不可随我的意思用吗？因为我作好人，你就红了眼吗？这样，那在后的将要在前，在前的将要在后了。”

［94］［你每天都在死去……深刻严肃的意义上这样说］　指《哥林多前书》（15：31）中保罗所写：“我是天天冒死。”

［95］［录取应试作］　艺术家用来让自己获得进入院校的资格的作品。

［96］［穆塞乌斯的关于罗兰的三个侍卫的著名童话］　穆塞乌斯（Johann Karl August Musäus，1735—1787），德国作家和讽刺童话家。此童话出自穆塞乌斯《德语民间童话》，标题为“罗兰的侍卫骑士”。

［97］原文为德语 Er willigte dem Anscheine nach ungern ein, und die Phantasie der Prinzessin schob ihr das Bild des schönsten Mannes vor, den sie mit gespannter Erwartung zu erblicken vermeinte. Aber welcher Contrast zwischen Original und Ideal, da nichts als ein allgemeines Alltagsgesicht zum Vorschein kam, einer von den gewöhnlichen Menschen, dessen Physiognomie weder Genie-Blick noch Sentimental-Geist verrieth!（他同意了，不情愿地，让自己显现出来，公主的想象为她在面前摆出了最英俊的男人的形象，现在她带着紧张的期待以为自己会见到这形象。但是，真实和理想之间有着怎样的反差啊，因为那显现出的不是别的，而只是一张普通的日常面孔，那些非常平凡的人中的一个，其面相看上去既没有天才的目光也没有感伤的精神！）

［allgemeines］　德语：普通、一般。

穆塞乌斯所用的是德语词是 gemeines，简单、平凡、一般。

［98］原文为拉丁语 per mare pauperiem fugiens, per saxa, per ignes（为逃离贫困而跨越大海、越过山崖、穿过烈火的逃亡）。

［99］有限（Endelighed），是与无限相对立的。也就是“有限性”——无限性之对立面。也就是“这个世界”而不是无限的彼岸。

［100］愿望枝（Ønskekvist）：丫字形的树枝或者金属枝检测在一个地形中是否有水的存在。

［101］原文为拉丁文 in mente（在头脑中）。

［102］［精神是不容人嘲弄的］　参看《加拉太书》（6：7）：“神是轻慢不得的。”以及《马太福音》（12：31）：“人一切的罪和亵渎的话都可得赦免，惟独亵渎圣灵，总不得赦免。”

[103] 原文为拉丁文 nisus formativus（构形追求，创造力）。

[104] [女人……拯救恰恰是来自她那里] 也许是指《创世记》(3：15)，上帝对蛇说：“我又要叫你和女人彼此为仇。你的后裔和女人的后裔也彼此为仇。女人的后裔要伤你的头，你要伤他的脚跟。”传统的理解是作为预言：女人的后代，亦即基督为女人（处女马利亚）所生，他杀死魔鬼并把拯救带给人们。也参看《提摩太前书》(2：15)：“然而女人若常存信心爱心，又圣洁自守，就必在生产上得救”，这可以理解为：女人当被拯救，因为拯救者基督，是由一个女人（处女马利亚）所生。

[105] [一个女人把人推进腐败] 指罪的堕落的故事，是女人把男人引去吃那上帝所禁的善恶知识之树的果实。《创世记》(3：1—6)。也参看《提摩太前书》(2：14)“且不是亚当被引诱，乃是女人被引诱，陷在罪里”。

[106] [在一百个在世上迷失的男人中……一个是因为一种直接的神圣恩典而得到拯救] 参照对比《马太福音》(18：12—14)：“一个人若有一百只羊，一只走迷了路，你们的意思如何。他岂不撇下这九十九只，往山里去找那只迷路的羊吗？若是找着了，我实在告诉你们，他为这一只羊欢喜，比为那没有迷路的九十九只欢喜还大呢！你们在天上的父，也是这样不愿意这小子里失丧一个。”

[107] [女人为自己所作下的破坏作出了完全的弥补] 参看《马太福音》(16：26)：“人若赚得全世界，赔上自己的生命，有什么益处呢。人还能拿什么换生命呢？”也可看《创世记》(3：1—6)中的罪的堕落的故事。

[108] 说明一下，在这句句子中，最后的这个带引号的“作为”是“有所作为”的“作为”，而前面出现的、不带双引号的副词“作为”则是“将自身当作……”的“作为……”。

[109] [我的信念、我盖过世界的胜利] 也许可对比《约翰一书》(5：4)中的“使我们胜了世界的，就是我们的信心”。

[110] [尽你的全部灵魂和你的全部思想] 也许可参看《马可福音》(12：30)：“你要尽心，尽性，尽意，尽力，爱主你的神。”

[111] [那女人向塔奎尼乌斯兜售……给出了她原本所要的价钱] 所讲的是罗马国王塔奎尼乌斯·苏培尔布斯（Tarqvinius Superbus）从一个外国女人那里购买《西彼拉占语集》的故事。

［112］［他这个有着这些天赋的人就像那没有这些天赋的人一样］也许可以参看《哥林多前书》（7：29—31）：“弟兄们，我对你们说，时候减少了。从此以后，那有妻子的，要像没有妻子。哀哭的，要像不哀哭。快乐的，要像不快乐。置买的，要像无有所得。用世物的，要像不用世物。因为这世界的样子将要过去了。”

［113］［你常说，你宁可去成为世界上任何别的人物也绝不愿去成为诗人，因为从常规看，一种“诗人存在”（Digter－Existens）就是一种以人献祭的牺牲。］参上卷。

［114］［这些“神的形象”带在身上］　可参看柏拉图的《会饮篇》中阿尔基比亚德对苏格拉底的赞美：“……他一辈子都在玩弄他那种讥讽的把戏，对世人的行径暗暗发笑。我不知道是否有人曾在他严肃的时候把他的内心打开，看到里面隐藏的神像，但我曾经见过一次。我发现它们是那样的神圣，珍贵，优美，奇妙，使我不由自主地五体投地，一切服从他的意志。”（我在这里引用《柏拉图全集·第2卷》第262页中的文字。王晓朝译，北京：人民出版社，2001．1。）

［115］［怀疑和绝望的区别在哪里］　比如说，可参看黑格尔《精神现象学》。

［116］［德国哲学家中的个别几个］　比如说，可参看费希特的《人的定性》，其第一书有着标题Zweifel，一种怀疑，它以其自身方式终结于一种形式的绝望。

［117］那被选择的东西在选择之前已经存在，亦即作为可能而存在；并且，它不存在，亦即作为现实而不存在。在选择中，它才在真正的意义上进入存在：从可能性走向现实性。如果这没有得以实现，那么那选择就是一个幻觉。

［118］或者更直接的翻译：因此它就停止了“是‘那绝对的’”。

［119］这个“不幸的”在黑格尔那里被用到时也常被译作“苦恼的”。

［120］［大自然……从乌有之中被创造出来的］　有一种很普遍的对于《创世记》第一章的基督教理解，那就是，上帝从乌有中创造出一切，就是说也包括了大自然和人。

［121］这个“同一（Identiteten）”也就是我们有时所说的“认同性”：我是我。

［122］这里的这个动词“悔回”中的“悔”是作动词用的。

[123] 这里的这个“条件（Vilkaar)”不是“前提条件”中所取的意义，而是“条件好不好”中的所取的意义。也可以译作“境况”、“状况”。

[124] [他先爱了我]　可看《约翰一书》(4：19)：“我们爱，因为神先爱我们。”。

[125] 有辜（skyldig）——参看前面关于“辜”的注脚。

[126] [父亲的罪过传承到儿子那里]　也许可参看《出埃及记》(20：5)。

[127] [不是讲台上的智慧，……不是在讲堂里学会]　参看巴格森（J. Baggesen）的《迷宫》，在之中巴格森说：“我不想在什么讲堂里面对什么讲台争抢地啄食智慧；因为真正的原则根本不像苍蝇那么轻易地被啄食。”

[128] 原文为拉丁文 eo ipso（恰恰由此）。

[129] 原文为拉丁文 nil ad ostentationem，omnia ad conscientiam。

[nil ad ostentationem，omnia ad conscientiam]　拉丁语：没有什么显现的，一切都依照良知。来源不详。

[130] [寂静主义]　在基督教伦理中的一个方向，其理想为：意志中的一切欲望和自我关注都必须被清洗掉，这样，灵魂就能够得到解放免于一切自利的想法而只观照上帝和他的神圣庄严；在神秘中，这寂静主义的理想得到了尖锐化，这样，目标就成了自我的完全放弃，以求灵魂能够通过沉入上帝而得到安宁，就像滴水消释于大海之中。

[131] [圣经上说……他能够获得什么补偿呢?]　参看《马太福音》(16：26)：“人若赚得全世界，赔上自己的生命，有什么益处呢。”在克尔凯郭尔文字中所用的“伤害了自己的灵魂”和丹麦文圣经（NT—1819）中的相应于中文版圣经中“赔上自己的生命”的句子是同一种说法：tager Skade paa sin Sjel（伤害了自己的灵魂）。

[132] [对圣灵所行的罪]　在新约里没有直接出现，但这观念在许多段落中有所表达，比如说在《马太福音》(12：31）和《马可福音》(3：29）中。

[133] [圣经上的用词：清算每一句所说的不恰当的话语]　参看《马太福音》(12：36)。

[134] 那既可以存在又可以不存在的东西；或者说：那既可以是又可以不是的东西。

［135］就是说，一个人成为他现在这样的一个人，他是因为“那伦理的”而成为他现在这样的一个人。“那伦理的”就是这样一种东西，它使得这个人成为他现在这样的一个人。

［136］［一个强盗头］　可能是指席勒的戏剧《强盗》。

［137］每一个愿意做好人的人都能够做好人。

［138］把必然性当美德，是一句成语：把必须做的事弄得像是出于好心做的，爽快地做不得不做的事情。

［139］［让我们作人，在我们的主面前，我们全是罪人］　直译的文字是“让我们作人，在我们的主面前，我们全是日德兰人”两种说法的合并。前一种说法有这样的形式：“现在让我们作人”，在安徒生的童话《幸运的套鞋》中的鹦鹉用到这句话。（*Tre Digtninger*, *Kbh.* 1838, s. 42—44.）

另一个形式见于威瑟尔（J. H. Wessel）的诗歌《日德兰的骑士》：“一个日德兰人——也许/你为自己做下一切都成为笑话/但是，可爱的人！想一想，很抱歉，我们/在我们的主面前全是日德兰人。”

“在我们的主面前，我们全是罪人”是意译，而其意义渊源于《罗马书》（3：23）：“世人都犯了罪，亏缺了神的荣耀。”

［140］［现代戏剧］　诸如欧伦施莱格尔（A. Oehlenschläger）和奥斯特（H. C. Ørsted）所坚持的“那美的”、“那真的”和“那善的”的统一体。这在丹麦后来几代的浪漫主义那里分裂了。它的灵感渊源来自拜伦和海涅。海贝尔的《新诗》（J. L. Heibergs *Nye Digte*）是这一倾向的极出色的丹麦表述。诗集中的戏剧《一颗死后的灵魂》在第三幕中让诗人解说出一种新的美学：“如果我是善的，我写诗写得很坏/但我是坏的，写诗写得很好/我的缪斯给了我这样的命运；/她想要的是，我尤其是要/被这样的东西感动，被这大大小小的/我自己在生命里所缺乏的东西感动。”第112页。

［141］［杂货店里的小伙计］　可能是指欧瓦斯寇（Th. Overskou）的喜剧《东街西街。或者明天是新年》中的杂货店主米克尔·斯托尔普的伙计路德维希·托斯特鲁普。

介于1828年和1843年，该剧在王家剧院演了差不多25场，极其成功。在剧本的再版中，欧瓦斯寇加上了一段带有给演员罗森基勒（C. N. Rosenkilde）的信的前言。罗森基勒多次扮演了路德维希·托斯特鲁普。在信中，欧文斯寇为这个角色给出了以下的品性：“在路德维希身上我从一个善良的人的天性中创作出了这样的形象，一种限制的、单面的教养对这个人有过损害性的影响。《愚人节愚人》（海贝尔的杂耍歌舞剧。哥本哈根1826年）中的特丽娜则是他的对立；她有头脑，但她心灵的天然情感则被教育扼杀和扭曲了；他有心灵，但是在对神圣书籍的阅读中他的一小点头脑几乎遭到了毁灭。她有着关于世界的知识、有能力在社交生活中搞事情弄是非；对于他，世界及其运行则是一本合上的书，他对于这方面知识的完全匮乏将他彻底地隔绝起来，甚至他的美好心灵（恰恰正因此）帮他赢得一个本来是挺理智的女孩的爱情（……）。他从不虚伪；他对于世间浮华的急切心情和他对安娜的爱情出自他内心的最深处。”

［142］这里所说的这种“变容（Forklarelse）”是蕴涵了一种关联：耶稣的变容，指耶稣在山上时出现的事情，这时从耶稣身上突然发出光芒。

［143］古怪的（excentrisk），这个词的本义是“离心的、偏轴的、不正圆的”。中心不在自身之中，那么，这就是离心的、偏轴的、不符合正圆的。

［144］原文为拉丁文 æquale temperamentum（平衡的心情）。

［æquale temperamentum］　拉丁语：平等地得到调节的心境（在音乐中是用来说这样一种心境氛围，在之中所有音程都被人工地定得相同）；平衡的心情。

［145］［我是我所是］　指《出埃及记》（3：14）中，上帝回答摩西所问的名字叫什么时说的“我是自有永有”（我所引的圣经译法不同，直译也就是“我是我所是”）。另外，在《约翰福音》（13：19）中，耶稣说：“如今事情还没有成就，我要先告诉你们，叫你们到事情成就的时候，可以信我是基督”（我所引的圣经译法不同，最后一句直译也就是“就会信我是我所是”）。

也参看《约翰福音》（8：24）。

［146］［那西索斯］　在希腊神话中，那西索斯是一个美丽而受崇拜的少年。他在一场狩猎之后躺在水边喝水时看见了水中自己的镜像并且爱上了这镜像；他马上就入迷了，憔悴于他对自己的爱情并且死去。

奥维德在《变形记》中也写到过那西索斯对自己的爱恋和欲求。

［147］［永恒权力的火焰渗透了它但却并不销蚀它］　参看上帝在燃烧的荆棘中向摩西启示的故事：“耶和华的使者从荆棘的火焰中向摩西显现。摩西观看，不料，荆棘被火烧着，却没有烧毁。”《出埃及记》（3：2）。

［148］原文为拉丁文 eo ipso（正因此也是）。

［149］［那“去作最不幸的人”是最幸福的事情］　见上卷。

［150］［前定理论］　建立在先决前定观念上的理论。比如说：命定论、宿命论，关于命运预先已定的说法，关于前世因缘的说法，等等。

［151］［一个年轻女孩……一个耶稣会员］　对应于瑞吉娜·欧伦森对克尔凯郭尔的一个说法。“从她那里存在有一句关于我的先知之语：你最终肯定会成为耶稣会员”，克尔凯郭尔在 1848 年初夏在笔记 NB5 中这样写。并且他继续写道：“也就是说，这是在青春幻想的罗曼蒂克中的耶稣会主义：这样一种追求，其 τελος（目标）是这一青春所无法理解的。”

［152］［像一个短暂的朋友……你在一次旅行中遇上他］　引自丹麦诗人和翻译家弗兰克瑙（Rasmus Frankenau，1767—1814）的社交歌曲《每一个喜悦之友》。

“喜悦就像是一个短暂的朋友/你在一次旅行中遇上这朋友。”

［153］［唐璜……到享受和快乐中去］　指莫扎特的歌剧《唐璜》。但是，在克鲁斯的译本中没有这一表述。只是在第一幕第十八场中唐璜唱道：“到欣悦中去！不要停，/在那里不收留悲哀！/可爱的喜悦！/在我们欢闹的晚会上做东吧！/葡萄酒眨眼，喜悦招手/歌唱、欢舞，嬉笑、碰杯！喜悦者中最喜悦者/在今天就是我的最好客人”，稍后：“是啊！来吧，喜悦呼唤我们！/听那里它的声音/来，来，跟随我来！”

［154］原文为拉丁文 in mente（记在心中）。

［155］［建立在一种牢固的基础上］　耶稣有造房子的比喻。“所以凡听见我这话就去行的，好比一个聪明人，把房子盖在磐石上。雨淋，水冲，风吹，撞着那房子，房子总不倒塌。因为根基立在磐石上。凡听见我这话不去行的，好比一个无知的人，把房子盖在沙土上。雨淋，水冲，风吹，撞着那房子，房子就倒塌了。并且倒塌得很大。”《马太福音》（7：24—27）。

［156］［斯可里布……讥嘲了那种相信永恒悲哀的多愁善感］　可能是指斯可里布的喜剧《无告无慰的人们》（王家剧院节目第七卷，第 145 号）（*De Utrøstelige Kbh.* 1842.）。女主角年轻的寡妇德·布朗希献身于对自己的已故丈夫的永恒悲哀。男主角年轻伯爵德·布希埃尔同样让自己被一种对于自己未婚妻在婚礼前一日的死亡的无告无慰的悲哀占据。他们因一个事件偶然相遇，相互向对方倾诉自己的悲哀，并且相互爱上了对方，在各种复杂的麻烦事被清扫掉了之后，他们决定结婚，——并且，两个人

的永恒悲哀都被忘却了。该剧于1842年夏天在王家剧院首演，到1843年1月，演了八场。

[157] [时代噬食时代之子] 典出于希腊神话中那最坏的提坦巨人族的克鲁诺斯（希腊语：时间，时代）在自己的五个孩子刚生下后就吞食了他们，因为神谕说他的一个孩子将推翻他的王位。最小的儿子宙斯却被其母亲救下，很快长大并且获得墨提斯（希腊语：聪睿）的帮助用一种药迫使克鲁诺斯将其吞下的孩子都吐了出来。宙斯长大后，联合兄弟姐妹一起对抗父亲，经过十年战争，在祖母大地女神盖亚的帮助下战胜了父亲。

——“时代噬食时代之子”在此与“时间医治一切创伤”有着同样的意味，渊源自希腊作家梅南德（Menander 公元前342—前290）。

[158] 原文为拉丁字母希腊词 Fatum（命运）。

[159] [在泪水中有着深重的东西] 在泪水中有着深深的感情或者严肃；也许可以对比托马斯·京果（Thomas Kingo）的赞美诗《悲哀和悲惨，叹息和咸的眼泪》，在之中的第十二行有“难道在哭泣中没有深重的东西吗?”

[160] 在这里，我也可以将这“恕免”译成“原谅”。考虑到这之中的关系是面对上帝的，所有使用这更具宗教色彩的“恕免”。

[161] [清算归咎] 辜被算在一个人头上作为这个人自己的无条件的辜。

[162] [你这么哭肯定是想要什么东西] 相对于人们用来威胁宠惯了哭着的小孩子说要打一顿时的话——“把他哭着想要的东西给他吧”。

[163] [拯救者走……大城市哭泣] 参看耶稣进入耶路撒冷的故事，他为这城市哭泣并且说：“巴不得你在这个日子，知道关系你平安的事。”《路加福音》(19：42)。

[164] 就是说，上帝所选定的子民。

[165] [那选民被拒绝] 同样可以参看耶稣进入耶路撒冷的故事，他对这座代表了犹太人——上帝的选民——的城市继续说：“因为日子将到，你的仇敌必筑起土垒，周围环绕你，四面困住你，并要扫灭你，和你里头的儿女，连一块石头也不留在石头上。因你不知道眷顾你的时候。”《路加福音》(19：44)。

[166] 原文为拉丁文 eo ipso（正因此也是）。

[167] [希腊] 也许这里所考虑的尤其是犬儒主义者们，部分地也

考虑到斯多噶主义者。

［168］基督教会世界（Christenheden）和基督教（Christendom）在克尔凯郭尔这里是不同的。克尔凯郭尔在宗教性中所谈论的和认同的是基督教，而作为一种孕育尖矛市民性（Spidsborgerskab）的温床的“基督教会的世界”则是克尔凯郭尔常常抨击的对象。

［169］［隐士们（Anachoreterne）］　离群索居者。在基督教的最初百年，有许多人从尘世隐退，完全与世隔绝地生活以求从所有感官性中解脱出来并且达到内在的道德的和宗教的完美性。

［170］原文为拉丁文 eo ipso（正因此也是）。

［171］原文为拉丁文 eo ipso（正因此也是）。

［172］［神秘论者……的行为是内在的行为］　参看马滕森的《埃卡特大师。一部介绍中世纪神秘主义的文献》（H. L. Martensen *Mester Eckart. Et Bidrag til at oplyse Middelalderens Mystik*, Kbh. 1840, ktl. 649, s. 47）：

“但是这一对上帝的智性的爱无法通过那（总是以这个或者那个作为其目的的）现实生活中的任何经验性的行为来实现的；它只能作为在永恒之宁静王国中的无限沉思和极乐享受而得以实现。”

作为一种实践的神秘论，立足于“一系列绝对的行为”。这在第 48 页有谈及。《非此即彼》中的 B 对于神秘论的解读在一定的范围里是出自马滕森的论文，而一部分也是来自苟尔的《基督教的神秘论》（J. Görres *Die christliche Mystik*, Regensburg og Landshut 1836—1842, bd. 1—4, ktl. 528—532）。

［173］［一个神秘论者对那些钝惰的瞬间的哀叹］　来源尚不清。

［174］［一个人爱上帝……本身就是极乐至福］　参看耶稣与律法师的对话：“有一个律法师，起来试探耶稣说，夫子，我该做什么才可以承受永生。耶稣对他说，律法上写的是什么。你念的是怎样呢。他回答说，你要尽心，尽性，尽力，尽意，爱主你的神。又要爱邻舍如同自己。耶稣说，你回答的是。你这样行，就必得永生。”《路加福音》（10：25—28）。

［175］［撒母耳的严肃话语：对于上帝，顺从胜于公羊的脂油］　参看《撒母耳记上》（15：22）。

［176］［一个神秘论者把他于上帝的关系］　也许是针对马滕森的《埃卡特大师》（H. L. Martensen *Mester Eckart*）中“埃卡特大师的布道”。在之中埃卡特大师阐述了他关于上帝与人的关系的看法。

［177］［让自己的灵……共同作证］ 参看《罗马书》（8：16）：“圣灵与我们的心同证我们是神的儿女。”

［178］原文为希腊文 ἄδυτον（神圣禁地）。

［179］［ἄδυτον……再单单为我自己设立一个神圣禁地］ 希腊语为“那神圣的”、“那禁入的”（描述一个神圣地点，一个庙宇）。也许可以参看马滕森的《埃卡特大师》（H. L. Martensen *Mester Eckart*），之中说道“宗教的心情”：它“撤回到自己的神圣禁地以便找到它在人世间徒劳地寻找的那永恒和神圣的东西”。第 46 页。

［180］［一个人应当爱上帝高于爱父母］ 参看《马太福音》（10：37），之中耶稣说：“爱父母过于爱我的，不配作我的门徒，爱儿女过于爱我的，不配作我的门徒。”

［181］［路德维希·布莱克菲尔德（Ludvig Blackfeldt）］ 虚构的人物。

［182］古怪的（excentrisk），这个词的本义是“离心的、偏轴的、不正圆的”。中心不在自身之中，那么，这就是离心的、偏轴的、不符合正圆的。

［183］［司法议员］ 在独裁政府制度设立之后，司法议员（justitsr?d）被用作最高法院法官的头衔。在克尔凯郭尔的时代里，这头衔被用在更广的范围里。有五级第 3 号司法议员和四级第 3 号真正司法议员的区别。但有此头衔的人不一定真正和司法有关。

［184］原文为拉丁语 ecclesia pressa（被抑制的教会）。

［185］［在这里所谈到的这两种立场］ 就是说，那“希腊的人生观”和“神秘主义”。

［186］［任何地方都是一个跳舞的场所］ 见《婚姻在审美上的有效性》中对“在人们不想去完成那最美丽的工作时、在他们想要在罗德斯——那是向他们指定出来作为跳舞地点的罗得斯——以外的所有别的地方跳舞”所作注释。

［187］［存在还是不存在］ 指莎士比亚《哈姆雷特》第三幕第一场中哈姆雷特独白中的“to be，or not to be”。（一般中文翻译是那句著名的“生存还是毁灭”，可能是为了语感上的需要才这样翻译，但这样的翻译把哈姆雷特对存在的所作反思的那一层意义丢弃掉了。所以我在这里将之还原为“存在还是不存在”。）

［188］就是说，一个人因为“那伦理的”或者通过“那伦理的”而成为他所要成为的这样一个人。

［189］［斯可里布］　也许是指斯可里布的戏剧 Aurelia（《王家剧院剧目》第 65 号，第三卷），哥本哈根 1834 年。在剧中雷蒙谈论了关于义务。此剧在王家剧院只被演了两次，也就是在 1834 年的 11 月和 12 月。

［190］［不是一种施与物（Paalæg）……施与者（Noget, der paaligger）］　这里的文字游戏是在于，在丹麦语中，义务（pligt）与动词 pleje 有着亲缘关系，pleje 的意思中有着关照、小心地着手一向被施与的任务和按通常做的方式去做、习惯所有。

［191］［他们看来所不曾理解的诫条……你应当全心地爱上帝］　参看《马太福音》（22：34—40），之中耶稣和一个律法师讨论，律法中最大的是那一个诫条，耶稣指出那全心爱上帝的诫条（参看《申命记》6：5）是整个律法所依据的两个诫条。

［192］［那伦理的个体人圆满完成了自己的任务、打完了自己的好仗之后］　参看《提摩太后书》（4：7）：“那美好的仗我已经打过了。当跑的路我已经跑尽了。所信的道我已经守住了。”

［193］［滤出蠓虫］　参看耶稣对文士和法利赛人的批判：“你们这瞎眼领路的，蠓虫你们就滤出来，骆驼你们倒吞下去。”（《马太福音》23：24）

［194］丹麦语 at skabe sig，在字面上说就是“创造自己”，作为成语，它的意思就是“装腔作势”。

［195］原文为德文 ins Blaue hinein（胡乱随便地）。

［196］［巫术簿夹子］　图片簿（图片夹或者图片书），在之中有着人或者动物的图片剪形，纸页用带子链接，这样簿子就能够被打开成许多页，这样就构成新的图形。

［197］原文为希腊文 γνωϑι σεαυτον（认识你自己）。

［γνωϑι σεαυτον］　希腊语（gnōthi seautón）认识你自己！在德尔斐，希腊最漂亮的阿波罗神庙中的铭文。据说这句话是出自爱奥尼亚哲学家米利都的泰勒斯（公元前 624—前 545）和斯巴达的立法者綦隆（卒于前 580）。

可参看第欧根尼·拉尔修的哲学历史，第一书，§ 39 以及后续：“他（泰勒斯）说了这个‘认识你自己’，安提斯泰尼在关于哲学家顺序的文献中说是阿波罗的女儿和德尔斐神殿最初的女祭司斐茱娜所说，但綦隆把这句话用作自己的。”

根据法国的莫惹力历史大词典中的说法：这句句子，第欧根尼·拉尔修说是来自泰勒斯，奥维德说是来自毕达哥拉斯而普鲁塔克则说是来自伊索。

［198］［亚当认识夏娃］　指《创世记》（4：1）：“那人和他妻子夏娃同房。”在旧版丹麦文旧约全书（GT—1740）中，“和……同房”所用的丹麦语词是 kiendte，也就是“认识”的过去时，这时的“认识”就成为了“躺在一起”。

［199］原文为拉丁文 inter et inter（在这个和那个之间）。

［200］原文为德文 Wuth（癫狂）。

［201］原文为希腊文κατα δυναμιν（根据可能性）。

［κατα δυναμιν］　gr.（kata dýnamin）根据可能性。一个来自亚里士多德哲学的名词。

［202］［那火焰……荆棘］　见前面的注脚。

“耶和华的使者从荆棘里火焰中向摩西显现。摩西观看，不料，荆棘被火烧着，却没有烧毁。”《出埃及记》（3：2）。

［203］［在乐园中……裸着身子］　指《创世记》（3：7）：“他们二人的眼睛就明亮了，才知道自己是赤身露体，便拿无花果树的叶子，为自己编作裙子。”

［204］［胡斯教的诸教派中有一个支派……裸着身子到处走］　指亚当派或者说裸体教派，激进的塔波尔派的一个极端分支。塔波尔派属于胡斯教派。胡斯教由捷克基督教宗教改革者胡斯（Johan Hus，约 1369—1415）创立。亚当派，取名于亚当，主张裸体，将裸体视作亚当夏娃在嘴的堕落之前身处乐园所生活的那种无辜状态中的完美自由的表达。

［205］［一个鲁滨孙］　英国作家笛福（Daniel Defoe，约 1660—1731）在 1719 年出版了小说《鲁滨孙漂流记》（*Life and Strange Surprising Adventures of Robinson Crusoe*）。小说被翻译成多种欧洲语言（丹麦语，1744—1745 和 1826 年）。以此构成了鲁滨孙漂流记式的海难小说风潮，在 18 和 19 世纪是产量最高的小说类型。

［206］［自由思想者］　思想不受习俗和教条束缚的人们。也许是指那些自然神论的自由思想者，在十八世纪的英格兰这些人强调每个人都有

权去自由地思考一切，也包括思考宗教问题。英格兰哲学家安东尼·考林斯在他的书中通过指出无限多的各种相互争议的看法随着时代围绕着各种宗教和伦理的问题而被提出来论证了自由思想的必然性。

丹麦哲学家西贝恩也对自由思想进行的深入地阐述和讨论。

［207］［尼日尔河］　非洲的第三条大河（4160 公里）。人们在 1830 年就知道它是流向几内亚海湾，但是，它在 Konkonantei 山（海拔 1450 米高）上的源头，则是在 1877—1879 年由 M. Moustier 和 J. Zweifel 发现的。

［208］［一种义务学说……这一分类］　指《巴勒的教学书》。在之中义务学说在启蒙时代的影响下获得了很全面的论述。在冗长的第六章《论义务》中分有“A。论对上帝的那些义务”、“B。论对自己的那些义务”、“C。论对邻人的那些义务”和“D。论各单个阶层中的义务”。

［209］［巴勒的教学书］　对《福音基督教中的教学书，专用于丹麦学校》（*Lærebog i den Evangelisk – christelige Religion, indrettet til Brug i de danske Skoler*）的常用称呼。由 1783—1808 年间的西兰岛主教巴勒（Nicolaj Edinger Balle，1744—1816）编写，合作者巴斯特霍尔姆（Christian B. Bastholm，1740—1819）在 1777—1800 年间任宫廷牧师、并在 1782—1800 年间是王家忏师。《巴勒的教学书》在 1791 年被官方认定，并且，直到 1856 年一直是学校的基督教教学和教堂的再受洗预备的官方正式课本，并且传播和影响都是很大的。克尔凯郭尔有一本 1824 年的版本 ktl. 183。

［210］［义务的多样性］　针对《巴勒的教学书》，在书中，在四大范畴之下，又分门别类地给出了多种多样的诸义务。

［211］在原文中有拉丁文 ad modum（就像……那样）。

［那些格瑞瑙人们］　指那些墨尔老乡。墨尔斯（Mols）是奥胡斯以北的一个小半岛，而格瑞瑙（Greenaa 或者 Grenå）也是那区域中的一个地区名。也许是指关于墨尔老乡的故事之一。那些墨尔老乡围成一圈坐在地上并且把腿相互盘在了一起，于是在他们想要站起来的时候就没有办法了。他们就继续坐着直到有一个人走过，他们可以向这个讨教。这人试图帮他们指出每个人的腿是哪一条以便让他们抽回自己的腿，但是不起作用。于是他拿了一根棒子敲每个人的脚，然后每个被敲到脚的人就感觉到这是自己的脚，并抽回自己的腿。

［212］原文为德文 mir nichts und dir nichts（理所当然，不用说）。

［213］在这句话中作者使用了两个外语短语，因此看上去感觉有点杂

乱，我在这里不保留原文中的外语而将之直接翻译一下：“一个人，如果义务的重要性对于他从不曾在他的整个无限性之中显现出来过，那么他就在同样平庸的意义上可以是一个人，完全正如这样的情形：那以‘那些格瑞瑙人们’的方式去认为什么都不用做理所当然就发现了智慧的人在同样平庸的意义上可以是科学家。”

［214］［《巴勒的教学书》中的最初十行］　“1。我们怎样才能够获得关于上帝的知识。§. 1. 对于我们人来说，去认识上帝是最至高重大的事情，因为否则我们就不知道世界是怎么形成的。否则我们也不会知道对于我们死后的状态我们敢有怎样的希望并且在我们的危难中就不会有什么安全的救助可让自己去依靠。注释。人们将‘获得关于上帝及其意愿以及他想要以怎样的方式来被我们遵奉和听从’的知识称作宗教。”这段引言就是第一章《论上帝及其性质》的最初十行。

［215］［那是我应当能够去背出来的］　学校的学生要背得出《巴勒的教学书》，这在那时是常规。

［216］［那有学识的学校］　拉丁语学校，用来为学生们做准备去进入学院的学习。

［217］［Theodidakt］　由上帝教授的；这一表达可能是出自《帖撒罗尼迦前书》（4：9），在之中保罗对帖撒罗尼迦人们以复数形式使用这个词（希腊语：theodidáktoi）：“你们自己蒙了神的教训，叫你们彼此相爱。”

［218］［那种自感的和那种同感的怀疑］　一个人能够就他自身的存在而感到的怀疑，可以被标示作是“自感的（autopatisk）”——自我感觉着的、自我承受着的；而他就其他人的存在而感到的怀疑，则可被称为是“同感的（sympatisk）”——有着同感的、同情着的。

［219］就是说“那美的”的目的是在它自身之中。

［220］原文为拉丁文 procul，o procul este profani（离开、离开，呵，不洁的东西们）。

［procul，o procul este profani］　维吉尔《埃涅伊德》六，258。

［221］原文为拉丁文 profani（不洁的东西们）。

［222］原文为法文 eh bien（那么，好吧）。

［223］就是说，“那美的”的目的不在任何其他东西之中。

［224］就是说，那个体人的目的是在他自身之中。

［225］原文为拉丁文 loquere，ut videam te（说话，以便我可以看见你）。

[loquere, ut videam te]　拉丁语：说话，以便我可以看见你。根据德西德里乌斯·伊拉斯谟（Desiderius Erasmus，史称鹿特丹的伊拉斯谟）说法，苏格拉底曾对一个年轻人这样说过，那是在他的奴隶带他去见苏格拉底并说这年轻人富有的父亲将他送来观察苏格拉底的睿智的时候。

在哈曼（J. G. Hamann）那里又被以德语“Rede, daßich Dich sehe!”重新写进他的“Aesthetica in Nuce. Eine Rhapsodie in kabbalistischer Prose”。

[226] 原文为拉丁文 et quidem（并且还是）。

[227] [酒谣时期]　在十八世纪的最后二十年，俱乐部生活和喝酒歌谣非常风行。

[228] [如果不是为了那红葡萄的浆汁……那整个可悲的大地吧。]　巴格森一支酒谣的最后一段（J. Baggesens Jordens Lethe. Drikkevise）。最后一行原本为“我们整个可悲的大地”。

[229] 原文是 Rdlr.（国家币的缩写）。

[3000 Rdlr.]　Rdlr. 是国家币（rigsdaler）通用缩写，等同于国家银行币（rigsbankdaler）。在 19 世纪 40 年代，一个公务员最高薪酬是 1200 国家银行币。

[230] 原文是拉丁文 nervus rerum gerendarum（拉丁语：去办成事情的力量）。

[nervus rerum gerendarum]　拉丁语：去办成事情的力量。这一对金钱的固定表述是由希腊哲学家索罗伊的克兰托尔（Crantor of Soloi，约公元前 330—前 275）给出的。

[231] 原文是拉丁文 conditio sine qua non（必要条件）。

[232] [阅读关于乡村的知足感……这样的诗歌]　也许是指罗马作家贺拉斯的诗歌 Vitae rusticae laudes《乡村生活颂》（《长短句（Epodes）》2）。诗歌开首是：“远离世间喧嚣的人有福了，就像那古来年代里的人类，自己的牛耕着祖先的土地，用着自己的钱。”稍后：“一个朴素的主妇打理着家和亲爱的孩子们……等到疲倦的丈夫回家时，把老木头放进神圣的壁炉，把家畜们关进编制成的篱笆挤干它们涨起的奶，然后从亲爱的酒桶里打出葡萄酒，这一年的收成，准备那不花一文钱的主餐。”（2, 39—48）

[233] [被排除在贵族……是并且继续是平民]　在古罗马有着贵族（元老院议员是从贵族中被选出的）和平民（不属于议员阶层的普通公民）间极强的对立关系。两个阶级间的长久权力斗争终结于一种新的贵族结构

取代了世袭贵族权力。新的政治贵族由世袭贵族和平民共同构成。

[234]［Optimater］ 那些最佳的人，高贵族类。古罗马把贵族分成各类，其中“最佳者们”与世袭贵族和议员一派与民众派作对，强调贵族对国家权力的垄断。

[235]［一只进入了起舞的鹤群的麻雀］ 有谚语说：“进入鹤舞不是一种麻雀的事”（一个人不应当试图和比自己上等的人们交往）。

[236]［劳动所］ 为穷人提供给养、改造流浪汉和惩罚犯罪者的机构。

[237]“富于同情（sympathetisk）”：其实这个形容词就是前面“同感的（sympatisk）”——有着同感的、同情着的。因为考虑到不让句子拗口，所以在这里翻译为“富于同情”。但是考虑到意义上的关联，尤其是关联到前面的“自感的”与“同感的”之间的关系，所以我在这里注释一下。

[238]［普罗米修斯和埃庇米修斯］ 根据希腊神话，人是由普罗米修斯（Prometheus：希腊语“先知先觉”）和他的兄弟埃庇米修斯（Epimetheus：希腊语“后知后觉”）创造人并且赋予人特性。

[239] Levebrød这个词在丹麦语里直接构词是“生活”和“面包”，意思是“生计”、“生活来源”和“生活所依赖的工作或职业”。上面所说的“获得生计（fålevebrød）”，可以通过字面意义翻译成“获得食物”，也可以翻译成“谋生”。而在这里我把“工作（Levebrød）”翻译为“工作”，但是也可以翻译为“赖以谋生的工作”。作者在这里用同一个词Levebrød来构成前后的呼应。

[240]［地址报］ Adresse - Avisen，最老的丹麦广告报纸，全称*Kjøbenhavns Adresse - Comptoirs Efterretninger*，由印书商威兰德（J. Wielandt）在1725年从欧斯顿（F. v. d. Osten）那里接手了后者得天独厚的办公室地址（1706年成立）之后出版。1759年之后又被霍尔克（H. Holck）接手，并刊登新闻材料，但在十九世纪初这份报纸又重新成为广告报纸。

这份报纸常常刊登死亡消息，有时接近于小的讣告。

[241] 原文是拉丁文ergo（所以）。

[242] 所谓“不朽性”就是指人的灵魂不死。在哲学上翻译为“不朽性”，但也可以翻译为“不死”、“永生”等等。形容词形态则可以翻译为“不朽的”、“不死的”和“永生的”。

[243]［三段论演绎法（Syllogisme）］ 一种演绎推理形式，包括大

前提、小前提和结论，通过一般到个别的而从前提推到结论的推理。

［244］［上帝把理解力给予……给予那他给予好的工作的人］　用到谚语：“那上帝给予了他职位的人，上帝也把好的理解力给予了他。”

［245］原文是拉丁文 ergo（所以）。

［246］［为生活而去工作，这是每个人的义务］　可参看《巴勒的教学书》，在之中的第六章 B，§ 5 中有诸如：“我们必须鄙视所有闲散，它是非常邪恶的东西的一个原因，警惕自己不要去成为我们的同类人的负担，但相反通过勤劳来为我们获得自己的食宿”，在这里指向《帖撒罗尼迦后书》（3：11—12）之中保罗写道：“因我们听说，在你们中间有人不按规矩而行，什么工都不作，反倒专管闲事。我们靠主耶稣基督，吩咐劝诫这样的人，要安静做工，吃自己的饭。”

［247］［原野里的百合……飞鸟们无忧无虑地寻食］　参看《马太福音》（6：26—29）：“你们看那天上的飞鸟，也不种，也不收，也不积蓄在仓里，你们的天父尚且养活他。你们不比飞鸟贵重得多吗？你们哪一个能用思虑，使寿数多加一刻呢（或作使身量多加一肘呢）？何必为衣裳忧虑呢？你想野地里的百合花怎样长起来，它也不劳苦，也不纺线。然而我告诉你们，就是所罗门极荣华的时候，那他所穿戴的，还不如这花一朵呢！”

［248］［亚当和夏娃在乐园里……得到一切他们所指的东西］　也许是指上帝对亚当的应许：“园中各样树上的果子，你可以随便吃”《创世记》（2：16）。然而亚当和夏娃却还是不能得到所有他们所指的东西，因为上帝也命令了亚当：“只是分别善恶树上的果子，你不可吃，因为你吃的日子必定死。”《创世记》（2：17）。

［249］［天意满足一切和照顾一切］　也许是指耶稣在百合和飞鸟的比喻之后说的话：“你们这小信的人哪！野地的草今天还在，明天就丢在炉里，神还给他这样的妆饰，何况你们呢！所以不要忧虑说，吃什么？喝什么？穿什么？……你们需用的这一切东西，你们的天父是知道的。你们要先求他的国和他的义，这些东西都要加给你们了。”《马太福音》（6：30—33）。

［250］［一个人有着他自己所获取的丰裕］　也许可参看《路加福音》中的一个比喻。耶稣“……于是对众人说，你们要谨慎自守，免去一切的贪心。因为人的生命，不在乎家道丰富。就用比喻对他们说，有一个财主，田产丰盛。自己心里思想说，我的出产没有地方收藏，怎么办呢。又说，

我要这么办。要把我的仓房拆了，另盖更大的。在那里好收藏我一切的粮食和财物。然后要对我的灵魂说，灵魂哪，你有许多财物积存，可作多年的费用。只管安安逸逸的吃喝快乐吧。神却对他说，无知的人哪，今夜必要你的灵魂。你所预备的，要归谁呢。”《路加福音》(12：15—20)。

[251][把一小点转换成许多]　也许可参看《马太福音》中的一个比喻。“天国又好比一个人要往外国去，就叫了仆人来，把他的家业交给他们。按着各人的才干，给他们银子。一个给了五千，一个给了二千，一个给了一千。就往外国去了。那领五千的，随即拿去做买卖，另外赚了五千。那领二千的，也照样另赚了二千。但那领一千的，去掘开地，把主人的银子埋藏了。过了许久，那些仆人的主人来了，和他们算账。那领五千银子的，又带着那另外的五千来，说，主啊，你交给我五千银子，请看，我又赚了五千。主人说，好，你这又良善又忠心的仆人。你在不多的事上有忠心，我把许多事派你管理。可以进来享受你主人的快乐。那领二千的也来说，主啊，你交给我二千银子，请看，我又赚了二千。主人说，好，你这又良善又忠心的仆人。你在不多的事上有忠心，我把许多事派你管理。可以进来享受你主人的快乐。那领一千的，也来说，主啊，我知道你是忍心的人，没有种的地方要收割，没有散的地方要聚敛。我就害怕，去把你的一千银子埋藏在地里。请看，你的原银在这里。主人回答说，你这又恶又懒的仆人，你既知道我没有种的地方要收割，没有散的地方要聚敛。就当把我的银子放给兑换银钱的人，到我来的时候，可以连本带利收回。夺过他这一千来，给那有一万的。因为凡有的，还要加给他，叫他有余。没有的，连他所有的，也要夺过来。把这无用的仆人，丢在外面黑暗里。在那里必要哀哭切齿了。”《马太福音》(25：14—30)。

[252][狐狸所得到的那种回答]　也许是指丹麦俗语：“狐狸就那些花楸浆果所说的话!”

在这句俗话的背后有着伊索寓言的背景。狐狸吃不到葡萄就说葡萄酸。在丹麦国土上，葡萄就变成了花楸浆果。

[253][汗流满面才得糊口]　参看《创世记》(3：19)。

[254][上帝在那最渺小的东西之中是最伟大的……需要最强的信心]　也许可参看《哥林多后书》(12：9)，保罗写上帝对他说：“我的恩典够你用的。因为我的能力，是在人的软弱上显得完全。”因而，他继续写道：“所以我更喜欢夸自己的软弱，好叫基督的能力覆庇我。”

［255］［与那些幸福的人们同乐］　也许可参看《罗马书》（12：15），之中保罗说："与喜乐的人要同乐。与哀哭的人要同哭。"

丹麦也有俗语说："人应当与欣悦者同乐并与哭泣者同哭"。

［256］就是说，为生计的烦恼忧愁。

［257］［在暗中察看］　参看《马太福音》（6：4/6/18），之中描述上帝"在暗中察看"。

［258］［苦难之杯］　参看《马太福音》（26：42），之中耶稣在祷告中对上帝说："我父阿，倘若可行，求你叫这杯离开我。然而不要照我的意思，只要照你的意思。"在说杯子的时候，耶稣想的是自己的正在来临的苦难和死亡。

［259］［那些看邪的人们……朝苏珊娜看］　指《圣经》的次经《苏散拿传》中的故事，两个长老迷上了美丽的苏珊娜，"他们昧着良心，转眼不看上天，全不思念正义的裁判。"《苏散拿传》（1，9），或者天主教版《达尼尔书》（13：9）。

（《达尼尔书》天主教的旧约圣经所用译名，相应于《但以理书》。但是《但以理书》只有十二章。）

［260］［朱古塔……一有了买家就可出售的城］　努米底亚（北非古国，在今阿尔及利亚北部）国王朱古塔在他得以离开罗马时的说辞。"看，有一座城在等着被出售，一有了买家，它就毁灭。"

［261］"把后背对着……"就是说"对……不加理睬"。

［262］［Harun al Raschid］　Harun－al－Raschid，哈伦·拉希德，巴格达的哈里发，因其残酷和乖戾而闻名，但被后人记得主要是因为那赞美他的阿拉伯神话《一千零一夜》。

［263］原文为法语 Bastonade（杖笞，打脚掌的刑罚）。

［264］原文为拉丁语 dira necessitas（严酷的必然性）。

［dira necessitas］　拉丁语：严酷的必然性。参看贺拉斯的《颂诗》（Oder 3，24，6）。

［265］［有着 3000Rdlr. 的智者］　在 19 世纪 40 年代，一个公务员最高薪级是 1200 国家银行币。

［266］原文为法语 Paradeur（表面好看的仪式用马）。

［267］［一个职业（Kald）］　丹麦语 kald 同时包含有多种意义，可以翻译为"职业"但也可以翻译为"召唤"、"愿望、欲望"和"对某项工

作的爱好或使命感”。在这里“职业（kald）”同时也是“生活任务（kald）”的意思。在这里所用的这个词义的背后，以及在后面所展开的对“kald”的基于伦理的理解中有着路德的那种得到了目的论的论述的Beruf（天职、职业、使命）思想。

［268］原文为拉丁文confinium（界限区域）。

［269］［诸神的王国］　根据希腊历史学家普鲁塔克记载皮鲁斯王（Pyrrhus）的特使基尼阿斯（Kineas）曾将罗马议会称作诸王的集会。

［270］原文为拉丁文uno tenore（一口气〈做完〉）。

［271］［获得了自己的信用状（løst sit Creditiv）］　收到一封信，这信证明某人可以相信、信任或具有全权；获得全权委托书。

［272］原文为拉丁语inepte（不合适的、无品味的、不合情理的、愚蠢可笑的）。

［273］原文为拉丁文numerus。

［numerus］　拉丁语：数字、数目、大数量、人众。也许可参看贺拉斯Epistolarum 1，2，27：Nos numerus sumus，et fruges consumere nati（我们只是作为数量而存在，生下来消费大地的收获）。

［274］［海军部（Admiralitetet）］　在1848年真正的海军部（Marine-ministeriet）成立之前的有着对海军领导的部门。

［275］［抄写员（Copist）］　公务部门里的低级秘书。

［276］在这里，我把Levebrød译为“生活面包”。前面我曾给出过这样的一个注脚：

Levebrød这个词在丹麦语里直接构词是“生活”和“面包”，意思是“生计”、“生活来源”和“生活所依赖的工作或职业”。上面所说的“获得生计（fålevebrød）”，可以通过字面意义翻译成“获得食物”，也可以翻译成“谋生”。而在这里我把“工作（Levebrød）”翻译为“工作”，但是也可以翻译为“赖以谋生的工作”。作者在这里用同一个词Levebrød来构成前后的呼应。

［277］［让那诗人来说……童年金色的夏日梨］　指巴格森的《献诗。“在我小时候”之续。献给G. H. Olsen议员》中的诗句。在诗歌中有“一颗金色的夏日梨”出现，然后，在数页之后是“现在对于我是一点点带着荣誉的水和面包，/在这里我的家里，在‘和平’的安全的屋檐下，/而这在从前对于我是黄色的夏日梨，/挂在生活之树上让我觉得太高太

高——”。此诗是献给丹麦作家和王家剧院的监察高切·汉斯·欧伦森的（1760—1829）。

［278］［那个诗人……妻子就来了］　指巴格森的《献诗。“在我小时候”之续。献给G. H. Olsen议员》中的诗句：“现在，从前对于我是圣诞糕点的东西/现在是：感到高兴和满足，/就像现在，在一个亲爱的伴侣身旁……”

［279］［在他身上折断棍棒］　最终责难他。原本这一成语是被用于法官，法官在被告头上折断自己的棍棒，作为刽子手可以抓住的标记。

［280］一个有工作的人和一个丈夫。

［281］［通过控制自己的意念而显现为英雄］　参看《箴言》（16：32）：“不轻易发怒的，胜过勇士。治服己心的，强如取城。”

［282］［前面……的一封信］　参看《婚姻在审美上的有效性》。

［283］［你所最喜欢的戏：最初的爱］　斯可里布（A. E. Scribe）的《最初的爱》。

［284］［那披着羊皮的猛兽］　参看《马太福音》（7：15），之中耶稣警告人们提防伪先知，因为他们“外面披着羊皮，里面却是残暴的狼”。

［285］［圣殿税……自己的币类］　也许是指《出埃及记》（30：13）“凡过去归那些被数之人的，每人要按圣所的平，拿银子半舍客勒，这半舍客勒是奉给耶和华的礼物，一舍客勒是二十季拉。”就是说按圣所的秤来秤。舍客勒既是重量单位又是币名，一个舍客勒的银子相当于11克。这税钱通常是每隔二十岁以上的以色列男人在仪式上交给会幕，见《出埃及记》（30：16），后来就交给圣坛，由此而得名“圣坛税”（丁税），参看《马太福音》（17：24）。

［286］在这里，A希望我们的英雄所做的正是B所不希望的。比如说，A认为他“不平凡”才有希望，B则唯恐“不平凡”使得我们的英雄走上歧路。A所希望的和B所担忧的是同一回事。

［287］［你假设了］　见前文。

［288］［在纽伦堡，就像凯斯贝尔·豪瑟尔（Kaspar Hauser）］　这个神秘的十六岁的人在1828年5月26日突然在纽伦堡出现，踉跄地走在街上，引起了旁人注意。但他既不知道自己从哪里来，也不知道自己是谁。他就是凯斯贝尔·豪瑟尔，没有人知道他从哪里来，也不知道他到底是谁。他三十三岁死去，是在被刺后死去（还是自杀？）。

[289] 原文为拉丁文 ad modum（风格类似，就像）。

[290] [孤独山谷里的骨灰盒] 指德国作家 L. F. Freiherr v. Bilderbek 所写的小说 *Die Urne im einsamen Thale*（Leipzig 1799）。

[291] [多娜·克拉拉……美丽的普莱希鸥萨] 沃尔夫的诗剧《普莱希鸥萨》第四幕中多娜·卡拉拉的台词：“怎样的一个女孩啊，我的夫君！/在这里的传言说得太少。/怎样的一个美丽化身！怎样的精灵，/怎样的温柔可爱的魅力啊！”（从 1822 年到 1843 年《普莱希鸥萨》在王家剧院演了 72 场，是王家剧院最受欢迎的戏之一。）

[292] [那神奇的孩子] 那神奇的孩子普莱希鸥萨。

[293] 丹麦语的动词 at forklare 在一般的意义上是“解释”，但是有时也是“光芒辉煌地映亮”，在此克尔凯郭尔就是借这个多义来游戏文字。

[294] 就是说，女性。

[295] [我的好智者啊……变聪明点吧] 参看《箴言》（6：6）：“懒惰人哪，你去察看蚂蚁的动作，就可得智慧。”

[296] 丹麦风俗，三十岁仍然是单身的话，人们就会把胡椒瓶（罐）作为生日礼物送给他。Pebersvend 这个词渊本义是胡椒店员。过去从德国汉莎商业联盟城市中派出的胡椒调味品商，有着保持独身的义务。后来在丹麦就成了标示三十岁以上老单身汉的名词。

[297] 汉森、严森是丹麦很普遍的姓氏。严森先生、汉森夫人在丹麦语中的说法就类似于张三李四在汉语中的说法。

[298] 原文为德语 ohne weiter（毫无麻烦）。

[299] [Vocalisation（发声法）] 在闪米特语中有一些用在那些辅音标记上的小字符（比如说一个点），人们通过在辅音字母上运用它们而给出各种元音，这些元音则为一个词的发音定声并且决定其意义。

[300] 原文为德语 unter uns gesagt（只是我们私下说说）。

[301] 原文为拉丁语 Consistorium（古罗马皇帝的议会，教会议会，大学的教授会等等）。

[302] [那神奇的孩子] 那神奇的孩子普莱希鸥萨。

[303] undfanger 是丹麦语动词现在时，同时有着“构想出，构想出或持有一种想法”和“怀孕”的意思。无疑作者是考虑到了这种双关。

[304] [那关于妇女解放的可恶言谈] 在丹麦，“妇女解放”由女作家马蒂尔德·菲比格尔（Mathilde Fibiger，1830—1872）借助于她的《克拉

拉·拉斐尔，12 封信》（*Clara Raphael*, 12 *Breve*, udg. af J. L. Heiberg, Kbh. 1850, ktl. 1531）首次导入公共讨论。但是在 1789 年的法国大革命中，对妇女的政治权利的要求已经被提出来了。

［305］［灵巧得像蛇］　参看《马太福音》（10：16），耶稣在为门徒送行时的吩咐中说道：“我差你们去，如同羊进入狼群。所以你们要灵巧像蛇，驯良像鸽子。”

［306］［那蛇……用那外表上看起来可喜的果实来引诱她］　参看《创世记》（3：1－6）：“耶和华神所造的，唯有蛇比田野一切的活物更狡猾。蛇对女人说，神岂是真说，不许你们吃园中所有树上的果子么。女人对蛇说，园中树上的果子，我们可以吃，唯有园当中那棵树上的果子，神曾说，你们不可吃，也不可摸，免得你们死。蛇对女人说，你们不一定死，因为神知道，你们吃的日子眼睛就明亮了，你们便如神能知道善恶。于是女人见那棵树的果子好作食物，也悦人的眼目，且是可喜爱的，能使人有智慧，就摘下果子来吃了。又给她丈夫，她丈夫也吃了。”

［307］［那个其著作被毁灭掉而他自己也无法记得它所描绘的是什么的艺术家］　尚未查明来源。

［308］［我想起来……妇女解放的不乏诙谐的嘲弄性文章］　指《哥本哈根飞邮报》上的文章《女人的更高渊源辩护》（Qvindens høiere Oprindelse forsvaret i *Kjøbenhavns flyvende Post* nr. 33, 4. dec. 1834）。作者笔名 P. E，也就是教师及神学的证书硕士林德（lic. theol. P. E. Lind, 1814—1903/Lic. 这个词，是 licentiat 的缩写，一种在神学、医学和法学专业上的学位，低于博士，其拥有者得到在大学讲课的许可）。林德在 1844 年成为牧师，1875 年在克尔凯郭尔的哥哥 P. C. Kierkegaard 任后成为奥尔堡的主教。对林德的这篇文章，克尔凯郭尔答以自己第一篇公开发表的文章《也为女人的高天资辩护》（Ogsaa et Forsvar for Qvindens høie Anløg, i *Kjøbenhavns flyvende Post* nr. 34, 17. dec. 1834.）。

［309］［圣经上却说……为此给出了诸多理由］　参看《哥林多前书》（11：5—15）：“凡女人祷告或讲道，若不蒙着头，就羞辱自己的头。因为这就如同剃了头发一样。女人若不蒙着头，就该剪了头发。女人若以剪发剃发为羞愧，就该蒙着头。男人本不该蒙着头，因为他是神的形象和荣耀，但女人是男人的荣耀。起初，男人不是由女人而出。女人乃是由男人而出。并且男人不是为女人造的。女人乃是为男人造的。因此，女人为天使的缘

故，应当在头上有服权柄的记号。然而照主的安排，女也不是无男，男也不是无女。因为女人原是由男人而出，男人也是由女人而出。但万有都是出乎神。你们自己审察，女人祷告神，不蒙着头，是合宜的么。你们的本性不也指示你们，男人若有长头发，便是他的羞辱么。但女人有长头发，乃是他的荣耀。因为这头发是给他作盖头的。”

[310]［比那抬头望天的男人更不完美的生灵并且只是触摸着大地］也许可参看希腊语人（anthropos）的词源解释：“那向上看的”。这是由柏拉图给出的说法。

也许也暗示了那两个长老和苏珊娜（苏散拿）的故事。

[311]［正如诗人所说……捆绑在大地上］　典故的来源不详。

[312]［去剪掉她丰盛的头发］　也许可参看《哥林多前书》(11：6)：“女人若不蒙着头，就该剪了头发。女人若以剪发剃发为羞愧，就该蒙着头。”

[313]［一个女犯］　关在监狱里的女人通常头发是被剪掉的。

[314]［圣经上写着……男人要离开父母并且牢牢抓住自己的妻子］参看《创世记》(2：24) 和《以弗所书》(5：31)。

[315]［取出新旧的东西来］　参看《马太福音》(13：52)：“他说，凡文士受教作天国的门徒，就像一个家主，从他库里拿出新旧的东西来。”

[316]［像旧约上所说：低下我的头向她下拜］　比如说，可参看《创世记》(23：7)、(24：26) 和《出埃及记》(18：7)。

[317] 或者说，有着更强烈的信仰。原文直译为“是更加信着的”。

[318]［对于上帝一切都是可能的］　参看《马太福音》(19：26)。

[319]［因为那拥有的人，还要给他并且他应当有盈余］　《马太福音》(13：12)：“凡有的，还要加给他，叫他有余。”

[320]［那伦理上的集中（den ethiske Centralisation)］　参看前面对“阿基米得点”的说法和注释。

[321]［巫术簿夹子］　图片簿（图片夹或者图片书），在之中有着人或者动物的图片剪形，纸页用带子连接，这样簿子就能够被打开成许多页，这样就构成新的图形。

[322] 就是说，“他的疯”作为“他居然去宣扬它”的前提条件。

[323]［那些古代占卜师们（Augurer）……要笑出来］　可能是指古罗马通过看祭神牲畜内脏来卜吉凶晓神谕的祭司们，罗马国家和一些富有

的官员们雇佣这些祭司来用动物内脏占卜并解读警示闪电。老加图参与嘲笑这一迷信，他表示奇怪：这些伊特鲁里亚的祭师居然能够相互望着对方而不发笑——有多少他们预言的东西成为了真实？老加图的嘲笑被西西罗记录下来，在 *De divinatione* 2，24，51 和 *De natura deorum* 1，26，71。

［324］原文为希腊文 Συμπαϱανεκϱωμενοι（同逝者）。

［325］［那神秘的 Συμπαϱανεκϱωμενοι（同逝者）协会］　见上卷注释。

［326］［一个古代的作家……因为我就我一个人］　指阿里斯托塞诺斯对缪松的谈论，在第欧根尼·拉尔修的哲学史有对此的复述："阿里斯托塞诺斯在随笔中说，他很接近提蒙和阿佩曼特，因为他是个仇恨人类者。因此人们在斯巴达应该会常常看见他独自在那里笑。一个人在这时走向他，问他为什么笑，既然他只有一个人在那里；正因此，他回答，我才笑。"不过不仅仅这么简短的一些，第欧根尼·拉尔修还写道："阿里斯托塞诺斯接着写道，他生活在那里但不被人留意，因为他不是来自一座城市，而是来自乡村的一个小小的不曾为人知的地方；因为他的这种隐名埋姓，许多人把许多属于他的东西说成是那暴君皮希斯特拉特（Pisistrat）的；但哲学家柏拉图则没有这样弄错，因为他提到他并且用他来代替佩里安德。"

提蒙，希腊哲学家和诗人，被称作是仇恨人类者。阿佩曼特，不详。

［327］［魔鬼……单独的时候笑］　渊源尚不详。

［328］［在得以传授那些小神秘之前已经得授了各种大神秘］　参看柏拉图的对话录《高尔吉亚篇》中苏格拉底对卡利克勒说的话（467c）："真幸运，卡利克勒，竟然能在得授小的奥秘之前就得到教授去领悟伟大的奥秘。我真没想到这样做能够得到允许。"（我在这里引用的是中文版《柏拉图全集·第 1 卷》第 387 页中的文字，但根据丹麦文版本而稍有改动。原译文为："真幸运，卡利克勒，竟然能在这些小事情上领悟伟大的奥秘。我真没想到这样做能够得到允许。"王晓朝译，北京：人民出版社，2001. 1。）在公元前五世纪雅典的鼎盛时期，在进入在艾琉西斯举行的关联到对农业女神得墨忒耳的崇拜的大秘密仪式（"伟大的奥秘"）之前，作为准备活动，人们首先是在雅典郊外的阿克莱举行狂欢，进行（"得授小的奥秘"的）传授各种小秘密的较小的仪式。

［329］［亚里士多德……就成为同一回事］　友谊和公正围绕着同一个问题并且是同一回事。可参看亚里士多德《尼各马可伦理学》第八卷第

九章和第十一章（《友爱、公正和共同体》和《不同政体中的友爱和公正》）。

亚里士多德说，友谊和公正在同样的人们之间展开并且关联到一些同样的事情；因为在每一种社会关联之中都有着一定的公正和某种友谊，他们在这种社会关联中有着自己的位置并且对于其维持是必要的。另外他还说，正如友谊在进入了一种共同体之后达到一种更高的阶段，公正在进入了一种共同体之后也以同样的方式而有了更多的权利和义务，这证明了两者涉及同一种关系，并且，我们可以说，它们相互平行。

［330］［他把公正的基础建立在友谊的理念上］　亚里士多德从友谊的各种规范中推导出社会中公正的各种规范。可参看亚里士多德《尼各马可伦理学》第八卷第十一章至第十六章。

［331］［那将“公正”的基础建立在“义务”、建立在“那抽象范畴的”上的现代范畴］　指康德的那种包括了（绝对）范畴命令（Kategorischer Imperativ）的义务伦理，在他的《道德形而上学基础》（*Grundlegung zur Metaphysik der Sitten*, Riga 1785）中做了表述。

康德在那种为了达到某种特定目的而要求一个人去做出行为的“假言命令（hypothetischer imperativ）”和那种不以人所具的愿望和需要为转移的、要求一个人以一种特定方式去做出行为的“（绝对）范畴命令（Kategorischer Imperativ）”作出了区分。绝对命令表达了那无条件的至高的道德律，人必须出于义务或者纯粹的尊敬去遵从它，因为是建立在人的理性之上的。

这绝对命令是：“如此地行为，——永远使得你的意志的准则能够同时成为普遍制定法律的原则。（Handle so, dass die Maxime deines Willens jederzeit zugleich als Prinzip einer allgemeinen Gesetzgebung gelten koenne.）”康德尤其是为他的绝对命令给出了三种表述，也就是“如此地行为（你永不以除了这之外的方式来行为），——你通过你的行为准则能够立愿于‘你的行为标准应当成为一个普遍规律’（Handle nur nach derjenigen Maxime, durch die du zugleich wollen kannst, dass sie ein allgemeines Gesetz werde.）”，“如此地行为，——你始终把人当作目的，而不是当作工具，无论（这人）是你自己或者别的什么人（Handle so, dass du die Menschheit sowohl in deiner Person, als in der Person eines jeden andern jederzeit zugleich als Zweck, niemals bloss als Mittel brauchest.）”和“如此地行为，——你的

意志通过其行为标准而能够将自身看成是颁立普遍规律的意志（Handle so, dass dein Wille durch seine Maxime sich selbst zugleich als allgemein gesetzgebend betrachten koennte.）”。

［332］［国家的理念对于他成为那最高的］　尽管亚里士多德在《尼各马可伦理学》中为国家给出了与个体相同的目标，但他却还是认为国家的目标要比个体的更高并且更复杂。在《尼各马可伦理学》的第一卷第二章中，他在谈论政治学的目的时写道：“……这种目的必定是属人的善。尽管这种善于个人和于城邦是同样的，城邦的善却是所要获得和保持的更重要、更完满的善。因为，为一个人获得这种善诚然可喜，为一个城邦获得这种善则更高尚［高贵］，更神圣。”（我在这里引用的是中文版《尼各马可伦理学》第 6 页中的文字，廖申白译，北京：商务印书馆，2003.11。）

［333］［圣经上教导说……必要被显露出来］　参看《希伯来书》（9：27）：“按着定命，人人都有一死，死后且有审判。”《哥林多后书》（5：10）：“因为我们众人，必要在基督台前显露出来，叫各人按着本身所行的，或善或恶受报。”《罗马书》（2：16）：“就在神借耶稣基督审判人隐秘事的日子，照着我的福音所言。”

［334］原文为拉丁文 quod petis, hic est（你所找的东西在这里）。

［quod petis, hic est］　拉丁语：你所找的东西在这里。引自贺拉斯的 *Epistolarum*（1, 11, 29）。

［335］原文为拉丁文 in optima forma（以完美地正确的形式）。

［336］［法庭中的法官（Assessor i Retten）］　本原是一个法庭中的旁坐观察员，法官助理，就是说一个由法官顾问委员会构成的法庭的成员。在 1909 年，这头衔被 dommer（当今丹麦语的“法官”）。

［337］作为哲学用语，Tilværelsen 这个词应当是准确地翻译成“存在”或者“生存”，但是这里的相关文字并非严格的哲学论述，因此我将之稍作变易而译作“生活”。

［338］［难道他不是……生活简直就是不可忍受的］　参看斯可里布的诸多戏剧：《结婚两年后》、《李克伯格家》、*Aurelia*、《要么被爱要么死！》。

［339］作为克尔凯郭尔的哲学用语，一般 Skyld 这个词应当是准确地翻译成“辜”，但是这里的相关文字并非严格的哲学论述，因此我将之译

作“不贞”。

［340］原文为拉丁文 respice finem（考虑一下结局）。

［respice finem］ 拉丁语：考虑一下结局。肯定是关联到中世纪谚语“Quicqvid agis，prudenter agas，et respice finem（不管你做什么，都要有理智地去做，想一想结局）”。其渊源为《便西拉智训》（7：36）：“无论你做什么，都要记住，总有一天你要死去。只要牢记此事，你就永远不会犯罪。”。

［341］原文为拉丁文 finis（完）。

［342］［诸神不会以讥嘲的价格出售那非同寻常的］ 见前面对“诸神也不会不取任何代价地出售那伟大的东西”的注脚。

［343］作为哲学用语，Tilværelsen 这个词应当是准确地翻译成“存在”或者“生存”，但是这里的相关文字并非严格的哲学论述，因此我将之稍作变易而译作“生活”。

［344］可以理解为“它仍然要求着他由自身能够给得出‘那普遍的’”。

最后的话

考虑到我在这之前那些信，也许你已经忘记了之中的大部分，这在你是如此正如在我也是如此。如果是这样的话，那么我就希望，你也能够有着类似我的情形：你在任何时候，在各种心境交替的那一刻，必须能够对自己阐释一下思想和内在的发展运动的情况。表达、描绘、装点，就像花朵从这一年到那另一年，既是同一样东西但却又不是同一样东西，但是态度、发展和立场，则是不变的。如果我要在此刻给你写信的话，我也许会以不同的方式来表达。在我以前的那些信中，也许我在某个个别的地方甚至成功地具备了雄辩的力量，我肯定是不会对自己要求过这样的雄辩，而我在自己生活中的立场也没有对我提出这样的要求；如果我现在要写信的话，也许我就会是在另一个地方写得很成功，这我不知道，因为表达是一种天赋的礼物，而“每一个时代和每一年都有着它自己鲜花盛开的春天[1]”。相反，如果说及想法，它在那里并且继续在那里，我希望思想所具的那些运动随着时间的流逝对于我变得更轻松更自然，在它们因为表达的凋谢而变得沉默的时候，也是这样地没有变化的。

然而，我拿起笔，却不是为了再给你写一封新的信，而是因为我自己收到一封来自一位在日德兰作牧师的年长朋友的来信，而因为这信，那关于你的想法又活生生浮现在我脑海。据我所知，你从来就不认识他。我与他的友情是从我们的学生时代就开始的，虽然我们在年龄上有着五六岁的差异，我们的关系却是相当亲密的。他是一个矮个子，但身子很壮实，快乐、充满生命喜悦，并且是非同寻常地活泼开朗。尽管他的灵魂在其深处是严肃的，他外在的生活则看起来就好像是遵循着“一切顺其自然”的教导。科学研究使他入迷，但他却没有成为一个善于应付考试的人。在神学证书考试（theologisk Attestats[2]）中他只得了一个（“中等可褒”）（haudillaudabilis）。差不多四年前，他被安置进日德兰的石楠荒野地区的一个小小的牧师职位。在外在的方面，他有着一个石头般洪亮的嗓音，在精神的方面他有着一种本原的独特性使得他在我所认识的那些人的小圈子中显得与众不同；正因此，在一开始他有点不是很满意，他觉得他的工作活动对于他来说太无足轻重，这就没有什么奇怪的了。但是现在，他又重新赢得了自己的心满意足，并且，阅读我这几天收到的他给我的信，这对我很有鼓舞的作用。“日德兰的荒地”，他说，“对于我来说却真是一个操练场，一个无与伦比的研究室。我每星期六去那里冥想我的布道讲演，并且，一切在我面前豁然而开；我忘却了每一种真正的听讲者并且赢得了一种理想的东西，赢得了在我自身之中的完全专注，这样，在我走上讲道台的时候，这时就仿佛我仍然是在荒野中，在那里我的眼睛看不见任何人，在那里我的声音带着它的全部力量向上升起以便去湮没那风暴的声音。”

然而，我给你写信却并不是为了告诉你这些，而是为了把他的一篇夹在信中的布道辞寄给你。我不想在我们相遇的时候直接给你看，因为不想激起你的批评，但是我书面地将之寄送给你，这样它就能够在平静之中为你留下印象。他还没有宣讲这篇，但是打算在明年宣讲，并且他确信他能够使得一个农民听懂他。现在，你不要因为这个原因而藐视它；因为这恰恰是“那普遍的”中的美丽之处：所有人都能够听懂它。他在他的这篇布道辞中把握住了我所说过的以及我本来想要对你说的东西；他很幸运地将之表达得比我觉得我所能够作的表达更好。接受它，读它，我没有别的再要说的了，除了说：我读过它并且想到我自己，读过它并且想到你。

在“相对于上帝我们总是不对的”这一想法之中所蕴的陶冶元素

祈祷

在天之父！你教我们正确地祷告而让我们的心能够在祷告和祈愿之中向你开放、不隐藏任何秘密的愿望（因为我们知道这种秘密的愿望是你所不喜欢的）、也不隐藏任何畏惧（唯恐你会拒绝我们某种真正对我们最有好处的事物）；那些劳碌的思想、不安的心念、害怕的心灵在这样的行为之中并且通过这样的行为而找到安宁，并且只能够在这样的行为之中和通过这样的行为找到安宁，而这样的行为就是：在我们欣喜地认识到“相对于你我们总是不对的”的时候，我们总是欣喜地感谢你。阿门。

这一段神圣福音，由福音使徒路加写在他的福音书第 19 章中的第 41 节到终结，如是：

他[3]快到耶路撒冷看见城，就为它哀哭，说，巴不得你在这个日子，知道关系你平安的事。无奈这事现在是隐藏的，叫你的眼看不出来。因为日子将到，你的仇敌必筑起土垒，周围环绕你，四面困住你，并要扫灭你，和你里头的儿女，连一块石头也不留在石头上。因你不知道眷顾你的时候。他[4]进了殿，赶出里头做买卖的人，对他们，经上说，我的殿，必作祷告的殿。你们倒使它成了贼窝了。他[5]天天在殿里教训人。祭司长，和文士，与百姓的尊长，都想要杀他。但寻不出法子来，因为百姓都侧耳听他。[6]

那圣灵在显圣和梦中对先知们所公开的东西，这些先知带着

警告的声音向一代又一代人所宣示的东西：对选民的斥责[7]，骄傲的耶路撒冷的可怕毁灭[8]，它越来越近了。基督去了耶路撒冷。他不是什么预示未来的先知，他所说的话并不会引发出令人忧虑的骚动，因为那仍然是隐藏着的东西，他已经在他的眼中看见；他并不预言，也没有那么多的时间可作预言，他为耶路撒冷而哭。然而这城却继续在自己的荣华之中站立着，圣殿一如既往地仍然昂首，比世上任何别的建筑都要高，并且，基督自己说：巴不得你在这个日子，知道关系你平安的事，但他也继续说：无奈这事现在是隐藏的，叫你的眼看不出来。在上帝的永恒筹划[9]之中，它的毁灭已经被决定下来了，那拯救对于它的居民们的眼睛是隐藏着的。那么，那当年生活着的一代是不是比那之前的、作为其生命来源的一代更应受谴责，是不是整个民族退化了，难道在耶路撒冷就没有义人了么，连哪怕是唯一的一个能够中止上帝的愤怒的人[10]都没有了么，在那些拯救在其眼前是隐藏着的人们中难道就没有一个虔诚的人吗？如果是有着一个这样的人，那么会不会在恐惧和苦难的时候有大门为他而打开，在敌人们包围了它并从各个方向要挤迫进它的时候，难道没有任何天使降临来拯救他[11]，在所有的大门都被关上之前，难道没有任何迹象为他的缘故而展现出来？然而它的毁灭已成定局。这被围的城市在其恐惧之中，想要寻找一条出路那是徒劳，敌人的军队将之挤碾在自己强有力的怀抱中，没有人逃脱，天空被关上了[12]而除了那在这城市之上舞动着自己的剑的谋杀天使[13]之外再也没有别的天使被发送出来。这个民族所违犯的，要由这一代人来付出代价，这民族所违犯的，要由这一代人的每个单个环节来付出代价。难道义人也要和不义之人一同承受惩罚的苦难吗[14]？难道这就是上帝的忌邪，他以这样一种方式，不惩罚父祖们而只惩罚儿孙们，来追讨父祖们的逆犯，自父及子，直到三四代[15]吗？我们应当怎样回答呢？难道我们应当说，现在相距那些日子已经快有两千年了，这样一种恐怖在以前世界上从来就没见过，想来以后也不会再看见了；我们感谢上帝，让我们生活在和平安全之中，让来自那些日子的恐惧之尖叫只是轻轻地传过来让我们听见，我们愿希望和相信我们的日子和我们的孩子们的日子能够一路向宁静走去而不触及存在（Tilværelsen）的狂风暴雨！我们不觉得有力量去考虑这一类东西，但我们想要感谢上帝我们没有在之中受到严峻考验。我们还能够想象得出什么比这种说法更为怯懦和消沉的东西吗？如果一个人说“这在世界上只发生一次”的话，难道那不可解说的事情就会得到解说吗？或者，这样的事情发生了，难道这不是那不可解说的事情吗？而这“这样的事情发生了”，难道没有力量去使所有别的东西，甚至那可以解说的东西，也变得不可解说？如果这样的事情，“人类的境况在本质上不同于它通常一贯所具的情形”，在世界上发生过一次，那么又有什么东西能够担保这样的事情不会再重复、那么又有什么东西能够担保那上面所说的在本质上的人类的境况不是那真实的而那通常的情形不是那不真实的？或者，难道“这事发生得最频繁”就是对“那真实的东西”的证明吗？而这时，如果这样的事情在事实上并不是更经常地发生，那么，那些时代会成为什么东西的见证呢？难道不是这样吗，我们所有人以多种方式所曾经历的事情就是如此：在“那伟大的”之中所发生的东西同样也是我们在“那不怎么伟大的”之中所经历的？难道你们认为，基督说，这些彼拉多让他们的血涌流的加利利人比全部加利利人更有罪，所以才受这害吗？或者在西罗亚楼倒塌时所压死的那十八个人，你们以为那些人比一切住在耶路撒冷的人更有罪吗？[16]于是，那些加利利人中的几个并不是比其他人们更大的罪人，那十八个人并不是比所有住在耶路撒冷的人更大的罪人；但那无辜的人们却与那有辜的人们共享同样的命运。这是天数，你也许会这样说，而不是惩罚；但耶路撒冷的灭亡是一种惩罚，并且它同样严厉地惩罚了有辜的和无辜的人们。因此你不想因为去考虑这样的事情而使得你自己不安；因为一个人会有逆境和苦难，这些就完全如同那雨同时降于好人和坏人[17]，这是你所能够理解的，但是说那是一种惩罚……

然而圣经却是这样描述的。那么，义人是不是就和不义之人共享同一种命运、那么对于神的敬畏就对这一存在的生命没有任何应许；那么，每一种曾经使得你富于勇气和信心的崇高想法，它是不是就是一种幻觉，一种小孩子所相信、少年人所希望的魔术杂耍，但是那稍稍年长一些的人就不会觉得在之中有任何祝福，而相反只有讥嘲和冒犯？然而这一想法使你反感，它无法并且也不该获得权力来迷惑你，它不应当有能力来使你的灵魂迟钝。公正是你想要去热爱的，公正是你早晚要去实践的，即使毫无报酬，你也一样要实践它，你觉得在它之中有着一种要求最终是将会被实现的；你不会陷进钝惰，这样你有时候会领会到，公正是有着许诺各种应许的，但是如果不去做公正的事情，那么你自己就是将自己排除在这些应许之外。你不想与人有争执，但是与上帝你是会争执的，并且紧紧抓住他，如果他没有给你祝福的话，他就不应当能够从你这里摆脱[18]。然而圣经说，你不应当与上帝辩对错[19]。你所做的，不就正是如此吗？现在这岂不又是一种令人消沉的说法吗，这样，难道那圣经被赋予人，只是为了羞辱、为了消灭他吗？不，绝不是！这里是这样说“你不应当与上帝辩对错”，那么这就是说，你不可以想要相对于上帝让你自己是对的，只有以这样的方式你可以与上帝辩对错：你学会知道你是不对的。是啊，这是你自己应当想要的东西。这样，如果你被禁止与上帝辩对错，那么由此你的完美就得以标示，并且这里绝没有说你是一种卑微的、对于他没有任何意义的生灵。麻雀落在地上[20]，它以一种方式相对于上帝是对的，百合凋谢[21]，它以一种方式相对于上帝是对的，只有人是不对的，这对于所有其他东西是拒绝的“相对于上帝是不对的”，被保留给了人。如果我要以另一种方式来说，那么我就要提醒你关于一种你肯定是听说过的智慧，一种知道怎样去足够容易地解说一切却同时既不亏待上帝又不亏待人的智慧：人是一种脆弱的生灵，它说，如果上帝对人要求“那不可能的”，那就会是不合情理的，一个人做自己所能做的事情[22]，如果一个人有这么一次不小心疏忽什么，那么上帝永远也不会忘记，我们是虚弱而不完美的生灵。我到底是更应当赞叹这一睿智所揭示出的那些关于神圣之本质的崇高观念，还是更应当赞叹那在人的心灵中的深刻认识、那审核着对自身进行详察的意识，而现在达成这一舒适安逸的认识：一个人做自己所能做的事情？那么对于你，我的听众，难道这是一件容易的事情吗，去决定出“一个人所能够做到的事情是多少”？你是不是从不曾进入过这样的危险处境，——你绝望地竭尽你的全力但却又无限的希望你能够做到更多，也许还有另一个人带着怀疑而恳求的目光看着你，你是不是有可能再做更多一点？或者难道你从不曾为你自己感到恐惧，那么恐惧，以至于你所感觉到的东西对于你来说就仿佛是没有什么罪（Synd）是比它更黑的、没有什么自恋是比它更可憎的，它能够悄悄进入你并且作为一种外来的力量控制住你？你不感觉到这种恐惧吗？因为，如果你感觉不到它，那么你不开口回答；因为你无法回答所问的那问题；而如果你感觉到它，那么，我的听众，我要问你：你能够在这句话“一个人做自己所能做的事情”中得到安宁吗？或者，难道你从不曾为他人感到恐惧，你看不见那些你通常带着信任和依赖所尊敬的人们在生活之中摇摆吗，你听不见一种轻微的声音对你耳语说“如果这些人也无法完成那伟大的事业，那么生活除了是极重的劳苦之外又能够是什么[23]、而信仰除了是一种将我们驱赶进那我们其实无法在之中生活的无限（Uendeligheden）的陷阱之外又能是什么，最好还是去遗忘吧、去放弃每一种要求”——难道你听不见这声音吗？因为，如果你没有听见，那么你不开口回答；因为你无法回答所问的那问题；而如果你听见了它，那么，我的听众，我要问你：你说“一个人做自己所能做的事情”，难道这是你的安慰吗？你自己无法肯定地知道一个人所能是多少，这一刻你觉得无限地多，在下一刻则觉得如此之少，难道这不正是你不安的原因吗？因为你无法穿透进你的意识，因为你自己越是想要严肃、你越是想要真挚地去做出行为，你所处的这一两重性就越变得可怕：你本不会做下你所能够做下的事情，或者你本来实在是该做下你所能够的事情，但却没有人来帮你一下；难道不是因此你的恐惧是那么疼痛？

这样，每一种更严肃的怀疑，每一种更深刻的忧虑都没有通过“一个人做自己所能做的事情”这一说法而得到镇静。如果人有时候对，有时候不对，在一定的程度上对，在一定的程度上不对，那么，除了这人之外又有谁能够对之做出决定呢，但是，在他做决定的时候难道他就不会又是在一定的程度上对、在一定的程度上不对吗？或者，在他判断那他在他做出行为的时候的行为时，他是不是另一个人？那么，是应当由怀疑来决定，让它不断地发现新的麻烦，并且让忧虑走在一边把那些已有的经验印刻进那不安的灵魂？还是宁可让我们不断地处于“是对的”的状态，——就像那些非理性的造化物总是“对的”[24]，在同样的意义让我们也“是对的”？那么，我们只有这选择：“相对于上帝什么都不是”和“在永恒的苦恼之中每一瞬间都从头开始但却无法开始”之间做选择；因为，如果我们能够带着确定性来对“我们是否在这当场的瞬间是对的”作出决定，那么就前一瞬间而提出的这个问题就也能够由我们带着确定性来作出决定，并且以这样的方式我们一直可以往前回溯。

怀疑又被置于运动中，忧愁又被唤醒；那么就让我们努力去通过考虑这样的一个问题来平息疑虑：

在“相对上帝我们总是不对的”这一想法之中所蕴含的那陶冶性的东西

“是不对的”——还有什么比这更痛楚的感情可想象，难道我们看不出，人们宁可承受一切痛苦也不愿承认“他们是不对的”？无疑，我们不同意一种这样的倔强，不管是在我们自己身上还是在他人那里，我们认为，如果我们在事实上确实是不对的，那么去承认我们的“不对”就是更聪明和更好的做法，这时我们说，那随着承认而来的疼痛就会像一种苦口良药利于疗病，但是，“不对”是一种痛楚、“承认不对”是一种痛楚，这一点我们并不隐瞒。这样，我们承受痛楚，因为我们知道这对我们自己有好处，我们相信，终有一次我们会成功地作出更强有力的反抗，我们也许能够达到这样一点：只是在很少的情况下我们才真正不对。这一看法是那么地自然，对每一个人都是那么明显。这样，在那“不对”之中就有着某种陶冶性的东西，就是说，只要我们承认这“不对”，通过这样的前景——这“不对”的情况发生得越来越少——来陶冶我们自己。然而，我们并不是想要借助于这一看法来使得那怀疑平息下来，我们是想去通过去考虑“我们总是不对”之中的那陶冶性的东西而使怀疑得到安宁。但是如果那前一种看法，“我们得到‘随着时间而不再不对’的希望”，是陶冶性的，那么那反过来的看法（这种看法教导我们说：我们不管是在过去还是在未来总是不对的）又怎么会也有陶冶性呢？

你的生活将你带进一种与其他人的丰富多样的关系之中。他们中的有些人喜爱公正和合理，另一些人则看起来并不想要实践它们；他们不公正地对待你[25]。你的灵魂并没有针对他们以这样方式施与你的苦难而变得硬化，相反你审思考察你自己，你要让自己确定自己是对的，并且你平静而坚强地依托于这一信念；

不管他们怎样侵犯你，你说，这一内心的和平却是他们无法从你这里剥夺走的——“我知道，我是对的，我承受着不公正的对待[26]”。在这种考虑之中有着一种满足，一种喜悦，无疑我们中的每一个人都曾品尝过这种满足和喜悦，并且，在你承受着不公正的对待时，你就在这一想法中得以教化陶冶——“你是对的”。这一观点是那么自然，那么容易理解，在生活中经受了那么多的检验，然而，我们却不是想要通过它来平息那怀疑并医疗那忧虑，相反，我们是想去通过去反复思考“我们总是不对”之中的那陶冶性的东西来息疑疗忧。那么，这相反的考虑能有同样的效果吗？

你的生活将你带进一种与其他人的丰富多样的关系之中，相对其他人，你被一种更为真挚的爱吸引向某一些人。现在，如果有一个这样的人是你的爱的对象，他对你做了不对的事情，是不是这样：这会使你痛苦，你会想方设法尝试一切，但是，难道你会说：我自己知道我是对的，这种想法让我安宁？哦，如果你爱他，那么这想法不会让你安宁，你会去检核一切。除了“他是不对的”之外，你会无法看见别的东西，但这种确定性却会让你不安，你会希望你可能是不对的，你会尝试着看你是不是能够找到某种能够为他做辩护的说法，而如果你找不到，那么你只会在“你是不对的”这一想法中找到安宁。如果你是承担着为一个这样的人谋福祉的义务，你会尽你的全力，而当这另一个人在这样的情况下仍然不考虑这些而只是为你带来麻烦，是不是这样：难道这时你就会做出谁是谁非的清算，难道你会说：我知道我对他所做的事情是对的？哦，不！如果你爱他，那么这一想法只会让你焦虑，你会去抓住每一种或然性，如果你找不到这或然性，那么你会撕碎这种清算以便让你自己忘却它，并且你会想方设法通过“你是不对的”这一想法来陶冶你自己。

于是，一方面这“是不对的”是痛苦的，并且一个人越是经常有着这种“是不对”，就越痛苦；另一方面这“是不对的”是有陶冶教化意义的，并且一个人越是经常有着这种“是不对”，就越有陶冶教化意义！我们都看得出，这是一个矛盾。除了说你是在前一种情况下被迫去认识这在后一种情况下你所想要认识的东西之外，你又怎么解释这事情？但是，难道这认识就不会继续是同一种认识了，“一个人想要或者不想要”，这事实对于这认识有没有什么影响？除了说“在一种情况下你是爱着的，而在另一种情况下你不是爱着的”之外，换一句话说，除了说“在一种情况下你是处在一种与一个人的无限的关系之中，而在另一种情况下你是处在一种有限的关系之中”之外，你又怎么解释这事情？于是，这就是：那“希望是不对的”是一种无限的关系的表达，而那“希望是对的”或者“因不是对的而觉得痛苦”则是一种有限的关系的表达！于是，这“总是不对的”就是起着陶冶作用的，因为只有“那无限的”才起到陶冶作用，而“那有限的”则不！

现在，如果这是一个你所爱的人，即使你的爱成功于虔诚地欺骗你的思想和你自己，你仍然还是处在矛盾之中，因为你知道你是对的，但希望并且希望相信你是不对的。相反，如果你爱的是上帝的话，那么是不是会有这样的矛盾成为一个问题，你会不会在除了知道你所想要去信的东西之外还能够知道别的东西？难道那在天上的他不是比在地上的你更伟大吗、难道他的财富不会比你的度量有着更大的盈余吗、难道他的智慧不比你的聪睿更深刻吗、难道他的神圣不比你的公正更伟大吗？难道你不是必然地必须去认识这一点吗，但如果你必须认识到这个，那么，在你的知识和你的愿望之间就没有什么矛盾了。然而，如果你是必然地必须认识这个，那么，在“你总是不对的”这一想法之中就没有任何陶冶教化了，因为，前面说过，之所以这“是不对的”在这一次能够显现为是痛苦的而在另一次则显现为陶冶性的，原因是在于，我们在一种情形之下是被迫认识到那我们在另一种情形之下是想要认识到的东西。于是，如果你是“必然地必须”，那么在你与上帝的关系之中你无疑就是得免于那矛盾的，但是你就丧失了那陶冶教化，而这恰恰就是我们所想要考虑的东西：在

“相对上帝我们总是不对的”之中所蕴含的那陶冶性的东西。

现在，这真的应当是这样吗？为什么你希望相对一个人你是不对的？因为你爱；为什么你觉得这是陶冶性的？因为你爱。你爱得越多，你就得到越少的时间去考虑“你是对或者不对”，你的爱只有一种愿望：你必定不断地是不对的。在你与上帝的关系中也是如此。你爱上帝，并且因此，你的灵魂只能够在“你必定总是不对的”之中获得安宁和喜悦。你进入这一认识，不是出于思维之艰难，你不是被迫的，因为，当你处在爱之中的时候，这时你就是处在自由之中。这时，这思维使得你确信，事情确实如此：除了“你必定总是不对的”，或者“上帝必定总是对的”然后紧接着“你必定总是不对的”，除此之外，无法有别的可能；你不是从“上帝是对的”这一认识中去进入这“你是不对的”的信念；而是从那爱的唯一的和最高的愿望“你必定总是不对的”出发，你进入那“上帝总是对的”的认识。但这一愿望是爱（也就是自由）的事情，这样，你不是被强迫去认识到“你总是不对的”。你不是通过深刻思考而确信“你总是不对的”，相反这确定性是蕴含在“你由此而得到陶冶”之中。

于是，这是一个陶冶性的想法：相对上帝我们总是不对的。如果事情确是如此，如果信念不是渊源自你的整个身心，就是说渊源自你身上的爱，那么，你的看法也就会获得另一种外观。你认识到了，上帝总是对的；这是你不得不认识的，而作为一种由此得出的结论，你不得不承认，你总是不对的。这后者已经是更难的事情了，因为你无疑是能够被迫去认识到，上帝总是对的；但是要由此再将之用在你自己身上、去将这一认识吸收进你的整个本质，这是你事实上不可能被迫的。这时，你认识到，上帝总是对的，而作为一种由此得出的结论，你总是不对的，但这一认识并不陶冶你。在对于“上帝总是对的”的认识中是不蕴含任何陶冶性的东西的，这样，在必然地由此导出的任何想法中也不蕴含陶冶性成分。在你认识到“上帝总是对的”的时候，这时你是在上帝之外的，而在你作为一种由此得出的结论认识到

“你总是不对的”的时候，也是如此。但是反过来，在你不依据于任何先有的认识而要求并且确信“你总是不对的”的时候，那么你就是隐藏在了上帝之中[27]。这就是你的崇拜、你的献身投入、你对神的敬畏。

你爱一个人，你总是希望对于他你自己必定是不对的，唉，但是他对你不信不忠，并且，不管你是怎样地不情愿如此、不管这使你有多么痛苦，相对于他，你到头来还是对的，而“你如此深地爱他”是不对的。然而你的灵魂却要求着以这样的方式去爱，只有在此之中你能够找到安宁与和平与幸福。这时，你的灵魂就离开了“那有限的”而转向“那无限的”；它在那里找到自己的对象，在那里，你的爱变得幸福。上帝是我所想要爱的，你说，他给予那爱着的人一切，他实现我最高的、唯一的愿望，“相对他我必定总是不对的”；永远也不会有什么令人不安的怀疑来将我从他那里拉走，永远也不会有这想法“相对他我可能是对的”来使我感到恐怖，相对上帝我总是不对的。

或者是不是如此，难道这不是你的唯一愿望、你的最高愿望吗，并且，如果这样的想法——“你可能是对的，上帝的天意不是智慧而你的计划才是；上帝的想法不是公正，而你的德行业绩才是；上帝的心不是爱，而你的情感才是”，如果这样的想法在某一瞬间中会在你的灵魂中冒出来，难道不会有一种可怕的恐惧袭向你吗？你永远也无法像你被爱那样地去爱，难道这不是一种至福吗？因此，这“相对上帝我总是不对的”——不是一种你必须去认识的真相、不是一种缓解你的痛苦的安慰、不是对于某种更好的东西的替代品，相反，它是一种喜悦，你在这种喜悦中战胜你自己和世界，你的欣悦、你的赞歌、你的崇拜，它是“你的爱是幸福的——只有人们用来爱上帝的爱才会那么幸福”的证明。

于是这就是了：“相对上帝我们总是不对的”这一想法是一种陶冶性的想法，“我们是不对的”是陶冶性的，“我们总是如此”是陶冶性的。它以一种双重的方式来展示自己的陶冶性力量，一方面是因为它中止怀疑并且使得怀疑之忧虑得以平息，一方面是因为它激励人去做出行为。

我的听众，你肯定还记得一种在前面的文字中被阐述到的智慧吧？它看上去是那么忠诚而可靠，它那么容易地解释一切，它很愿意在整个一生中救助每一个人、使他们不因为怀疑之狂风暴雨而气馁。一个人做自己所能做的事情，它向那迷惘的人喊道。当然，不可否认，只要一个人这样去做，那么他就得到了帮助。再进一步它就没有什么好说的了，它像一场梦一样地消失，或者它在那怀疑者的耳朵里成为一种单调的重复。这样，在他要用到它的时候我们才看出，他无法使用它，它把他缠进了一个由无数麻烦构成的圈套。他无法找到时间去考虑他能够做什么，因为他同时还要做他所能做的事情。或者，如果他获得了时间去考虑，那么那考验就给予他一种“更多一点”或者“更少一点”，一种趋近，但从来不是什么彻底的东西。一个人怎么能够通过一种“更多一点”或者“更少一点”，或者通过一种趋近的定性来衡量他与上帝的关系呢？于是，他确信这一智慧是一个不可靠的朋友，在“帮助他”的表象之下将他缠绕进怀疑，把他吓进一种困惑的持恒循环之中。那原先对于他是朦胧晦暗但却不令他忧虑的东西，现在对于他并没有变得更清晰，但是他的心念在怀疑之中变得不安并且忧虑。只有在一种与上帝的无限关系之中，这种怀疑才得以平息；只有在一种与上帝的无限自由的关系中，他的忧虑才能被转化为喜悦。在他认识到“上帝总是对的”时，他是处在一种与上帝的无限的关系中，在他认识到“他总是不对的”时，他就是处在一种与上帝的无限自由的关系中。这样，怀疑在这时就停止了；因为怀疑的运动恰恰是在于：他在这一瞬间会是对的，而在另一瞬间不对，在一定程度上对，一定程度上不对，并且这要标示他与上帝的关系；但是这样的一种与上帝的关系不是什么关系，这是怀疑的营养。在他与其他人的关系中这无疑是可能的：他部分是不对的，部分是对的，在一定程度上不对，在一定程度上对，因为他自己以及每一个人都是一种有限，并且他们的相互关系是一种处在一个更多或者更少之中的有限关系。于是，只要那怀疑想使得那有限的关系成为无限的，并且只要那种智慧想要用有限来充填那无限的关系，那么，他就一直会停留在怀疑之中。于是，每一次在那怀疑想要使用“那单个的”来使他不安、想要告诉他“他承受过多或者被过度的力量考验”的时候，他就把“那有限的”忘记在“那无限的”之中——“他总是不对的”。每一次在那怀疑之忧虑想要使他哀伤的时候，他就把自己提高到“那有限的”之上而进入“那无限的”之中；因为这“他总是不对的”是翅膀，他用这翅膀高飞过有限，它是渴慕，他用这渴慕来寻找上帝，它是爱，在这爱中他找到上帝。

相对上帝我们总是不对的。但是，这一想法会不会是起着麻醉作用的，不管它会是具有多大的陶冶性，它对于人会不会是危险的，它会不会将人哄入一场在之中他梦想着一种与上帝的关系但是事实上这关系却不是什么关系的睡眠，它会不会销蚀意志的力量和意向的强度？不，绝不！那希望相对另一个人自己总是不对的人，他是不是迟钝而无所作为，他是不是尽自己的全力去让自己是对的、却只希望自己是不对的？这“相对上帝我们总是不对的”想法是不是会起着鼓舞的作用，因为除了表达“上帝的爱总是大于我们的爱”之外，它又会表达什么别的呢？难道这一想法不是让他乐于去行动吗，因为，在他怀疑的时候，他没有力量去行动，这想法不使他在精神之中火热[28]，因为，在他做有限的计算的时候，精神之火就熄灭了。即使你的唯一愿望被拒绝了，我的听众，你仍然是高兴的，你不说：上帝总是对的，因为在那之中没有喜悦，你说，相对上帝我总是不对的。即使你自己就是那不得不对自己拒绝掉自己的最高愿望的人，你仍然是高兴的，你不说：上帝总是对的，因为在那之中没有雀跃欢呼，你说，相对上帝我总是不对的。如果那本是你的愿望的东西是那别人和你自己在一定的程度上必须将之称作是你的义务的东西，如果你不仅仅必须去否定掉你的愿望而且以某种方式也不得不背叛你的义务，如果你失去的不仅仅是你的喜悦而且也是荣誉本身，你还是高兴的；相对上帝，你说，我总是不对的。如果你叩门，但门没有被打开，如果你寻找，但却找不到[29]，如果你工作，但什么也得不到[30]，如果你种植灌溉，但却收获不到任何祝福[31]，如果天空关闭[32]，见证不出现，你仍然在你的作为之中欣喜，尽管父祖们所招致的惩罚降临于你[33]，你仍然欣喜，因为相对上帝我们总是不对的。

相对上帝我们总是不对的，这一思想中止怀疑并且使得怀疑之忧虑得以平息，它激励和鼓舞人去做出行为。

现在，你的思想追随了这阐述的过程，在那是沿着熟悉的路子展开时，你的思想就快速，也许急切地跑到前面去了，在那路子对于你是陌生的时候，你的思想也走得缓慢，也许有着抵触，但是这却是你所必须承认的：正如前面所展开的阐述，事情就是如此，并且你的思想没有什么要对之进行反驳的东西。在我们分手之前，还有一个问题，我的听众：你是否希望，你是否会希望事情并非如此？你是否会希望你应当是对的，你是否会希望那美丽的律法——它几千年来承负着人类贯穿生活以及族类世代中的每一个环节，那美丽的律法——它比那在天穹中承负星辰于它们的轨道的法则[34]更美，难道你会希望那律法被打碎吗？比那自然法则失去其力量而一切消释瓦解在可怕的混沌之中更恐怖的事情，难道你会希望这样的事情发生吗？我没有什么愤怒之辞可用来使你感到恐怖，你的愿望不应当从对于那“想要相对上帝是对的”的想法之中的亵渎冒犯的恐惧中冒出来，我只想问你：你是否希望事情并非如此？也许我的声音没有足够的力量和真挚，我的嗓音无法渗透进你最内在的思想中，哦，但是，问一下你自己，带着那庄严的不确定性（你会带着这种庄严的不确定性去问一个你知道他能够用一句话来决定你生活的幸福的人）问一下你自己，甚至更严肃地问一下你自己；因为这实实在在真的是一件“至福拯救（Salighed）”的事情。不要中止你的灵魂的翱翔，不要丢弃你身上那更好的东西，不要让你的精神因为半截子愿望和半截子思想而变得衰竭。问你自己，不断地问你自己，直到你获得答案；因为一个人能够多次认识一样东西，多次承认它，一个人能够多次想要一样东西，多次尝试它，然而，只有那深深的内在运动，只有心灵的无法描述的感动，只有它使你确信：你所认识的东西属于你，没有任何力量能够将之从你这里拿走；因为只有那陶冶教化着的真相，对你才是真相。

注释：

［1］［每一个时代和每一年都有着它自己鲜花盛开的春天］　引自欧伦施莱格尔的《路德兰的洞穴。歌剧》，作曲维瑟（C. E. F. Weyse）。第五幕："每一个时代和每一年/都有着它自己鲜花盛开的春天"。

［2］［theologisk Attestats］　Attestats 原本是 attesteret eksamensbevis。根据 1707 年规定的考试标准之下的神学职位证书考试。

［3］"他"，中文圣经上在此处为"耶稣"。类似的在此段落中有三个地方。我因为作者文中所用是"他"，因而按作者写法。其余都是直接抄录中文版圣经《路加福音》（19：41—49）。

［4］"他"，中文圣经上在此处为"耶稣"。类似的在此段落中有三个地方，见前面注脚。

［5］"他"，中文圣经上在此处为"耶稣"。类似的在此段落中有三个地方，见前面注脚。

［6］［这一段神圣福音……百姓都侧耳听他］　《路加福音》（19：41—49）是三一节之后第十个星期日的布道文字。

［7］在旧约中，以色列认识上帝的选民。

［对选民的斥责］　也许是指《以赛亚书》（3：1—15）；《耶利米书》（1：15—16）；《以西结书》（7：1—4、8—9）。

［8］［骄傲的耶路撒冷的可怕毁灭］　也许是指《以赛亚书》（29：2—6）之中将耶路撒冷称作亚利伊勒，或者《耶利米书》（26：18）。也可参看《列王纪上》（9：7—8）《耶利米书》（9：10—11）；《弥迦书》（3：12）。这些地方常常被读作是对于公元 70 年耶路撒冷沦陷（罗马人在 70 年占领并烧掠耶路撒冷并且圣殿被毁）的预言，被耶稣以这些话重复："因为日子将到，你的仇敌必筑起土垒，周围环绕你，四面困住你，并要扫灭你，和你里头的儿女，连一块石头也不留在石头上。"

［9］［上帝的永恒筹划］　也许是针对《启示录》（10：7）中“神的奥秘”这一说法。

［10］［义人……能够中止上帝的愤怒的人］　可参看《创世记》（18：23—33），亚伯拉罕请求上帝不要毁灭所多玛，上帝答应说：如果有五十个义人、然后说如果有二十五个义人、任何说如果只要有十个义人，那么城市就不会被毁灭。但是所多玛被毁灭了。

［11］［没有任何天使降临来拯救他］　参看《创世记》（19：1—19），亚伯拉罕的侄子罗德住在所多玛，天使降临拯救了他和他的两个女儿免遭毁灭。

［12］［天被关上了］　表达上帝之怒。可参看《路加福音》（4：25）：“我对你们说实话，当以利亚的时候，天闭塞了三年零六个月，偏地有大饥荒”；也可参看《启示录》（11：6）。

［13］［在这城市之上舞动着自己的剑的死亡天使］　也许是指《历代志上》21 中上帝要惩罚大卫和以色列的故事。“大卫举目，看见耶和华的使者站在天地间，手里有拔出来的刀，伸在耶路撒冷以上。”（21：16）

［14］［难道那正义的人也要和那不正义的人一同承受惩罚的苦难吗?］　参看《创世记》（18：25），在亚伯拉罕为所多玛代祷的时候，他这样问上帝。

［15］［上帝的忌邪……追讨父祖们的罪，自父及子，直到三四代］　参看《出埃及记》（20：5）：“不可跪拜那些像，也不可事奉它，因为我耶和华你的神是忌邪的神。恨我的，我必追讨他的罪，自父及子，直到三四代”。

［16］［难道你们认为……才受这害么］　参看《路加福音》（13：1—4）：“正当那时，有人将使加利利人的血掺杂在他们祭物中的事，告诉耶稣。耶稣说，你们以为这些彼拉多加利利人比众加利利人更有罪，所以受这害么。我告诉你们，不是的。你们若不悔改，都要如此灭亡。从前西罗亚楼倒塌了，压死十八个人，你们以为那些人比一切住在耶路撒冷的人更有罪么。”

［17］［雨同时降于好人和坏人］　参看《马太福音》（5：45）之中耶稣说：“这样，就可以作你们天父的儿子。因为他叫日头照好人，也照歹人，降雨给义人，也给不义的人。”

［18］［与上帝你是会争执的……它不应当能够从你这里摆脱］　见

《创世记》（32：25—27），雅各夜里与上帝格斗，在他得到祝福之前不愿意放手。

［19］［圣经说，你不应当与上帝辩对错］　参看《约伯记》（40：1—2）："耶和华又对约伯说，强辩的岂可与全能者争论么。与神辩驳的可以回答这些吧。"

［20］［麻雀落在地上］　参看《马太福音》（10：29）："两个麻雀，不是卖一分银子么。若是你们的父不许，一个也不能掉在地上。"

［21］［百合凋谢］　参看《马太福音》（6：28—30）："何必为衣裳忧虑呢。你想野地里的百合花，怎样长起来，他也不劳苦，也不纺线。然而我告诉你们，就是所罗门极荣华的时候，那他所穿戴的，还不如这花一朵呢。你们这小信的人哪，野地的草，今天还在，明天就丢在炉里，神还给他这样的妆饰，何况你们呢。"也参看《彼得前书》（1：24）。

［22］［一个人做自己所能做的事情］　也许可参看人们在通常所说的"一个人无法做比他所能更多的事情"和"如果一个人做自己所能做的事情，那么他就无邪（如同摇篮中的婴儿）"。

［23］［生活除了是极重的劳苦之外又能够是什么］　参看《传道书》（1：13）："我专心用智慧寻求查究天下所做的一切事，乃知神叫世人所经练的，是极重的劳苦。"

［24］见前面的文字："麻雀落在地上，它以一种方式相对于上帝是对的，百合凋谢，它以一种方式相对于上帝是对的，只有人是不对的，这对于所有其他东西是拒绝的'相对于上帝是不对的'，被保留给了人。"

［25］在这里，这"不公正"就是前文中"不对"，因此，这句句子在字面上也可以翻译为"他们不对地对待你"。

［26］在这里，这"不公正"就是前文中"不对"，因此，这句句子在字面上也可以翻译为"我承受着不对的对待"。

［27］［隐藏在了上帝之中］　参看《歌罗西书》（3：3）之中保罗对歌罗西人们写道："你们的生命与基督一同藏在神里面。"

［28］［在精神之中火热］　参看《罗马书》（12：11）。

［29］［如果你叩门……但却找不到］　参看《马太福音》（7：7—8），在之中耶稣说："寻梢，就寻见。叩门，就给他们开门。"

［30］［你工作，但什么也得不到］　也许可参看《路加福音》（10：7）："因为工人得工价，是应当的。"也可参看《提摩太前书》（5：18）。

［31］［种植灌溉，但却收获不到任何祝福］　也许可参看《哥林多前书》（3：8）：“栽种的和浇灌的都是一样。但将来各人要照自己的工夫，得自己的赏赐。”

［32］［天空关闭］　见前面“天空被关上了”的注脚。

［33］［父祖们所招致的惩罚降临于你］　见前面“不惩罚父祖们而只惩罚儿孙们，来追讨父祖们的罪，自父及子，直到三四代”处的注脚。

［34］也许可参看康德《实践理性批判》：“……使我充满了不断更新和增长的赞叹和敬畏的两样东西：头上的星空和心中的道德律。”

人名索引

A

B

C

D

E

F

G

H

J

K

L

M

N

P

R

S

T

W

X

Y

Z

概念索引

A

B

C

D

E

F

G

H

J

K

L

M

N

O

P

Q

R

S

T

W

X

Y

Z